普通高等教育“十一五”国家级规划教材
21世纪社会工作系列教材

社会福利

（第二版）

主　编　陈银娥
副主编　潘胜文

中国人民大学出版社
·北京·

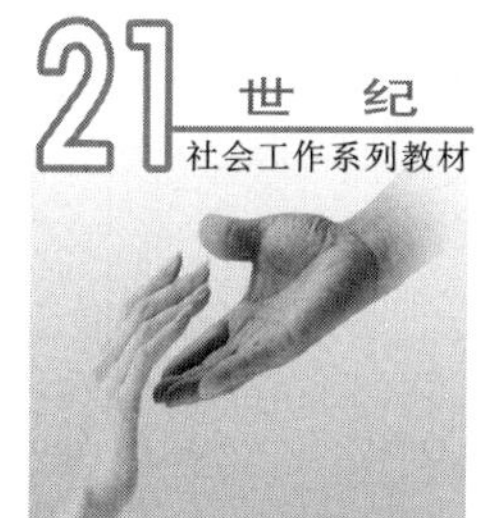

目 录

中篇　社会福利分论

下篇　改革与发展

导论

社会福利与社会保障

一、社会福利的含义

（一）人类社会的发展目标

不同的社会有不同的发展目标。如社会主义社会的理想发展目标是共产主义。具体包括以下几个方面：一是科学技术高度发展，社会产品极其丰富；二是一切阶级差别彻底消失，工农之间、城乡之间、脑力劳动和体力劳动之间的差别逐渐消失，人们摆脱了固定分工的束缚，在生产中和一切社会生活领域中实现完全的平等；三是经济生活的准则是各尽所能，按需分配；四是全体人民的共产主义理想、集体主义精神和大公无私的道德品质极大地提高，每个人都得到全面自由的发展。资本主义社会的理想发展目标是实现民主社会或市民社会，或者说“福利国家”。具体来说，就是要实现以下目标：第一，世界种族平等，反对种族歧视和压迫，实现全世界各民族的和平共处；第二，一国之内人人“生而平等”、“自由”，提倡“生存互助”，反对“生存竞争”；第三，国家是人民创造的为人民谋福利的一种工具；第四，反对独裁，反对过多的集权，主张分权，实行平民政治；第五，经济得到充分自由的发展，政府很少干预；第六，尊重个人尊严，个人福利由个人主观判断。

虽然不同的制度有不同的发展目标，但无论是实行何种制度，人类社会发展有其共同目标：第一，都将个人全面自由发展、个人尊严和个人需求满足放在首位，这是社会发展的终极目标；第二，个人需求的满足取决于物质文化产品的发展，经济发展是手段而不是目的；第三，承认个人福利的主观性，个人主观判断的差异性，社会福利是以个人的主观评价为基础的。福利经济学的使命就是要判断任何社会形态下经济社会发展的合意性。

（二）什么是社会福利

福利（welfare）是一个被广泛使用的概念。在历史上，福利作为一种价值判断，曾包含有伦理道德说教的含义，并等同于慈善、救济、施舍等观念。这种观念认为，那些老人、孤儿、精神病患者、残疾人、非自愿失业者等都应得到食品、衣服、住房、工作等各方面的救济和扶助。这一观念在现代“福利国家”中也占有重要地位，它被用来平衡在资本和财富分配领域中占统治地位的资本和私人财产神圣不可侵犯的观念。在现代，福利常常被理解为具体的公共援助或者社会补贴项目。

社会福利是一个范围广、涵盖面大、理论与实践紧密相连的综合性问题，它涉及经济学、政治学、社会学、哲学、伦理学、心理学和历史学等诸多学科。

社会福利是一个多义词。根据美国社会工作协会（NASW）1999 年出版的《社会工作词典》的定义，“社会福利是一个宽泛的和不准确的词，它最经常地被定义为旨在改善弱势群体的状况的‘有组织的活动’、‘政府干预’、政策或项目。……社会福利可能最好被理解为一种关于一个公正社会的理念，这个社会为工作和人类的价值提供机会，为其成员提供合理程度的安全，使他们免受匮乏和暴力，促进公正和基于个人价值的评价系统，这一社会在经济上是富于生产性的和稳定的。这种社会福利的理念基于这样的假设：通过组织和治理，人类社会可以生产和提供这些东西，而因为这一理念是可行的，社会有道德责任实现这样的理念。”① 根据这一定义，社会福利包括了理念、道德责任和制度实体等不同层次的含义。简单地说，社会福利可以指社会福利状态，也可以指社会福利制度。

社会福利状态是指人类社会，包括个人、家庭和社区的一种正常和幸福的状态。贫困、疾病和犯罪等社会病态是“社会福利”的反义词。它涉及人类社会生活的非常广泛的方面，主要包括社会问题的调控、社会需要的满足、实现人的发展潜能等。

社会福利制度则是指国家和社会为实现社会福利状态所做的各种制度安排，包括

---

① Barber, Robert L. ed., *The Social Work Dictionary*, 4th Edition, Washington D.C., NASW Press, 1999, p. 2206.

增进收入安全的社会保障的制度安排。由于社会福利制度是一个历史过程，它会因时、因事、因地而发生变化，因而这种意义上的社会福利含义也是变化的。一般来说，社会福利制度指为促进人类幸福、疗救社会病态的慈善活动或政府行为。它主要涉及社会福利的目标体系、社会福利的对象、社会福利的项目体系、社会福利的资金和服务提供体系这四个方面。

社会福利的这四个方面相互联系、相互依存。从这四个方面出发，社会福利制度的概念有广义和狭义之分。狭义的社会福利制度指为帮助特殊的社会群体、疗救社会病态而提供的服务，又称福利服务（welfare services）。它在社会生活中是补缺性的，涉及的是传统社会工作的内容，宗教和慈善机构、邻里和社区等在其中起着重要作用，政府介入较少。广义的社会福利制度强调社会福利制度在促进和实现人类共同福利中的作用，主要包括以下几个方面：（1）非正式的社会福利制度，包括个人、家庭、邻里和社区为增进社会福利、履行文化和道德责任所承担的各种活动，如个人帮助和照料家庭成员的活动、帮助周围需要帮助的人的活动、社区为帮助需要帮助的人所做的集体努力等。（2）正式的社会福利制度，主要包括宗教的慈善活动、非宗教的慈善活动（即非营利组织的社会福利活动）。其中，有组织的宗教慈善活动是其最重要的内容，但非宗教的慈善活动有扩大的趋势。有组织的宗教和非宗教的慈善活动组成了社会福利活动的志愿部门，有时又被称为“第三部门”。（3）国家的社会福利制度，一般认为主要有六大服务项目：社会保障或收入保障服务，包括社会保险和社会救助；医疗服务；教育；住房；社会工作服务和对个人的社会服务；就业保障。除此以外，政府还通过税收制度影响社会福利状态，如对有儿童的家庭和残疾人提供税收减免等。

二、社会福利与社会保障

（一）社会保障的定义

社会保障（social security）与社会福利一样，也是社会政策研究中广泛应用的概念之一。《新大不列颠百科全书》对社会保障的解释是：“在国际上，社会保障这一术语意味着所有已经为立法建立的集体措施，以便当个人或家庭的部分或全部收入来源受到损害或中止时，或当他们有大笔的开支必须支付时（如抚养子女或支付医疗费用），维持他们的收入，或对他们提供收入。因此，社会保障可能是对病残、失业、作物歉收、丧偶、妊娠、抚养子女或退休的人提供现金待遇。对医疗、康复、家庭疾病护理、法律帮助和丧葬的待遇可能以现金也可能以实物（服务）的形式提供。社会保障可以按法庭的命令提供（如对事故受害者的赔偿），也可能由雇主、中央或地方政府，或其他半公共或独立的机构提供。”[①] 社会保障提供的方式主要有雇主责任制、公积金制、社会保险、全民待遇和负所得税五种形式。

国际劳工局在《社会保障导言》中关于社会保障的解释是：“社会保障即社会通过一系列的公共措施对其成员提供的保护，以防止他们由于疾病、妊娠、工伤、失业、残疾、老年及死亡而导致的收入中断或大大降低而遭受经济和社会困窘，对社会成员提供的医疗照顾，及对有儿童的家庭提供的补贴。”[②]

从各国社会福利政策的实践来看，在当今许多国家和地区，社会保障是社会福利六大服务项目之一，是其政府为促进社会福利所做努力中最核心的部分，其目标是针对现代社会中八种主要的收入风险，保障现代社会中人们的收入安全。

（二）社会福利与社会保障的关系

从《新大不列颠百科全书》及国际劳工局关于社会保障的解释可以看出，社会保障在制度目标、保障对象、主要项目、资金和服务的提供者等方面，都与社会福利有着重要的差别。

具体来说，两者的区别表现为：

第一，社会保障是从属于社会福利的一个范畴，社会保障的项目不能覆盖社会福利。社会保障与社会福利相比，是属于“低层次”的，是为了满足基本生活需要。而社会福利的项目却多得多，它既可以是低层次的基本生活需要，也可以是较高层次的生活享受；其提供者不仅包括由国家提供的社会保障，而且包括由国家、地方、企业、国际社会等提供的福利；它既提供了资金保证，又提供了一般社会保障所不包含的社会服务。

第二，社会保障作为一种特殊的分配形式，只能针对一部分特殊的社会成员，而社会福利则是针对全体公民。社会保障主要是“扶贫”与“济困”，起着社会稳定的作用。社会福利主要是“脱贫”与“致富”，起着促进社会发展的作用。

第三，政府只是社会保障的组织者和提供者之一，社会保障是国家社会福利制度的组成部分，是社会福利体系的一个子体系。

从社会福利与社会保障包含的项目来看，两者之间的关系可用图 0—1[③] 表示。

---

① Encyclopaedia Britannica Inc. ed., *The New Encyclopaedia Britannica*, Chicago, Encyclopaedia Britannica Inc., 1990, vol. 27, p. 427.

② International Labor Office, *Introduction to Social Security*, Geneva, International Labor Office, 1984.

③ 参见尚晓援：《“社会福利”与“社会保障”再认识》，载《中国社会科学》，2001 (3)；田凯：《关于社会福利的定义及其与社会保障关系的再探讨》，载《学术季刊》，2001 (1)。

而从社会福利与社会保障项目的提供者来看，两者之间的关系可用图 0—2[①] 表示。

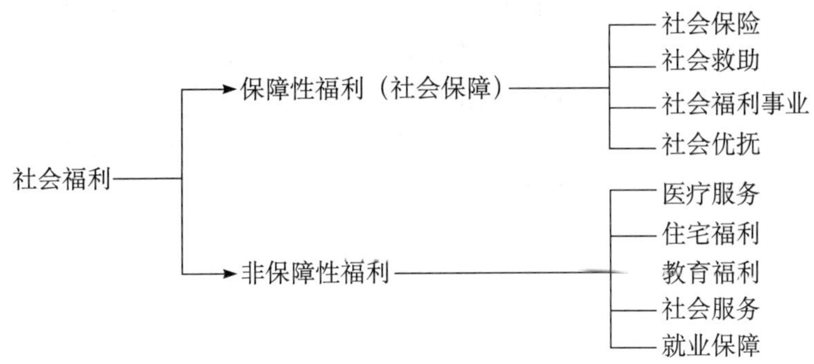

图 0—1　社会福利与社会保障关系图（1）

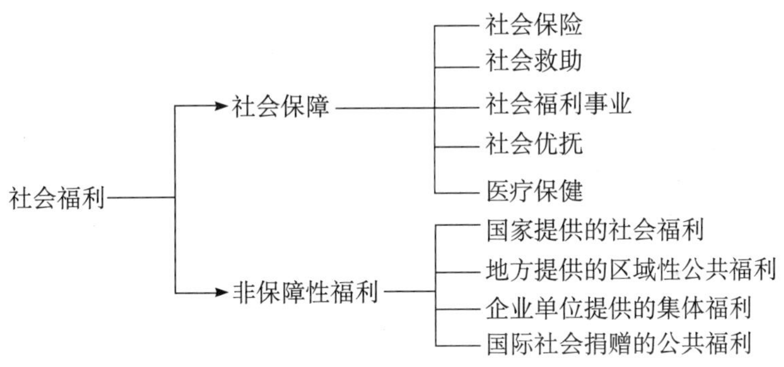

图 0—2　社会福利与社会保障关系图（2）

三、社会福利与社会稳定、经济发展

社会福利以社会稳定、社会公平、社会再生产等为基本目的，其重要作用就在于为整个社会经济的正常运转创造良好的环境，使国民经济得以持续、稳定、均衡、协调发展。

（一）社会福利是保持社会稳定和经济发展的必要手段

1. 社会福利的最初目的是为了维持社会稳定

在古代，福利总是与“善”和“恶”、“好”和“坏”联系在一起。依照上帝的旨

① 参见陈银娥：《现代社会的福利制度》，2～3 页，北京，经济科学出版社，2000。

意来照顾他人，尤其是穷人、弱者的行为，称为“善”或“好”，否则，称为“恶”或“坏”。在漫长的中世纪，欧洲社会依靠这种道德说教以及一种善有善报、恶有恶报的因果报应心理，维持着社会的相对稳定。在当时，福利作为一种具有宗教色彩的慈善事业，是教会的工作，实行的范围很小，主观随意性较大。16—17 世纪，英国几次大规模剥夺农民土地的圈地运动，使许多农民失去了田地，被剥夺了赖以生存的土地的农民被迫背井离乡、四处流浪，从而引起了一系列的社会问题。于是，英国政府曾先后多次制定法令和法规，如《济贫法》和《新济贫法》等，以法律法规的形式将救济贫困由私人义务（宗教机构、同业协会）转变为社会公共责任，并规定了救济贫民的福利措施。这些措施尽管存在一些缺陷和局限，但在当时确实在一定程度上和一定范围内起到了维持社会稳定、缓和劳资关系的作用。

2. 社会保障制度的合法化使社会福利制度真正成为促进经济发展的重要手段

1929—1933 年的世界性经济大危机，使美国经济受到严重打击。为了解决严重的失业、贫困以及由此带来的诸多社会问题，美国总统罗斯福实施了“新政”。1935 年 3 月，美国正式通过了旨在解决失业和养老问题的《社会保障法》，这是美国第一个由联邦政府承担义务、全国性的社会保障立法。从此，美国逐步建立起全面的社会保障制度，并将社会保障制度化。

美国《社会保障法》的颁布使经济学家产生了共鸣。1936 年英国经济学家凯恩斯（J. M. Keynes）出版的《就业、利息和货币通论》所导致的“凯恩斯革命”使国家干预主义与社会保障完全结合起来。凯恩斯认为，资本主义失业的根源在于有效需求不足，即消费需求不足和投资需求不足，要减少失业、增加就业机会，就需要有政府的宏观干预，政府应积极采取多种措施，如财政政策、货币政策、社会福利政策等，刺激投资和消费。政府用于社会福利保障方面的财政支出是扩大消费需求的有效途径，增加全社会成员尤其是失业者在福利保障方面的消费，可以刺激经济发展。凯恩斯明确将社会福利制度的建立作为促进经济增长和经济发展的一个重要途径，他认为由国家承担起私人和市场无法承担的养老救济、失业保障等社会责任，是一种有效地克服市场失灵和反危机的措施，也是有效的经济“稳定器”之一。为此，他提出了消除贫民窟、实行累进税制、实行最低工资法等主张。

第二次世界大战以后，美国、英国等主要资本主义国家在凯恩斯主义的影响下，都先后将实现“充分就业”作为制定经济政策的目标和国家的责任，从而推动了社会保障体系的发展与完善，促进了“福利国家”的建立与发展。尽管“福利国家”后来出现了“危机”，但不容否认，社会福利的普遍发展确实刺激了需求，促进了经济增长；同时，为现代化大生产提供了大量合格的劳动力，并使失业减少；促进了社会安定和政治稳定。因此，可以说，社会福利制度是保持社会稳定和经济发展的必要手段。

（二）社会福利制度是市场经济正常运行的必要条件

社会福利对于市场经济的运行十分重要，可以说，没有社会福利制度，市场经济就无法正常运行。

1. 市场经济是生产社会化的大规模经济

19 世纪 70 年代以后，随着工业化进程的加快，工业的发展需要在城市使用大批的工业劳动者，越来越多的劳动力被卷入市场。劳动者完全以工资收入为生，劳动者一旦失去工资收入，既没有固定资产可以依靠，又不能靠宗族观念所维系的家庭来保障其生活。他们无论是个人还是集体，都没有足够的力量抗拒年老、疾病、生育、残疾、事故、死亡、因失业所造成的收入中断及贫困。劳动者个人所遇到的这些风险集中到一起，就成了社会问题。如果没有一个专门的机构或制度解决这些问题，势必会引起社会的不稳定，如罢工、游行等。于是，由政府出面制定和实施社会福利措施，保障社会成员的基本生活，就成为社会化大生产顺利进行的必要条件。

2. 市场经济大发展呈现出周期性

工业化发展时期，经济发展主要以内涵型扩大再生产为主体，劳动力的扩大再生产也由工业化初期的数量上的扩大再生产，转变为要求劳动者的科学技术素质不断提高。这样，劳动者不仅要经历季节性失业和周期性失业，而且要经历结构性失业，并且使劳动者退出生产岗位的时间提前。这一变化使得培养一个合格的雇佣劳动者所需要的费用也必然大大增加。在这一形势下，要么增加雇佣劳动者的工资，要么由政府出面建立一套社会保障体系。由于社会福利具有一定的弹性，可以降低标准或被削减，同时，社会福利的一些项目如住房补贴、奖学金等，作为劳动者的收入往往要附加一些条件，而社会福利费用的支出掌握在政府手中，因而政府可以把社会福利的支出作为一种对劳动者的控制手段来使用。而且，社会福利费用的增减不会对物价产生影响，也不必随物价的变动而变动，因此，政府一般愿意选择增加社会福利的办法，以此来维持劳动者与现代社会化大生产相适应的生活水平，保持社会稳定，并为经济发展提供必要的劳动力。而生产社会化和商品经济的发展，使社会财富大量增加，这不仅为雇佣劳动者享有一定的社会福利奠定了物质基础，而且也规定了应该采取社会性保障的形式来利用这些社会资源。

（三）经济发展是社会福利得以继续实施的保证

社会福利制度作为国家干预经济的一种重要手段，其运行的正常与否取决于政府基于财政状况提供的必要经费，因此，国家的经济发展状况必然会影响到社会福利制度的推行。第二次世界大战以后，各主要资本主义国家生产力水平迅速提高，经济繁荣，使人们对贫困的含义有了不同的看法，也进一步提出了生活的“质量”问题。人们认为，每个人的基本生活不应受到意外事故的影响，每个人在任何情况下都应该体面地生活；应该普遍地提高物质和文明的水平；应该发展和改善公共设施如居民住宅、城市环境等。在这些观念的影响下，各国政府纷纷通过立法，将社会保障的实际水平推到了一个新的高度，促进了福利经济制度的广泛发展。而经济的发展、财政收入的增加使各国有能力做到这一点。

20 世纪 70 年代以后，各主要资本主义国家的经济增长速度大幅度下降，通货膨胀严重，失业增加，对外贸易的增长速度显著减慢，各国的经济实力明显下降。由于经济增长缓慢，个人、企业和政府的收入都明显减少，由于失业和贫困者人数增加，社会福利开支也随之增加，其结果是社会福利开支的增长幅度快于同期整个经济增长幅度，从而使政府财政赤字不断增长，经济和财政不堪重负，并最终导致了“福利国家”的危机，迫使各国开始对其福利经济制度进行改革。

这说明，社会福利开支的增减与各国经济发展状况存在着密切的联系。当一国经济发展较快、经济出现繁荣时，经济的发展既为社会福利的发展提供了物质基础，同时也增强了对社会福利的需求规模和需求水平，因而政府可以多搞一些社会福利，社会福利开支增加。而当经济发展缓慢、经济出现萧条时，社会福利发展的物质基础削弱了，因而政府要削减社会福利支出，社会福利开支减少。

上　篇

社会福利理论

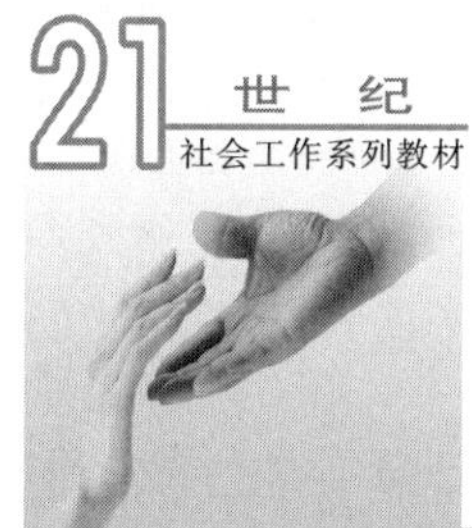

第一章

社会福利理论

学习目标

1. 了解社会福利思想的发展演变；
2. 掌握旧福利经济学的基本思想；
3. 掌握新福利经济学的基本思想；
4. 理解“福利国家”论的主要内容及其变化；
5. 理解各经济学流派及其他学者对社会福利及社会福利制度的态度。

现代社会福利是工业化、社会化大生产的产物，其实施与政府的行为联系在一起，它是现代社会经济制度必不可少的一个组成部分。社会福利理论也是在工业化、市场化、社会化的过程中产生的，其发展与福利经济理论的发展紧密地结合在一起。从经济学和社会学的角度来看，社会福利理论研究政府与市场的作用及其相互关系的问题以及公平与效率的问题。社会福利理论经历了三个发展阶段：一是社会福利理论的产生阶段，它经历了一个从否定社会救济到主张社会福利的思想发展过程，在理论上表现为福利经济学的形成；二是社会福利理论的形成阶段，它在理论上表现为“福利国家”论的形成与发展，在实践中表现为各国将社会福利政策作为国家干预经济的一个重要手段；三是社会福利理论的多样化发展阶段，它在理论上表现为当代西方社会福利制度改革理论的产生及其发展，在政策实践上表现为各国以新自由主义理论为依据对社会福利制度进行改革。

第一节　福利经济学

一、福利思想的起源

社会福利理论的形成经历了一个由否定社会救济制度到主张国家福利的发展变化过程。

（一）否定社会救济制度的福利经济思想

英国是最早进行资产阶级革命、实现工业化的国家，也是最早较大规模地由政府出面干预福利事业的国家之一。1601 年颁布的《济贫法》（Poor Law）以法律的形式将救济贫困由私人义务（宗教机构、同业行会）转变为社会公共责任，并规定了救济贫民的福利措施。该法案要求各级教区负责向居民和房地产所有者征收济贫税，用这种收入给无力谋生的人发放救济，并负责组织失业的成年人从事劳动，安排孤儿当学徒等。此后，英国政府又通过一些相应的法规，对《济贫法》进行了修改和补充。

1601 年颁布实施的《济贫法》是一个典型的工农业社会过渡时期的法案。这一法案具有很多建设性的成分，如规定了社会救济的责任领域，即每个教区都只负责本区的成员，这种以居民身份为合法条件的政府济贫原则为现代的福利国家所沿用；对福利资金的来源作了规定，即自筹资金，包括自愿的捐助、教区内部的公共土地税等；承认公共福利的全国性覆盖和全国性行政的必要；建立了学徒制度，开始了在就业保障方面的最初尝试，即以工代赈式的济贫等等。但是，该法案没有确定能够有效地规范工业社会的社会责任，并且有效地实施工业社会的社会保护功能。

随着工业在英国的快速发展，尤其是圈地运动的合法化，贫民不断增加，虽然法律已经更加严明，济贫的范围进一步缩小，但需要救济的人还是不断增多，济贫税额逐年增加。与此同时，英国的社会情况继续恶化，中世纪遗留下来的各种民间的、自发组织的社会保护组织被无情地摧毁，结果是城市工人罢工，农村则一度出现了类似

“斯宾汉姆兰德制”[①] 的反向的社会保护措施。这一系列的问题促使人们开始不断地对接受扶助合理合法的道德观念及《济贫法》所规定的扶贫原则进行认真思考，并形成了新的否定社会救济制度的社会福利思想。

这一时期，对社会救济制度持否定态度的代表性人物主要有亚当·斯密（Adam Smith）、唐森（Joseph Townsend）、马尔萨斯（Thomas Malthus）、李嘉图（David Ricardo）、萨伊（Jean Say）等。

亚当·斯密认为，独立的经济个体虽然追求的是个人利益，但由于市场经济的作用，必然会导致普遍福利。因此，国家和政府无须对穷人和福利给予特别的关注，福利救济和社会保障只是私人的事。斯密提出了随便地给予会给接受济贫的贫困者造成依赖心理的观点，因而实际上对当时施行的《济贫法》进行了间接批评。

英国牧师唐森认为贫困是财富的必要条件，人口增殖造成的工人永远贫困的情况有利于刺激勤勉，《济贫法》会破坏上帝和自然在世界上所创立的这个制度的和谐与优美、匀称与秩序。

马尔萨斯吸收了唐森等人的思想，并加以修改和发挥。他认为，贫困是私人问题而不是社会问题，贫困在本质上是一种个人对抗社会的失败，贫困的主要责任在贫困者本身，是贫困人口过度增长的结果。要消除贫困，就必须抑制人口的增长。而济贫院的救济却会使过剩的贫困人口继续存在、继续繁殖，济贫院给贫民提供工作会增加在业工人的失业。因此济贫院实行的各种救济措施不仅毫无意义，而且反而会造成贫民的依赖心理。马尔萨斯的理论具有劫贫济富的性质，它否定了向贫民提供救济的政策，为惩罚性的扶贫政策的实施提供了理论基础。

李嘉图以马尔萨斯的理论为依据，把工人的贫困归罪于工人自身，认为济贫法不是改进穷人的状况，而是同时恶化穷人和富人的状况，不是使贫者富，而是使富者贫。

萨伊认为贫穷与懒惰有关，是一种自作自受。因此，失业和贫困是个人不努力的结果，它应由个人而不是由社会（经济制度）负责。

综上可见，这一时期的学者们实际上认为，低工资来源于劳动的过度供给，失业是因为劳动力要素要价过高的结果，贫困则是由于这些力量相互作用的结果，因而工人阶级自己应该学会控制其数量的增长，自己对自身的状况负责。他们并没有正确认识贫困和失业现象。因此，这些建立在个人主义、功利主义基础之上的经济思想使社

① “斯宾汉姆兰德制”是在英国南部实行的一种根据家庭的大小和食品的成本而制定的补贴政策，于1796年开始实行。雇主知道工人总是可以从慈善机构领取面包，因而故意压低工人的工资，结果导致财政严重亏空，最终使该福利形式破产。

会对于贫困、失业的责任逐步让位于社会对于贫困者的压制。正因为如此，1843 年英国通过了《济贫法修正案》，即新《济贫法》。这一保障制度不仅废除了对体格健全者的救济，而且采用了更加严厉的管理济贫院行为的法则，并规定依靠救济的人必须接受三个非常苛刻的条件：一是丧失个人声誉（接受救济被社会视为污点）；二是丧失个人自由（必须禁闭在贫民习艺所里劳动）；三是丧失政治自由（丧失公民权尤其是选举权）。

建立在否定社会保障功能思想基础之上的社会福利制度的变迁，使贫困的失业者有待救济的迫切性与新的《济贫法》救济的局限性产生了更大的矛盾。“身强力壮的贫民”也是工业化过程中由社会经济原因造成非自愿性失业而致贫的，他们同样应该受到社会福利制度的保护。这种矛盾不仅说明了当时的社会福利制度需要重新安排，而且说明了古典经济学家否定社会保障功能的思想不能适应工业化发展的要求。随着工业化的迅速发展，社会条件的进一步恶化，自由放任理论无力抵消日益高涨的要求改善医疗和福利服务的呼声，人们开始寻求更加经济和更符合人道的经济生活保障形式，而且在英国出现了各种各样小规模的尝试。在这种形势下，1911 年，英国政府制定并通过了《失业保险法》，它既标志着实行了 310 多年的《济贫法》的结束，也说明济贫式的社会救济政策必然要为社会福利制度所取代。

（二）提倡国家福利的福利经济思想

19 世纪 70 年代以后，随着社会化大生产而出现的失业问题，给资本统治以巨大的威胁，工人阶级的贫困化以及由此产生的工人运动的高涨，迫使资产阶级开始考虑社会福利问题。

最先实行比较全面的国家社会保障的是俾斯麦执政时期的德国。这是由于德国具备率先实行国家社会保障的社会政治条件。19 世纪上半叶开始，马克思主义首先在德国传播开来，在马克思主义的指导下，德国工人阶级为了争取自己的经济利益和劳动权利，与资产阶级展开了不屈不挠的斗争。他们一方面要求政府实施保护劳动权利的社会政策，另一方面自发地组织各种互助互济的民间组织。1871 年德国实现全国统一后，首相俾斯麦认为，要加快国内经济的发展，必须安抚好国内的工人群众，调整好劳资关系，实施一整套社会政策，其中包括社会保障政策。1881 年 11 月 17 日德国皇帝威廉一世发布《黄金诏书》，宣布建立《社会保险法》，这标志着“福利国家”的产生。此后，德国先后于 1883 年通过了《疾病社会保险法》、1884 年通过了《工伤事故保险法》、1889 通过了《老年和残疾社会保险法》三个社会保险计划。这三个社会保险计划都是强制性的，其权利和义务都有法律保证。这说明，社会关系的三个方面即工人、雇主和政府，都对整个社会福利计划有着发言权。这些法令完成了当时世界上最完备的工人社会保障计划。俾斯麦政府的社会保障是自上而下产生的，它是俾斯麦利用中央政权进行政治斗争的一个手段；同时，普鲁士多年来形成的具有较高效率的较为完善的行政官僚机构，使德国能够顺利地实行由国家主管的社会保障计划。

俾斯麦政府的国家社会保障计划并不是纯粹福利性的，只是从不同的角度强调了劳动的重要性，将保障劳动者的劳动权作为原则写进了宪法。其社会保障立法的受益者并不是全体公民，也不是最需要救济的贫民，而是所有的有正常工资收入的雇佣劳动者。也就是说，当时德国社会保障的着眼点在于生产而不在于济贫。而且，俾斯麦政府并没有承担社会保障的全部职责，而是把相当一部分责任留给了个人、社会和家庭。健康、工伤和退休这三项保险计划都采用了让劳动者共同承担风险的保险方式。这种通过国家权力将保险的方法运用于社会领域的方式，不仅体现了劳动者共同平等地承担风险的原则，而且也体现了先纳税后受益、劳动和福利相结合的原则。

1911年，德国又制定了《职员保险法》，1923年颁布了《帝国矿工保险法》，1927年制定了《职业介绍与失业保险法》。德国社会保险法规的颁布，标志着国家开始担负起社会福利的责任。德国几个社会保险法案的颁布与实施，一方面是由于社会民主党面临长期斗争的压力，另一方面则是由于德国新历史学派经济学家也较英法等国经济学家提前认识到社会福利对资本统治的促进作用，而且他们的这种认识逐步为德国的资产阶级所认可。

这一时期，主张由国家出面来举办社会福利的主要代表有尤斯蒂（John Justi）、李斯特（Friedrich List）、俾斯麦、德国新历史学派等。

德国官房学派（财政学）学者尤斯蒂最早提出了“福利国家”的思想。他认为，封建君主所实行的经济政策是为了普通臣民的利益，是为臣民谋福利的。他主张通过国家的行政权力来实现福利国家，国家的财政支出是社会福利的基础。

历史学派的直接先驱李斯特则从民族利益出发，主张国家干预，由政府采取保护主义的政策来激发、提高并保护整个国家的生产力，以此促进国民财富的增加，增进国民的福利。李斯特关于国家干预主义的思想既为当时的德国建立福利保障制度奠定了理论基础，同时也成为现代“福利国家”论的理论来源。

德国首相俾斯麦在吸收尤斯蒂、李斯特等人福利保障思想的基础上，进一步公开宣称社会保险是消除革命的投资，他认为一个期待养老金的人是最守本分的，也是最容易被统治的。因此，俾斯麦在1871年统一德国后，逐步实行了系统性的福利政策，建立了疾病、工伤、失业、养老保险体制。俾斯麦“新政”标志着近代社会保障制度的产生。

德国新历史学派强调要发挥国家的行政职能作用，通过赋税政策实行财富再分配，并通过各种法令和建立国营企业等措施来实行自上而下的改良，为整个社会谋利益，负起文明和福利的职责。新历史学派关于由国家来实施社会福利的思想，概括起来主要包括以下内容：第一，国家的职能除了安定社会秩序和发展军事实力外，一个重要的方面就是直接干预和控制经济生活；第二，国家的法令、法规、法律决定着一国经济发展的进程；第三，劳工问题是德国的主要社会问题，因而国家应该采取一系列措施，实行经济和社会改革。如制定工厂立法、劳动保护、工厂监督、孤寡老人救济等法令，实行河流、森林、矿产、铁路和银行等生产事业的国有化，限制土地私有制，改善公共卫生，改革财政赋税制度等，以缓和社会矛盾，促进经济发展。为了贯彻其政策主张，他们积极参与实际政治活动，并于1873年成立了以他们为主体的旨在推行改良主义政策的“社会政策学会”。该学会的改良主义主张被俾斯麦政府所接受，从而成为德国率先实施社会福利的理论依据。新历史学派的主张，后被制度学派加以吸收和发展，在美国及其他国家传播，成为西方资本主义国家初级社会福利的思想基础。

社会福利制度由最初的社会救济发展到国家举办的社会保险，并继续向外扩展。第二次世界大战以后，随着国家垄断资本主义的全面确立，发达国家的社会福利体系也逐渐完善，逐步形成了比较完整的社会福利制度。与此同时，经济学、社会学、政治学等社会学科也更加注重对社会福利问题的研究，以至于形成了颇具特色的“福利经济学”和“福利国家论”的学说。

二、福利经济学的主要思想

资本主义经济发展由自由竞争阶段进入垄断阶段以后，工人阶级仍然很贫困，失业使工人的生活更加不安定，财富和收入的分配问题越来越严重。在劳资矛盾以及社会冲突不断加剧的情况下，通过国民收入再分配来安抚工人阶级的社会福利问题就不可避免地产生了。这时，在传统的自由放任经济学的基础上产生了主张发展社会保障的福利经济学。

（一）福利经济学的思想渊源

福利经济学是资产阶级经济学的一个分支，它的产生以庇古（Arthur Cecil Pigou）《福利经济学》（1920年）一书的出版为标志，从此，“福利经济学”一词广为流行，庇古因而被称为“福利经济学之父”。庇古福利经济学的思想基础是边沁（Jeremy Bentham）的功利主义哲学及霍布森（John Atkinson Hobson）的最大社会福利思想。

1. 边沁的功利主义哲学

边沁认为，个人是自身利益的最好的判断者，人们的理性活动是寻求快乐，同时避免痛苦。如果每个人都能自由地追求个人利益，那么必然会实现公共利益即最大多数人的最大幸福。由于个人追求私利是正当的，政府就不应该进行干涉，而应实行自由放任政策。但是，边沁的功利主义哲学与政治经济学还是分离的。最早使两者结合起来的是詹姆斯·穆勒（James Mill）。他认为，经济学的研究应当关心人的幸福，而资本主义制度可以使个人利益与公共利益相结合。但是，资产阶级追求私利的结果，并没有给以雇佣劳动者为主体的大多数人带来幸福。于是，在英国，以功利主义哲学为基础的传统经济学出现了折中、调和的趋势：一方面，继续依据功利主义原则，实行自由放任政策，另一方面，又主张采取某些国家干预政策，以调和劳资矛盾。这种趋势在经济理论上的表现就是，从约翰·穆勒（John Mill）开始一直到马歇尔的英国资产阶级经济学家，都在理论上不断进行探求，希望能够找到一种方法，既能维护资本的统治，又能缓解无产阶级的斗争。这些经济学家的不懈探求最后在庇古那里得出了一个答案，这就是他的“福利经济学”。

2. 霍布森的最大社会福利思想

福利经济学的直接先驱者是霍布森。霍布森明确主张经济学要以社会福利为研究中心。他是从伦理观点出发研究福利问题的。他认为，人生的目的在于追求福利，福利的基础是财富。财富是由劳动、土地、才能、资本等共同生产出来的。生产是人类成本的消耗，但也包括积极的快乐与享受；消费是效用的享受，但某种消费也包含有痛苦与成本。他认为生产力配置要能使劳动痛苦减到最小限度，消费品的分配要使社会效用达到最大限度，即用最少的人类成本，求得最多的人类效用，从而获得最大量的福利。在生产中，工人、资本家、企业主和地主通力合作，创造了一种“非生产性剩余”（或“剩余价值”）。这种“非生产性剩余”是由于各种生产要素的所有者在议价时能力的不平等以及各种经济势力所形成的，因而政府应以课税的方式或政府独占的方式将这种剩余用于社会福利。“一切征税应以‘非生产性剩余’为限，从这里面尽可能征取，让国家有益地用来维持和发展公共事业”①。为了保证“最大社会福利”，国家必须干预经济生活，实行“国家社会主义”。这种干预不仅包括分配领域，还应包括生产领域。国家不仅可以通过赋税消除财富不均，实行免费医疗、老年抚恤金、比较充分的失业救济等“合理的健全的社会政策”，而且还应当对一些企业进行直接管制，以便把个人利益与社会利益调和起来，使“最大多数人的最大幸福”得以实现。

① ［英］霍布森：《财富的科学》，128 页，上海，上海人民出版社，1958。

（二）旧福利经济学的基本思想

庇古以马歇尔等人的一般经济理论为基础，以完全竞争为前提，系统地论述了福利概念及其政策应用，建立起福利经济学的理论体系。庇古的福利经济学，相对于他以后的福利经济学来说，被称之为旧福利经济学。

旧福利经济学的基本思想主要包括以下内容。

1. 以边际效用价值论为基础论述了福利的含义

庇古将福利分为两类：一类是广义的福利，即“社会福利”，另一类是狭义的福利，即“经济福利”。广义的福利包括由于对财物的占有而产生的满足，涉及“自由”、“家庭幸福”、“精神愉快”、“友谊”、“正义”等内容，但这些是难以计量的。而经济学所要研究的是可以用货币计量的那部分社会福利即经济福利。经济福利虽然只是总福利的一个部分，但却具有决定性的影响，它可以在一定程度上反映社会福利的状况。庇古认为，人们追求的是最大限度的满足，而使人们得到满足的是物的效用，因而一个人的经济福利就是由效用构成的。每个人获得的效用总计起来就构成了全社会效用的总和，而效用总和也就是全社会的经济福利。由于经济福利是可以直接或间接地与货币尺度联系起来的那部分总福利，国民收入是可以用货币衡量的那部分社会客观收入，其中包括国外收入，因此，经济福利和国民收入是对等的两个概念。①

2. 提出了检验社会福利的两个标准

庇古把国民收入量的增加和均等化的收入分配看作是福利经济学研究的主题，并采用两个标准作为检验社会福利的标志：一是国民收入的大小，二是国民收入在社会成员中的分配情况。② 在福利经济学中有两个基本命题：一个人的实际收入的增加会使满足增大；转移富人的货币收入于穷人会使满足增大。③ 根据这两个命题，凡是能增加国民收入总量而不减少穷人的绝对份额，或者增加穷人的绝对份额而不影响国民收入的总量，都意味着社会福利的增进。收入均等化或减低收入不均的程度是福利最大化的必要条件。如果政府把富人的一部分货币转移给穷人，将会增加一国的经济福利。将富人的一部分货币转移给穷人，可以采取“自愿转移”和“强制转移”两种方式。自愿转移就是政府将其收入的一部分举办教育、娱乐、保健等福利事业，或创办一些科学和文化机构；强制转移是指政府通过征收累进税和遗产税来实行收入的转移。与此相适应，将富人的收入转移给穷人也有两种方式：一种是直接转移，如举办一些社会保险或社会服务设施；二是间接转移，如政府对穷人必需品的生产部门、工

---

① See A. C. Pigou, *The Economics of Welfare*. London, The Macmillan Company, 1932, p. 31.

② Ibid., p. 123.

③ See A. C. Pigou, Some Aspects of Welfare Economics, *The American Economic Review*, 1952 (6), p. 293.

人的住宅建筑、垄断性的公用事业等进行补贴，以减低这些商品的售价，使穷人受益。由于救济有工作能力而不工作的人会减少国民财富，因而不应该实行无条件的普遍的补贴制度，而应该训练身强力壮的低收入者，让失业的技术工人学习新技术，为工人的优秀子弟提供上学的机会并补贴其生活等。

3. 要使一国经济福利有所增加，还必须增加国民收入量

国民收入总量的增加是促进经济福利、彻底解决贫困问题的主要因素。而增加国民收入量的关键就在于资源的有效配置。最适度地配置生产资源，可以使国民收入或社会经济福利总量达到最大值。一般来说，自由竞争可以最适度地配置生产资源，增进社会经济福利。如果出现了生产资源配置不当，由国家采取适当的调节措施如课税和补贴，可以实现生产资源的最优配置。

旧福利经济学关于"最大社会福利"的原则为以后所有福利经济学家所沿袭。但由于某些观点和理论如收入均等化理论，不能完全适应垄断资本的需要，以后的经济学家对此做出了某些修改、补充和发展，形成了新福利经济学。

（三）新福利经济学对旧福利经济学的修改和发展

新福利经济学的主要代表有勒纳（A. P. Lerner）、卡尔多（Nicholas Kaldor）、希克斯（John Hicks）、伯格森（Abram Bergson）、萨缪尔森（Paul Samuelson）。他们运用"序数效用论"、"帕累托最适度"、"补偿原理"、"社会福利函数"等分析工具来说明政府应当保证个人的自由选择，通过个人福利的最大化来增加"整个社会的福利"，以此实现社会福利的极大化。

新福利经济学对旧福利经济学的修改和发展主要有以下几个方面：

1. 运用"序数效用论"、"无差异曲线"、"消费可能曲线"等方法，在微观经济领域里对福利问题进行了一系列探讨，丰富和完善了庇古的福利经济理论

根据序数效用论，物品的效用不能用具体数值来表示，但可以用序数来进行比较。这种比较说明，一个人对于不同物品的不同组合有偏好上的差异，如甲偏好一种组合而乙偏好另一种组合，只不过表明个人对物品的趣味不同，而不能表明甲种物品的组合比乙种物品的组合效用大、福利多。根据无差异曲线，两种商品的不同组合可以给一个消费者带来同等程度的满足，消费者为了使自己的满足程度不变，就会在损失了一定数量的甲种物品时用一定数量的乙种物品来补偿。由于效用不能相加，各个人的效用和偏好因其偏好方式的不同而无法进行比较，因此，消费者追求最大的满足的途径就不能如庇古所理解的那样是力求达到最大满足的总量或最大效用的总量，而应该是力求达到最高的满足水平，即最高的无差异曲线。

2. 发展了“最适度原理”

新福利经济学认为，只有经济效率问题才是最大福利的内容。为了说明经济福利，勒纳等人论述了实现“帕累托最适度”[①] 在交换和生产两方面所需具备的条件，发展了“最适度”原理。其主要论点是：交换的最适度条件就是在完全竞争条件下，交易双方通过交换而使彼此得到最大满足的条件；生产的最适度条件就是在完全竞争条件下，生产要素最有效地进行配置，从而使产品最有效地生产出来所必需的条件；生产和交换的最适度条件是指同时满足交换最适度条件和生产最适度条件所要求的前提。根据这一原理，一切社会变革都只能直接为垄断组织谋利益。

3. 提出了“假想的补偿原理”

“假想的补偿原理”由卡尔多和希克斯等人在 20 世纪 30 年代末期提出，对新福利经济学的发展起了较大的作用。“补偿原理”的实质是，如果一些社会成员经济状况的改善不会同时造成其他社会成员经济状况的恶化，或者一些社会成员状况的改善补偿了其他社会成员状况的恶化，社会福利就会增加。根据这一原理，政府的某项措施或立法会使一些人得益而使另一些人受损，如果得利总额超过损失总额，那么，政府可运用适当政策向得利人征收特定租税，以补偿受害者，这样做对任何人都没有不利而对一些人有利，因而增进了社会福利。这一原理宣扬的是“整个社会的福利”或“福利综合指标”，而且，这一原理只是“假想”的，事实上并不一定实行。只要提高了效率，所受损失总可以在长时期内补偿过来。如果一种政策措施的结果虽然是使贫者愈贫、富者愈富，但只要它使国民收入总量有所增加，也被认为“增进”了社会福利。

4. 提出了“社会福利函数”理论

伯格森、萨缪尔森、阿罗（K. Arrow）等人着眼于个人的主观感受，认为补偿是否恰当，要在受益者感受到以后才能确定，事前是无法预测的，因而补偿原理并不是科学的，而应当把福利最大化放在最适度条件的选择上。在他们看来，生产和交换固然应符合最适度条件，但生产和交换达到了最适度条件并不一定表明福利达到了最大化。经济效率是最大福利的必要条件，合理分配是最大福利的充分条件，只有将所有分配方面及其他支配福利的因素一并列入，编制一种“社会福利函数”，当这个函数达到最大值时，才算达到了福利最大化。伯格森、萨缪尔森等人提出的“社会福利

① “帕累托最适度”又称帕累托最优，是由 19 世纪末期意大利经济学家帕累托（V. Pareto）在序数效用论基础上说明经济福利时提出来的。它是指生产资源的重新配置，已经不可能使任何一个人的处境变好，除非至少使另一个人的处境变坏。这种情况被称之为“帕累托最适度”。根据这一定义，任何社会变革如果能使每个人的境况都变好或一些人的境况变好而没有人的境况变坏，那么这种变革就是可取的。否则，任何社会变革都是不可取的。

函数”是新福利经济学的一个主要内容。根据该理论，社会福利和一些影响社会福利的各种因素之间存在一定的函数关系，这些影响因素可能有各种不同的组合。在一定的收入分配条件下，社会福利的最大化就在于个人对各种不同组合的选择，个人的自由选择是决定个人福利最大化的重要条件，而社会福利又总是随着个人福利的增减而增减，因此，要使社会福利最大化，政府应当保证个人的自由选择，进行“合理的”收入分配。伯格森等人提出的这一福利标准，多年来一直在福利经济理论中处于支配地位。

5. 突出福利的主观性和“福利的相对性”

杜生贝里（J. S. Duesenberry）指出，每个人的消费支出，不仅受自身收入的影响，而且受周围的人的消费行为及其收入和消费相互关系的影响。一个人的福利如果受其他人的福利的影响，则“最适度条件”将更为复杂。美国著名的福利经济学家米香（E. J. Mishan）则认为，像美国这样的“丰裕社会”，人们不仅关心他们收入的绝对水平，而且更关心他们收入的相对水平，即他们在社会收入结构中所处的地位，以致出现这样一种极端情况，一个人宁可在其他人的收入减少10%的前提下，把自己的收入减低5%，而不愿意大家的收入都增加25%。由于福利是相对的，福利与个人收入并无直接联系，因此，提高国民收入水平的政策和缩小国民之间收入差距的政策都不能增加国民福利。而且，由于人的欲望是无止境的，因而福利永远不能得到满足。“相对福利”既否定了收入均等化措施，也否定了普遍提高国民收入水平的意义，认为任何社会变革都不能增进社会福利。

尽管新旧福利经济学都存在着一些理论及实际操作的缺陷，但福利经济学的产生和发展为“福利国家”社会福利的发展提供了理论依据，从而促进了发达国家社会福利制度的建立和发展。

第二节 “福利国家”论

1929—1933年的世界性经济大危机，对范围狭小的、低水平的社会保障制度和不能适应市场化、社会化发展要求的社会福利理论造成了极大的冲击。为了解决严重的失业、贫困以及由此带来的诸多社会经济问题，美国总统罗斯福实施了“新政”。1935年3月，美国正式通过了旨在解决失业和养老问题的《社会保障法》（Social Security Act），这是美国第一个由联邦政府承担义务、全国性的社会保障立法。从此，美国逐步建立起全面的社会保障制度，并将社会保障制度化，这对第二次世界大战后福利经济制度的全球化产生了很大影响。因此，罗斯福“新政”不仅标志着现代社会保障制度的建立和全面发展，而且也促进了现代社会保障理论的形成和发展，并使福利型社会保障思想在西方工业化国家逐步得以确立。

与英国《济贫法》颁布后经济学家对其持否定态度的情况不同的是，美国《社会保障法》的颁布，却使经济学家产生了共鸣。1936年英国经济学家凯恩斯(J. M. Keynes)出版的《就业、利息和货币通论》所导致的“凯恩斯革命”使国家干预主义与社会保障完全结合起来，同时使国家干预论者的福利经济思想逐步形成，并在西方福利经济理论中占据主导地位。这些思想和理论集合起来，可以称为“福利国家”论。

一、“福利国家论”的产生

（一）“福利国家”论产生的社会历史背景

从19世纪70年代开始，资本主义开始由自由竞争阶段向垄断阶段过渡，垄断资本的统治不断加强，资本主义基本矛盾和阶级矛盾更加突出和激烈。从这一时期到第二次世纪大战前的半个多世纪里，资本主义世界先后爆发了多次经济危机。在经济危机期间，大批工人失业，工人的实际工资大幅度下降，生活贫困且无保障。与此同时，资本主义国家之间的竞争更加激烈，矛盾更加突出，以致在欧洲大陆不断爆发战争。战争使民用工业和民用建筑遭到巨大破坏，导致消费品短缺、物价上涨，人民生活在苦难之中。经济危机、连年的战争、垄断资本的统治等，加剧了无产阶级的贫困化，并进一步使无产阶级和资产阶级之间的矛盾不断激化，欧洲各国工人纷纷建立起自己的工会组织和政党，开展了反对资本压迫的斗争。第一次世界大战前夕，英国、法国、德国等国的工人运动曾引起了国内的政治危机；俄国十月革命的胜利更是给全世界的无产者展示了一条最后摆脱资本压迫和剥削的道路。资本主义经济危机史上著名的1929—1933年经济大危机是一个转折点，这一次经济危机导致了德国、意大利法西斯的上台，并促使欧洲工人运动的进一步高涨。

正是在这种社会政治背景下，出现了各种社会改良主义和机会主义思潮，形成了社会改良主义思想。社会改良主义思想的内容主要有：垄断资本主义国家已经变成“全民国家”，它代表全社会的利益为所有社会成员谋福利；资本主义制度是合理的，但存在着一些弊病，如财富和收入分配的不平等、失业和由此造成的贫穷等；这些弊病是由于某些政策失误而造成的，因而可以在不改变资本主义生产方式的前提下，只需改变分配方式就能够消除；通过一点一滴的社会改革，即实行渐进的改革，可以改变资本主义制度的性质。在这些思潮中，其经济方面的主要内容就是“福利国家”论。

（二）“福利国家”论的思想渊源

“福利国家”论虽然最终形成于第二次世界大战前后，但这种思潮却由来已久。它是随着社会、经济、政治等多种因素的变化而逐渐形成、发展和完善起来的。

1. 德国新历史学派和讲坛社会主义

19 世纪末期，德国新历史学派和讲坛社会主义者继承和发展了尤斯蒂等人的思想，宣扬社会改良，主张通过赋税政策实行财富再分配。他们认为，第一，国家的职能除了维持社会秩序、保护人民安全外，还有“文化和福利的目的”，即还具有经济管理的职能；第二，国家的法令、法规、法律等决定了经济发展的进程；第三，政府应该采取各种措施实现促进文化、改善公共卫生、保护老幼贫弱、保护工人安全等社会目标。他们的主张为俾斯麦政府所接受，从而成为德国政府率先实行社会保障制度的依据。

德国新历史学派主张国家干预的改良主义思想得到欧洲一些国家的部分认可，成为发达国家初级社会福利的思想基础。

2. 英国费边社会主义

19 世纪末期，英国费边社会主义（Fabian Socialism）对英国社会保障制度的形成和发展起了重要的作用。费边社会主义反对使用暴力，主张实行渐进改良来实现社会主义。他们关于社会福利的思想主要有以下几个方面：第一，特别强调市政府自治，主张搞“市政社会主义”，通过扩大政府权力来改善社会福利，就是实行社会主义。社会主义主要表现在三个方面：政府对私人企业的管理不断加强；市区行政的发展；租税迅速转由地租和利息负担。他们把国家政权看作是“集体主义”的象征。英国议会通过的关于缩短工作时间、限制雇用童工女工、改善车间工作条件之类的法案，都是集体对个人贪欲的限制，是牺牲个人活动和扩大集体活动，有利于增进社会福利。第二，国家对私人企业实行国有化，实现租金（包括利润和地租）和利息的社会化。第三，对非劳动所得的收入及遗产征收累进所得税，以实现租金和利息从私人向国家的强制性、无偿性转移。第四，制定“全国的最低生活标准”，政府采取措施保证居民的生活不致降低到“最低生活标准”以下。政府采取的措施主要有：实行最低工资制和 8 小时工作制；扩大对工人损失的补偿；支持老年人年金制度；改善住房条件；增加教育设施等等。

费边社会主义对英国工党的建立，起了很大的作用，英国工党建立以后，把实现社会福利作为自己的奋斗目标。同时，费边社会主义也促进了国家干预主义社会福利思想的最终形成和英国“福利国家”的建立。

3. 凯恩斯有效需求理论

英国经济学家凯恩斯的有效需求理论对国家干预主义社会福利思想的形成和发展起了重要作用。凯恩斯本人并不属于社会改良派，但他在《就业、利息和货币通论》中提出的许多原理，尤其是主张实行国家干预以达到充分就业目的的理论和政策，为国家干预主义社会福利思想提供了新的论据和目标。

凯恩斯认为，资本主义国家失业的根源在于有效需求不足，即消费需求不足和投资需求不足，要减少失业、增加就业机会，国家必须积极干预经济生活，通过财政支出，进行大规模的基础设施建设及各种有关福利设施的建设。也就是说，国家可以借助发展社会福利事业的途径来提高居民的有效需求，可以通过采取充分就业、消灭贫困、实行累进税、实施最低工资法、改革教育等办法来提高社会保障水平。由此可见，凯恩斯提出的有关政府对经济的调节以摆脱经济危机的措施，成为第二次世界大战以后资本主义各国政府建立社会保障制度的主要理论依据。

4.《贝弗里奇报告》中的社会福利思想

英国社会活动家贝弗里奇（W. H. Beveridge）于1942年提出了著名的《社会保障及相关福利问题》的报告，即《贝弗里奇报告》，他在报告中提出了一整套对英国全体公民均适用的福利国家的指导原则，设计了一整套从“摇篮到坟墓”的全面的广泛的社会福利计划，他也由此获得了“福利国家之父”的称号。《贝弗里奇报告》确立了第二次世界大战后英国福利体系重建的基本原则：普遍性原则；满足最低需求原则；充分就业原则；费用共担原则。按照这些原则，贝弗里奇设计的社会保障计划涵盖了养老、疾病、残疾、死亡、工伤、失业和家庭津贴等7大保障项目。这些很快成为欧洲各国建立福利国家的理论基础。

《贝弗里奇报告》是一份较完整的现代福利国家的设计蓝图，其问世意味着社会福利思想发展的基本终结。此后，人们很少再提出新的原则，而更多的是围绕具体福利政策进行争论。也就是说，社会福利理论的研究从此以后转入专业化和技术性分析阶段。

二、“福利国家”论的主要内容

20世纪30年代以来，由于世界性的经济危机、凯恩斯在经济学上的“革命”、国家垄断资本主义统治地位的确立与不断加强等因素的影响，“福利国家”论得以兴起并逐渐流行起来。经济学家和社会学家从不同的角度对“福利国家”进行了不同的表述和阐释，这些表述各有其侧重点，从而构成了“福利国家”论的不同内容。

（一）“福利国家”论与福利社会观念

1. 威伦斯基的对“福利国家”的解释

英国社会学家哈罗德·威伦斯基（Harold L. Wilensky）指出，“福利国家”的关键是政府保证所有公民享有最低标准的收入、营养、健康、住房、教育和就业机会，公民们享受这些服务是公民的政治权利而不是接受慈善家的施舍[①]。他认为，“福利国家”既是现代社会的一个庞大的、完整统一的机器，同时又是由多样化的组成部分聚合而成的。虽然“福利国家”的发展取决于经济发展水平，取决于经济因素与社会、政治等诸因素的关系，但是，由于这些因素在各个不同模式的“福利国家”的不同发展阶段各自所起的作用难以确定，而且存在一定的差异，因此，在解释多种形式的“福利国家”的理论和政策实践的过程中，首先应分清不同形式和不同程度的政权集中情况，然后探讨与此相关联的社会结构、社会分层、社会流动状况，最后再研究工人阶级的规模、性质及组织状况，分析军事因素等。只有在这些结构的功能趋于一致的国家，“福利国家”的理论和政策实践才有可能趋同。否则，各个国家的福利制度便会出现多样化。

威伦斯基还提出，“福利国家”除了要保证公民的最低收入标准外，还要实行收入再分配，同时为年轻人提供均等的就业机会。[②] 一些潜移默化的社会制度变迁如工业化的进程、群众教育事业的普及、收入的增加、妇女对社会劳动和政治的参与等，从长远来看都能够逐渐减少不平等现象。威伦斯基也承认，“福利国家”论在很大程度上带有理想主义色彩，“福利国家”的许诺即由政府通过对收入实行再分配和提供均等机会保障公民的最低生活水准等，是很难实现的。

2. 罗布森关于“福利国家”原则的论述

威廉·罗布森（W. Robson）归纳了“福利国家”的理论原则。他认为，“福利国家”就是国家关心整个民族的福利，国家的公共政策应优先考虑其成员的福利。“福利国家”对于经济和社会政治生活的干预主要是在资源分配、法律、治安、教育以及社会服务等领域。其目的是为了改善生活环境，提高社会服务质量，从而提高公民的生活水平，增进社会福利，增加公民的满足程度。由于“福利国家”代表公共政策，而福利社会代表公共行为即人们如何对待、思考、感受与普遍福利有关的问题，因此，“福利国家”应由福利社会来补充。要造就一个福利社会，每个公民都必须清楚并履行其在“福利国家”中与所享受的权利相一致的义务，特别是劳动的义务；每

---

① See Harold L. Wilensky, *The Welfare State and Equality*: *Structural and Ideological Roots of Public Expenditures*. Berkeley and Los Angeles, University of California Press, 1975, p. 24.

② See Harold L. Wilensky and Charles Lebeaux, *Industrial Society and Social Welfare*. New York, Free Press, 1965, p. 69.

个公民都必须具有民主参政的意识并认真选举其代言人；应当限制那些只对自己的成员或其管理人员有利的非政府机构；工会组织不要无限制地使用其权力如组织超常时间的罢工等，因为这只会破坏经济，损害工人的根本利益或长远利益。

3. 其他学者对“福利国家”的解释

除此以外，还有一些学者也对“福利国家”进行了解释，主要观点包括：第一，认为“福利国家”的主要原则是，国家有义务把充分就业置于政府政策所支持的社会目标的首位。第二，认为“福利国家”是扬弃国家对其公民（除保护财产外）不承担任何义务的自由放任理论，同时肯定与此种理论相对立的主张，即国家必须承担防止贫困和不幸、向公民至少提供他们所需要的最低生活援助的责任。第三，认为“福利国家”是：国家权力对资本主义市场经济进行调节，使之提供日益增多的经济盈利，政府先通过税收将这种盈利收归国家，再利用社会政策进行重新分配，以此促进平等；国家政策的方向是保证利用自由民主的程序来满足公民的需要和愿望。第四，认为“福利国家”是一种“混合经济制度”等等。

从以上学者对“福利国家”的解释可以看出，“福利国家”论包含有社会、政治、经济等诸方面的内容。

（二）“福利国家”论的主要内容

按照“福利国家”论者的观点，“福利国家”的基本内容是：在混合经济制度下，由政府实行充分就业、公平分配、社会福利等政策，以消除资本主义的失业、贫困、不平等等弊端。其主要特征和实质是：政府对国民收入作有利于劳动者的再分配；通过赋税制度没收富人的部分收入转交给穷人，实现各阶层居民收入的均等化；消灭经济上和社会上的不平等，消灭物质方面无保障、匮乏、贫穷等现象；实现“充分就业”；推行“国有化”、“计划化”及公共工程政策等。具体来说，“福利国家”论的主要内容包括以下几个方面。

1. 收入均等化

“福利国家”论者把收入均等化看作是“福利国家”的重要标志。他们认为，公平分配是每个人应当享有的天然权利，而现代资本主义的一个严重弊病是财富和收入分配不平等，因此，国家应该采取措施如实行一些“社会改革”，使财富和收入的分配更加平等。社会改革主要是对遗产和收入实行累进所得税，同时举办各种社会福利事业。政府通过这两个方面的改革，就可以把一部分财产和收入从富人手中转移到穷人手中，实行有利于穷人的再分配，使富人不那么富、穷人不那么穷，从而促进平等。

2. 福利社会化

福利社会化是“福利国家”的另一个重要标志。“福利国家”论者认为，为了消除资本主义社会中存在的贫穷现象，国家应该举办一些社会福利事业，建立社会福利制度，以便当居民因失业、疾病、伤残、年老等原因失去工作，丧失或部分丧失劳动能力而无法维持生活时，政府给予适当救济，使其生活得到一定的保障。社会福利包括社会保险、失业救济、卫生保健、家庭补助、养老金以及提供公共住房建筑、教育文化活动等社会服务设施。通过建立这些社会福利设施，就可以保障人民的最低生活水平，并使大多数人享受到较好的物质生活。社会福利制度在相当大的程度上是一种收入保险制度，它之所以由政府来承办，主要是由于这种保险事业包含有“济贫”的性质，无利可图或获利太少，私人资本家不愿意承担；同时，由于政府可以将这种保险事业从商业形式改变为“社会福利”形式，因而可以作为缓和劳资矛盾的一种手段来使用；而且，社会福利除了具有收入保险性质以外，还有一部分社会福利事业如各种补助、公益设施等，是政府利用赋税收入举办的，不具有保险的性质。

3. 就业充分化

“充分就业”是“福利国家”关心全民福利的一项重要经济政策和措施。“充分就业”并不意味着完全没有失业，而是指除了摩擦性失业和自愿失业以外，消除了非自愿失业时的一种就业状态。非自愿失业是指愿意接受现行货币工资和工作条件但仍然找不到工作的失业。只要政府采取必要的政策措施，非自愿失业是可以消除的，从而可以达到充分就业。政府实现充分就业的政策措施主要是：在失业增加时，实行膨胀性的财政政策和货币政策，即扩大政府开支、降低税收，同时降低利率、增加货币供应量以刺激私人投资和消费；在失业减少、出现通货膨胀时，则实行紧缩性的财政政策和货币政策，即减少政府开支、增加税收，同时提高利率、减少货币供应量以压缩投资和消费需求。通过采取这些反危机的措施，就可以有效地避免经济危机，实现经济持续高涨和充分就业。20 世纪 60 年代中期以后，各资本主义国家出现了一种大规模失业和通货膨胀并存的现象，即所谓的“滞胀”。面对这一形势，英国、德国、法国等主要资本主义国家都曾先后采取收入政策，即由政府限制或冻结工资和物价上涨的政策，来实现充分就业。

4. 经济混合化

混合经济又被称为“双重经济”或“公私合伙”经济。一般认为，混合经济既包含有以利润为动机的私人企业因素，又包含有集体主义因素；而且，既包含有私人资本主义，同时又包含有“社会化”的经济。“社会化”的经济包括生产上的社会化和收入与消费上的社会化。生产上的社会化是指国家对私人企业的国有化或其他形式的参与；收入与消费上的社会化则是指国家对私人收入和消费的干预。生产上的社会化和收入与消费上的社会化共同构成的混合经济，实际上就是国家对生产、收入和消费的干预与私人生产、收入和消费的结合。在混合经济制度下，政府和私人两个方面的主动性和控制权都可以同时保存：私人经济关心利润，国营经济关心社会福利。因此，这种制度可以兼顾效率和社会需要。

第三节　社会福利理论的多样化发展

自从福利经济学和“福利国家”论产生以来，就有一些学者对它们所主张的社会福利思想提出反对的看法甚至否定其现实意义。特别是 20 世纪 70 年代中期以来，“福利国家”的危机直接导致了福利经济学和“福利国家”论的危机。在“福利国家”实践中所存在的一系列严重问题使日益抬头的新自由主义乘机掀起了一股反社会福利制度之风。与此同时，“福利国家”论者对“福利国家”进行了新的解释和修补，形成了有关“福利国家”的新的理论。因此，这一时期是社会福利理论的多样化发展时期。

一、新自由主义者的社会福利思想

新自由主义的流派很多，观点也各异。在对待社会福利问题上，他们大多认为，为了增进社会经济效率，必须大大削减社会福利支出，修改现行社会福利经济制度，使社会福利社会化，即将某些社会福利计划实行多元化、私有化和市场化。社会福利计划的多元化，就是将某些原来主要由国家负担的社会福利改由家庭、亲友、慈善机构、工会、专业机构、企业以及其他社会组织分担；社会福利计划的私人化和市场化则是将国家在社会福利计划中具有的两个职能，即拨付资金和提供社会服务，部分地或全部转变成私人的职能或市场的职能。也就是说，将某些有关社会福利所需要的服务资金由国家负担改为由私人机构承担，原来由国家提供的社会服务改为由私人提供；有些社会福利完全变成一种商品，由消费者在市场上自由选择、自由购买。社会福利政策不再是国家干预经济的一个重要手段。其中，代表性的理论主要有以下几种。

（一）限制国家权力，缩小国家机构

这一主张由现代货币主义者弗里德曼（M. Friedman）提出。他主张一种“新自

由主义”，即通过竞争性资本主义把经济活动中的“普遍的相互依存和个人自由结合起来”[①]，并使政治活动中具有责任心的个人之间在自由和充分讨论的基础上取得一致的意见。他要求限制国家权力，缩小国家机构，主张推行以自由竞争、自由贸易为特色的国内外经济政策。

弗里德曼的这一新自由主义经济观对社会福利政策产生了重大影响。他对社会福利保险和养老金机构的国家化提出了批评，认为社会保险方案和养老金方案造成了巨大的官僚机构，引起了生产的低效率。同时，他提出了他的社会福利观点：削减以至于取消现在的所有社会保障计划，代之以负所得税，这有利于提高人们对工作、储蓄和革新的兴趣，增加资本的积累。

弗里德曼之所以反对社会福利，是因为他认为：自罗斯福新政以来，在福利方面，方向的改变导致了福利事业的激增，特别是在1964年约翰逊总统宣布“向贫困开战”之后，社会保险、失业保险和直接救济等新政时期实行的计划不仅扩大到了新的集团，而且付款额也增加了；同时还增添了医疗照顾、医疗补助、食品券和其他许多计划，扩充了公共住房和城市复兴计划。这产生了一个矛盾：一方面是人们对福利事业激增的后果普遍不满，另一方面是人们继续施加压力要求进一步扩大福利事业，主张用向低于法定标准的家庭提供联邦补助的办法代替当前的福利制度。从福利国家的结局来看，美国的社会保险、政府补助、住房补助、医疗照顾等福利项目都没有起到积极的作用。如社会保险计划具有把收入从青年人转移给老年人、从不富裕者转移给较富裕者的反常效果。但是，他又认为，不可能彻底改革福利制度，因为在实践中，福利、效率、负担三者之间是相互制约、难以同时实现的。弗里德曼的理论说明，社会福利改革的任务实际上就是寻找这三者之间的均衡。

（二）建立社会市场经济

由弗莱堡学派提出，该学派的全部学说是以秩序观念为框架、以个人主义为准则、以边际主义经济理论为分析工具的综合，其理想的经济秩序形式是“社会市场经济”。

社会市场经济所要建立的经济结构是要消灭社会上贫富悬殊的现象，使绝大多数人能够享受到经济繁荣的果实。也就是通过生产与生产率的增长、名义工资的提高，以及低而稳定的物价来实现“大众的福利”。弗莱堡学派的主要代表艾哈德主张公平，但并不主张通过收入再分配政策来实现公平与大众福利。他认为，发展生产是实现大众福利的首要条件。首先要创造国民收入，然后才能谈到分配国民收入；只有在生产

① ［美］米尔顿·弗里德曼：《资本主义与自由》，3～4页，北京，商务印书馆，1982。

率方面有了巨大的成就，才有可能提高工资而不危及物价稳定。因此，他最关心的不是分配问题而是生产与生产率问题。解决的办法不是在分配方面，而是在增加国民收入方面。只有着眼于解决把“蛋糕”做大一些的问题，才有可能使每个人所获得的“蛋糕”量都有所增加。

艾哈德分析了社会福利与经济的关系，认为现代国家中社会福利支出应不断增加，但必须以不断增加的国民收入为前提。在国民收入没有大幅度增加的情况下，用增加社会福利支出的办法来实现大众福利，会招致国家财政的负担过重，容易引起通货膨胀，有害于经济的稳定增长和健康发展，最终使社会福利成为无源之水。这一观点具体表现在三个方面：第一，政府充当“守夜人”角色的时代已经属于过去，现代政府应当承担一定的社会经济责任，为大众谋求发展的福利。第二，福利国家政策只会带来灾难性的后果。如果社会政策的目的在于使每个人从一出生就能得到全部保障而绝对没有任何生活风险，那么社会就不可能希望他们的精力、才干、创业精神和其他优良品德得到充分发挥，而这些品德对于民族的生存和未来都是至关重要的，而且还会成为基于个人创业精神的市场经济的先决条件。第三，经济政策和社会政策是互为补充、互为条件的。一方面，在现代工业社会，即使完美的国家经济政策也需要有社会政策措施的补充，另一方面，社会政策要以经济政策为基本前提，即任何有效的社会救助只有在充裕的和不断增长的国民生产总值，也就是在高效经济的基础上才有存在和发展的可能性，因此，保证高速、稳定的经济发展是实行各项有效的社会政策的基本出发点和重要前提。艾哈德关于社会福利制度与经济发展的关系的思想可以归纳为两点：一是经济政策需要社会政策的补充。这说明了作为一种社会政策或社会制度的福利经济制度与经济政策或经济制度的相互关系。二是社会政策实施受制于经济水平的发展。这说明了社会福利水平与经济发展水平应该相一致，作为一种社会制度的福利经济制度与经济政策或经济制度相比，它处于被动的地位。

（三）“福利国家”破坏了经济效率

新自由主义的旗手哈耶克（Friedrich A. von Hayek）终其一生都在维护自由主义信条，他对“福利国家”进行了批评，认为“福利国家”主要从以下几个方面破坏了经济效率：第一，“福利国家”把过多的经济资源、资本和劳动力集中在政府手中，形成了一个管理公共福利的庞大的公共机构，并对市场价格进行过多的干预，使越来越多的生产、分配和产品价格有政治考虑和采用行政方法来决定，从而损害了经济的灵活性，削弱了私人经济利用技术发展的机会及适应市场环境的能力。第二，“福利国家”政策的制定一般主要从其可取性出发，从政治方面进行考虑。以收入分配为例，如果从政治考虑，则要求实行收入分配的“均等化”；而如果从市场经济所要求的经济效率考虑，则要求收入分配的差别性。因此，“福利国家”的政策往往会挫伤企业职工的工作积极性和效率。第三，由于“福利国家”往往不顾不同部门和地区之间经济发展状况的差别，实行“均等化”的工资政策；不管工作或不工作，实行最低生活标准的保障；累进所得税又具有降低职工提高工资级别的实际意义，因而“福利国家”的社会福利政策在越来越大的程度上削弱了劳动者寻找工作和变换工作的积极性，从而促进了劳动力市场的僵硬性。此外，“福利国家”还损害了市场机制的作用，限制了个人的自由选择，因而是一条通向奴役的道路。

（四）从经济和政治两方面同时对福利制度进行改革

公共选择学派的主要代表布坎南（J. Buchanan）认为，不仅应该尽快改革现行的福利经济制度，福利改革早改比晚改好，而且这种改革应该从经济和政治两方面同时进行，因为福利改革的幅度受政治形势所制约，在当前条件下，福利改革既是一个经济问题，又是一个敏感的政治问题。他认为，如果在对福利国家的改革过程中，那些从中有所得益的人能够补偿那些有正当要求的人，并且在经过这种补偿之后仍有剩余，那么，福利国家就应该被粉碎。如果这种补偿性的支付实际已经做了，而在别的条件下不发生这种支付，则粉碎福利国家的实际过程可从政治上进行。由于经济、政治等因素的共同影响，因而福利改革需要支付较大的成本。而如果再延续现存的福利国家结构而不进行巨大的变革，那么，为此付出的成本将更大。也就是说，福利经济制度存在的问题会对政治活动产生重大的影响，因而福利经济制度的改革对政治发展具有积极的意义。

二、社会福利其他理论

在反对社会福利的思潮中，新自由主义经济学无疑是主流。除此以外，还有其他一些学者也反对福利经济制度，主要观点有以下几种。

（一）经济零增长论者的观点

经济零增长论者论及了经济零增长与社会福利的相关性。以“罗马俱乐部”为代表的经济零增长论的观点是，由于未抑制的国民福利增长的有害影响，经济零增长意味着国民经济产出量没有增长。一方面，不加控制的人口、物质产出、物质消耗的不断增加必然导致整个生态以致社会经济体制发生灾难性的崩溃；另一方面，经济增长促使环境恶化，动摇社会基础，它不仅不能产生高的社会总福利水平，而且还在绝对地使它下降，从而使社会福利保障水平也随之下降。它表明了这样一种观点：社会对国民福利不断增长的追求，其结果是使经济出现零增长，进而导致社会福利保障水平的下降。

（二）托夫勒的观点

著名的未来学家托夫勒（J. Taufler）在《第四次浪潮》中分析，人口增长导致资源枯竭、环境污染等一系列问题，从而降低了社会福利保障水平。同时，生育高峰期一代人的就业促进了现在的有力的社会保障系统的形成，但其退休也使人口老龄化问题将加大政府用于社会保障支出的压力，并对未来的社会保障系统提出了很大的挑战，从而使生育高峰期一代人退休后不可能很有保障地达到今天老一代公民所享有的同样的福利水平。① 因此，为了减轻人口老龄化所带来的社会保障费用支付的巨大压力，为了避免社会保险基金的耗尽而导致联邦赤字的加剧或财政制度的危机，政府应该提倡生育高峰期一代人为自己的退休早作储蓄，这样有助于维持未来的社会保障体系的正常运转。

（三）罗森的观点

美国财政学家罗森（Harvey S. Rosen）从财政学与社会福利经济的关系的角度论述了济贫支出计划、社会保障和社会保险的成效问题。他从财政的角度在对抚养未成年儿童家庭的补助、补充保障收入、医疗补助、食品券和儿童营养计划、住房补贴、提高收入能力等问题的分析过程中提出了福利计划是否有成效的问题。之所以有一些经济学家批评地认为任何福利制度都可能是一个坏主张，是因为“穷人并非是公共‘施舍’的唯一受益人”，一些高收入阶层的人也是政府福利开支的受益人，因此，福利计划实际上是使不同利益集团受益的收入分配计划。② 虽然“社会保障制度对目前的经济问题应负多大责任尚不清楚。但看起来人们确实普遍认为，美国的社会保险政策既不公平，也没有效率。”③ 可见，必须改革这种只注重收入再分配、但既不公平又没有效率的社会保障制度，提高其运行的成效。

三、“福利国家”论的变化

在各种势力分别从不同的角度对“福利国家”进行批评的形势下，“福利国家”

① 参见［美］约翰·托夫勒：《第四次浪潮》，221～222页，北京，华夏出版社，1996。
② 参见［美］哈维·S·罗森：《财政学》，247～249页，北京，中国财政经济出版社，1992。
③ 同上书，300～301页。

论者对“福利国家”进行了新的解释和修补，形成了有关“福利国家”的新的理论。

（一）对“福利国家”的衡量标准和评价原则进行了重新界定

长期以来，西方各国一直使用基尼系数来衡量一国的收入分配状况，并通过将个人和家庭中被国家提取的各种税收与获取的转移支付进行对比来计算再分配效应。但是，由于各国的历史文化传统、政治经济状况、人口构成及自然条件等各方面都存在着差异，因而用这些指标和手段来对社会福利的整体水平进行评价，缺乏足够的说服力。于是，许多学者都不断地在各个具体的福利措施领域里进行测算，试图找到更有说服力的衡量方法和评价原则。他们曾使用过一些通用的范畴和标准来衡量和评价各种社会保障和“福利国家”项目，如有的学者使用投入、产出和结果的效率指标；也有的学者使用消除贫困、减少社会不公平的各种社会指标；还有的学者则使用劳动力素质、人口流动、购买力增减等各种因素以及生活质量等指标。但是，这些指标都只是从某一个角度对社会福利的实施效果进行了一些测量。

萨缪尔森主张使用“纯经济福利”（net economic welfare，NEW）指标来测量经济生活的质量。所谓“纯经济福利”，是指对国民生产总值调整后得到的数值。其计算是在国民生产总值中加上某些项目如闲暇、家庭主妇的劳务和自己做的活动的价值，同时从国民生产总值中减去没有得到补偿的污染、现代城市化的不舒适以及其他的调整。经过这样的调整后所得到的国民生产总值，可以较好地衡量人们的福利水平和消费水平及生活状况的变化。“纯经济福利”的增加意味着生活质量的提高。

加尔布雷思（J. K. Galbraith）在《丰裕社会》一书中则指出，目前社会中存在的主要问题不是失业、经济危机和收入分配不均，而是人们不善于利用闲暇来从事创造性的精神劳动，是人的道德上和精神上的危机，是在收入不断均等化的趋势下，一些人随意支配自己的收入。这些都是由于物质福利和消费量增长造成的后果。

（二）增加了改善、发展“福利国家”的措施

“福利国家”自建立以来，其主要功能涉及以下诸多领域：（1）保护弱者，即照顾老人、儿童、病人、残疾人。（2）创造平等机会，减少或消除贫困。通过再分配减少工业风险。（3）提供个人帮助、医疗和康复、社会化和个人发展的服务，满足人群和社区对于改善环境和提高生活素质的要求。（4）实行污染补贴、伤残津贴、康复服务。（5）医治犯罪等恶劣的社会生活环境。（6）实行婴幼儿福利及家庭补贴。（7）推行帮助新移民、残疾人和少数民族的政策。（8）从事教育和培训。（9）保护社会、鼓励社会变革等等。

不同的学者从不同的角度对改善和增进社会福利的手段进行了不同的阐述，形成

了各种不同的理论。有代表性的观点主要有以下几种。

1. 发展科技，促进科技进步

法国的福拉斯蒂埃（J. Fourastie）、加尔布雷思、贝尔（D. Bell）、布热津斯基（Z. Brzezinski）、托夫勒（A. Toffler）等人都认为，科学技术在生产力发展中起着新的不可或缺的作用，既给社会带来了普遍福利，同时也为个人的全面发展创造了条件。科学技术的进步已使资本主义制度发生了改变，在这种资本主义本性已经改变了的社会中，资本主义的一切灾难如经济危机、失业、贫困等都已经克服或正在得到解决，剥削已经不存在了，阶级斗争正逐步转化为阶级合作。收入分配、工人生活状况等都由技术决定，谁拥有了技术，谁就有了收入。丰裕是由于技术发达，贫富与社会制度没有关系；而且，技术越进步，就越有可能把所有的人都变成资本家。知识的生产力已成为决定物质生产力、竞争力、经济成就的关键因素。因此，他们主张为了增进大众的福利而实行技术革命，为了实行技术革命，就必须实行国家干预，大力发展科学研究和教育事业，因为新技术的发展和采用，需要有创造和驾驭它的专门人才。他们进一步强调，实行国家干预应采取以下途径：政府增大对科技和教育事业的投入、国家对全国的科技发展进行规划与协调、国家直接投资于重点科技研究项目、政府采取鼓励科技发展的政策措施等。

2. 进行制度改革

一批学者从制度方面或结构方面来分析资本主义社会中存在的各种问题，形成了制度经济学[①]。制度主义者承认资本主义社会存在着失业，经济不能均衡、稳定地增长等弊端，主张国家积极干预经济，实行各种社会改良即制度改革，调节和仲裁劳资之间的矛盾。国家干预是资本主义经济正常发生作用的必要条件，在促进经济发展中起着主要作用。例如，加尔布雷思认为应加强国家干预，通过提高“市场系统”的地位和增加它的权力，抑制“计划系统”的权力，消除它对“市场系统”的剥削，使两个系统的权力和收入均等化，就可以达到“新社会主义”[②]。为了实现“新社会主义”而采取的措施主要有：实行累进所得税；国家为了社会利益而不是为了“计划系统”拨款；反对通货膨胀；实行计划化和某些企业的国有化；保证各部门协调发展，增加人力投资、发展科学技术；同环境污染做斗争；提高和改善妇女的地位；帮助小企业

---

① 制度经济学可以分为几个发展阶段：一是19世纪末至20世纪30年代的旧制度经济学，其主要代表是凡勃伦（Th. B. Veblen）、康芒斯（J. R. Commons）、米切尔（W. C. Mitchell）；二是从旧制度经济学到现代制度经济学过渡期的制度经济学，主要代表是贝利（A. Berle）、米恩斯（G. C. Means）、艾尔斯（C. E. Ayres）等；三是战后出现的“新制度经济学”（Neo-Institutional Economics），主要代表是加尔布雷思、格鲁奇（A. G. Gruchy）、贝尔等；四是20世纪80年代以来开始流行的“新制度经济学”（New Institutional Economics），主要代表是科斯（R. H. Coase）、诺斯（D. North）、威廉姆森（O. E. Willimson）等。

② 参见加尔布雷思《经济学和公共目标》，217～218页，北京，商务印书馆，1980。

和个体经营者等等。

3. 增加对人力资本的投资

新经济增长论者罗默（P. M. Romer）等人认为，知识和人力资本要素是社会福利保障的重要组成部分，它们是经济长期增长的动因。知识是一个生产要素，能提高投资收益，投资促进知识积累，知识又刺激投资，投资的持续增长能永久性地提高一国的经济增长率。因此，必须重视人力资本的投入、重视教育和在职训练以及“边干边学”（Learning by doing）等形式的教育，不断地积累人力资本，把生产的重心放在对经济研究与发展（R&D）的投资上。只有这样，一国才能实现长期的、稳定的、均衡的经济增长，增强提高社会福利的基础。政府的经济政策应更多地考虑教育、投资、研究与发展、贸易政策和知识产权保护，并将其作为促进经济更快增长的社会福利保障的重要组成部分。因此，人力资本的增长是收入分配中不平等现象缩小的基本因素，也是增加社会福利的一个主要手段。

4. 推行人力政策

人力政策主要是从劳动力市场本身的改善来减少失业。主要做法是：建立完善的就业机构，如建立“青年就业服务中心”，指导青年人找工作，为其提供各种完备的就业信息等；降低最低工资标准，让企业将节约的资金用于对工人的再培训；对失业工人尤其是年轻人进行培训，以提高他们的文化技术水平，增加其就业机会；采取各种措施促进劳动力跨地区、跨部门之间的流动等等。这些措施不仅可以减少失业，有助于实现“充分就业”，而且还可以改变收入分配不平等的状况，因而有利于增进社会福利。

（三）对“福利国家”的前途进行了描述

西方学者关于“福利国家”的前途的描述，主要有以下几种理论。

1. “后福利国家”论

“后福利国家”论出现于20世纪70年代，80年代得到迅速传播。该理论以“后工业社会”论作为其经济理论基础，在尼·雷谢尔（Neil Rachel）的《福利，从哲学观点看社会问题》（1972年）一书中得到了比较详细的介绍。

在尼·雷谢尔看来，随着工业社会向后工业社会的过渡，“福利国家”也将逐渐过渡到“后福利国家”。“后福利国家”对于社会问题的解决将具有后工业社会时代的特征，主要表现在以下几个方面：

（1）“后福利国家”所关心的主要不是经济问题，不是满足公民的物质生活需要，而主要是考虑发展文化、教育，对公民实行“智力开导”和“文化充实”，以改善公民的生活环境，提高公民的生活质量。它所体现的是“后物质主义”的价值观。

（2）在“后福利国家”，社会福利作为再分配的工具，不一定必须遵循“福利国家”论者所主张的统一与平等的原则，它要求社会福利的多样性。正是由于社会福利项目繁多，各个项目的原则可能不同，有的可能按价值分配，有的则可能按劳动贡献分配。“后福利国家”强调生活享受的自我实现和文化教育的个人修养。这样，它提供的优质服务很可能就只能满足少数人的需要。

（3）“后福利国家”主张对社会福利实行分散管理，恢复社会福利管理的“地方主义”和“教区主义”，加强发展各社会福利管理部门的横向联系，使社会福利管理的组织系统像“一张蜘蛛网”，而不是像“一棵倒立的树”。

尼·雷谢尔认为，在后福利时代，不仅“福利国家”在工业时代遇到的普遍性的问题得不到解决，物质和经济保障将依然存在；而且，改善公民生活环境、提高公民生活质量等新问题又会成为政府社会政策的重心，由于这些问题不是国家所能控制的，需要其他机构予以解决，因而国家所面临的问题更多、更复杂。

“后福利国家”论反映了中间阶级和比较富裕的小资产阶级的要求，对西方国家的社会福利观的发展产生了重要影响。

2.“福利社会”论

该理论在20世纪80年代初提出，其核心在于福利设施的“私人化”或“再私人化”以及权力下放或“非调节化”。

社会福利的“私人化”和“非调节化”实际意味着福利“市场化”、“社会化”。它包括以下内容：（1）福利计划应该建立在个人自由、自主和自助原则的基础上，每个人都应该首先尽可能依靠自己的力量来解决生活保障问题，只有当个人的收入和财富不足时，国家、社会机构才进行干预；（2）在国家负责的社会福利费用中，应增加雇主和雇佣人员分担的社会保障份额，减少税收的份额；（3）在福利计划管理上，应减少国家干预，加强私人机构的作用。

社会福利计划的“私人化”和“非调节化”，实际上就是“市场化”、“商业化”，各人所得福利的多少由其实际支付能力的大小来决定。这必然会导致不同社会阶层之间社会福利收入差距的扩大，保持和加深社会的不平等。该理论反映了要求实行自由市场经济的新保守主义学派的经济思想，代表了资产阶级右翼和保守党派的政策观点。但是，他们并不是主张社会福利完全“私人化”，而是主张对国家管理社会福利的方式进行改革，国家管理社会福利的程度应当降低。也就是说，在提供社会福利方面，国家将继续起作用，只是应当改变方式和作用的范围。

3.“福利国家”改革论

西欧社会民主党人在肯定“福利国家”将继续存在的前提下，提出应对“福利国家”进行改革。其主要观点在费边社的《福利国家的未来》（1983年）一书中得到了较全面的反映。

费边社会主义者主张在保持国家管制的同时，应该改革现存的社会福利制度，减少可以普遍享受的优惠服务，改善低工资工人的处境，增加只给予穷人的补助，让穷人取得国民收入和财富中更大的份额。为此，他们提出了一项税收改革的建议，包括：在确定税收时提高社会目标在其中的作用；提高个人所得税的起征点，建立更加累进的高税率结构；实行有利于所有低收入者的税收补贴；取消向私人保险机构所提供的减免税收的优惠，加强对偷税漏税的预防；取消给抵押贷款的利息收入在按较高税率纳税时提供税收减免的优惠等等。

经济合作与发展组织在其编辑出版的《危机中的福利国家》一书中指出，政府不能因为存在着较严重的福利保障问题以及财政赤字甚至财政危机而放弃自己在社会福利保障方面的责任，不能因为出现了“福利国家”制度的危机而将社会福利计划实行“多元化”、“私人化”和“市场化”，应该继续维持和发展“福利国家”。他认为，维持福利国家的最佳方式是严格规定福利国家的主要目标与界限。其基本原则包括：一是一定要继续坚持足够的工作收入是福利的根本原则；二是国家有责任遵照民主社会的公共愿望，通过财政系统争取提供比市场系统更公平的收入分配；三是国家一定要继续实行“社会保障”，对失业、疾病、残疾和老年等社会风险进行主要担保；四是可采取各种方式救济社会上的贫弱群体，如可以实行国家、省、市的直接救济，给低消费者价格补贴，利用各种形式的私人团体救济。以上方针必须以有效的方式来进行。因此，需要通过“福利国家”的调整与改革来维持和发展社会福利保障事业，在兼顾社会公平的同时提高其经济效率。“福利国家”在经过了这些修补和改革以后，将更加完善、合理，其前景也更加美好。

本章要点

1. 各种社会福利思想及理论
2. 各经济学流派及其他学者对社会福利及社会福利制度的态度
3. 福利经济学及“福利国家”论的主要内容
4. 社会福利思想的发展演变

基本概念

“斯宾汉姆兰德制”　福利经济学　福利国家　费边社会主义　《贝弗里奇报告》　新自由主义充分就业　混合经济　经济零增长　纯经济福利

复习思考题

1. 福利经济学的主要思想有哪些？
2. 新福利经济学是如何修改和发展旧福利经济学的？
3. “福利国家”论的主要内容有哪些？
4. 有代表性的新自由主义者的社会福利思想主要有哪些？
5. “福利国家”论的变化表现在哪些方面？

推荐阅读书目

1. A. C. Pigou. *The Economics of Welfare*. London，The Macmillan Company，1932

2. ［英］李特尔．福利经济学述评．北京：商务印书馆，1980

3. 黄素庵．西欧“福利国家”面面观．北京：世界知识出版社，1985

4. ［英］约翰·梅纳德·凯恩斯．就业利息和货币通论．北京：商务印书馆，1977

5. Harold L. Wilensky，Charles Lebeaux. *Industrial Society and Social Welfare*. New York：Free Press，1965

6. ［美］萨缪尔森，诺德豪斯．经济学．北京：中国发展出版社，1992

7. 经济合作与发展组织秘书处．危机中的福利国家．北京：华夏出版社，1990

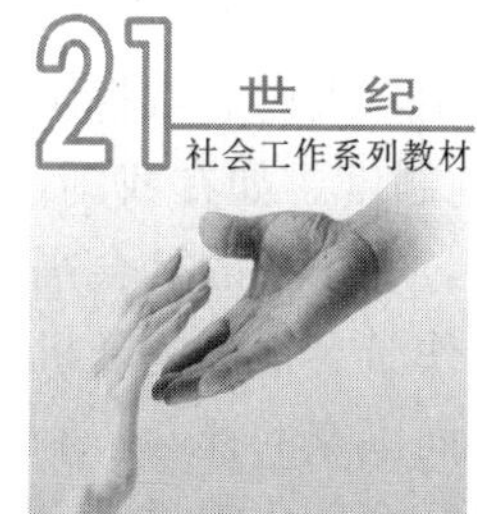

第二章

社会福利制度及其经济基础

学习目标

1. 了解现代社会福利制度的发展过程及其作用；
2. 了解现代社会福利制度的基本类型；
3. 掌握现代社会福利制度的基本内容；
4. 掌握社会福利制度的发展趋势；
5. 掌握社会福利制度管理的基本内容；
6. 理解社会福利管理体系的构成要素及其内容；
7. 掌握社会福利管理制度发展的趋势。

社会福利有广义社会福利和狭义社会福利之分，因而社会福利制度也有广义和狭义之分。本书研究的是广义社会福利及广义社会福利制度。广义的社会福利制度是指国家和社会为实现社会福利状态所做的各种制度安排，它包括旨在增进收入安全的社会保障制度。它既包括正式的（formal）社会福利制度，也包括非正式的（informal）

社会福利制度，还包括国家的社会福利制度。[①]

尽管社会福利制度所涵盖的内容非常广泛，但在社会福利研究中，人们通常将研究的重点放在国家社会福利制度上，而较少研究非正式的社会福利制度。如在我国，社会保障制度研究的内容主要局限于国家社会福利制度。这是因为，非正式的社会福利是由家庭、邻里互助、宗教慈善活动所产生的福利，其产生、运作带有很强的随机性、民间性和无规律性，因此，研究它既困难也缺乏社会紧迫性。而国家的社会福利制度是由政府举办，需要政府组织资金来源，并按有关制度规定进行合理化安排，因此，研究它既有很强的社会必要性，也存在研究的可能性。

本书在研究社会福利制度时，是将研究的重点放在国家社会福利制度上。这意味着，本书后面的有些关于社会福利制度的研究中，社会福利制度的内涵有所缩小，缩小后的社会福利制度的内涵即国家社会福利制度与我国当前理论界所执的广义社会保障制度的内涵基本相当，但我国当前理论界所执的广义社会保障制度的内涵里没有包括国家社会福利制度内涵中的就业福利制度、社会工作服务和对个人的社会服务等方面的福利制度。

第一节　社会福利制度的演变及其作用

一、现代社会福利制度的发展演变过程

社会保障制度是社会福利制度的一个最主要的方面，社会保障制度的演变历程也就是社会福利制度的演变史，因此，本部分我们所研究的社会福利制度的发展演变过程与我国理论界过去所研究的社会保障制度的发展演变基本上是一致的。

社会福利就个别的或局部的措施或制度而言，在古代、中世纪和资本主义发展初期就在一些国家出现。而现代意义上的社会福利保障制度产生于19世纪80年代的西方资本主义国家。当时，西方社会福利保障制度的产生是由两个方面的原因引起的，一是物质条件的变化，二是社会条件的变化。19世纪70年代以后，随着产业革命的

---

① 此种分类法是在美国著名的社会学家米基利（Midgley）1997年提出的三分法基础上演绎出来的，米基利的三分法是将本部分所述的非正式社会福利制度中的个人、家庭、邻里互助等为增进社会福利、履行文化和道德责任所承担的各种活动称为非正式社会福利制度，而宗教的慈善活动则被其称为正式的社会福利制度，除此之外，社会福利制度还有国家的社会福利制度。本部分所述的社会福利制度即国家的社会福利制度，其他的社会福利制度统称为非正式社会福利制度。

爆发，工业化进程的突进，生产力大幅度提高，使社会生产形式演进为社会化大生产。生产工具使用的社会化、生产过程的社会化，使得劳动生产率得到空前的提高，社会财富大量增加，为社会成员的保障提供了一定的物质基础。二是生产力的发展也产生了以获得工资为生的工薪阶层，工薪阶层完全以工资为生，一旦由于各种原因使收入中止，劳动者就有可能陷入困境。对他们来说，无论是集体还是个人，都没有足够的力量抗拒年老、疾病、突发事件、失业等造成的贫困。在这种情况下，就需要一种社会力量来提供社会保障服务。

具体来说，西方资本主义国家社会福利制度从最初产生到形成体系大体上经历了以下三个主要发展阶段。

（一）初建时期（19 世纪 80 年代—20 世纪 20 年代）

德国是最早制定社会福利保障立法的国家。19 世纪七八十年代，德国在“铁血宰相”俾斯麦的统治下，经济每况愈下，劳动人民生活水平不断下降，工人运动此起彼伏，社会主义思想在德国获得广泛传播。在 1877 年的选举中，德国的工人阶级政党——社会民主党获得重大胜利。工人阶级开始参与政治斗争，严重地威胁了资产阶级和地主阶级的政治利益。在这种历史背景下，俾斯麦代表德国地主阶级和资产阶级的利益，一方面，在议会通过了镇压社会民主党的法令，妄图把社会主义运动镇压下去，但未能得逞。另一方面，他又以工人利益保护者的身份出现，采用安抚政策，提倡通过国家立法兴办社会保险，以缓和阶级矛盾。1883 年，德国国会制定并通过了世界上第一部《疾病社会保险法》，次年通过了《工伤事故保险法》，1889 年通过了《老年和残疾社会保险法》，从而在德国初步确立了一个以社会保险为主的社会福利保障系统。

但是，德国的社会福利制度还远不是一个完善的制度。从它的覆盖范围来看，它仅为有正常工资收入的人提供保障，大批的无正常收入的工人、农民、临时工、季节工，以及工资很低的工人都被排斥在这一制度之外；从它提供的福利水平看，它提供的保障很低，并不足以保障被保险人的基本生活水平；从它的限制条件来看，它带有明显的政治色彩，那些积极参加工人运动、反对政府的工人被排除在这一制度之外。尽管如此，德国的社会福利制度仍为现代社会福利制度的建立构建了一个基本的框架。

继德国之后，英国、瑞典、法国、意大利等国也纷纷仿效，先后推出了各种社会保险法。

1886 年，英国伦敦由于发生了大规模失业者暴乱，英国要求地方政府在原有“济贫法”之外，给失业者提供以工代赈性质的工作。1905 年英国制定了《失业工人法》。1911 年，又制定并通过了世界上第一个全国性并又具有强制性的《失业保险法》，同年还颁布了《国民健康保障法》。

瑞典早在 19 世纪后半期就出现了医疗保险合作组织，1891 年国家开始财政援助该组织，直到 1931 年利用新法律颁布的契机，使疾病保险制度在各地普遍建立。

法国于 1894 年创立了《劳动工伤补偿法》，1910 年又创立了《劳动者农民年金保险法》。

意大利也在 19 世纪末 20 世纪初出台了《老年残废保险法》和《生育保险法》，随后又出台了《老龄年金保险法》和《失业保险法》。

可以看出，在这一时期，各主要资本主义国家都先后开始了建立社会福利制度的工作，并取得了一定的成效。

（二）形成时期（20 世纪 20 年代末 30 年代初的经济大危机—第二次世界大战）

1929—1933 年，资本主义世界爆发了经济大危机，资本主义国家大量企业破产，大量工人失业。其中受害最深的是工人、老年人与失业者，他们为了求得生存，迫切要求社会变革，获得社会保障。这样就形成了进一步建立和发展社会保障制度的压力。美国国会在罗斯福总统的倡议下，通过了《联邦紧急救济法案》，拨款 5 亿美元补助各州，进行劳动和失业救济。1935 年 3 月 14 日，正式通过了《社会保障法》。这是第一个由联邦政府承担义务的、全国性的社会保障立法。其主要内容是解决失业和老年问题。

20 世纪 30 年代的经济大危机，也给英国造成了严重的社会问题，英国失业人数剧增，1933 年达到 375 万人。这在客观上促使英国扩大和完成了有关失业的社会福利保障立法。1933 年和 1934 年，英国先后通过了《失业工人法》和《国民健康保障法》。1936 年，参加失业保障的人数达 1 090 万人，而且对于未参加失业保险的公众，可按规定予以救济。

1929—1933 年的经济大危机使瑞典的劳动群众生活水平急剧下降，阶级矛盾严重激化。为了缓和阶级矛盾，执政的社会民主党实行了一系列福利措施。而且，在这一时期，正是瑞典学派主张国家调节稳定经济，消除失业的理论传播之时。运用社会保障措施实行国民收入再分配，缩小收入差距，成为瑞典后来推行“福利国家”的理论基础。

（三）发展时期（第二次世界大战结束以后至今）

从现代社会福利保障制度发展的轨迹来看，第二次世界大战后近 20 年的社会福利发展进程在其发展史上占有极其重要的位置。第二次世界大战结束后，西方各国在恢复经济的同时，都把重建社会福利保障体系作为缓和阶级矛盾、消除危机的政策措施。走在最前面的是在欧洲各国中社会福利保障水平较低的英国。战后不久英国首相艾德礼就采纳了贝弗里奇的主张，从1945年到1948年的3年中，出台了《家庭津贴法》、《国民保障法》、《国民扶助法》、《儿童津贴法》等一系列有关社会福利保障方面的法规，从而建立起比较完整的社会福利制度，其特点是把全体国民作为对象，将国民保险、国民保健和国民救济融为一体。1948年，工党政府宣布英国已建成为福利国家。

英国的所谓“福利国家”，不仅引起了有关理论的更新，而且在推动西方国家特别是欧洲各国积极发展社会福利事业方面起了重要作用。例如，战后美国政府特别是肯尼迪政府的社会福利政策，与奉行凯恩斯主义相联系，着眼于扩大社会总需求，以引导经济走出衰退，促进经济复苏。到20世纪60年代，已形成了一套比较完善的社会保障体系，各种保障项目有300多种。美国联邦政府用于社会保障的开支不断增加。1950年，公共社会保障支出为235.08亿美元，占国内生产总值的8.8%；1970年公共社会保障开支达1 455.55亿美元，占国内生产总值的14.7%；1980年为4 927.14亿美元，占国内生产总值的18.6%；而1990年则增加到10 507.88亿美元，占国内生产总值的19.2%。[①]

西欧国家在发展经济的同时，也积极开拓与发展社会福利事业。西欧六国（英国、法国、原联邦德国、意大利、荷兰和比利时）的社会福利开支占国内生产总值的比重，在20世纪70年代初平均约为20%，而到20世纪80年代初，已提高到近30%；福利开支占政府财政支出的比重，1957年平均为55%多，而80年代中期已达90%左右。

西方发达国家的社会福利制度经过长期的发展演变，现已十分完整和稳定，已形成相当大的规模。而在世界范围，社会福利制度也已被各国广泛采纳。据不完全统计，截至2001年，全球实施社会福利制度的国家已超过150个。广大发展中国家社会福利保障事业正在以全新面貌迅速发展，并成为世界社会福利制度发展中的一个突出的特点。

二、社会福利制度的作用

西方福利国家所实施的社会福利制度对于其经济和社会发展都起着一定的作用，有着不可忽视的重要影响。一般来说，社会福利制度对经济发展的影响是双重的：既有积极的一面，也有消极的一面。

① 参见邓大松：《美国社会保障制度研究》，233页，武汉，武汉大学出版社，1999。

（一）社会福利制度的积极作用

社会福利制度所起的积极作用主要表现在以下几个方面。

1. 刺激了消费需求和投资需求，促进了经济增长

一方面，第二次世界大战以后社会福利开支不断增加，社会福利普及化、全民化，使公民的基本收入水平提高，从而扩大了居民的有效消费需求；另一方面，实行社会福利所需要的巨额资金在被分配到居民手中以前，是以基金的形式存入银行或保险公司的，因而社会福利制度的建立刺激了保险机构的迅速发展。而银行或保险机构可以将基金用于投资，从而增加了投资需求，促进了生产和经济增长。

2. 提高了劳动者的素质，增加了就业机会

西方资本主义国家的福利制度对儿童的营养和保健、教育事业、培训事业、科学文化事业、医疗卫生事业等都很重视，因而既培养了大量适合现代化生产要求的工程技术人员、专家、熟练工人和管理人员，提高了劳动者的素质，也减少了失业者再就业的障碍。同时，由于福利制度的发展促进了经济增长，经济的增长带来了就业的增加。此外，各国为推行社会福利制度还必须设立一些专门的管理机构，这也为社会提供了一部分就业机会。

3. 在一定程度上缩小了贫富差距，促进了社会公平

西方各国社会福利制度的建立和发展，最直接的结果就是使低收入的家庭获得的补贴较多、纳税较少，而高收入的家庭则获得的补贴较少、纳税较多，从而使穷人和低收入家庭的收入有一定程度的增加，高收入家庭的收入有所减少。经过这种一增一减，使贫富之间的差距有所减小，在一定程度上促进了社会公平。

4. 促进了社会安定和政治稳定

西方福利国家推行福利制度的主要目的是为了实现社会安定和政治稳定。各国政府在建立福利制度时往往把社会福利计划与阶级合作计划结合起来，使社会福利政策与阶级合作政策互相促进、互为补充。比如北欧各国和原联邦德国在推行社会福利计划的同时，推行了与社会福利计划相结合的几种阶级合作形式：一是劳动力市场共同管理制度，国家不仅对失业工人提供社会救济，为雇主和劳动者提供劳动供求信息，而且进行职业培训、职业指导和劳动力计划等；二是协商解决劳资纠纷的制度，由政府、雇主组织和工会组织相互配合，共同解决有关工资待遇、辞退解雇、劳动条件方面的劳资纠纷问题；三是企业内部共同决定生产和劳动条件的合作制度，让企业职工具有一定的经营管理决策权，在一定程度上参与企业的经营管理；四是股权参与制度，让工人拥有一定数量的企业股份，以“分享”一部分企业利润。这些阶级合作形式的推行，使工人在作出决策时不仅考虑自身的利益，而且要考虑到企业的利益，使作为工人代表的工会在制定政策和作出决策时持谨慎态度。这对于劳资关系的改善起

着非常重要的作用。第二次世界大战以后，西方各国工人阶级的罢工斗争相对来说减少了，各国在较长时期内出现了一个社会安定和政治相对稳定的时期，这可以说是这些资本主义国家推行社会福利制度的最重要的积极成果。

（二）社会福利制度的消极影响

社会福利制度的推行也给资本主义国家带来了许多消极影响，尤其是从 20 世纪 70 年代开始，其弊端越来越明显。其弊端主要体现在以下几个方面：社会福利支出日益增加，国家财政负担过重，财政预算严重失衡；减少了可用于投资的资金储备，损害了国民经济的健康发展；扩大了劳动成本，使国家竞争力下降；刺激了通货膨胀，促使物价上涨，导致人们的生活水平下降；社会福利制度推行也导致政府增加雇用了大量的公职人员，增加纳税人的负担等等。为了克服社会福利制度的这些弊端，摆脱所谓“福利困境”，自 20 世纪 70 年代末开始，各主要资本主义国家纷纷对福利制度进行改革。

虽然社会福利制度的推行给西方福利国家带来了一些消极影响，但其积极作用是主要的。

第二节　现代社会福利制度的基本内容及发展趋势

一、现代社会福利制度的类型

（一）西方学者关于社会福利制度的划分

西方社会福利制度经过了长期的演变发展，各国根据自己的实际情况，探索出了许多内容不同、特点各异的整体发展模式。对于这些不同的模式，许多学者、组织都试图用各种不同的分类标准将它们进行归类，以利于各国借鉴。

1. 残补式社会福利制度与制度式社会福利制度

20 世纪 60 年代初，著名的社会学家威伦斯基和莱博克斯（Charles Lebeaux）在研究工业化对美国福利制度的影响时，根据国家在社会福利供给中承担的职能，提出了“残补式”和“制度式”社会福利的概念，由此，也就有了残补式社会福利制度与制度式社会福利制度之划分。

残补式社会福利制度（residual welfare system），有人也称之为剩余式社会福利制度，是指社会福利制度只扮演常态社会结构——家庭和市场功能失败后的补救角色。残补式社会福利制度是以残补式社会福利观为基础的，该福利的一个基本假设是，家庭和市场是满足个人需要的自然渠道。但在特殊情况下，比如当发生家庭危机导致家庭解体、较大范围的经济萧条或个人年老、疾病等，家庭和市场这两个自然渠道不能正常发挥作用来维持个人需要时，作为满足个人需要的第三种社会机制的社会福利制度才开始介入。这种福利制度往往被视作家庭和市场的补充系统，起到防止意外紧急事件发生的作用。当社会的常态系统（家庭和市场）重新正常运作之后，社会福利制度就会撤回。由于这种福利制度具有暂时性、替代性特征，往往被看作带有“施舍”或“慈善”的印记。福利的接受者常常被视为社会的弱者或是市场竞争中的失败者，从而会在帮助对象心理上形成羞耻感和自卑感。因此，残补式社会福利观持有者认为福利带有“蒙羞”（stigma）的社会标签。

制度式社会福利制度（institutional welfare system）是指视社会福利服务为现代工业社会承担常态第一线的功能，当人民在日常生活中参与一般社会、经济、政治、教育制度的活动时，就很自然地享受该制度与体系的福利功能与服务。在这种福利观看来，社会福利不是在家庭和市场不能满足个人需要时才介入，而是现代社会结构中常规化的、永久性的、必需的组成部分，是一种不同于自由市场和家庭的实行再分配的利益机制。该福利制度把社会福利的对象从特殊的弱势群体（如穷人、病人、残疾人等）扩展到社会中的所有公民，从“被保护者”或“非正常人”扩展到“普通人”，从而实现了从选择性社会福利（selective welfare）到普遍性社会福利（universal welfare）的转变。[①] 社会福利的接受者不再被视为社会弱者，社会福利也不再带有仁慈或施舍的“善行”性质，而往往被视为公民的一项正当的社会权利，从而不再带有“蒙羞”的社会标签。相对来讲，制度式社会福利制度所提供的福利水平要比残补性社会福利制度高。

2. “实际”国家的社会福利制度、社会保障国家的社会福利制度和福利国家的社会福利制度

根据主导社会福利项目的不同，可以将现代国家分为“实际”（positive）国家、社会保障国家和福利国家，这三种类型的福利国家所执行的福利制度各自存在不同的特点，从而形成三种不同类型的福利制度模式。

“实际”国家以美国为代表，这些国家的社会福利制度强调“适者生存”，以保护现存的社会经济关系。在这种社会福利制度下，福利支出维持在较低的水平上，福利

① 选择性社会福利和普遍性社会福利这两个概念主要是根据福利方案包括的对象不同区分的。前者的对象资格的取得以严格的个人经济状况和经济支付能力调查为基础，往往针对特殊人群，后者则针对所有社会成员。

供给的原则只能是补缺型的或者残补型的。

社会保障国家以英国为代表，这些国家的社会福利制度注重保障公民最低限度的生活水平，使处于年幼、失业、疾病、伤残、孤寡、年老等状况的社会公民得到社会的支持和救助，还使全社会的公民能够享受到由国家提供的多方面的社会服务。

社会福利国家以瑞典为代表，这些国家的社会福利制度不仅保障公民最低限度的生活水平，努力促进所有人的福利水平，而且通过提供一系列的社会服务最大限度地促进社会平等和政治参与。

3. 自由的福利国家、保守的或合作型的福利国家和社会民主类型的福利国家

目前被引用最多的社会福利类型分析是瑞典的社会政策专家埃斯平·安德森（Esping Andersen）提出的三种社会福利体制的划分。埃斯平·安德森的研究方法深受马克思主义的影响。在他的分类研究中，使用的最重要的分类标准是劳动力的商品化。他认为，在资本主义社会，劳动力的商品化是最重要的制度标志。像其他的商品一样，劳动力有市场价值，可以在市场上买卖。为了生存，工人必须在市场上出售他们的劳动力，通常，他们唯一的收入来源就是他们出售劳动力得到的收入。不过，失业保险、国家退休金和其他国家社会福利项目的引入减少了劳动力商品化的程度。埃斯平·安德森相信，劳动力的非商品化程度是衡量政府对满足公民社会需要的干预程度的重要标志。有一些国家，如瑞典，人们不再依赖出卖自己的劳动力而生存。政府的社会福利项目通过提供其他收入渠道实现劳动力的非商品化。然而，其他一些国家，如美国，劳动力仍然是商品，大多数人必须依赖出卖劳动力来满足他们的需要。

使用劳动力的非商品化作为主要标准，埃斯平·安德森将提供不同社会福利的国家分成三类：自由的福利国家、保守的或合作型的福利国家和社会民主类型的福利国家。

在自由型福利国家的情况下，几乎没有劳动力的非商品化，人们普遍坚持社会福利不应该降低工作伦理的观念。因此，社会福利的提供应该是有限的，并伴有社会歧视。埃斯平·安德森所研究的这种福利体制基本上属于残补式社会福利制度。英国、澳大利亚、美国等国家就属于这种类型的福利国家。

在保守的或合作型的福利制度下，劳动力的中度非商品化、社会福利是公民权的一部分的观念被广泛接受，但传统的权威结构和合作主义的安排对这种公民权有很大的影响。宗教的和传统的关于家庭和性别分工的信仰占有统治地位，教会和志愿组织在社会福利供给中发挥着很大的作用。

社会民主类型的福利国家，其福利制度的特点是劳动力高度非商品化，社会福利项目高度制度化，公民已经从对劳动力市场的依赖中解放出来，在这些社会中，政府不是人们寻找帮助的最后一道防线，而是确保人们的福利需要得到满足的基本机制。

与其他国家相比，社会服务在这类国家的福利供给中所占比重特别高。瑞典等北欧国家就属于这类国家。在埃斯平·安德森看来，理想的模式是社会民主类型的福利制度。

（二）我国理论界关于社会福利制度的划分

过去，我国长期使用广义社会保障制度的概念代替社会福利制度的概念，因此，关于社会福利制度的划分也是以社会保障制度类型的形式存在。我国学者过去通常按照政府、企业、个人在社会福利制度中不同的责任、社会福利水平等标准将各国实施的社会福利制度归并为四种主要类型：保障型社会福利制度、高福利型社会福利制度、国家型社会福利制度和储蓄型社会福利制度。

1. 保障型社会福利制度

美国、德国、日本等许多发达资本主义国家实行的是这种福利制度模式。这种福利制度模式的特点是：第一，对不同的社会成员选用不同的福利标准，并以劳动者为核心建立社会福利制度；第二，强调劳动者个人在社会福利方面的责任，社会福利费用由国家、雇主和劳动者三方负担，以劳动者和雇主的社会福利缴费为主，国家财政给予适当支持；第三，劳动者享受社会福利的权利与社会福利缴费的义务相联系，享有的社会福利待遇水平与社会福利缴费多少和个人收入情况相联系；第四，社会福利缴费中只记录个人缴费情况，不建立以给付为目的的个人账户，社会福利基金在福利受益成员间调剂使用，充分体现互助互济、共担风险的原则；第五，社会福利基金的筹集以现收现付为主；第六，社会福利制度中的长期项目以代际转移方式运行，即长期项目当期所需资金主要通过在职职工和雇主分摊缴纳社会保险费。

这种模式重视社会福利中权利与义务的密切联系，强化自我保障意识，在一定程度上体现了效率原则；另外，与其他的社会福利制度相比较，这一制度的保障对象是“有选择性”的而非全民，它提供的福利水平也较低，强调的是保障而不是高福利。

2. 高福利型社会福利制度

高福利型的社会福利制度模式以瑞典、英国等国为代表。这种福利制度按照“普遍性”原则，实行“收入均等化、就业充分化、福利普遍化、福利设施体系化”。这种福利制度最早在英国开始建立。1941 年，英国政府委托贝弗里奇负责制定战后实行社会保障的计划。这个计划于 1942 年底以《社会保险及相关福利问题》为题发表，提出在战胜德国法西斯后，英国将建立一套“从摇篮到坟墓”的社会福利制度。战后，英国政府在贝弗里奇报告的基础上，先后颁布了一系列社会福利法案，具体包括：《国民保险法》（1944 年）、《社会保险法》（1946 年）、《国民卫生保健服务法》（1946 年）、《家庭补助法》（1945 年）、《国民保险（工业受伤）法》（1946 年）和

《国民救济法》（1948 年）。英国成为当时拥有最先进的社会福利体制的国家，并于 1948 年正式宣布第一个建成“福利国家”。经过此后 20 年的改进与完善，英国的社会福利制度发展成为面向全体社会成员、高福利化、统一管理体制、为公民提供“一揽子”预防性保障的完整的社会福利制度体系，国家作为最后责任人承担最后责任。

所谓“福利国家”，按英国工党 1945 年在竞选宣言中所表示的，就是使公民普遍地享受福利，使国家担负起保障公民福利的职责。英国的“福利国家”内容十分广泛，包括全民医疗、社会保险和社会服务。全民医疗包括农民（和在英国居住一年以上的外国人）在内，基本上由国家负担；而社会保险和社会服务，主要是发放退休金、失业救济和家庭补贴。退休金有基本退休金、补助退休金；失业救济分失业救济、失业者额外津贴和额外补助三个部分；家庭补贴包括孕妇补贴、儿童补贴、低收入家庭补贴、寡妇补贴、住房补贴和圣诞节奖金等。英国的“福利国家”内容广泛而具体，已经到了十分复杂和烦琐的地步。不仅如此，为实施“福利国家”政策，英国政府还建立了一个庞大的管理机构。其中，中央的管理机构是保健和社会保险部，约有 8 000 个工作人员，还有上百万的人员在各地区、地方机构中服务。社会保险是通过 529 个中央、地区和地方机构开展工作的。家庭医生则由 90 个家庭医生委员会组织服务。

瑞典自 1948 年开始，也致力于建设“福利国家”。按照普遍性和统一性的原则，所有公民都有权获得基本生活保障，并由国家承担多种风险。保障内容除生育、疾病、伤残、失业、养老外，还有儿童、遗属、单亲家庭、住房、教育和培训津贴。除现金津贴外，还提供医疗、护理等项服务。这种全民性保险和广泛而优厚的补贴制度，使瑞典获得了“福利国家橱窗”之称。

由于高福利型社会福利制度是以政府负责、全民高福利为主要特征，而且其社会福利支出主要由国家税收解决，因此，该制度在实施过程中最大的一个缺陷就是损害了效率。在 20 世纪 70 年代经济滞胀的大背景下，英国率先进行减轻国家责任的福利制度改革。相关内容将在以后的有关章节中作更详细的分析和介绍。

3. 国家型社会福利制度

实行这种社会福利制度的代表国家是苏联。1917 年，俄国革命取得政权以前，针对沙皇俄国时代社会保险实施范围窄、保险待遇差、工人缴纳保险费负担太重的问题，列宁提出：国家对工人暂时或永久失去劳动能力一定要提供保险；由国家举办的社会保险要覆盖全体工人及其家庭；国家、企业负担全部社会保险费用；社会保险交由掌握了政权的工人阶级管理。依据列宁的思想，1917 年 11 月 13 日，俄国革命政府向全世界宣告：俄国无产阶级在自己的旗帜上写上对工人及城乡贫民实行全面的社会保险。

苏联建立起来的国家型社会福利制度具有如下特点：受保人不缴纳任何保险费；社会福利待遇偏高，如退休金一般在原工资的70%以上；福利待遇不与缴费多少相关联，而与劳动贡献挂钩；各级工会组织代表国家政权机构管理社会保险事宜；特别强调国家在福利制度实施与管理中的责任。

国家型社会福利制度模式是与计划经济体制相适应的。第二次世界大战后建立起来的实行计划经济体制的社会主义国家大都采取这一模式。

4. 储蓄型社会福利制度

这一制度模式以新加坡和智利为代表。与上面的几种模式相比较，该模式有三个根本的特点：第一，它不具有再分配性质，不强调公平性；第二，财务制度是基金积累制度（funded plan）而不是现收现付（pay as you go）；第三，给付水平是既定供款制度（defined benefit，DB）而不是既定给付制度（defined contribution，DC），给付水平的高低取决于个人账户的积累，而不是社会保障计划的承诺。

新加坡的中央公积金制度强制雇主和雇员共同供款，并以职工个人名义存入公积金，由公积金集中管理和经营，职工在符合某些条件的情况下可以动用个人账户的基金用于特定的用途。这种制度设计之初只是以养老为主要目的，但随着制度的发展，又增加了医疗保险、子女教育、住房公积金等内容。到20世纪末，当个人账户积累到一定数量时，雇员还可动用一定数量的基金对政府指定的工具和对象进行投资。

智利模式与新加坡模式不同，它强制雇员个人将工资的10%积累于养老账户，并由个人任意选择基金管理人进行投资，达到退休年龄后可以连本带利取回，或继续留在某个基金管理公司，也可以选择从商业保险公司购买年金。当个人账户积累不足以保障退休后最低生活水平时，政府将对此负责。由此可以看出，第一，智利模式只是养老保险模式；第二，智利模式不要企业供款；第三，在管理上智利是分散管理；第四，政府在养老保险方面仍然扮演着最后责任人的角色。

二、现代社会福利制度的基本内容

关于社会福利制度的基本内容，我国理论界曾经有过不同的看法。根据国外的理论研究及各国的具体做法，社会福利制度应该既包括社会自发的或各种传统习惯的助人活动，如家庭或邻里互助等，也包括政府制定的一系列旨在促进社会公平和发展的社会政策和服务。它既包括正式的社会福利即国家的社会福利制度，也包括非正式的社会福利制度。

如前所述，正式的社会福利即国家的社会福利制度包括六大项目：收入保障服务（即社会保障）、医疗服务、教育、住房、社会工作服务和对个人的社会服务以及就业。这六大项目可以说就是现代社会福利制度的六大基本内容。这六个方面可以进一步归并为三大项目，即：社会保障体系、就业政策与其他社会福利措施，其他社会福利措施包括医疗服务、教育、住房、社会工作服务和对个人的社会服务等等。

（一）社会保障体系

根据国际劳工组织《社会保障（最低标准）公约》（1952 年）的相关规定，社会保障体系也叫收入保障服务体系，它是西方各主要资本主义国家社会福利制度的第一大支柱，主要是由那些能帮助人们处理共同生活风险的行为所组成，用以保护其国民免遭天灾人祸诸如残疾、疾病、退休、死亡等方面的伤害。因而社会保障体系大致包括社会保险、社会救助、社会福利和特殊津贴等项目。但有的国家社会保障体系所涵盖的范围较广，甚至包括医疗、教育、卫生、环保等诸多方面。

1. 社会保险

各主要资本主义国家的社会保险绝大部分是强制性的，即根据国家和各级政府立法，由劳动者、企业或社区、国家三方共同筹资，在劳动者及其家属遇到年老、疾病、伤残、失业、生育、死亡或丧偶等风险导致收入减少、中断或丧失时，为其提供帮助以满足其基本生活需求。社会保险的一个显著特点是：它实行权利与义务相关的原则。在社会保障体系中，社会保险占据主导地位，社会保险支付的资金占据了社会保障资金的绝大部分。社会保险的基金主要来源于投保人上缴的社会保险税、雇主为其雇佣人员上缴的社会保险税及政府拨给的财政补贴。社会保险的对象是靠工资维持生计的劳动者，而不是靠利息、利润、股息为生的不动产所有者。社会保险的种类包括生育保险、疾病保险、失业保险、伤残保险、老年保险、死亡保险等。

2. 社会救济

社会救济与社会保险相结合，它作为社会保险的一种补充，是国家及社会团体运用掌握的资金和实物、服务设施等，通过一定的机构和专门人员对无收入、无生活来源、无家庭依靠、失去工作能力者、生活在“贫困线”或最低生活标准以下的个人和家庭、一时遭受自然灾害和事故的遇难者实行的救济。社会救济强调最低基本生活需求的保障以及国家和社会对需要救济的成员的单向责任和义务。社会救济所需要的资金由国家财政支付，也可向社会团体、企业、个人募捐，或者来自国际组织、外国政府及个人的赠与等。社会救济的种类主要有自然灾害救济、失业破产救济、孤寡病残救济、城市贫民救济等。值得注意的是，现代社会救济已不是一种慈善事业，被救济者并不是接受恩赐和施舍，而是享有公民的基本权利。

3. 社会福利

作为社会保障体系一部分的社会福利与社会保险、社会救济相提并论，是社会保障体系的最高层次。它是指国家或社会团体兴办的以全体人民为对象的公益性事业如教育、科学、环境保护、文化、体育、卫生等设施，民政部门为残疾人、孤儿、没有生活来源的孤寡老人等人举办的疗养院、教养院等，以及国家为照顾一定地区或一定范围的居民对部分必要生活资料的需要而采取的优惠措施。与社会救济一样，社会福利强调的是单向责任和义务，甚至更强调国家和社会对公民的直接责任。社会福利所需要的资金由国家财政支付，但更重视单位和社区在资金供给方面的作用。社会福利的内容主要有未成年人福利、老人福利、残疾人福利、劳动者福利等。按照资金和服务提供以及管理方式，社会福利可分为国家举办的社会福利、地方举办的社会福利、企业事业单位举办的社会福利、社区举办的社会福利、民间团体举办的社会福利。

4. 优抚安置

作为社会保障体系中的特殊保障，优抚安置的对象主要有现役军人及其家属、退伍、复员、转业军人，军队离退休人员，牺牲或病故军人家属，革命伤残军人及其特殊时期的特殊对象等。由于上述人员为国家做出了突出贡献，因而其享受的社会福利水平相对较高。

（二）就业制度

各主要资本主义国家劳动就业政策的核心内容主要包括调节劳动力需求的充分就业政策、调节劳动力供给的人力政策、调节劳动力价格和交换的工资政策、改善劳动力市场运行的失业保险和就业服务政策等。

1. 充分就业

增进就业，实现“充分就业”是福利国家福利制度的一个重要目标。政府充分就业政策的目标是扩大就业容量，所采用的政策手段是税收政策、货币政策等。政府可以通过削减税收，灵活确定利率、存款准备金率、货币供应量等来调节国民经济活动总水平，扩大投资规模，以直接或间接扩大劳动力市场对劳动力的需求，增加就业机会。另外，政府还可以通过举办公共工程及基础服务设施，直接进入劳动力市场，雇用大批劳动力，以影响整个社会就业量。

2. 人力政策

政府人力政策的目标在于改善劳动力状况，提高劳动力素质，以适应经济发展对劳动力的要求，解决结构性失业。人力政策的内容主要有两个方面：一是加强基础教育和职业教育，促进高等教育，提高劳动力素质，为劳动者就业打下比较扎实的基础；二是对失业者提供再就业培训，提高劳动者的再就业能力。

3. 工资政策

政府的工资政策是为了改善劳资关系，其实施一般是通过最低工资立法，规定最低工资率，制止压低工资的倾向；同时，为了限制工资增长率，推行收入政策，以协调劳动力市场上供求双方之间的关系。

4. 失业保险

失业保险是由政府或社会团体在一定时期内为失业者提供一定保险金的社会保障制度，其目的是为了使失业者能够在一定时期内维持最低限度的生活消费支出需要。失业保险费用一般由国家或社会团体、企业、被保险者共同分担，其支付有一定的条件和时间限制。

5. 就业服务政策

就业服务政策是由政府或地方机构出面成立各种职业介绍机构，为劳动者进行就业指导、咨询、联系、介绍等服务，以减少劳动者选择职业的盲目性和职业搜寻成本，提高就业率。

（三）其他社会福利措施

现代福利国家的社会福利制度除了社会保障体系和就业政策外，还包括其他一些社会福利措施，其中主要有医疗服务、教育、住房、社会工作服务和对个人的社会服务等。这些福利内容，在我国过去通常被纳入狭义社会福利范畴。

1. 医疗服务

医疗服务是社会福利系统为符合条件的老年人和穷人所提供的医疗保健方面的服务。这种服务不同于医疗保险，医疗保险是对大多数雇员的部分补偿；而医疗服务通常是有资格的老年人和穷人从政府提供的老年保健制度和医疗补助制度那里获得的照顾，因而它主要是由政府供给的。例如，1995 年，美国的保健支出包括医院护理、专家诊断、药物提供、科研和医疗设备的制造等达到了国内生产总值的 13.6%，而在医疗方面的支出中，政府的支出占有 46%。

2. 公共教育

公共教育是福利国家中另一项比较重要的福利措施。比如，在美国，初级、中级公共教育都是作为市民权益的基础部分而由政府免费提供。美国相关法律规定父母必须将其 5～16 岁的子女送到学校读书。通常情况下，高等教育不是免费的，但美国政府及其他福利国家一般都提供较为丰厚的学费资助。

3. 住房福利

住房福利是社会福利制度的基本内容之一。其实质是政府利用国家和社会的力量解决低收入居民的住房问题而供给的相关福利。在市场经济国家，住房的特殊性决定了在住房资源配置中既有市场的作用，又有政府的作用。各主要资本主义国家都向本国低收入居民提供各种类型的住房福利。

4. 社会服务

各种社会服务是指福利国家向老年人、残疾人、失去正常家庭的儿童、精神病患者等弱势群体提供的各种免费服务。比如，在英国，政府或社区提供的各种社会服务主要有：为老年人提供的送餐服务、夜间侍候、洗涤衣服等服务；为儿童提供的托儿所、幼儿园、儿童游乐场，对那些 17 岁以下丧失父母无人赡养的儿童，国家予以照管，或寻找监护人，或收养在“儿童之家”、训练学校等；为精神病患者提供的登门治疗、建立精神病者训练中心等等。

三、社会福利制度的发展趋势

20 世纪 90 年代后，西方国家在不同程度上都面临着经济增长乏力、财政赤字不断扩大的严重局面。各国越来越感到国家的财力难以承受日益庞大的福利支出。例如，自 1990 年以来，英国的社会福利开支基本上处于上升趋势。1995 年达到了最高值，占当年 GDP 的 30%。其他国家如瑞典、法国、德国、日本等，境况大体类似。再加上其他社会问题的困扰，如社会福利制度运行效率不高、社会福利缺乏公平度等等，这一切都促使西方福利国家普遍开始着手进行福利制度的改革。

从各国近年来的具体实践看，西方福利国家福利制度改革呈现如下趋势。

（一）提高退休年龄

如美国规定 67 岁退休，法国、意大利规定 65 岁退休，瑞典将原退休年龄 60～65 岁延长到 65～67 岁。一方面，可以通过工作年限的延长相应地延长缴费期限，对社会保障计划产生潜在的收入效应；另一方面，工作年限的延长又会减少受保人领取年金的期限，从而减少社会保障计划的日常支出，增加社会保障基金储备。为了使延长退休成为人们的自愿选择也需要采取一定的激励措施，如瑞典规定，如果推迟退休，可按增加工作年限的比例增加退休金。

（二）增收节支

各国采取的主要措施是提高缴纳社会保险费的上限，甚至取消上限；提高社会保险费率，包括提高职工的保险费率和雇主的保险费率；征收社会保障所得税，对退休金、疾病保险金、残疾补贴、失业救济金都收取一定的税。修订社会保障金的调整办法，过去普遍实行“社会保障金自动指数化”制度，即社会福利待遇标准自动随着物价、工资或生活指数的变化进行调整，现在改为限制保障金的增长，从而减少社会保障金的支出。

（三）改进社会福利体系的受益规则，引入“工作福利”制度

“工作福利”是指凡接受政府福利补助者，必须接受政府或立法规定的与工作有关的特定义务，如澳大利亚规定，失业救助金领取人必须努力寻找就业机会，并接受政府安排的再培训计划，否则剥夺救助金领取资格。社会福利金由无偿给付转变为有偿领取。

（四）政府社会福利责任向私营部门转移，实行社会福利制度“私人化”、“资本化”

“资本化”即鼓励私营部门以职业年金与私人养老计划、医疗计划形式参与福利资源的配置，导致混合福利的兴起。“私人化”即政府尽量缩小干预社会福利的范围和项目，把这些项目交由非政府志愿机关、工人合作社和其他社会团体承担。以瑞典为例，社会福利一直是以国家福利为主，20世纪70年代以来，逐渐提倡和支持企业补充保险、经营保险和行业保险；提倡和鼓励社会保险向“私有化”、“资本化”和“市场化”发展。

（五）改善社会福利管理

改善社会福利管理就是改变社会福利的管理体制，完善并增强社会福利的依法运行机制，使社会福利的行政管理、事务经办、监督控制三者分开。

（六）调控社会福利基金的投资结构，加强社会福利基金的运营管理

各国为了使社会福利基金保值增值，并更好地支持资本市场的发展，纷纷通过立法对社会福利基金的投资结构和运营管理采取新的措施。转变社会福利资金支出，如削减公共福利支出，限制国家退休金发放量等。

关于西方社会福利制度改革的趋势，将在后面有关章节进行详细介绍。

第三节 社会福利管理体系

社会福利制度是一个庞大的体系，不仅福利形式多样、内容项目复杂、福利对象众多、费用巨大，而且涉及国民经济运行和社会管理，因此，要充分发挥社会福利制度的稳定社会、促进经济发展等作用，必须建立与之相匹配的统一协调的社会福利管理体系，加强社会福利管理，以实现社会福利资源的优化配置。

一、社会福利管理的内容

（一）制定社会福利法律，拟定基本法规

这些法律、法规，主要是对社会福利的实施范围与对象、享受福利的基本条件、资金来源、待遇支付标准与方式、管理办法、社会福利中有关方面（国家、单位、个人）的责任、权利、义务等方面做出规定。

通常，社会福利的法律、法规是由国家和政府制定的，即行政管理。其中，基本法律是由国家和政府直接颁布的，具体法规则由政府主管部门颁布。在立法过程中，一般的做法是由国家统一立法。但由于各地社会经济发展的不平衡，国家的立法权逐渐集中于一些基本法律、法规的制定，具体法规细则、办法，则趋向于由地方政府制定。

（二）社会福利的基金管理

社会福利基金管理包括：第一，社会福利基金筹集管理，基金来源一般为国家、单位、个人按一定比例缴纳，私人和社会团体捐助，工薪税等；第二，社会福利支付管理，即对享受者支付养老保险金、医疗补助、工伤保险金、失业期间社会保险补助、各种救济金、困难补助金等；第三，社会福利基金运营，即妥善地保管社会福利基金，对其进行安全可靠的运营，使其保值增值。

社会福利基金一般由专门的社会福利管理机构进行管理。社会福利基金管理机构应由国家、单位、享受者的代表组成。

（三）社会福利对象的管理

社会福利对象管理是指为社会福利的享受对象提供一系列必要的服务。在职的社会福利对象，一般由所在单位提供必要的服务，因此，对他们的管理多由各单位进行。

对特殊的社会福利对象，则需要进行特别管理。这些特殊对象包括退休、退职的老年人，鳏寡孤独的老年人，丧失劳动能力者、失业者、残疾人等。这些特殊对象具有一些特殊要求，需要组织他们开展一系列物质文化活动，使他们能安度晚年。对于这些特殊对象的经济要求，需要分别按照不同情况采取不同办法，包括：组织残疾人参加福利企业、事业工作；组织贫困户发展生产脱贫致富；对失业人员进行职业培训，组织他们积极进行生产自救；组织身体好、业务强的退休、退职职工参加社会急需的生产活动等。对于这些特殊对象的日常生活要求，如对丧失劳动能力又无亲属者

衣食住行的帮助，对老年人难以料理的生活问题，都需细致地进行安排。

社会福利对象的管理工作，从总体上说，属于群众性服务工作。由于它涉及各个方面，所以需要由政府协调和制定政策；另一方面，由于它所涉及的工作烦琐复杂，具体问题需要发动社会力量解决，应特别注意发挥工会、社会组织的作用，使专业人员和群众相结合。对社会福利对象的服务不仅要设立专门的机构和配备专职人员，还要有更多身体健康、热心工作、有一定工作能力的社会福利对象来做这项工作。即使设立了专职机构，也应只聘用少量专职工作人员，多数工作人员则应根据前述条件从社会福利对象中聘请，让他们自己管理自己，自己服务自己，自己教育自己。

社会福利管理的上述三个方面是紧密相连、不可分割的。行政指挥系统履行立法职能，并对业务管理机构实施监督；事业管理机构形成社会福利管理的执行系统；对社会福利对象的管理，则是社会福利管理不可分割的服务系统。三个方面有机结合，形成了完备的社会福利管理体系。

二、社会福利管理体系

（一）社会福利管理体系的构成要素

我们可以从社会福利管理的主体与客体角度来了解社会福利管理体系的构成要素。

1. 社会福利管理主体

社会福利管理主体指的是社会福利管理的管理运作机构。一国具体运作的社会福利制度不同，其社会福利管理主体也不相同。但归纳起来，社会福利管理主体主要有政府、公法机构（一种由劳资双方代表组成的具有自治性的公共团体）、工会、商业性保险公司以及私营银行等。如我国的社会福利管理的主体主要是政府和工会组织。

2. 社会福利管理客体

社会福利管理客体是指社会福利管理的管理对象。社会福利管理客体一般情况下包括人、财、物、制度等几个方面。“人”指的是社会福利保障的对象，如退休、离休、退职的老年人，残疾人，失业者，贫困人口等；“财”指的是纳入社会福利管理的资金，主要指的是社会福利基金；“物”指的是纳入社会福利管理的物质财富，既包括提供给福利接受者的物质资源，也包括维持社会福利组织机构运转的物质资源；“制度”是社会福利管理的另一重要对象。为了保证社会福利运作的公平与效率，政府必须制定一套规范、科学、易于操作的福利运作制度来规范社会福利主客体双方的行为，同时，还要根据具体情况调整这些制度。因此，制度也是社会福利管理的主要客体之一。

（二）社会福利管理体系的类型

由于世界各国的政治经济体制不同，因而其社会福利管理体系也不同。概括地讲，主要有以下几种类型。

1. 政府直接管理的社会福利管理体系

在这种体制下，政府首先要负责制定社会福利的政策和法令，对社会福利实施的范围与对象，享受保障的基本条件，基金来源，待遇支付标准与支付方式，管理办法，社会福利有关方面（主要是国家、用人单位和个人）的责任、义务、权利等作出规定。还要负责检查和监督这些政策和法令的正确实施，受理有关社会福利的申诉，调解和裁决发生的纠纷等等。

政府除了承担立法、监督责任之外，还要负责社会福利的业务管理，包括：受保人的登记和审查；福利基金的征集、计算和支付；福利基金的使用、调剂和运营；在工伤保险中，组织对劳动者丧失劳动能力程度的鉴定，组织协调对福利保障对象进行一系列必要的服务等。

在这种政府直接管理的体制下，又有两种具体形式。

（1）集中统一的形式，即中央政府授权一个部或一个委员会，下面层层设置机构，实行统一政策、统一制度、统一标准、统一表格、经费统收统支。在具备现代化技术手段的条件下，这种高度统一的管理可以通过全国计算机联网实现。英国是实行这种管理体制的典型代表。

（2）分权管理的形式。分权管理又可分为两种：一是上下分权，即中央政府制定基本法律和法规，地方政府可根据自己的具体情况制定具体的法规细则，有较大的立法权。如美国就是这样，各地方州政府有较大的权限。二是左右分权（或称横向分权），即实行分部门管理，如劳工（劳动）部门管劳工保险，卫生部门管医疗保险，农业部门管“农保”（农业工人或农民的保险）等。在政府直接统一管理社会福利的国家里，一般从中央到地方都设立专门机构，包括行政管理机构和业务管理机构。管理人员一律为国家的公职人员。

2. 政府和公法机构共同管理的社会福利管理体系

政府负责社会福利立法和监督，公法组织负责社会福利的业务管理，即立法监督与具体业务分开管理。以原联邦德国为例，联邦议会制定和颁布有关社会福利的法律，联邦政府的社会事务部进行日常行政管理，进行政策研究，监督公法组织执行法律，审批年度计划，但不干预其日常工作。

公法机构是区别于政府机构和私人企业的具有自治性的公共团体，一般由劳资双方代表组成各种社会保障委员会或基金会，有时政府也派代表参加。下设办事机构，在国家法律规定的范围内，开展多项业务活动。政府主管部门虽无权干涉其正常业务，但是有权对它进行检查和监督。实行这种体制的有法国等欧洲国家。

3. 工会管理的社会福利管理体系

一般是在各级工会下面设立保险管理委员会，吸收工人代表参加，在国家立法范围内，制定各种规章制度，开展多项社会福利活动，并对社会福利基金进行具体管理，包括：制定社会保险费预算，提交政府审批，由工会具体实施；制定保险费缴纳标准；调剂保险费的使用等。

在苏联，工会有更大的权利。全苏工会中央理事会和政府共同制定社会保障政策和立法。我国在改革以前也是这样。

除上述三种主要类型外，有的国家把一些社会保险项目的业务管理委托给商业性保险公司或私营银行办理。如美国就把医疗保险业务交由商业性保险公司办理，这些机构在政府规定的范围内开展日常业务。

一个国家并不一定只采用一种社会福利管理办法，有时大部分福利项目交由非政府机构管理，而把其中某些项目的管理集中统一在中央政府手中。例如美国，老年保险和老人医疗保障就是由联邦政府统一管理的。

不论是哪种类型的体制，在社会福利领域中，国家都发挥着强大的作用。

三、社会福利管理的发展趋势

伴随社会福利制度产生的社会福利管理已有上百年的历史。各国经过长期的社会福利实践，总结出了许多社会福利管理方面的宝贵经验，这些经验归纳起来主要有以下几个方面，这几个方面的经验也是当今社会福利管理的未来发展趋势。

（一）实行社会化的组织管理

所谓社会化的组织管理，是相对于国家化组织管理与传统家庭福利模式而言的，其组织形式有社会团体、自治组织、集体单位、私营组织、个人联络等。

社会福利组织管理的社会化问题，引起了当今世界很多国家的重视。这是因为，西方福利国家在运用福利手段解决工业文明所带来的大量社会问题时，社会福利国家化的组织管理产生了一系列政治、经济和社会危机。例如，社会福利开支的增加和个人及社会成员缴费的减少，造成了持续的财政收支不平衡，高财政赤字导致税收加重、国家债务增加、通货膨胀和国家调节经济的力量削弱；社会福利支出的增长速度超过了国民经济发展速度，社会福利负担过重，严重影响了社会积累的增长等等。

鉴于这些问题，很多国家的当政者和学者提出各种见解，试图拿出济世良方。有的提出福利国家的体制应解体，进行重新组合；有的提出国家、经济组织和公民以不同方式结合起来，共同参与社会福利的组织管理，以构成更具生命力的保障格局；有的主张将现有的由国家支付资金为主转变为以企业支付为主、个人支付为辅、国家扶持的社会化管理方式。这些措施有的已被某些政府所采纳，并取得了一些成效。其中对社会福利实行社会化的组织管理这一措施效果最为明显，它也是当今主要资本主义国家普遍采用的社会福利管理方式之一。

1. 社会福利社会化组织管理的优越性

社会福利社会化组织管理方式有以下优越性：

（1）实行社会福利社会化，可以调动社会力量，运用各方面的财力、物力，提高保障能力。

（2）与国家化的组织管理相比，社会化的组织管理可以降低福利成本。大量实例表明，越是接近于初级社会群体的福利形式，福利费用的总额越低，这可称之为福利费用递减原理。其原因在于组织结构中间环节的减少和管理人员的减少，同时保留了更多的义务性和福利性的成分，降低了服务费用。

（3）社会福利的社会化有利于促成合理的福利管理体制。鉴于“福利国家”的不良后果，由政府统管的国家化福利方式使国家背上越来越沉重的包袱，而社会团体和人际互助却显得越来越少，社会福利的权利与责任集中于政府一身。这种社会福利体制，由于政府的财政收入状况和政策以及国家机构变动的影响，波动性较大。特别是在完全实行市场经济的国家中，情况更是如此。发展社会化福利，由全社会共同承担责任，共同享受保障权利，共同履行保障的义务，运用各方面的财力、物力，尽量把社会问题化解在社会基层，使其分散化，而不是集中于政府一方，这样做有利于社会的稳定与发展。

（4）社会化福利适应目前两个转变的需要：一是家庭核心化和家庭功能向社会转变；二是人口结构迅速向老龄化转变，越来越多的国家进入老年型社会。家庭规模小型化加上人口老龄化，意味着社会承担更繁重的保障与服务任务，只由国家承担将不堪重负，必须由全社会各方面共同努力。

（5）实行社会化的福利形式，有利于调剂和改善人际关系，强化人们的社会公德意识，有利于精神文明建设。在社会福利社会化的过程中（如社区服务），体现了更多的人道主义内容。

2. 社会福利社会化组织管理的基本框架

到目前为止，社会福利社会化组织管理还处在摸索、试行阶段，还没有明确、具体、统一的管理范式，但通过对各国的管理实践进行总结，我们发现，社会福利社会化组织管理的基本框架大致如下：

（1）组织机构的社会化。既有政府职能部门的统一规划、领导、协调、资助，又有社会团体、企事业单位的积极参与、组织实施，还有社区初级群体和人际协同合作。

（2）服务人员的社会化。服务者既有政府的公务人员、业务工作者，又有兼职服务者、志愿服务者，非官方的服务人员起主导作用。

（3）资金筹集的社会化。国家财政拨款的比重逐渐降到很小份额，形成自助性与互助性的社会保障局面。

（二）建立和完善法制化的保证措施

社会福利组织管理的正常化、科学化运行，既需要从规范与模式方面给出明确的规定性，即制度化，又需要带有强制性的、体现国家意志的制度，即法制化。制度化和法制化具有规定调试或整合社会关系、实现管理的既定目标的功能。法制化是在一般性制度化的基础上发展起来的，是一般制度的确定或认可。

社会福利工作是工业化和生产社会化的产物，是国民收入再分配的一种手段，是一种政府管理行为，法制化是其本质要求。世界各国都非常重视社会福利的立法工作，并不断强化其法制建设。具体包括以下方面：

（1）建立和完善社会福利立法。将社会保险各个项目、社会救济、社会福利（狭义）以及社会优抚等都纳入法制管理范畴，以法律消除社会不稳定因素的发生。

（2）明确权利义务关系。将老年人、儿童、残疾人、妇女等一切社会公民的社会福利的权利义务关系全部纳入法律体系，使每一个人的权利义务互相联系、互相对等、互相统一。

（3）健全法律体系，完成法律配套工程，真正从全社会范围、从一切生活领域保护公民的正当权益，惩罚违规行为，树立社会保障法的权威性，使其产生社会效应。

（4）进行社会福利机构自身的法制化建设，加强组织职能、资金物资、工作计划与规划等方面的法制化管理。

总之，加强法制化建设是提高社会福利工作效率、强化管理体制、发挥社会福利功能的有效措施。

（三）构建系统化的管理体制

系统理论认为“整体大于它各部分的总和”。只有各个部分，还不能发挥出整体效应。既要有部分，又要有整体。部分之间必须由内在的本质性的关系有机联结起来。社会福利组织管理体制应向系统化方向发展，即机构健全、功能配套、程序合理。这种管理体制，可以提高组织机构的工作效率，最大限度地发挥管理功能，并有效地避免负效应的产生，从而保证组织机构正常有序运行。社会福利的社会化与法制化管理，都有赖于系统化的实现。因为系统化是国家范围内的宏观调控、行政引导、规划管理的问题，没有系统化，社会化与法制化就难以实现。系统化包括两种外延：一是社会福利部门与非福利部门的系统化；二是社会福利部门内部的系统化。从社会福利部门内部来说，系统化有以下两个方面的要求。

1. 系统的完整性

完整的社会福利体系，应具备社会保险、社会福利（狭义）、社会救济、社会服务、就业福利等全方位的结构，它们各自也应该是完整的。例如，社会保险项目应该是齐全的，包括生、老、病、死、伤、残、失业；社会福利的项目应包括：老人福利、儿童福利、妇女福利、残疾人福利等；社会服务应扩大服务内容与服务对象的范围，既要有物质生活服务，又要有精神文明的生活服务等等。

2. 系统的有序性

要在组织机构之间建立科学合理的关系，实现整体化的功能效应。社会福利组织管理与其他社会组织管理一样，经历了一个从功能混杂到功能分化的过程。在传统社会中，一般来说，社会福利事务完全归属于国家的一个或少数几个部门，无明确的职责划分。就世界范围看，组织机构分化是随着近现代工业社会政府事务分工的专业化而产生的。生产社会化、市场竞争的加剧，造成社会问题层出不穷，社会生活的波动性和不稳定性日益突出，社会救济、社会福利、社会保险、社会服务等方面的需求普遍提高。当代西方国家社会福利涉及生、老、病、死、伤残、孤寡、妇女儿童、失业、就业等多个方面，大的项目有医疗保险、养老保险、失业补贴、家庭补贴，还有工伤、残疾、住房、教育等补贴与保险。随着这些项目与内容的设立，必然要求建立相应的组织管理机构。例如，日本的社会保障行政由厚生省社会局负责；残疾人事务由中央政府和厚生省社会局负责；老年福利由医疗部门、敬老院、老年福利中心各方负责；公共卫生由厚生省公共卫生局和环境卫生局负责；就业服务由全国公众就业安全所负责。这是一种分工较为详细的组织管理方式。美国政府是将教育、卫生、医疗、残疾扶助与养老、失业保险等分门别类地组织管理，并在各联邦政府中分部门进行相应的管理。

值得注意的是，分工基础上的综合统一管理，同样是社会生活和机构运行本身所不可缺少的。不论组织机构的功能如何划分，组织分工如何细密，都需要中央或地方政府设立一个统一管理、协调的部门，这就是高度分化基础上的高度综合。

机构管理的统一性在各国表现不同。有的国家单独设立行政主管单位来实现机构管理的统一性，如希腊、法国、澳大利亚的社会服务部，比利时的社会福利部，新加坡、丹麦、冰岛、瑞典、挪威的社会事务部；有的国家则设立由社会福利部门与卫生部门合并的行政主管单位，如加拿大、韩国的卫生福利部，英国的卫生与社会福利部，日本的卫生与福利部；也有的国家设立由社会福利（或社会事务）与劳工行政合并的行政主管单位，如原联邦德国的劳工与社会事务部，意大利与墨西哥的劳工及社会福利部；而美国则设立卫生教育福利部这种特殊的复合机构来实现社会福利机构管理的统一性。

社会福利工作是政府职责中的一个特殊领域，必须由一个部门统管，以利于工作的计划性和各部门执行计划时的协调配合，防止职责混淆不清和资金、人力的浪费。而且，由于现代社会福利范围十分广泛，保障手段繁多，社会化程度越来越高，由一两个部门独立行事是很难奏效的。同时，就社会大范围看，社会福利保障部门独立承担保障任务会遇到很多困难，需要其他有关部门，如财政、税收、商业、教育、文化、卫生、住房管理等互相联系与协调，共同完成任务，这一点也有赖于社会福利组织与其他机构间的协调统一。

第四节 社会福利制度的经济基础

社会福利制度的经济基础指的是一个国家或地区的社会福利制度的产生、存在和正常运行所依托的经济条件和经济来源。

一国的社会福利制度的产生有其客观的经济条件，一国在某一时期内的具体社会福利制度形式以及社会福利的待遇水平是与该国的经济发展水平密切相关的。我们认为，工业化与市场经济是社会福利制度产生的客观经济条件；一国的经济发展水平（主要表现在国民收入水平上）是其社会福利制度存在和正常运行的经济基础。

一、社会福利制度产生的经济条件

社会福利制度产生的经济条件是社会生产力发展到一定水平，社会有一定的剩余产品可供扣除和储存，并建立起一套完整的调节收入分配的制度。

现代社会福利制度是随着生产工业化和市场经济的出现而产生的。

（一）工业化是社会福利制度产生的经济根源

18 世纪中叶，疯狂的殖民地掠夺和罪恶的奴隶贸易使英国积累起雄厚的货币资本，并且殖民地还为其提供了广阔的市场，英国资产阶级政府也高度重视国内社会生产力的发展，如把财富用于生产的投资，采用奖励等方式刺激技术发明和应用，这些因素的综合作用导致了工业革命在英国的出现，并随之在欧洲大陆迅猛发展。工业革命就是以机器代替人力，以工厂生产代替手工工场劳动。工业化给人类社会带来了翻天覆地的变化。

工业化尤其是机器大工业生产使劳动者在生产过程中所遭受的风险事故增多。由于机械化程度的提高，劳动生产方式的变化，产业形式多样化，不仅有了较早出现的纺织业，还有了各种采矿业、加工业等，生产过程中伤残、事故、职业病等事件时有发生，影响到劳动者的人身安全和生活质量。工人患病或伤残后靠本人工资无法医治，失去劳动能力后生活更是难以维持。工业革命带来社会化大生产，社会化大生产强调专业化分工与协作，对劳动者的技能素质要求提高，也促使劳动者过早地退出生产领域，因为劳动者的素质提高往往赶不上由于技术的飞速发展、新机器的不断涌现而对劳动者的生产技能提出的更高要求。同时，由于技术的进步和机器的普遍采用，资本的有机构成提高，对劳动力的需求相对减少，出现“机器代替人”的现象，劳动力相对过剩，结构性失业增加，失业的劳动者及其供养的家庭也就暂时失去了生活来源，这成为一个严重的社会问题，迫切要求对他们的基本生活实行社会保障。

生产社会化带来的不仅是经济结构、产业结构的变化，而且也引起了社会、政治、文化的变迁。生产社会化导致社会结构的变迁，使传统的农业社会逐步过渡到工业社会，家庭结构及其功能发生了根本性的变化。

在农业社会中，以农业、手工业为主体的自然经济、半自然经济占主导地位，家庭功能是全面性的。家庭既是生产单位，具有生产职能；又是消费单位，具有消费职能；同时还具有生育、教育、养老的功能。家庭保障成为劳动者和社会其他成员在遭遇不幸时的“保护伞”。

在生产社会化的条件下，机器大工业生产以其低廉的生产成本、高质量的产品和高效率的生产，在竞争中彻底摧垮了以家庭为基本生产单位的自然经济、半自然经济基础。大工业在瓦解家庭制度的经济基础及与之相适应的家庭劳动的同时，也瓦解了旧的家庭关系本身。家庭的职能不得不发生转换，由生产实体转变为单纯的消费实体，家庭的保障功能大大缩小。工业社会中的家庭主要是依靠工资来维系家庭成员的生活，而一旦由于某些原因而使家庭的工资收入中断，家庭成员的基本生活便无法维持下去。由于许多无产者家庭根本不可能从微薄的工资中拿出一些钱来储蓄，以备在伤残、疾病、年老等情况下、丧失劳动能力时以及与资本主义生产方式紧密联系的失业时的生活需要，因此，在他们出现工资收入中断的情况时，必然会处于既无资产可依赖，又无家庭可保障的困境中。另一方面，社会化生产的发展，也意味着劳动力的再生产必须社会化。生活社会化的组织程度也在不断提高，教育、卫生、城乡生活服务都逐步成为社会公共事业，走上了社会化发展的进程，成员的个人需求成为一种社会需求，于是便产生了保障社会化的要求。

（二）市场经济的发展强化了社会福利的需求

现代工业化的进程是伴随市场经济的发展而深化的。市场经济是以市场调节为主要手段配置资源的经济，它得以运行的主要机制之一就是竞争机制。优胜劣汰是市场经济竞争的必然结果。在竞争中，有的企业会破产，有的企业会重组，而优势的企业则在不断壮大。而企业在竞争中的存亡会给劳动者带来不同的生活前景。同时，实践证明，纯粹的市场机制有利于实现效率，却不利于社会公平，会导致社会成员间的“马太效应”，即“穷的越穷，富的越富”，出现两极分化，产生社会不公，导致社会矛盾甚至社会动荡。显然，单纯依靠市场是不能保证社会公平的，也不能使“人人有饭吃”。为了维护社会安定，政府必须采取有力的福利措施和其他措施来弥补市场的缺陷，对在市场竞争中出现的生存难以为继的失败者给予物质上的帮助，满足他们最基本的生存需要。

市场经济发展的周期性规律也要求实行社会福利。市场经济是不稳定经济，价格机制和供求机制、竞争机制的共同作用，使经济形态在复苏、繁荣、停滞、萧条甚至是危机状态中交替运行。在经济处于繁荣时期，社会生产规模扩大，如果技术条件相对稳定，要吸纳大批劳动力，形成大量的劳动力需求。在经济处于收缩、停滞、衰退时期，尤其当经济危机到来时，大量企业会破产，出现劳动力供给过剩，导致大量工人失业，陷入生活困境。即使在经济正常发展时期，由于市场调节的自发性、盲目性、滞后性，导致市场供求不平衡，也会有企业破产和工人失业现象。在失业工人失去收入、生活来源断绝时，必须给其生活保障，一方面避免他们流离失所，铤而走险，危及社会安定；另一方面又可以保存这部分劳动力，以备经济繁荣、劳动需求扩大时，不致出现劳动力供不应求的状况。

二、社会福利制度存在和正常运行的经济基础

社会福利制度存在和正常运行的经济基础主要指的是一个国家或地区的社会福利制度所依托的经济条件和经济来源。具体来讲，就是社会福利制度运行所需要的社会福利基金的来源。因为社会福利制度的存在和正常运行需要有足够的资金来维持，没有足够的资金来源，社会福利制度就无法存在和正常运行下去。一般来说，一个国家的社会福利基金的最终来源是该国的国民收入。

一般来说，一个国家的经济发展水平越高，该国的社会福利水平也越高。人均国内生产总值（GDP，也可以是国民生产总值，即 GNP）的大小是反映一国经济发展

水平高低的最重要指标；而一国社会福利水平的高低可以通过该国在一定时间内（通常指一年）社会福利支出总额和社会福利支出总额占 GDP（或 GNP）的比重来综合衡量。

一般情况下，经济发展水平越高的国家，其人均国内生产总值也越大，那么该国的社会福利支出总额也越大。但是社会福利支出的绝对额还不足以说明一国的社会福利水平的高低。因为社会福利水平的高低是用相对值即社会福利支出占 GDP 的比重来表示的。经济发展水平越高的国家，在一定时间内，其社会福利支出占 GDP 的比重也越大，同时社会福利支出占政府公共支出的比重也越大。这一点从表 2—1 中可以看出。

表 2—1　　不同国家社会保障支出占 GDP 的比重（1950—1995 年）

国家	社会保障支出占 GDP 的比重（%）								
	1950	1960	1965	1970	1975	1980	1985	1990	1995
英国	10.6	13.9	14.4	15.9	19.5	23.5	24.9	27.1	29.8
瑞典	9.1	12.8	17.5	21.1	26.7	33.0	33.5	34.2	35.8
芬兰		12.7	13.1	13.4	16.2	21.0	23.9	25.5	32.7
丹麦	8.0	12.5	12.5	19.5	25.8	28.7	29.3	30.0	32.2
美国		10.3	11.2	14.7	18.6	26.5	28.0	31.5	33.2
日本		8.0	11.0	14.0	17.7	23.0	26.6	26.7	26.8
法国		13.4	15.8	15.3	24.1	23.9	28.8	26.5	32.9
德国	15.0	20.5	19.0	25.6	27.2	30.7	31.5	32.1	33.9
中国						13.01	13.7	13.6	12.7

资料来源：*OECD Economic Outlook*, Dec. 1986；《国际经济和社会统计提要（1987）》，北京，中国统计出版社，1987；*OECD in Figures*, 1986—1998；*Social Security in the Nordic Countries*, 1978—1984；《中国统计年鉴（1980—1997）》。

尽管表 2—1 中的社会保障支出与社会福利支出并不完全一致，但该表中的社会保障支出包括社会保险、社会救济、社会福利（狭义）和社会优抚，这些福利支出构成了一个国家正式社会福利（即国家福利）支出的绝大部分，因此，表 2—1 的数据资料能反映不同国家社会福利水平与其经济发展水平之间的相关关系。

从表 2—1 中我们可以清楚地看出，经济发展水平较高的国家，其社会福利支出占 GDP 的比重以及占政府总支出的比重也较高；而经济发展水平较低的国家，其社会福利支出占 GDP 的比重以及占政府总支出的比重也较低。

因此，我们可以得出一个结论：一个国家的社会福利制度存在和正常运行的经济基础是该国的国民收入，一个国家的国民收入水平越高，人均 GDP 或人均 GNP 也越大，其社会福利水平（社会福利支出占 GDP 的比重）也越高。

本章要点

1. 现代社会福利制度的发展过程
2. 社会福利制度的作用
3. 现代社会福利制度的基本类型
4. 现代社会福利制度的基本内容
5. 社会福利制度的发展趋势
6. 社会福利制度管理的基本内容
7. 社会福利管理体系的构成要素及其内容
8. 社会福利管理制度发展的趋势

基本概念

残补式社会福利制度　制度式社会福利制度　保障型社会福利制度　高福利型社会福利制度　国家型社会福利制度　储蓄型社会福利制度　社会保障体系

复习思考题

1. 社会福利制度具有哪些作用？
2. 社会福利制度可以分为哪些基本类型？
3. 社会福利制度的基本内容有哪些？
4. 社会福利管理包括哪些内容？
5. 社会福利管理体系的构成要素及其内容有哪些？
6. 社会福利管理的发展趋势如何？

推荐阅读书目

1. 李珍．社会保障理论．北京：中国劳动社会保障出版社，2001
2. 童星．社会保障与管理．南京：南京大学出版社，2002
3. 陈共．财政学．北京：中国人民大学出版社，1999
4. 穆怀中．社会保障国际比较．北京：中国劳动社会保障出版社，2002

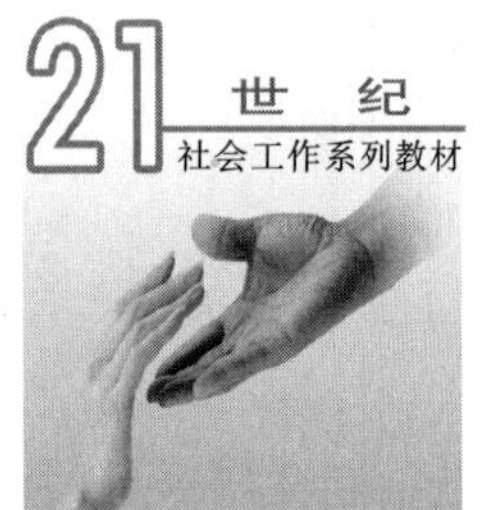

第三章

社会福利水平

学习目标

1. 了解社会福利水平的含义及其指标；
2. 理解社会福利水平的制约条件及其主要特点；
3. 掌握测定社会福利水平的数理模型及其应用；
4. 理解社会福利水平适度的测定标准；
5. 理解社会福利水平适度与不适度的后果；
6. 掌握决定社会福利水平的条件及社会福利水平确立的原则。

社会福利水平是衡量一国居民享受的社会福利程度高低的主要指标。社会福利水平在社会福利体系中占有很重要的地位。一方面，社会福利水平直接反映社会福利程度的高低和资金需求的大小，福利水平越高，福利保障程度就越高，资金需求量就越大；另一方面，社会福利水平的高低直接关系着企业的生存发展和社会稳定，社会福利水平过高，政府和企业在经济上难以承受，社会福利水平过低，一些人的基本生活难以保证，社会就会出现动荡。因此，确定一个适度的社会福利水平是一国建立、改革和完善社会福利体制的关键。

第一节　社会福利水平及其制约条件

一、社会福利水平及其指标

社会福利水平是指一定时期内一国社会成员享受社会福利的高低程度。

社会福利水平是一个质与量相统一的概念。

从量上讲，社会福利水平有“高”、“低”之分，具体衡量方法是一国社会福利总支出占国内生产总值（GDP）的比重。其计算公式为：

$$社会福利水平=\frac{社会福利支出总额}{GDP}\times 100\%$$

其中，社会福利总支出是指一定时期内一国实际支出的各种社会福利费用总和。由于在不同国家的不同时期，社会福利的具体项目各不相同，因而不同国家在不同时期的社会福利支出总额也大不一样。

国内生产总值（GDP）是指在一国境内、一定时期本国居民与外国居民生产或提供的最终产品和劳务价值的总和，它实际上是经济活动带来的新增价值总和。有些研究也采用国民生产总值（GNP）指标代替 GDP。但更多的人认为，国内生产总值更能准确地反映一国经济活动的总体规模。社会福利支出总额占国内生产总值的比重，集中地反映了一国的经济资源用于提高居民社会福利待遇水平的程度。同时，这样一个指标用比例的形式，消除了因量度的不同而可能带来的不可比性，有利于不同国家、不同时期之间进行横向和纵向的比较，在实际的统计中，也比较容易获得数据，因而被广泛用作衡量一国社会福利水平高低的主指标。

在这里需要特别说明的是，衡量一国社会福利水平高低的主指标是社会福利支出占 GDP 的比重。除了主指标外，社会福利水平还可由一系列指标来完整地衡量，因而不应把社会福利支出总额占 GDP 的比重作为衡量一个国家社会福利水平高低的唯一指标。即使各国用于社会福利的国民经济资源的比重相同，但由于各国经济、社会结构、人口结构与规模不同，社会福利体系与福利制度千差万别，每个居民享受的社会福利可能并不相同，实际的社会福利效果也可能大不一样。因此，在具体衡量一国社会福利水平时，除了考虑社会福利总支出占国内生产总值的比重外，还应考虑人均社会福利待遇水平、社会福利覆盖面与社会福利自身的制度结构等多项指标，这样才能对该国社会福利的实际水平作出客观、全面的判断与评价。

从质上讲，社会福利水平有“适度”、“不适度”之分，具体测定标准是社会福利支出与国家生产力发展水平以及各方面的承受力相适应，它既要保障基本经济生活，又要促进国民经济健康发展。

从质与量的统一上看，社会福利水平并非越高越好，社会福利支出增长速度主要取决于国民收入及国民经济增长速度，超越于国民经济增长的社会福利水平，即便很高，也是不可取的。

二、社会福利水平的制约条件及其主要特点

（一）社会福利水平的制约条件

一国社会福利水平的高低受到诸多条件的制约。这些制约条件主要有以下几个方面。

1. 经济规模与经济发展水平

一国所能提供的经济资源总量是该国社会福利支出的最终来源。该国的经济资源总量即经济规模必然从根本上制约着该国社会福利水平的高低。而一国经济规模的大小又在很大程度上与其经济发展水平相适应。经济规模与经济发展水平主要从生产力水平、劳动生产率、国民收入及国民收入分配结构表现出来。西方国家的社会福利实践表明，经济与社会福利的相互关系是十分复杂的，经济因素决定社会福利制度与水平；而社会福利制度一旦产生，就具有自身发展的规律，其发展也会反过来影响经济，二者是相互影响的关系。

2. 政治、社会结构

政治的因素对于社会福利制度的发展及社会福利水平会产生重要影响。西方国家多党竞争的政治制度，使得各党派为了争取更多选民的支持而承诺较高的社会福利水平，不可避免地导致了社会福利水平攀升的“登台阶”效应，这种现象已经被社会福利的研究者广泛关注。社会结构对社会福利水平也产生重要影响，例如，我国的城乡二元社会结构造成社会福利保障制度的分割和城乡社会福利保障水平的较大差异。

3. 制度年龄和人口结构

制度年龄是指一国社会福利制度建立的时间长短。一般情况下，一国的制度年龄越长，其社会福利水平越高；反之，社会福利水平越低。另外，社会福利水平与一国的人口结构也有着密切的关系，伴随着全球人口的老龄化浪潮的到来，社会福利水平将不可避免地上升。

4. 历史、人文等特殊因素

一国社会福利水平的高低也受到该国独特的历史、人文因素的影响。例如，“福利橱窗”式的福利国家[①]在北欧的瑞典等国建成，是因为瑞典长期选择一种独特的“混合主义”的经济政治模式，宣扬政府对于社会生活的干预与政府责任，加上第一次世界大战和第二次世界大战的创伤，导致人们普遍要求一种稳定、安全的保障制度与“心理环境”，而且富足小国的特殊国情，也使之成为可能。美国是一个充分宣扬个性自由的国家，它的经济最大可能地按照自由市场经济的方向发展。人们认为，国家对于社会保障的过多介入，是对公民自由选择权利的侵犯，因而美国至今没有建立如其他发达国家一样包罗万象的完整的社会福利保障体系，这在表面上是与它强大的经济不相符的，但却有其深厚的人文基础。

（二）社会福利水平的主要特点

在多种制约条件的共同作用下，西方福利国家的社会福利水平呈现出以下几个方面的主要特点。

1. 动态性特征

社会福利水平随着经济发展、人口结构变动、制度成熟而变动。一般情况下，经济发展水平越高，社会福利水平越高；人口老龄程度越强，社会福利水平越高；社会福利制度越成熟，其社会福利水平也越高。

2. 刚性特征

社会福利水平具有刚性增长的特征，即缺乏弹性或者只具有单向度的弹性，表现为社会福利支出规模只能扩大不能缩小，项目只能上不能下，水平只能提高不能降低。世界各国的社会福利实践几乎都证明这样一个规律：缩减社会福利支出，降低社会福利水平，会引起社会的动荡不安。

3. 社会福利水平客观上存在一个“适度区域”

过低或过高的社会福利水平，对于社会福利制度自身的运行和社会经济的发展都会产生不良的影响。确定社会福利的适度水平，是一国社会福利制度建设的一项基础性工作，在衡量、评价和调整社会福利制度运行中起着重要的指导性作用。

三、研究社会福利水平的意义

社会福利水平是社会福利体系的关键要素之一，它直接反映着社会福利基金的供

① 理论界通常将以瑞典为代表的实施全民性保险和广泛而优厚的补贴制度的北欧国家称为“福利橱窗”国家。

求关系，并间接地反映着社会福利制度的运行状况。

社会福利水平在社会福利制度体系中的重要地位主要表现在以下两个方面：一方面，社会福利水平反映了一国社会福利程度的高低，代表了社会福利制度"量"的特征；另一方面，社会福利作为通过经济手段解决公民生活保障问题的一种制度安排，必然与国民经济增长、整体经济的投资、储蓄、企业竞争能力、劳动者的劳动积极性等密切相关。通过对社会福利水平的研究，可以探索社会福利制度与其外在环境要素之间的规律，从而在建立和健全社会福利制度的过程中加以运用。因此，研究与讨论社会福利水平，对于社会福利制度的建立、完善与运行有着十分重要的意义。

具体地说，研究社会福利水平具有下列功能和意义：

（1）客观地描述社会福利程度的高低，并进行国际间、地区间的比较，从中可以发现社会福利资金供求状况对 GDP、失业率、储蓄、投资、消费等经济变量的影响，发现社会福利制度运行的经济效应和经济规律。

（2）通过增加设置不同的控制变量，可分类计算出一种社会福利制度内部各行业、各地区甚至各群体之间的社会福利水平子指标，并进行综合的分析比较，促使社会福利制度的结构合理化与内部优化。

（3）运用定性、定量分析相结合的方法，通过对社会福利制度自身运行与其经济、社会效应的分析，确定社会福利适度水平，评价社会福利运行状况，并根据具体情况进行调整与控制。

（4）社会福利适度水平与社会福利自身发展趋势、社会经济发展趋势相结合，通过建立社会福利适度水平的经济数理模型，进而建立"社会福利运行预警系统"，用于预测社会福利的未来发展趋势，避免出现因社会福利支出远远大于收入而导致的财务危机，促使社会福利制度运行与社会、经济发展的良性互动，促进社会经济的可持续发展。

第二节 社会福利水平的测定

确定一个较为明确和相对稳定的社会福利适度水平，对于社会福利制度的运行与调整具有非常重要的意义，同时又是一个难度很大的课题。对于一定的社会福利水平是否适度的判断，不是一个单纯客观的概念，它多少受到价值观念的影响。人们对于社会福利"公平与效率"、"稳定与发展"、"利益维持与利益调整"等问题的认识总是存在差异，难以形成对社会福利适度水平的统一认识。尽管如此，基于社会福利与经济发展的实际状况，形成一个相对一致的适度社会福利水平的标准是有意义的，也是可能的。

近年来，国内外学者运用数理分析方法，提出了许多不同的社会福利水平的测定模型。

一、测定社会福利水平的数理模型

（一）社会福利水平数理模型的假设条件

社会福利水平数理模型分析研究的假设条件主要有以下几个方面：

第一，以国内生产总值作为总基数，社会福利总水平是指政府社会福利支出占GDP的比重。政府社会福利支出（即正式社会福利支出）包括六大支出项目：收入保障支出（包括由政府承担的各种社会保险费用支出和社会救济支出。社会保险费用支出主要指的是政府在生育保险、疾病保险、失业保险、伤残保险、老年保险、死亡保险等方面的支出；社会救济支出主要指的是政府用于自然灾害救济、失业破产救济、孤寡病残救济、城市贫民救济等方面的支出）、医疗服务支出（指不包括用于医疗保险在内的政府医疗服务方面的支出）、政府公共教育支出、就业服务支出（指不包括失业保险在内的所有政府用于增进就业的各项服务费用支出）、住房福利支出（主要指政府用于解决低收入居民的住房问题而提供的相关福利支出）以及各种社会服务支出（主要指政府向老年人、残疾人、失去正常家庭的儿童等弱势群体提供的各种免费服务支出）。

第二，从社会福利资金供给角度分析社会福利水平，主要说明社会福利支出水平在怎样一个度内才能适应国民经济的供给能力。

第三，依据柯布—道格拉斯生产函数把GDP分为两个部分：一是由劳动生产要素投入而产生的总产量；二是由资本投入而产生的总产量。从分配角度分析，由劳动生产要素投入所创造的总产值部分，要通过工资和收入方式分配给劳动者，其中社会福利费用支出包含在劳动要素投入所创造的总产值中。为了分析的方便，在这里，假设只考虑初次分配而不考虑再分配。

第四，社会福利水平要达到“保护与激励相统一”及“与国家生产力水平相适应”的目的，根据该目标来设定社会福利水平是否适度的判定标准。这一标准，从宏观上看，是它能否推动国民经济健康协调发展；从微观上看，是它能否既保障公民的基本生活，即福利水平要高于贫困线，又能激励劳动者的积极性，即福利水平要低于在职职工工资水平。

（二）模型的内容

社会福利水平数理模型主要涉及三个基本要素："社会福利支出总额"、"国内生产总值"和"工资等收入总额"（简称"工资收入总额"）。

"工资收入总额"是与劳动生产要素投入所创造的总产值相对应的初次分配内容，包括职工工资总额、农民收入、社会福利收入等。它的总量比国内生产总值小，比社会福利支出份额大。

根据以上假设，社会福利水平数理模型由下列公式构成：

$$S=\frac{S_a}{G} \tag{3.1}$$

式中，S 代表社会福利水平，S_a 代表社会福利支出总额，G 代表国内生产总值 GDP。这一公式实质上就是"社会福利支出"占"国内生产总值"的比重，这个比重可以作为测定宏观意义上的社会福利水平的重要指标。

将公式（3.1）经进一步分解后，可得出两个公式：

$$Q=\frac{S_a}{W} \tag{3.2}$$

$$H=\frac{W}{G} \tag{3.3}$$

公式（3.2）中，Q 代表社会福利支出总额占工资收入总额的比重系数，又称社会福利负担比重系数；W 代表工资收入总额。这一公式可以用来测定社会福利支出能否既保证公民的基本生活又激励劳动者的劳动积极性。事实表明，如果 Q 过低，则不能保障老年人等的基本生活，而 Q 过高，又不利于激励劳动者的积极性，容易造成养懒人的局面。

公式（3.3）中，H 代表工资收入总额占国内生产总值的比重，又称劳动生产要素分配比例系数。这一比重用以测定国民经济的生产和扩大再生产能否正常进行。如果 H 过低，劳动者的劳动收入未能得到基本保证，就会影响劳动者的劳动积极性，甚至引起劳动者反抗；而如果 H 过高，资金积累又会减少，从而影响生产和扩大再生产的顺利进行。

将公式（3.2）和公式（3.3）组合在一起（相乘），就得出了测定社会福利水平的总公式，即

$$Q\times H=\frac{S_a}{W}\times\frac{W}{G}=\frac{S_a}{G} \tag{3.4}$$

将公式（3.4）与公式（3.1）组合，可得到：

$$S=\frac{S_a}{G}=\frac{S_a}{W}\times\frac{W}{G}=Q\times H \tag{3.5}$$

公式（3.5）就是社会福利水平“度”的测定或数理分析模型。公式（3.5）在“社会福利支出总额”和“国内生产总值”两个变量的基础上引入了一个中间变量，即“工资收入总额”，其目的在于把社会福利水平研究逐步引向微观领域。因为，在缺少深刻的理论根据和具体的延伸变量分析的情况下，仅以社会福利支出占国内生产总值的比重系数等经验实证事实去说明社会福利水平的“度”，很难使研究深入化。而如果将社会福利水平模型分解为 Q 和 H 的乘积（即社会福利负担系数与劳动生产要素分配系数的乘积），就可以通过对这两个系数的分析，将研究推进一步。

二、社会福利水平数理模型的应用

社会福利水平数理模型的应用的基本思路是：首先，通过一国具体的数据资料来确定社会福利负担系数（Q）以及劳动生产要素分配系数（H）的上限值和下限值。其次，先将两种系数的上限值相乘，再将下限值相乘，得出两个乘积，即为社会福利水平的上限值和下限值。再次，运用社会福利水平的数理模型公式，计算一国过去或当前的社会福利水平的实际测算值。最后，将社会福利水平的实际测算值与同时期的社会福利水平的上下限值相比较。如果实际测算值在上下限值之间，表明该国在该时期的社会福利水平是适度的；如果实际测算值高于上限值，则表明该国在该时期的社会福利水平处于超度状态；如果实际测算值低于下限值，则表明该国在该时期的社会福利水平处于低度状态。

社会福利模型应用的关键在于社会福利水平上下限值的确定。而社会福利水平上下限值确定的关键在于社会福利负担系数 Q 以及劳动生产要素分配系数 H 的上限值和下限值的确定。

（一）社会福利负担系数的确定

根据前面的分析可知，社会福利负担系数的基本公式是：

$$Q=\frac{S_a}{W}$$

社会福利负担系数的分析涉及人口结构问题，主要是抚养比，包括少儿抚养比和老年抚养比。

抚养比是指在国家总人口中非劳动年龄人数与劳动年龄人数之间的比例，一般以百分数来表示。抚养比又称抚养系数，即从整个社会来看，每 100 名劳动人口要负担多少非劳动人口。有学者经过严密的计算推导，得出了如下结论：21 世纪初期中国老年人口占总人口的比重约为 30.5%，少儿人口比重约为 16.5%，劳动力人口比重约为 52.9％。[①]

确定了抚养比，我们就可以进一步研究社会福利负担系数（即社会福利支出总额占工资收入总额的比重）的最大限度的指标和量度。

1. 社会福利负担系数确定的假设条件

研究社会福利负担系数必须设定以下几个方面研究分析的假定条件：

第一，社会福利支出（指的是国家社会福利）包括六大支出项目，如前所述，即收入保障支出、政府公共教育支出、就业服务支出、医疗服务支出、住房福利支出以及各种社会服务支出。

第二，社会保险支出包括养老保险支出、生育保险支出、疾病保险支出、失业保险支出、伤残保险支出、死亡保险支出等。其中，养老保险支出占工资收入总额的比重，由老年人口在总人口中的比重决定，失业保险依据“自然失业率”计算。

第三，社会救济支出主要包括自然灾害救济支出、失业破产救济支出、孤寡病残救济支出、城市贫民救济支出等项目。

第四，国内生产总值由劳动生产要素投入创造的总产值和资本要素投入创造的总产值组成。其中“工资收入总额”代表劳动生产要素投入创造的总产值，应该分配给劳动力人口和抚养人口，假定社会福利支出总额占工资收入总额的比重以不超过老年人口占总人口的比重为限度。基本理由是，总人口分为少儿人口、劳动力人口和老年人口三个层次，这三个层次的人口都需要与其人口比重相等的工资收入总额来维持生存和生活。不过，在整个社会中，少儿人口由家庭中劳动力人口抚养，老年人将列入社会福利计划。在对“工资收入总额”进行二级分配的划定时，应该满足劳动力人口及其必须抚养的无劳动能力的少儿人口所应获得的两份额占“工资收入总额”的比重。如劳动力人口占总人口的比重为 52.9％，少儿人口占总人口的比重为 16.5％，就应该满足他们所占“工资收入总额”的 69.4％。用于包括养老金在内的社会福利支出（不包括用于劳动者本身的社会福利支出等）部分，不应超出与老年人口比重相对应的“工资收入总额”中的比重，如不超过 30.5％。

2. 社会福利负担系数模型

根据以上假设，可以得出社会福利负担系数的“度”量模型。

$$Q=R+E+Z+O+J+M \tag{3.6}$$

式中，Q 代表社会福利支出占工资收入总额的比重；R 代表收入保障支出占工资收入总额的比重；E 代表政府公共教育支出占工资收入总额的比重；Z 代表就业服务支

① 参见穆怀中：《中国社会保障适度水平研究》，141 页，沈阳，辽宁大学出版社，1998。

出占工资收入总额的比重；O 代表医疗服务支出占工资收入总额的比重；J 代表住房福利支出占工资收入总额的比重；M 代表各种社会服务支出占工资收入总额的比重。

以上公式是为测定社会福利支出占工资收入总额比重的适度系数而设定的，它既可以测定社会福利支出占工资收入总额比重的“度”的界限，也可用于评价现今或过去某一国家社会福利水平是否适度。

（二）劳动生产要素分配系数的确定

为了确定社会保障水平的度，除了必须确定社会保障负担系数的适度数值外，还要确定劳动生产要素分配系数的适度数值。

劳动生产要素分配系数是指劳动工资等收入总额占国内生产总值的比重系数，计算公式是：

$$H=\frac{W}{G}$$

劳动生产要素分配系数（H）本身也有一个“度”的界限和范围。它的比重系数过低，劳动生产要素投入所增加的总产值不能实现应有的合理分配，劳动者及被抚养人口的生活不能随着国民生产总值的增长而提高，因而会影响劳动力人口的投入和生产积极性；H 过高，则挤占了资本生产要素投入所应得到的利润分配，从而会影响生产和扩大再生产。因此，需要找出一个适度的劳动生产要素分配系数值。

为了说明劳动生产要素分配系数值，这里采用柯布—道格拉斯生产函数来进行分析。柯布—道格拉斯生产函数的表达式为：

$$Y=AL^{\alpha}K^{1-\alpha}，0<\alpha<1 \qquad (3.7)$$

式中，Y 代表总产量；L 和 K 分别代表劳动投入量和资本投入量；A 代表技术水平；α 和 $1-\alpha$ 分别代表劳动和资本在生产过程中的相对重要性，α 为劳动所得在总产量中所占的份额，$1-\alpha$ 代表资本所得在总产量中所占的份额。

柯布和道格拉斯通过对美国 1899—1922 年期间有关经济资料的分析，估算出 α 的值约为 0.75，$1-\alpha$ 的值则为 0.25。这说明，在这一时期的总产量中，劳动所得的相对份额为 75%，资本所得的相对份额是 25%。也就是说，劳动要素和资本要素在生产总值中的合理分配比例是：劳动生产要素分配比例系数为 75%，资本生产要素分配比例系数为 25%。这一结论后来被美国著名经济学家萨缪尔森等所证实。①

① 参见［美］保罗·萨缪尔森，威廉·诺德豪斯：《经济学》，第 12 版，176 页，北京，中国发展出版社，1992。

依照柯布—道格拉斯总量生产函数，我们可以将国内生产总值按所得法或成本法分为两大部分：资本要素分配所得、劳动要素分配所得，并将劳动生产要素分配比重系数的“度”界定为75%，用公式表述就是：

$$H=\frac{W}{G}=75\%$$

式中，以工资收入总额（W）表示劳动生产要素所得总量，用其占国内生产总值的比重表示劳动生产要素分配所得的分配系数。这里的所得分配，是在初次分配形式上即仅在劳动要素和资本要素两大要素所得分配形式上使用的，暂时抛开再分配和政府转移支付等。因为我们所研究的社会福利支出及其水平，是在全社会支出总值意义上使用的，暂时抛开了企业、个人和政府各自的支出比重。

为了便于研究，同时也依据柯布—道格拉斯生产函数把社会技术水平（A）作为一个既定条件，我们在劳动生产要素分配系数分析中，没有把科技水平单纯作为一个成分研究，而是把它作为一个转化变量包含在资本和劳动生产要素中了。在现代科技高度发达的条件下，西方国家财富分配结构状况是，居民消费一般约占60%～70%，资本积累约占30%～40%。由此可以看出，在科学技术发展的条件下，劳动生产要素分配系数为0.75仍具有现实性。

工资等收入总额占国内生产总值的75%，这一被经济学家证明的劳动生产要素分配系数的界限，可以作为上限来衡量劳动要素分配比重是否合理。当然，现实经济活动中的具体分配比重可能有所区别，有的国家高于这个限度，有的国家则低于这个限度。如西方发达国家大多在70%～80%之间，目前中国约为62.2%。①

确定了一国社会福利负担系数（Q）以及劳动生产要素分配系数 H 的上限值和下限值以后，我们就可以将二者的上限下限值分别相乘，确定该国的社会福利水平的上限值和下限值，然后与由社会福利水平数理模型计算出的该国社会福利水平当前或过去的实际值相比较，如果该国的社会福利水平的实际测算值在其上下限值的范围之内，则可以判定该国的社会福利水平是适度的；若在其上限值之上，则表明该国的社会福利水平是超度的；若在其下限值之下，则表明该国的社会福利水平是低度的。

① 参见李珍主编：《社会保障理论》，180页，北京，中国劳动社会保障出版社，2001。

第三节 社会福利水平的“度”

任何事物都具有其质的规定性和量的规定性，都是质和量的有机统一体。社会福利水平也是质和量的统一体，也有其质的规定性和量的规定性。社会福利水平量的规定性是指一定时期内社会福利支出占 GDP 的比重；社会福利水平质的规定性是指社会福利水平要与国民经济发展相适应，既要保障公民的基本生活，又要激励公民去积极劳动，推动社会经济的健康、稳定、持续发展。

社会福利水平的“度”是指保持社会福利水平质和量的限度、幅度，即社会福利支出水平在多大限度内既能保障公民的基本生活又能激励公民去积极劳动，以推动社会经济的健康、持续发展，超过了这个“度”就会对社会经济的健康发展产生不利影响。

社会福利水平的“度”可以通过建立数理模型来进行量化分析，通过数理模型、利用现有的相关数据资料，测算出一定时期内的社会福利水平的上下限值，然后，用实际的福利支出水平（即社会福利支出占 GDP 的比重）与上下限值相比较，看其是否在上下限范围之内，如在上下限范围内，则说明社会福利水平是适度的，如不在此范围内，则不适度（或超度，或低度）。

分析社会福利水平的“度”，除了可以利用定量分析方法外，也可以借助于抽象思维来进行理论分析，即借助于定性分析方法。在量化分析的基础上，进一步运用理论分析方法去研究社会福利水平，会使我们对一定时期内一个国家的社会福利水平的认识更全面、更深刻。

前面已经论述过，从质上讲，社会福利水平有“适度”和“不适度”之分，具体测定标准是社会福利费用支出要与国家生产力发展水平以及各方面的承受能力相适应。因此，本节在研究社会福利水平“度”的理论分析方法时，是从分析社会福利水平适度的测定标准入手，进一步探讨社会福利水平适度与超度的后果，以及影响社会福利水平的两个条件（即社会福利需求条件和供给条件），最后有针对性地提出社会福利水平确立的原则。

一、社会福利水平适度的测定标准

一个国家的社会福利水平适度与否，除了可以用上一节所述的社会福利水平测定模型来进行测定外，还可以用下列几个具体标准来进行测定，这些标准实际上是某种既定社会福利制度在执行后所产生的效果。

（一）既保证社会稳定，又促进经济发展

如果一个国家的社会福利制度在实施一段时间后，能受到国民的广泛欢迎，被国民广泛接受，社会稳定，同时，该福利制度实施能给社会带来激励作用，能够促进社会经济更快速地发展，那么，我们可以由此判断该国实施的社会福利制度的福利水平是适度的。

（二）既有利于社会公平，又有利于提高效率

扶危济困是社会福利制度实施的最主要的目标之一。政府通过税收等形式获得的一部分收入，通过社会福利支出的方式用于社会福利事业，这本身就是促进社会公平的一种方式。但是，在社会福利支出一定的情况下，如何安排福利资金，同样存在公平问题。如果这方面的公平问题没处理好，同样会带来社会的不安定，会带来许多不良社会问题。在注重社会公平的同时，社会福利制度还要考虑效率问题。有时，效率与公平会存在一定的矛盾。比如，国家为了强调公平，大幅度提高社会福利水平，而要提高社会福利水平又必须扩大社会福利资金的来源，这样，微观主体就必须将自己收入中的更大部分用来缴纳相关福利税费，微观主体用于消费、投资等方面的资金将大幅度减少，从而影响到经济效率。因此，一国在确定社会福利水平时，既要注重公平，也要考虑效率。

（三）既保证公民基本生活，又激励公民积极劳动

社会福利的性质之一就是“保护”与“激励”的统一。一方面，社会福利要能满足公民的基本生活需求，以便能保证人民的生存；另一方面，社会福利制度的实施又要避免出现“养懒人”的情况。因此，社会福利水平既不能太低，低到很多公民的基本生活需求都得不到满足，基本的生活水平得不到保障；同时也不能太高，高到许多公民坐在家中就能享受高福利，从而不积极劳动并创造更多的社会财富。

（四）既能提高公民素质，又能促进社会进步

在社会福利项目中，很多福利项目都有利于提高公民的身体素质和文化素质，如医疗福利、教育福利、就业培训等。这些福利相对于满足人们基本生活需要方面的福利而言，是较高层次的福利。一个国家的福利制度要想大幅度提高这类福利的水平，就必须组织更多的福利资金，而这可能会加重福利资金供给主体的负担，从而会影响到社会生产和其他方面的发展，影响社会进步。但是，从长远看，公民的身体素质和

文化素质的提高会促进社会进步。因此，如果按这个标准来判断一个国家的社会福利水平是否适度，就必须考虑该国的福利水平的安排是否有利于公民素质的提高，同时还要将因公民素质提高所带来的社会良性效应与由于推行相关的福利增加福利资金供给主体的负担而带来的负效应相比较，最后才能判定该国的社会福利水平是否适度。

对西方主要发达国家社会保障水平适度状况的测度表明，高福利国家瑞典等在20世纪70年代初就超过了适度上限，英国、美国、日本等国家也在70年代中期开始超出社会保障水平“度”的上限。见表3—1。

表3—1　西方主要工业化国家社会保障水平适度状况（1960—1995年）

国家	社会保障水平类型	样本年份的社会保障水平适度状况（%）							
		1960	1965	1970	1975	1980	1985	1990	1995
英国	现行水平	13.90	14.40	15.90	19.50	23.50	24.50	26.50	29.80
	适度上限	20.34	20.57	20.97	21.42	21.69	21.78	21.96	22.00
	适度下限	16.98	17.21	17.61	18.06	18.33	18.42	18.59	18.69
芬兰	现行水平	12.70	13.10	13.40	16.20	21.00	23.90	25.50	32.70
	适度上限	18.27	18.59	19.22	19.94	20.39	20.70	20.88	21.29
	适度下限	14.91	15.22	15.85	16.57	17.02	17.34	17.52	17.92
瑞典	现行水平	12.80	17.25	21.10	26.70	35.50	33.50	34.60	35.80
	适度上限	20.37	20.79	21.24	21.91	22.28	22.86	22.99	23.09
	适度下限	17.01	17.42	17.88	18.54	18.91	19.49	19.63	19.72
丹麦	现行水平	12.50	15.50	17.90	24.80	29.00	29.10	29.80	32.20
	适度上限	19.76	19.93	20.61	20.83	21.73	21.87	21.92	21.93
	适度下限	16.39	16.57	17.25	17.47	18.37	18.51	18.55	18.57
德国	现行水平	20.50	19.00	25.60	27.20	30.70	31.50	32.00	33.90
	适度上限	19.96	20.03	20.10	21.06	21.73	21.83	21.88	22.19
	适度下限	16.60	16.66	16.73	17.69	18.37	18.46	18.52	18.82
法国	现行水平	13.40	15.80	15.30	24.10	23.90	28.80	26.50	32.90
	适度上限	20.20	20.38	20.83	20.88	20.93	21.06	21.19	21.78
	适度下限	16.84	17.02	17.47	17.52	17.56	17.69	17.83	18.42
美国	现行水平	10.30	11.20	14.70	18.60	26.00	28.00	30.00	33.20
	适度上限	19.14	19.26	19.43	19.71	20.07	20.61	20.74	20.79
	适度下限	15.76	15.89	16.06	16.35	16.71	17.25	17.38	17.43
日本	现行水平	8.00	11.00	14.00	17.70	23.00	25.00	25.50	25.80
	适度上限	17.56	17.79	18.16	18.54	18.68	19.71	20.02	21.29
	适度下限	14.20	14.43	14.79	15.18	15.31	16.35	16.66	17.92
超度国家数	超上限				4	4			
	超下限	7							

资料来源：*OECD in Figures*，1988—1997；*Social Security in the Nordic Countries*，1978—1994；ALBER (for Europe)，1950—1980。

二、社会福利水平适度与不适度的后果分析

如前所述，社会福利水平并非越高越好，社会福利制度内在地要求维持和保证一个适度的水平。

（一）社会福利水平适度的具体表现

适度的社会福利水平，对于国民经济、社会和社会福利制度自身具有十分积极的作用。具体表现在以下几个方面：

（1）在适度福利水平下，大多数公民的基本生活水平能得到保障，能使社会保持相对稳定，为国民经济发展创造有利的国内环境。

（2）在保障公民生活的基础上激励劳动者的劳动积极性，增大人力资本投资，提高劳动者的素质，从而有利于劳动生产率的提高。如西方福利国家普遍推行社会福利制度，扩大了教育投入，增强了医疗保健，这对提高人的身体素质和文化素质，进而提高民族生活质量和文明程度，起到了积极的推动作用。

（3）有利于实现社会福利制度的周期平衡，避免出现财务危机，保证社会福利制度的良性运转。

（4）有助于政府将社会福利制度作为调控经济活动的有力杠杆，促进储蓄、投资和生产性资金的形成，从而有利于国民经济的发展与社会进步。

（二）社会福利水平不适度的后果

社会福利水平的“不适度”，对国民经济、社会和社会福利制度自身会产生许多负面影响。“不适度”有两种情况：社会福利水平过低（或低度）和社会福利水平超度。

社会福利水平过低或低度，是指一国一定时期内的社会福利水平低于通过社会福利数理模型测算得出的社会福利水平的下限值，反映出社会福利保障程度的严重不足。其必然的后果是不能很好地实现社会福利应有的功能，不能保障公民的基本生活需要，不利于社会稳定与发展，同时降低了公民的劳动积极性，最终对于社会运转的效率产生不良影响。许多发展中国家的实践证明，社会福利制度的缺位、残缺或低水平，会对总体经济的发展产生非常强的瓶颈效应，会严重阻碍国民经济的发展。

社会福利水平超度，是指一国一定时期内的社会福利水平超过了通过社会福利数理模型测算得出的社会福利水平上限值，社会福利支出水平超过国民经济能承受的水平。由于社会福利的刚性增长的特征，社会福利水平超度是较为普遍的和较容易发生

的现象，西方发达国家在 20 世纪 70 年代后出现所谓“福利危机”，便深刻地说明了这一点。社会福利水平的超度会带来一系列不良影响，而且超度的程度越高，这种影响也越大。具体表现在以下几个方面：

（1）社会福利支出增长过快，加上人口老龄化总体趋势和经济的周期性波动，往往导致社会福利的财政危机，危及社会福利制度的生存与发展。政府面对因社会福利支出增长过快而出现的财政危机，处理的方法不外乎以下几种：一是通过挪用其他方面的财政支出来补偿福利支出的不足；二是增加福利资金供给人的税费负担；三是大幅度减少福利支出；四是增加发行国债，将财政危机转嫁给下一代。这几种方法的实施都会对社会产生深远的不良影响。

（2）国家往往在社会福利政策中扮演最后出场的角色，因而社会福利支付危机必然带来政府赤字和债务增加，影响政府的信誉，并将债务负担最终转嫁给下一代人承担。

（3）过高的社会福利支出主要作为消费性支出，对于资本积累产生较强的“挤出效应”（crowding effects），造成社会经济的投资不足。虽然理论界对于政府支出对社会投资的“挤出效应”存在不少争议，但有一点是肯定的，即政府组织大量的社会资金用于社会福利支出，必然会使用于投资（即积累）的资金减少，这种直接的“挤出效应”是显而易见的。

（4）社会福利水平超度引起雇主缴纳的社会保障税增加，而社会保障税属于所得税范畴，一般是不能转移的，这必然引起生产成本上升，从而导致本国企业和本国产品在国际市场上的竞争力下降。

（5）社会福利水平超度不利于激励劳动者的劳动积极性。过高的个人所得税边际税率和过高的社会福利水平会造成部分人自愿失业或提前退休，坐享社会福利待遇，即所谓“养懒人”，这既不利于提高经济效率，又损害了社会公平。

社会福利水平的“不适度”还表现为另一种情形，即社会保障水平在城乡之间、不同地区之间、不同保障对象群体之间、不同福利项目之间的结构性的不合理分布。例如，有学者通过对我国社会保障制度的研究发现，我国城乡之间、不同所有制职工之间、不同地区之间的社会福利保障水平存在着较大的差异，内部结构不尽合理。这一结论为我国今后的社会福利制度的改革与完善指明了方向。

三、决定社会福利水平的条件

一个国家在一定时期内的社会福利水平如何，是由该国在该时期的实际条件决定的。决定社会福利水平的条件主要有两个：一是社会福利的需求条件，二是社会福利的供给条件。强调社会福利水平的“适度”，就是要保持社会福利的“需求”与“供给”在适度水平上平衡发展。

（一）社会福利需求条件

社会福利需求条件是决定社会福利费用支出水平的最主要因素，它既包括现今需求状况，又包括未来需求趋势。社会福利水平的确立，既要立足于社会福利当前的需求，更要着眼于社会福利的未来需要。因为社会福利水平具有很强的刚性，上升容易下降难，当未来社会福利需求大于当前需求时，当前适度的社会福利水平就会变成未来不适度的社会福利水平。因此，在确定当前的社会福利水平时，要把未来的福利需求因素考虑在内。

从总体上看，社会福利需求条件主要包括以下几个方面。

1. 享受社会福利待遇的人口总量

享受社会福利待遇的人口总量包括退休人口数、失业人口数、贫困人口数等。这是社会福利支出的规模条件。社会福利支出规模越大，社会福利资金需求量越大。

2. 社会福利制度项目繁杂程度

社会福利制度项目包括收入保障服务（即社会保障）、医疗服务、教育、住房、社会工作服务和对个人的社会服务以及就业等。社会福利项目越多、越繁杂，社会福利资金需求量越大。

3. 社会福利保障程度的大小

社会福利保障程度的大小包括贫困线标准的高低、退休金标准的高低、救济金额的多少等。社会福利保障程度越高，社会保障资金需求量越大；反之，则越小。

（二）社会福利供给条件

社会福利供给条件，是指一国一定时期内社会福利资金的供给支付能力。社会福利供给条件是决定社会保障资金筹集水平的因素，从本质上说，社会保障供给条件主要取决于国民经济总体发展水平。具体来讲，社会福利供给条件主要包括以下几个方面。

1. 国内生产总值（或国民生产总值）

国内生产总值（或国民生产总值）是当今世界测定国民经济运行状况和国家经济实力的主要指标，它是一个国家的社会福利制度存在和良性运行的经济基础，同时也是决定社会福利总供给水平的最重要条件，一国在一定时期内的GDP或GNP总量越大，其社会福利的供给能力也越强。国内生产总值（或国民生产总值）是一个国家的社会福利供给的首要条件，也是决定性条件，其他决定社会福利供给水平的条件都是在这一重要条件基础上的具体展开。

2. 居民收入和居民储蓄

国民生产总值是决定社会福利总体水平的供给条件，当社会福利总体筹集水平确定后，个人在总体水平中承担多大比例，要由社会成员的经济承受能力来决定。测定社会成员个人对社会福利资金的供给能力，主要指标是居民收入总额和居民储蓄状况，具体指标是城乡居民收入总额占GDP的比重和人均储蓄存款余额，一国城乡居民收入总额占GDP的比重越大、人均储蓄存款余额越多，该国的社会福利供给能力就越强。

3. 财政收入状况

从发达国家的社会福利实践来看，社会福利资金主要来自于国家财政收入。一个国家的财政收入状况是决定该国用于社会福利资金供给水平的必要条件。社会福利中的社会救助、社会救济、社会优抚方面的资金及部分社会保险资金的供给主要来源于国家财政收入。在一些国家，社会福利资金支出已占国家财政支出的近50%，超过了财政收入的承受能力，不得不通过提高税收来弥补财政赤字，结果导致物价上涨和失业率上升，影响了国民经济的良性运行。因此，在研究社会福利供给条件时，应借鉴发达国家社会福利实践中的经验与教训，在确定我国的社会福利水平时，不能脱离我国财政收入的实际情况。

4. 国有固定资产

国有固定资产是社会成员共同创造的物质财富的积累，它既是社会用于生产和扩大再生产的条件，也是社会用于保障公民基本生活安全的条件。特别是在我国，由于过去长期实行的是计划经济体制，国有固定资产的累积量非常巨大，随着我国社会主义市场经济体制的确定和进一步完善，国家的经济建设职能逐步弱化，国有资本逐步退出竞争性领域是一种趋势。在这种形式下，国家可以通过对国有资产的合理重组，在保证某些领域的投资的情况下，将国有资产的部分资金转化为社会福利资金，用于社会福利的供给。

5. 社会福利基金运营

社会福利资金的筹集和支出一般情况下都应该要求具有一定的差额，以保证社会福利资金的供给大于支出，这是社会福利资金正常运转的必要条件。社会福利资金中暂时不用的部分，可以采取合适的方式对其进行有效的运营，以使其保值增值。社会福利基金的投资方式有许多，如购买政府债券、银行存款、投资于符合政府政策导向的基础建设项目、购买股票、投资基金等，这些都是社会福利基金保值增值的有效方式。社会福利基金的投资与其他基金不同，社会福利基金的投资更注重安全性和流动性，在保证安全性和流动性的基础上，努力提高基金的收益率。一个国家的社会福利基金的运营效率越高，其收益率也越高，其社会福利供给能力相对也就越强。

6. 社团和民间捐献

各种慈善机构、基金会、企事业单位对社会福利事业的捐款和捐物也是社会福利资金的重要来源之一，同时也是影响社会福利供给的一个条件。一国一定时期内的社会团体与民间的捐献越多，意味着其社会福利供给能力越强。

一个国家的社会福利制度要实现良性运行，关键因素是保持社会福利资金的需求与供给在适度水平上的平衡。社会福利资金出现供不应求，会导致社会福利需求得不到满足，从而会导致一系列社会问题的出现，有可能导致社会的不稳定；而社会福利资金如果出现供过于求，则会导致过多的国民收入用于社会福利支出，从而影响社会的投资和扩大再生产，影响社会经济的快速稳定的增长。因此，社会福利资金出现严重的供过于求与供不应求都不值得提倡，而应该努力保证社会福利资金的需求与供给在一定水平上的平衡。当然，这里的平衡不是绝对的平衡，而是一种相对的平衡；这里的平衡强调更多的是远期的平衡，而不是近期的平衡。

（三）社会福利资金供求平衡的特点

从“福利国家”的社会福利实践来看，社会福利制度中的供求平衡有其自身的特点。

1. 社会福利供求平衡的主要矛盾是需求大于供给

在社会福利供求关系中，福利资金的供给应稍大于需求，而不能需求大于供给。也就是说，供给大于需求，这在社会福利制度体系中是正常的，也是合理的。如果需求长期大于供给，就会导致社会福利制度体系中供求不平衡，社会福利项目也就难以正常执行。

2. 社会福利供求平衡的主要原则是近期平衡应着眼于远期平衡

人口是社会福利体系发展中的重要因素，随着经济和社会的发展，人口数量增多，人口寿命延长，人的需求层次提高，从而导致社会福利总需求的不断增长。尽管国民经济中用于社会福利的供给也会增加，但是，国外的事实证明，随着社会的发展，社会福利需求总量增长要高于供给总量增长，因此，在社会福利资金的供给和支出中，近期平衡不能代替远期平衡，往往是近期收大于支，而远期则入不敷出。比如，进入 20 世纪 80 年代后，“福利国家”普遍出现社会福利赤字。究其原因，就在于社会福利需求增长具有刚性和持续性，而国民经济的增长则具有波动性，难以与社会福利需求增长同步。

3. 社会福利供求平衡的主要目标是保证公民的基本生存需要

人的需要有很多层次，但其最基本的需要是生存需要。社会福利不仅要以满足人的最高层次需求为主要目标，而且要以满足人的最低层次需要即生存需要为主要目标。因此，确立社会福利供求平衡点时，应将人们的基本生存水平线作为参考的主要目标，并且根据不同福利项目而有所区别，或随着经济和社会的发展而逐渐上升。

与社会福利供求平衡特色相对应，社会福利水平的确立也应服从于社会福利供求平衡的主要矛盾、主要原则和主要目标。从理论上说，社会福利水平的确立应该服从社会福利供求平衡规律，所以，研究社会福利水平时，首先要立足于解决“需求大于供给”这个主要矛盾，在抓住这一主要矛盾的基础上，还必须坚持社会福利水平确立的基本原则。

四、社会福利水平确立的原则

“福利国家”的实践表明，确立社会福利水平时，必须坚持以下几个方面的原则。

（一）确定近期社会福利水平要着眼于远期的平衡

这一原则是由社会福利资金供求平衡的特点决定的。之所以要坚持这个原则，是因为社会福利资金的需求具有很强的刚性和持续性。在确定社会福利水平时，如果仅局限于眼前的福利资金的供求平衡，就有可能导致未来的社会福利资金供求的严重失衡，从而会导致社会不安定。

（二）要以保障公民的基本生存需求为主要目标

保障公民的基本生存需求，是一个国家建立社会福利制度和确立社会福利水平的基本规则和出发点。

（三）保护与激励统一

由于社会福利的性质是保护与激励的统一，因此社会福利水平的确立也应该坚持保护与激励相统一的原则。从保护公民的基本生活需求和激励公民积极劳动这一原则出发，社会福利水平的确定应该朝着以下方向发展：一是社会福利由从“摇篮”到“坟墓”的高福利工程向满足公民的基本生活需求发展，以便既能保证人民的生存，又不导致养懒人。这样，社会福利水平在开始之初不应该定得太高，应该坚持低起点。二是由以国家提供社会福利资金为主向以个人和用人单位提供保险基金为主发展，只有与个人切身利益直接挂钩的社会福利制度，才具有持久的激励作用。

立足于保护与激励的统一，可以使社会福利制度实现低起点、高效率。显然，这有利于缓解包括中国在内的一些国家社会福利资金不足的矛盾，也有利于防止“福利国家”高社会福利容易滋生懒人的弊病。

（四）渐进与切线式发展

渐进与切线式发展，是根据社会福利水平应适应本国国情和适应社会福利水平具有易升不易降的刚性特点而提出的基本原则。所谓渐进与切线式发展，是指在现有的社会福利水平的基础上，选择合适的时机和切点，以切线的方式延长或扩大社会福利范围，改变福利方式，强化保障功能。比如，我国政府制定的《关于建立社会主义市场经济体制若干问题的决定》中就提出：“社会保障水平要与我国社会生产力发展水平以及各方面的承受能力相适应。”这实际上就是渐进与切线式发展原则的具体应用，这一原则应作为今后我国确立社会福利水平必须遵从的基本准则之一。

本章要点

1. 社会福利水平及其指标
2. 社会福利水平的制约条件及其主要特点
3. 研究社会福利水平的意义
4. 测定社会福利水平的数理模型
5. 社会福利水平数理模型的应用
6. 社会福利水平适度的测定标准
7. 社会福利水平适度与不适度的后果
8. 决定社会福利水平的条件
9. 社会福利水平确立的原则

基本概念

社会福利水平　国内生产总值　社会福利负担系数　劳动生产要素分配系数　社会福利水平适度　社会福利水平不适度　抚养比

复习思考题

1. 衡量社会福利水平的指标主要有哪些？
2. 制约社会福利水平的因素有哪些？
3. 研究社会福利水平具有什么意义？
4. 如何测定社会福利水平？
5. 社会福利水平适度的测定标准是什么？
6. 社会福利水平适度或不适度的后果是什么？

7. 决定社会福利水平的条件有哪些?

8. 确立社会福利水平应遵循哪些原则?

推荐阅读书目

1. 李珍主编. 社会保障理论. 北京：中国劳动社会保障出版社，2001

2. 穆怀中. 中国社会保障适度水平研究. 沈阳：辽宁大学出版社，1998

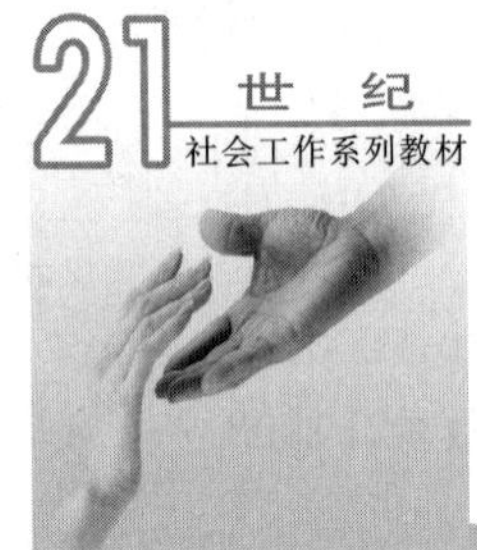

第四章

社会福利基金管理

学习目标

1. 了解社会福利基金的含义和种类；
2. 理解社会福利基金的性质与作用；
3. 掌握社会福利基金的运动流程；
4. 了解社会福利基金管理的目标、原则及其内容；
5. 了解社会福利基金的来源及筹集原则；
6. 掌握社会福利基金的筹集模式及筹资方式；
7. 了解社会福利基金的支出管理；
8. 了解社会福利基金投资的意义和原则
9. 掌握社会福利基金投资的方向及其策略；
10. 了解社会福利基金的监督。

筹集和建立社会福利基金，既是实施社会福利制度的核心问题，同时也是社会福利制度得以建立并正常运行的物质前提和财力保证。庞大的社会福利项目体系，需要有稳定的物质基础作后盾，否则，难以应付众多的意外事件，难以满足众多福利保障对象的福利需要。另一方面，社会福利基金建立起来后，为了使有限的福利基金能够发挥最大的社会效益，能最大限度地体现公平与效率的原则，必须加强社会福利基金的管理。社会福利基金的管理内容包括社会福利基金的筹集管理、投资管理、支出管理以及加强对社会福利基金的监督与控制。

第一节　社会福利基金管理概述

一、社会福利基金的含义及种类

（一）社会福利基金的含义

社会福利基金（social welfare fund）是指国家为实施社会福利制度，满足人们的福利需求，通过各种渠道所建立起来的、法定的、专款专用的货币资金。它包含以下几个方面的内容：第一，社会福利基金是依据有关法律法规设立的，其建立和实施具有明显的强制性，通过法律法规明确规范基金的来源、筹集、使用、运营与管理，以确保基金的正常运行；第二，社会福利基金管理机构是某一政府部门或政府特别授权的专门机构，以确保基金统一有效地筹集和合理运用；第三，社会福利基金是专项资金，必须专款专用，任何机构或个人都不得随意挪作他用，以确保劳动者及其家属遭受风险后仍能保障基本生活；第四，社会福利基金是一国社会福利制度的物质基础。没有数量充分、管理健全的福利基金，社会福利制度就不能存在和运行下去。

（二）社会福利基金的种类

社会福利基金按照不同的分类标准，有不同的种类。

1. 按社会福利基金用途分类

按照这种分类标准，社会福利基金的种类与社会福利制度项目体系是相一致的。如前所述，社会福利制度的项目包括收入保障服务（即社会保障）、医疗服务、教育、住房、社会工作服务和对个人的社会服务以及就业等六大项目。与此相对应，社会福利基金也可分为六大类，即社会保障基金、医疗福利基金、教育福利基金、住房福利基金、社会工作服务和对个人的社会服务基金以及失业保险基金。

但国际劳工组织将社会福利基金划分为九种类型，即医疗、疾病、失业、工伤、老龄、家庭、残疾、生育、遗属基金。其中最主要的是失业、工伤、老龄、残疾、遗属这五个方面。实际上国际劳工组织划分的这九种类型的基金都可以归并到上述的六大项目中。

在我国过去较长时间甚至现在的社会福利实践中，社会福利基金（通常称之为社会保障基金）主要由社会保险基金、社会救助基金、社会福利（狭义）基金、优抚安置基金及其他社会保障基金构成。其中，社会保险基金又可分为养老保险基金、医疗保险基金、失业保险基金、工伤保险基金、生育保险基金等。社会福利基金包括老年人福利基金、残疾人福利基金、妇女儿童福利基金、教育福利基金、住宅福利基金、职工福利基金等。社会救济基金包括贫困救济基金、扶贫基金、救灾基金等。社会优抚基金又称军人保障基金，主要用于军人退休生活保障、退伍军人就业安置、现役军人及其家属优待，以及军人伤残、死亡抚恤。

2. 按基金来源分类

社会福利基金按资金来源的不同可分为政府提供、政府强制筹措和民间组织或个人自愿提供。

所谓政府提供是指由政府通过征收个人所得税、遗产税等直接向社会成员提供社会福利基金。狭义的社会福利基金、社会救济基金、社会优抚基金主要是由政府提供的。

政府强制筹措是指政府通过立法，强制要求用人单位、劳动者缴纳社会保障费或税，形成特别的基金，如养老保险、医疗保险、失业保险、工伤保险、生育保险基金等。

民间组织或个人自愿提供是指由民间组织或个人无偿捐赠或有奖募捐形成的基金。中国红十字会、中国残疾人福利基金会、中国抗灾救灾协会、中华慈善总会和中国青少年发展基金会等组织都是民间公益性、福利性组织。

由政府提供的社会福利基金通常采取现收现付制，而且与财政年度一致，要求年度收支平衡或略有节余；政府强制筹措一般采取基金制或半基金制；民间组织或个人自愿提供一般以实现项目收支平衡为目标，它可采取现收现付制，也可采取基金制。

二、社会福利基金的特点与作用

（一）社会福利基金的特点

与其他基金相比较，社会福利基金具有以下几个方面的主要特点。

1. 强制性

社会福利基金的绝大部分是依法强制筹集的，并严格按照法律的规定进行管理和使用。任何企业和个人都必须依照相关法律规定，按期按量缴纳社会福利费。由于社会福利基金直接关系到劳动者的切身利益，在基金的管理和使用上也必须排除各种干扰，严格按照有关的法律法规运行。

2. 储备性

社会福利基金的一个重要目的是为了能抵御风险，这就要求管理机构未雨绸缪，根据科学的方法，计算风险发生的概率，事前在资金上做好准备，因而社会福利基金的另一个重要特点是其储备性。

社会福利基金一般分为积累型和现收现付型。积累型基金是为了应付那些发生概率很高的风险，如老年风险。绝大部分劳动者在年老丧失劳动能力退出劳动力队伍之后，都有相当长的时期处于没有劳动收入的状态。为了保证劳动者的老年生活，就必须事前有所积累。尤其是当一个国家面临人口老龄化或人口老龄化趋势加强时，就更有必要进行这种事前的积累。现收现付型基金主要是为了应付那些发生概率比较稳定的风险，如工伤风险。这种风险的发生概率可以预测，并且随着科技的发展和人们防范风险意识的提高，风险发生的概率可以逐步降低。尽管如此，仍有必要进行事前准备。当然，这类基金可以采取“以支定收、略有节余”的方式，事前可以只积累较小数额的基金，只应付短期发生的风险。

3. 互济性

在社会福利项目中，每个人发生风险的概率大不相同，但在筹集基金时并没有考虑这种差异，而是按统一标准筹集。这样就会出现每个人享受的社会福利待遇与其对社会福利基金的贡献不一致的情况。有些人的收益大于贡献，有些人的贡献大于收益，但在总体上两者是平衡的，这就是社会福利的互济性。互济是社会福利的一个重要特点。

（二）社会福利基金的作用

社会福利基金对于维持社会安定和国民经济的正常运行及发展有着重要的作用。主要体现在以下几个方面。

1. 可以增强抵御风险的能力，保证社会的安定

建立社会福利制度的一个主要目的就是为了增强劳动者抵御风险的能力，保证社会稳定。因为在市场经济条件下，由于竞争的加剧，无论是企业还是劳动者都不可避免地面临着各种风险。社会保险基金的建立可以有效地抵御这些风险。在劳动者遭遇风险时，社会保险基金可以保障其基本生活，使社会免于动荡。当一个社会处于变革时期时，人们面临的风险在加大，社会保险基金的作用更为重要。

2. 有助于增强社会的凝聚力

风险是社会生活中经常遇到的，社会保险比个人自我储蓄更能有效地抵御风险损失，特别是当个人处于意想不到的风险时，社会保险比个人承担风险的能力大得多。

在市场经济条件下，社会保险的互济性使人们在遵循市场经济的投入与收益对等的效率原则之外，又实现了相互帮助、相互关心、帮助弱者的社会公平原则。因此，社会保险的实施可以极大地增强社会的凝聚力。

3. 有利于促进经济的发展

社会福利基金中的一些项目如失业保险、各种福利补贴等具有一种“自动稳定器”的功能，在经济发生波动时可以起到缓解波动的作用，有利于经济的恢复。例如，在经济萧条时期，失业者人数增加，失业者如果没有失业保险基金，其购买力就会显著下降，这会给本已衰退的经济以更沉重的打击；而有了失业保险，劳动者在失业之后还可以有一定的收入用以维持基本生活，社会的购买力也不致下降太多，从而对总需求不致发生太大的影响。同时，社会保险基金中往往有相当一部分是积累性质的，它并不需要立即支出。这些积累起来的基金对经济发展是十分重要的，它在一定程度上有利于弥补投资不足的缺陷。

三、社会福利基金的运动流程

各种不同类型的社会福利基金的具体来源和最终用途各不相同，但其运动流程所需经过的主要环节是大致相同的，一般都需经过如下三个不同的环节。

（一）筹集资金

社会福利基金运动流程的第一个环节就是筹集资金，社会福利基金主要来源于政府财政拨款、企业缴纳、劳动者个人缴纳、社会捐赠等。其筹集方式主要有三种：企业缴纳为主，企业与个人共同缴纳，个人、企业、政府三方共同负担。

政府强制筹措的社会福利基金主要是社会保险基金。其中，养老社会保险、失业社会保险、医疗社会保险等项目的保险费由用人单位和劳动者个人共担；工伤保险项目的保险费则完全由用人单位负担。这些保险费既可以由社会保险经办机构征集，也可以通过税务系统代为征集。

民间组织或个人自愿提供的社会福利基金筹集方式灵活多样，既可以直接募捐，也可以发行福利彩票，还可以开展义卖、义演等活动；既可以接受现金捐赠，也可以接受实物捐赠；既可以向团体筹集，也可以向社会成员个人筹集。

（二）监管及营运

社会福利基金运动流程的第二个环节是监管及营运。一般来说，现收现付制的社会福利基金以实现当年的收支平衡、略有节余为基本原则，没有大量积累可供营运。

但由于从筹集资金到基金的支付存在时滞，会存在少量短期资金沉淀，因而需要加强对基金的监管，确保基金的完整、安全，并做好基金的计划、预算和调剂等工作。而完全积累制、部分积累制的社会福利基金从筹集资金到基金支付需要的时间跨度较长，沉淀资金的数额巨大，因而不仅要通过严格的监管保证基金的安全，还必须通过营运实现基金的保值增值。

（三）福利给付

社会福利基金运动流程的第三个环节是基金的给付。社会福利基金的支付由社会福利基金经办机构或受托机构进行。其程序一般是受保人根据自己的条件提出申请，经审查确认后即可从社会福利基金经办机构或受托机构领取社会福利给付。

在上述三个环节中，社会福利基金的筹集是基础，没有稳定充足的资金来源，社会福利就成了无源之水，其营运和支付无从谈起；社会福利基金的监管和运营是其能否保值增值以及能否实现保障和改善国民生活目标的关键；福利给付则是社会福利基金运营的最终目的。

四、社会福利基金管理

社会福利基金形成以后，必须对其加强管理。社会福利基金管理部门通过科学的管理程序和管理方法，实现福利基金的保值增值；通过严格的监督程序，保证社会福利基金给付上的公平与效率。通过加强社会福利基金的管理，让有限的福利基金能够发挥最大的社会效益，能最大限度地体现公平与效率的原则。

（一）社会福利基金管理的目标和原则

1. 社会福利基金管理的目标

社会福利基金管理的目标在于：（1）确保基金的完整与安全；（2）防止基金贬值，实现基金保值，争取基金增值；（3）满足给付的需要，避免发生支付危机；（4）保持高效率。在这些目标中，维护基金安全目标是基金管理中最重要的目标。

2. 社会福利基金管理的原则

社会福利基金管理需要遵循如下原则：（1）依法管理，一切以法律、法规、政策为依据。（2）规范运行，必须按照规范的程序与方式来管理基金，管理者不能擅自做主。（3）坚持“收支两条线”，征收系统与支出系统应当保持分离，以便各司其职。从各国的实践来看，既可以是两个部门（如财政税务系统与社会保险系统）分别承担征收与支出的职能，也可以是一个部门中的两个独立系统（如英国社会福利系统就分设有征收机构与待遇支付机构）分别承担征收与支出的职能。(4) 实行预算管理，即无论是财政性社会福利基金，还是社会保险基金或其他社会福利基金，均需要根据既定的社会福利政策与目标来组织筹集，同时按照既定的社会福利政策与目标来提供相应的社会福利待遇，从而需要编制年度与中、长期收支预算。(5) 杜绝漏洞，严格社会福利基金的收支手续和责任制度，这不仅是维护基金安全的基本要求，也是追求高效率的具体体现。

(二) 社会福利基金管理的基本内容

社会福利基金管理主要包括以下几个方面的内容。

1. 社会福利基金的筹集管理

社会福利基金的筹集管理主要是确定社会福利基金筹集的原则，广开福利基金的来源，探索和优选福利基金的筹集方式等。其中，社会福利基金的来源管理是关键所在。西方福利国家的实践证明，比较合理有效的福利基金筹集来源是国家、单位、个人按一定比例缴纳，私人和社会团体捐助、工薪税等。

2. 社会福利基金的投资管理

社会福利基金的投资管理也就是福利基金的运营管理。当社会福利基金建立起来以后，为了保证福利基金能够保值增值，就有必要将福利基金投入经济活动中，以取得相应的收益，这也就是福利基金的投资活动。与其他基金运营不同的是，社会福利基金的运营应将安全性放在首位，也就是说安全性原则应成为社会福利基金运营的首要原则；同时也应强调长期收益原则、多样化原则与可流动性原则。很显然，确定投资原则是社会福利基金投资管理的主要内容之一，除了这一内容外，社会福利基金投资方向的选择、基金运作机构的选择与建设等都是社会福利基金投资管理的主要内容。

3. 社会福利基金的支出管理

建立社会福利基金是为了满足社会成员的福利需要，福利基金最终是要用于社会保障、社会救助以及医疗、教育、住房、社会工作、就业等各种社会服务方面的支付。而社会福利基金享受对象的确定直接影响到社会福利制度的公平与否，社会福利基金支付形式与模式的选择在一定程度上影响着社会福利制度的效率高低，因此，确定福利基金的支出对象、选择适当的支付形式与支付模式，是社会福利基金支出管理的主要内容之一。

4. 社会福利基金的监督

社会福利基金的监督是指纳税人根据社会福利法规的有关规定，对社会福利基金管理机构实施社会福利的情况进行的检查与监督，监督主体可以是社会福利机构的上级主管机关，也可以是财政、银行、审计、工会组织等，群众与企业也有权对社会福利机构进行监督。社会福利基金监督的主要内容包括对社会福利基金的缴纳、支付，社会福利的实际业务的执行情况，以及社会福利基金的运营等方面的审核监督。对社会福利基金的监督是社会福利资金管理的重要环节，同时也是做好社会福利工作、实现社会福利制度目标的重要途径，因此，我们应当充分利用一切有利手段加强对社会福利资金的监督管理。

（三）社会福利基金管理方式

一般来说，社会福利基金管理方式有信托基金管理、基金会管理、商业经营性基金管理等三种管理模式。

1. 信托基金管理模式

社会福利基金信托管理是指将社会福利基金委托给某一专门机构如财政部进行管理并负责基金的投资运营。该模式具有以下几个特点：一是社会福利基金管理由财政部直接管理，或由财政部、社会保险部、劳动部及非政府人士组成的专门委员会管理，因而与国家财政密切相关；二是社会福利基金主要作为政府预算计划的重要部分投向公共部门，或购买国债，投资风险由财政部承担；三是社会福利基金常作为弥补财政赤字的一个砝码，因而其投资营运与国债市场密切相关。美国、日本等国家的社会福利基金管理均采用这种模式。

2. 基金会管理模式

社会福利基金会管理是指以个人账户为基础，国家进行强制储蓄并通过中央公积金局或类似机构依法实施基金的集中管理。新加坡等一些国家的社会福利基金管理采用这种模式。新加坡的中央公积金局是一个独立于财政部之外的准金融法定机构，公积金的汇集、结算、使用、储存等均由公积金局独立管理。公积金局根据国家经济、社会、人口等发展的长期趋势，计划公积金的筹集总量和增长速度，并根据不同需要分配公积金的用途，构建社会福利安全网。一些国家的中央政府直接管理公积金，并运用公积金制度直接参与经济活动并对经济实施宏观调控。

3. 商业经营性基金管理模式

商业经营性基金管理模式是指由政府规划并授权的基金公司按照商业竞争性原则组织实施社会福利基金的管理和投资营运。智利是世界上最先推行将社会福利计划按私营或商业经营方式管理的国家。其具体做法是：基金管理有法制和制度保障，专人专户，一家公司负责一项基金计划，同时建立了有效的监控体系和严格的投资规则。通过引入竞争机制，智利模式在很大程度上改变了基金运营低效率、资金流失等弊端，为各国社会福利基金的管理提供了参考和借鉴。

（四）社会福利基金管理机构

社会福利基金一般是由专门的社会福利管理机构来进行管理。社会福利基金管理机构应由国家、企业（或单位）、享受者的代表组成。理由是：（1）社会福利基金一般由国家、企业、享受者三方共同缴纳形成，作为基金所有权的自然延伸，国家、企业、享受者均拥有一定的管理权。（2）社会福利作为现代文明国家的一项社会政策，各国政府具有无可推卸的管理责任和义务。（3）享受者所在单位是社会福利管理过程中的重要环节，把各单位的积极性调动起来，有利于细致地甄别享受者的条件，控制社会福利基金的违规发放。（4）享受者不仅拥有享受社会福利的权利，而且有缴纳社会福利基金的义务和管理基金的责任，社会福利基金距离享受者越近，越有利于建立公民的社会福利意识，越有利于社会福利基金的管理。因此，社会福利基金管理组织应区别于政府行政机构和以营利为目的的企业或商业组织，成为一个由三方代表共同组成的事业性的公共机构。

至于国家、企业、享受者以什么样的具体方式参与基金管理，选择何种结合方式进行管理，三方在基金管理中的权限如何分配等具体管理安排，各国可以根据自己的实际情况来确定。

第二节　社会福利基金的筹集、支出管理

一、社会福利基金筹集管理

社会福利基金是社会福利制度得以正常运行的支柱，而社会福利基金的筹集是能否形成可靠的社会福利基金的关键。因此，社会福利基金的筹集问题在社会福利制度中具有特别重要的地位。

（一）社会福利基金筹集的原则

社会福利基金的筹集要遵循以下几项原则。

1. 公平性原则

社会福利基金的筹集和支付属于国民收入的再分配，因而福利费用分担的公平与否就至关重要。若社会福利费用的分担不公平，社会福利费的征收就会出现困难。

通过社会福利手段实现收入再分配，可以分为纵向的再分配和横向的再分配，用公平的概念来表述，则是纵向的公平和横向的公平。通过征集社会福利费用，使高收

入者的生活资料和购买力向低收入者转移，从而实现纵向的公平。通过向同一收入层面上的人群分散社会风险，按照一定的原则筹集社会福利费用，可以形成横向的公平。如果说纵向公平是救贫扶困的话，则横向公平更有防贫的功能。按保险的原则，一方面是同一层面上的人们向社会保险机构缴纳保险费或向政府纳税，另一方面是社会福利机构或政府将现金转移给那些因发生事故而陷入困境的人。通过社会保险的纽带把人们连接起来，从而实现横向的公平，强化社会的整合性。

2. 效率性原则

效率性原则即社会福利基金的筹集要有利于资源有效配置。

社会福利基金是用于抵御风险的，但抵御风险是要付出成本的。如果追求完全消除风险，将风险的损失降低到零，就可能要付出极大的成本；如果将风险控制在可接受的程度之内，则成本也可以降低。而随着风险程度的降低，降低风险所需要的成本将会递增。由于资源是有限的，一种资源如果用于社会福利基金这一用途，就不能再用于其他用途，因此必须权衡资源的投入方向，提高资源的配置效率。也就是说，社会福利基金的筹集还取决于社会福利水平的确定，要使社会福利水平适度。

3. 确保社会福利制度正常运行的原则

社会福利基金的筹集必须以保证社会福利制度的正常运行为基本出发点。因此，在基金来源渠道上应有多种准备，既要有在正常条件下的基金来源，又要有在特殊情况下的基金来源。在基金筹集的数量上，要“收支平衡，略有节余”。

4. 妥善处理积累与消费关系的原则

社会福利基金特别是积累型的社会福利基金，涉及宏观经济中积累与消费的关系问题。积累的基金实际上是将一部分当前的消费推迟到未来消费，在总需求大于总供给的情况下，较多的积累有利于缓解总需求过多的状况；但是，如果宏观经济形势是总需求小于总供给，则较多的积累就加剧了总需求的不足，不利于经济的发展。因此，要根据经济发展的不同阶段和宏观经济的不同形势，科学地确定社会福利基金在国民生产总值中的比重，确定企业和员工社会福利基金的负担程度，正确处理好积累与消费的关系。

（二）社会福利基金的来源

社会福利作为一项事业，必须有稳定的、雄厚的资金。发达国家福利费用的来源主要有以下渠道：一是雇主缴纳的社会保险税，二是劳动者个人缴纳的社会保险税，三是国家的财政补贴，四是其他经常性收入。

1. 雇主缴纳的社会保险税

雇主缴纳的社会保险税（费）是社会福利基金的最主要来源。社会福利水平越高，雇主需要缴纳的费用就越多，企业的成本也就越高。在这种情况下，市场竞争中的企业就愿意尽可能少地使用劳动力，用资本替代劳动。特别是劳动密集型企业，其劳动成本在企业全部成本中的比重较高，企业用资本替代劳动的动力很大。而这种结果对于劳动力资源丰富、就业压力大的国家是十分不利的。因此，在劳动力资源丰富的发展中国家，社会福利水平不能过高。

2. 劳动者个人缴纳的社会保险税

劳动者个人缴纳的社会保险税（费）是社会福利基金的第二个主要来源。在许多实行个人缴费制度的国家，社会保险费用由企业和职工各负担一半。从企业成本的角度讲，如果社会保险费用负担率是既定的，则社会保险税无论是由雇主还是由劳动者缴纳，其实际支出是等量的，都构成企业的成本，都不会影响劳动力的价格。但是，个人缴纳社会保险税仍有其独特的意义：(1) 有助于社会保险互济功能的实现。特别是当按劳动者工资收入的同一比率缴纳时，工资收入高的人多缴纳，工资收入低的人少缴纳，社会保险的互济功能就能更清晰地体现出来。(2) 有助于基金的积累。个人缴纳机制使每一位劳动者都更关心社会保险基金的积累、运用和管理，容易形成人人监督的格局，有利于社会保险基金的良好运行。

3. 国家财政补贴

国家财政补贴包括政府的财政拨款、对官方社会福利机构的低息贷款、对企业资金会等自愿保险组织的财政补贴、各项减免税收等优惠政策。国家财政补贴与社会保险税一样，也来自公民所缴纳的税收收入，不同的是国家从其他税收中提取一部分用来支付或补充社会福利开支。由于各国实行社会福利制度的方式不同，国家财政补贴在各国社会福利资金来源中所占的比例也有差异。例如，英国实行国民公费保健制度，国家承担全部医疗费用，因而其财政补贴占本国社会福利资金的比例较高。法国社会福利资金主要用于协调不同社会集团的利益，因而其财政补贴在社会福利资金中的比例较低。而且，国家财政补贴在社会福利资金中所占的比例还与各国的税收制度密切相关。一般来说，如果税收在强制征收中所占的比例较大，则国家财政补贴在社会福利资金中所占的比例也就较大。

4. 其他经常性收入

其他经常性收入主要是指社会福利基金的增值，即由社会福利机构把筹集到的资金存入银行，或购买国家债券、股票，或单独投资而带来的利息、股息、利润收入。另外，还有向社会各界包括企业和个人募集的资金收入，以及联合国机构及其他国际性组织的捐款、援助或赠与等收入。这一部分收入所占的比例很小，一般为1%～10%左右。

（三）社会福利基金筹集模式

社会福利基金筹集模式也叫社会福利基金的财政模式，是指依据一定的收支平衡原则，确定一定的收费率，以取得社会福利收入的方式。从世界各国的社会福利实践情况来看，按社会福利基金储备与否，可将社会福利基金筹集模式分为三种类型：现收现付制（pay-as-you-go）；完全积累制，又称基金制（pay-as-you-earn）；部分积累制，即现收现付与基金制的整合（integration）。

1. 现收现付制

这一模式是以近期横向收付平衡原则为指导的基金筹集方式，即将一定时期内所需支付的费用，分配于各参加保险的被保险人，它预先不留出储备金，完全靠当年的收入满足当年的需要，当年提取当年支付。这种筹集模式要求先对当年或近几年内所需要的社会福利费用进行预算，社会福利金额的预测一般是基于上年度开支总额再由本期的增加额和减少额进行调整确定。

现收现付制筹集模式的优点是：第一，它可以根据偶然事件的发生频率及时调整征收率，来保持当年社会福利费用的收支平衡；第二，现收现付不需要过多的个人资料，简便易行；第三，其政策取向是实现相对公平，互济性强。

现收现付制筹集模式的缺点是：第一，缺乏长期规划，且容易受经济发展和人口结构变化的影响，抗人口老龄化的能力较弱；第二，必须随着人口结构的变化经常调整保险费的费率。费率经常变动不仅会增加具体工作量，而且费率提高会影响劳动者的生活和企业的投资积极性。

因此，现收现付式筹集模式通常只适用于短期的危险，如疾病、生育、失业等方面的保险。从世界各国的情况来看，由于医疗、生育、失业等方面的保险项目具有短期性、不确定性和难以预测，一般都实行现收现付的基金筹集模式。养老保险基金则不宜采取这种模式。

2. 完全积累制

完全积累制是以远期纵向收支平衡原则为指导的社会福利基金筹集模式，即“预先提取，储蓄积累”。它是根据未来支出的需要确定当前社会福利基金收入，一般适用于长期的社会保险项目（如老年、伤残、遗属保险），其预测方法是在对有关人口寿命和国民经济发展的各项指标（如人均预期寿命、死亡率、退休率、就业率、工资增长率、通货膨胀率、利息率）进行长期综合预测的基础上，将被保险人在享受保险待遇期间所需要的保险开支总额，按照一定比率分摊到保障对象的整个投保期间，并且对不断提取和已经积累起来的保险基金（包括风险责任准备金和责任准备金）进行有计划的投资运营。

完全积累制筹集模式最大的特点是“在职提留、逐年积累、退休支付”。从被保险人开始工作的第一天起，就必须依法定期缴纳一定的社会保险费。与此同时，被保险人所在单位或雇主也必须依法为所属职工定期缴纳一定的社会保险费。两者合一，逐年积累，形成一笔数量可观的福利基金，待被保险人需要享受时，分期或一次性给付。

完全积累制筹集模式的优点是：

（1）能使社会福利事业在一个较长时期内有稳定的经济来源和雄厚的物质基础。因为这种模式着眼于在较长时期内分散风险损失，在科学预测的基础上确定保险费率，提取比率确定，个人和企业负担较小，在支付期间每年仍留有相当数量的储备积累基金，能充分体现基金的储备功能。

（2）能运用保险金支出时空分离的特点，期望提取的基金可以通过储蓄生息和投资运营来增加收入。

（3）制度建立初期费率较高，筹资见效快，长期内费率相对稳定，具有较强的抗老龄化风险能力。

完全积累制筹集模式的缺点是：

（1）由于时间长，调剂职能小，在通货膨胀的条件下难以保值。

（2）管理工作难度较大，长期的社会保障待遇受社会经济因素影响较大，而且长期的预测计算和科学管理，都有很强的专业性，因此给管理工作带来困难。

（3）对于中途采用这种筹集方式的国家，因为过去未曾提留，实行新制度面临着偿还旧债和预筹新款两方面的压力，涉及年金调整政策，全面启动有较大的难度。

3. 部分积累制

部分积累制即“部分积累，部分现收现付”制，或称混合式的基金筹集模式，它是上述两种筹集方式的结合。在社会福利基金的筹集上，一部分采取现收现付制，保证当前开支需要，另一部分采取完全积累制，满足将来开支的不断增长。这种方式既可以吸收现收现付制和完全积累制两种方式的优点，又可以避开其缺点，是对上述两种模式的综合和创新。其办法是在满足一定时期（一年或数年内）支出需要的前提下，留有一定的储蓄。

部分积累制的特点是收费率分期调整。初期缴费率较低，以后逐年提高，保持相对的稳定性，因而既可避免现收现付制所面临的提取比例不断上升、纳税人负担日益加重的问题，又可以减轻完全积累制所带来的投资风险和计算困难的问题，受人口结构、通货膨胀和经济状况的影响也相对小些。当前世界上大多数国家都实行这种筹集模式。

（四）社会福利基金的筹集方式

社会福利基金的筹资方式是指筹集社会福利基金所采取的具体手段和方式。从世界各国的情况来看，筹资方式主要有以下三种。

1. 社会保险税

社会保险税也称社会保障税或工薪税，是国家为确保各种社会福利项目所需资金而对雇主（或企业）及受益人征收的一种目的税。开征社会保险税是大多数国家普遍采用的一种筹资形式。到目前为止，建立社会福利制度的140多个国家中，有80多个国家开征了社会保险税。以这种筹资形式筹集的社会福利基金直接构成政府的财政收入，成为政府预算的重要组成部分，因此社会福利收支平衡的状况直接影响到政府财政收支平衡。组织和管理社会福利基金收支是财政部门的一项经常性工作。由于社会保险税专款专用，因而可以免受政府财政恶化时所造成的不利影响。

2. 社会保险统筹缴费

社会保险统筹缴费即由雇主和雇员以缴费的形式来筹集社会福利基金。社会福利基金由政府指定专门机构负责管理和运行，不直接构成政府财政收入，不足部分由财政专款补贴。因此，政府财政部门不直接参与社会福利基金的管理和运营，但对社会保险的收支进行监督。实行社会福利统筹缴费的国家，保险项目比较繁杂，且每一项目都有相对独立的一套缴费办法。

3. 建立预算基金账户

这是一种强制性储蓄。具体方法是将雇员缴费和雇主为雇员的缴费存入个人账户。这笔款项及由此产生的利息的所有权归雇员个人，政府仅有部分使用权和调剂权。新加坡实行的就是这种方式。

二、社会福利基金支出管理

社会福利基金的支付是社会福利机构的中心工作之一，各类社会福利基金的支出均有相应的资格条件审定，只有符合一定条件和资格者才能享受社会福利基金的给付待遇。

（一）社会福利基金支出的资格条件管理

通常情况下，社会福利基金的给付主要有以下几个方面的资格限定。

1. 年龄资格

有些社会福利项目基金如各种保险金的发放对象是针对一定年龄阶段的保险对象的，只有符合法定年龄界限的保险对象方可领取保险金，如退休养老金的发放、遗属抚恤金的发放等项目，均有一定的年龄要求。

2. 性别资格

有些社会福利项目基金的给付要根据福利基金受益人的生理特点的不同而有所区别，这多见于各国对退休年龄的规定及生育社会保险的给付方面。大多数国家在退休年龄规定上都是男女有别的，一般男性高于女性。而生育保险金则毫无例外地以女性劳动者或受益人为给付对象。

3. 社会福利受益人的身份条件

这主要是指福利受益人是否是在福利基金给付所需要的特定劳动部门或从事着特定性质的职业，以及其他资格条件。由于各项社会福利项目都有实施目标和范围的规定，对于不同身份的劳动者及其亲属，均有不同的待遇标准。例如，国家公务员、邮电、铁路等一些特殊部门或行业的社会保险制度，对成员均有明确的身份条件规定。各国遗属抚恤保险金的给付，也对供养直系亲属与被保险人之间的血缘及经济关系都作出了比较严格的规定。

4. 工龄与就业年限条件

这一条件是多数社会保险项目都要求的重要资格条件，体现了劳动者在职期间为社会所做贡献的大小，因而工龄与就业年限的长短一般都与所得保险金给付成正比，以体现权利与义务相结合，在各国的养老社会保险项目中尤其十分重视这一条件。

5. 投保年限和缴纳保险费的数额条件

在实行个人缴费制的国家或社会保险项目上，一般都规定一定的投保年限和按期、足额缴纳保险费（包括社会保障税）的资格条件，并以此决定保险金支付的有无和多少。这一条件在退休养老保险中比较常见。

6. 居住年限

在少数实行普遍社会福利的国家，如瑞典，以在本国居住年限来规定居民是否具有享受相关福利的资格条件。

7. 供养亲属人数

这一因素主要是考虑被保险人丧失劳动能力后其供养亲属的实际生活需要，一般是供养亲属人数越多，给付标准越高。

8. 工资以外的其他收入情况

这一因素是一些国家为了确保某些社会福利项目的受益对象为真正无收入或极少收入、生活确无来源的人，而在其他资格条件之外，另行规定要对福利受益人进行收入情况调查，只有其他收入低于规定界限者，才符合享受相关福利的资格条件。

以上各种资格条件在各国的社会福利实践中一般都是复合运用的，即必须同时符合两种或多种资格条件才能享受相关福利，如年龄、性别条件加上工龄；年龄条件加就业或投保年限；身份条件加年龄加收入情况等等。这样有助于明确确定保险金受益人的资格，使社会保险金的给付能够符合既定目标。

（二）社会福利基金的支付形式管理

社会福利基金是社会福利部门依据有关规定付给其受益人、投保人或法定继承人的款项。其支付的具体形式可以从以下几个方面去考察。

1. 给付对象

从给付对象来看，有两种：一种是给付给被保险劳动者本人，另一种是给付给被保险者法定的供养直系亲属（即社会保险的受益人）或继承人。在大多数社会福利保险项目中保险金的给付对象都是被保险劳动者本人，在丧葬补助费、抚恤金、家属半费医疗等少数项目中给付对象为受益人或继承人。

2. 给付标准

从给付的标准来看，一般采用工资比例制和均一制两种。

所谓“工资比例制”，又称为“工资相关制”，其保险金给付标准是以被保险人在停止工作前某一时期的平均工资收入或某一时点上的绝对工资收入为基数，根据被保险人的资格条件不同，乘以一定的百分比而确定的。被保险人领取保险金的待遇与工资收入密切相关。其中的工资基数，又分为工资总收入和标准工资收入两种；计发的百分比也有固定、累退、累进三种方式。此外，对于保险金给付的工资基数，一些国家还规定有最高和最低的界限，超过最高的界限者不作为计发基数，低于最低界限者则给予保证性的给付。

“均一制”又称绝对金额制，其社会保险金的给付标准与工资比例制的不同之处在于，它不以被保险者停止工作前的工资收入为计算基数，而是规定某些统一的资格条件，如缴纳保险费的期限和数量，保险金的发放所有成员执行同一绝对额标准，不与工资收入、就业年限（或工龄）以及其他收入水平等挂钩。凡符合规定条件者可按同一的绝对额标准付给社会保险金。

上述这两种保险金的给付标准，在多数国家是同时存在的，不同性质的保险项目采用不同的方式，甚至同一项目上也可分别采用，借以取长补短，满足不同方面的保障要求。

3. 给付周期

从社会保险金的给付周期来看，有定期给付和一次性给付两种方式。方式的选择决定于社会福利项目的性质。一般来说，长期性社会福利项目都是采取定期给付的方式，如养老保险、长期疾病生活补贴、工伤残废金的发放等；短期性社会福利项目则多采用一次给付方式，如生育补贴、死亡丧葬费等。定期给付一般每月或每周一次，每月或每周给付额相等。

第三节 社会福利基金的投资管理

社会福利基金管理的一个重要方面是基金的运营和使用，社会福利基金的运营就是将社会福利基金进行投资以取得相应的收益，实现基金的保值增值。

一、社会福利基金投资的意义

社会福利基金投资的意义是多方面的，主要表现在以下几个方面。

（一）有利于基金的保值增值

在市场经济条件下，社会福利基金不可避免地要受到物价水平波动的影响。如果物价总体水平上升，既定社会福利基金的购买力就会下降。而要使既定社会福利基金的购买力保持不变，在供款率既定时，就要求基金的收益率与物价总水平保持同步增长。如果要使社会福利基金增值，则要求基金投资收益率超过物价上涨水平。将社会福利基金进行投资，可以获取收益，当投资收益率超过通货膨胀率时，便可以实现社会福利基金的保值增值，增强社会福利基金的给付能力。

（二）有利于减轻政府、企业和投保人的负担

如果社会福利基金能够保值，便可以保证受益人的福利不会因物价的上涨而受损；如果社会福利基金能够增值，则被保人牺牲现期的消费就可以在未来获得更多的福利。相反，如果社会福利基金不能够保值，受益人的福利将受到损害。由此将会出现两种情况：一种情况是不增加政府的支出，也不提高企业和个人的保费率，未来时期社会成员的福利水平下降；另一种情况是增加政府的社会福利支出，提高企业和个人的保费率，补充社会福利资金的不足，而这又会加重未来时期政府、企业和投保人的负担。无论出现哪一种情况，对于建立健全稳定的社会福利体系都是不利的。因此，社会福利基金投资可以减轻政府、企业和投保人的负担。

（三）有利于社会经济的发展

如前所述，社会福利制度有利于经济的发展和社会的稳定。具体来说，由于一国经济发展在很大程度上取决于该国的社会储蓄率及其投资效率，而当社会储蓄率一定

时，则取决于社会福利基金保值增值的程度。因此，如果将社会福利基金投入社会再生产过程，并实现社会福利基金的增值，将会带来社会总产出的增长，从而起到促进经济发展的作用。相反，如果社会福利基金不能增值，即使社会储蓄率提高了，也可能导致社会经济增长速度下降。可见，社会福利基金的投资可以促进社会经济的发展。

二、社会福利基金投资原则

社会福利基金关系到全体人民的切身利益，因而对其进行投资必须遵循以下原则。

（一）安全性原则

社会福利基金投资的安全性原则是指社会福利基金投资不能承担过高风险，必须保证投资的本金能够按期全部收回，并取得一定的投资收益。之所以要坚持安全性原则，是因为社会福利基金是为了帮助劳动者抵御风险的基金，是劳动者的“保命钱”和“救命钱”。如果社会福利基金投资不讲求安全性原则，那么就会影响被保障人的基本生活，甚至影响整个社会的安定。但在市场投资中，高风险往往与高利润相联系，低风险往往与低利润相联系。社会保险基金应当在安全的条件下尽量追求高回报。在安全与高利润发生冲突时，要选择安全。

（二）收益性原则

社会福利基金的投资必须要实现基金的保值、增值，并且以增值为目标。如果一笔资金要保值，其投资收益率就要等于通货膨胀率；如果要增值，其投资收益率就要高于通货膨胀率。当然，由于社会福利基金的投资应将安全性放在第一位，因而其投资绝不能为追求高收益而增大风险。

在经济正常发展的条件下，社会福利基金是不断扩大的，因此，社会福利基金的投资应追求长期收益的项目，而不是短期收益项目。在同等风险、同等收益的情况下，社会福利基金应选择长期稳定的收益项目。

（三）多样性原则

为了使社会福利基金的投资风险最小，最有效的办法是采取投资组合的方式，即将社会福利基金按不同比例同时向多条渠道投资，以分散风险。多样性投资既可以形成以高比例的低风险项目配合低比例的高风险项目的格局，又可以形成以高比例的稳定收益配合低比例的波动收益的格局，从而既降低基金风险，又取得满意的回报。

（四）流动性原则

社会福利基金投资的流动性原则即可变现性原则，是指社会福利基金投资所形成的资产在不发生价值损失的前提下，可随时转变为现金，以满足支付的需要。由于社会福利基金要不断地用来抵御风险，因此，保持一部分基金的可流动性或可变现性是十分重要的。如果全部基金都投资于变现性差的中、长期项目，一旦社会福利急需，就无法及时变现，势必影响社会福利的正常运行，甚至会酿成社会福利基金支付的危机。

三、社会福利基金投资方向

根据社会福利基金投资所应遵循的安全性、收益性、多样化、流动性原则，一般应该将社会福利基金投资到以下方向。

（一）购买政府债券

由于政府债券是以国家信誉为担保的，为了鼓励购买，政府债券的收益往往高于银行同期储蓄利息，因此，它是最可靠的投资渠道之一。各国的社会福利基金有很大一部分都投资于政府债券。除政府债券外，还可购买一些大企业的债券。这是因为债券的索取权优先于股票，其风险小于股票。但债券往往有固定的期限，尤其是不能上市流通的债券，其及时兑现性较差。

（二）存入银行

尽管在市场经济条件下将基金存入银行也存在风险，而且其风险略高于政府债券。但在正常情况下，只要选择了正确的银行，基金的风险就比较低。因此，一些国家在严格投资规则和规定社会福利基金投资金融资产限额的前提下，允许将部分社会福利基金存入银行。存入银行的基金可以选择多种存期的组合，既有长期，也有短期，这样可以增强基金的可兑现性。一般对银行的大额存单，银行存款的投资限额较宽，而对公司债券、抵押债券等，投资限额规定较严。

（三）投资于符合政府政策导向的基础设施项目

基础设施建设项目的建设周期长，需要有长期资金的投资，而这些基础设施一旦建成，将会有长期的收益。因此，在政府政策允许的情况下，社会福利基金可以投资于基础设施项目，特别是符合政策导向的基础设施项目，这符合社会福利基金要求长期回报的特点。由于投资于基础设施项目所承担的风险要大于购买债券和存入银行所承担的风险，所以，这部分投资在社会福利基金中的比重不宜过大。同时，在确定投资项目时，要排除外界的各种干扰，实行科学决策。

（四）购买股票

股票与债券不同，股票没有期限，购买者可以随时在证券市场上出售所持有的股票，但不能向发行者要求收回本金。股票的收益来自两个方面：一是定期的股息或红利；二是通过市场流通买卖股票取得的差价收入。因此，股票持有者收益的大小取决于两个方面：一是企业经营状况，二是股票市场的波动情况。一般来讲，在资本市场正常运行的情况下，企业经营得好，企业的股票价格就上升，股票持有者就可以得到更多的股息或红利，所有者也可以将升值的股票在市场上卖出以获取收益。相反，企业经营得差，该企业的股票价格就会下降，股票持有者的收益也会下降。股票一般分为普通股和优先股。普通股的分红不是事前确定，而是随企业经营的好坏而波动，优先股的红利则与债券一样事前就已经确定，它与企业经营的好坏没有直接联系。因此，普通股的风险和可能的收益都要大于优先股，而优先股的风险和可能的收益则大于债券、小于普通股。由于股票市场风险大，因此社会福利基金应该在条件成熟时再进入股票市场。

（五）投资基金

投资基金是一种大众化的信托投资工具。它由基金公司或其他发起人向投资者发行受益凭证，将大众手中零散的资金集中起来，委托具有专业知识或投资经验的专家进行管理和运行，并由具有良好信誉的金融机构充当所募集资金的信托人或保管人。基金经理人将通过多样化的投资组合，努力降低风险，谋求资金长期、稳定的增值。投资基金是一种变现性能良好、流动性较强的投资工具，如封闭型基金的转让一般在证券交易所进行，其程序与买卖股票相同。可见，投资基金可以成为社会福利基金投资的一种良好的方式。

（六）进入国际资本市场

由于国际资本市场的资本收益率有可能高于国内资本市场，特别是在国内资本相对充裕，接受投资国资本相对短缺时更是这样，因此，可以将社会福利基金投资于国际资本市场。但由于投资于国际资本市场的风险较大，将社会福利基金投资于国际资本市场时，要慎之又慎。

应该注意的是，社会福利基金投资应在遵循投资原则的前提下，注意基金投资方向、投资数量、投资结构、投资组合的协调，注意投资期限的合理搭配，优化投资结构，实现基金的保值与增值。

四、社会福利基金的投资策略

社会福利基金投资和其他的福利基金投资一样，也要求投资运作机构注重投资策略和方法，实现基金投资的收益最大化。投资策略是指为获取投资收益或降低投资风险而采取的计划方法。

（一）基金投资策略

基金投资策略较多，下面介绍几种常见的基金投资策略。

1. 等额投资成本平均法

等额投资成本平均法，又称资金平均法，是指投资者以固定的投资金额，定期购买同一股票并且维持相当长时间不变的一种投资方法。具体做法是：先选好前景较好的股票，即那些既具有长期增长的趋势，又有较大价格上升空间的股票；然后，不管股票价格的高低，每次都以等额的投资资金分别在间隔相等的时间内购买所选定的股票。由于在相等的间隔时间内，用来购买股票的资金是固定的，因而价格高时购入的股票就少，价格低时购入的股票就多。这样，当股价波动时，所购买股票的平均成本将会比市场平均价格低。

运用等额投资成本平均法进行投资要求投资者必须有长期的投资准备，而且资金来源及数额必须稳定，计划一经制定就不能变更。之所以采用这种投资策略是因为假设股票价格有涨有跌，而如果股票价格只跌不涨，或涨跌幅度不大，那么这种投资策略就不可能获得较大的收益。

2. 固定金额投资策略

固定金额投资策略是指将投资购买股票的资金额固定。其实施步骤是：首先将投资的有价证券分为两部分，一部分为防御性的证券，如债券；另一部分为进攻性的证券，如普通股票。其次，将投资于股票的资金确定在某一固定的金额上，并不断维持这个金额。再次，在固定投资金额的基础上确定一个百分比。当股价上升使所购买的股票市价总额超过规定的百分比时，就可以出售股票的增值部分来购买债券；同时确定另一个百分比，当股价下降使股票市价总额低于这个百分比时就可以出售债券来购买股票，以弥补不足额部分。

固定金额投资办法操作简便，其操作过程遵循低价买进、高价卖出的规则。在经济繁荣时期，股票价格上涨，如果卖出股票而买进债券，就可以获得差价收入；在经济衰退时期，股票价格下跌，买进股票而卖出债券，也可获得差价收益。该投资策略的缺陷是：在股票价格上涨时，可能会因卖出股票减少因股票价格可能持续上涨而带来的收益；相反，当股票价格持续下降时，要不断地卖出债券而购进股票，也可能带来不良后果。

3. 固定比例投资策略

固定比例投资策略与固定金额投资策略基本相同，其差别是：固定金额投资策略是固定分别投资于股票和债券的资金比例；固定比例投资策略则只固定投资于股票资金的绝对额。固定比例的高低，取决于投资者对于风险的态度。如果投资者承担风险的能力强，其目标是更多地获取利润，则投资于进攻性部分如股票的比例可以大些；如果投资者承担风险的能力较差，其目标是维持资本获得稳定的利润，则投资于防御性部分如债券和优先股的比例就可以大一些。

4. 变动比例投资策略

变动比例投资策略与固定比例投资策略的相同之处是将投资分别用于不同的投资工具。其不同之处是，变动比例投资策略将依据市场价格的变动而改变投资于不同投资工具的比例。变动比例策略的基础是趋势线。这种趋势线代表某种投资工具的价格，在这个价格之上，就卖出股票；在这个价格之下就买进股票。在买卖股票的同时，相应地买卖债券。在确定趋势线后，还要以决策线为边界。可以图 4—1 来说明变动比例投资策略的具体操作方法。

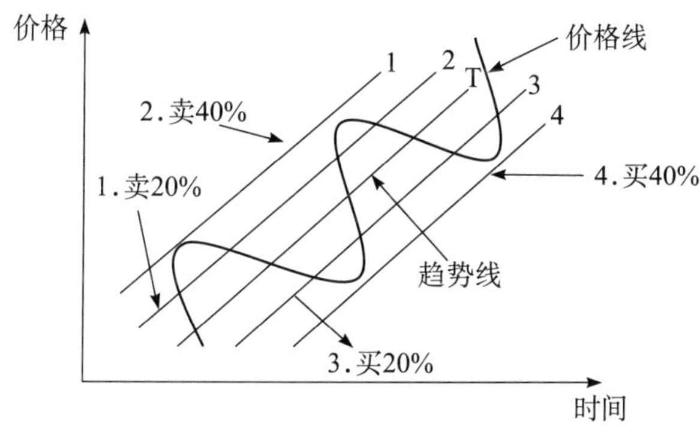

图 4—1　变动比例投资策略

在图 4—1 中，纵轴表示股票价格，横轴表示时间，波浪线表示股票的价格线，直线 1、2、3、4 分别表示决策线。介于决策线 1、2 和决策线 3、4 之间的直线 T 为趋势线。当股票价格上涨达到决策线 1 时，卖出 20%的股票；当价格上涨达到决策线 2 时，卖出 40％的股票；当价格下降达到决策线 3 时，买入 20％的股票；当价格下降达到决策线 4 时，买入 40％的股票。

可以看出，采用变动比例投资策略，第一，必须画出趋势线。这可以通过计算过去年份股价或股价指数的平均水平来确定出股票的中间价格，并据此画出趋势线。第二，确定持有股票的最大比例和最小比例。第三，在持有股票的最大与最小比例间确定每次买卖股票的数量或比例。第四，确定调整股票与债券比例时的股价或股价指数水平。第五，确定在股票买卖的行动点股票与债券的比例。

（二）社会福利基金的投资组合

所谓投资组合，又称资产组合（assets portfolio），是指为避免过高风险和过低收益，根据多元化原则，选择若干种资产（包括金融资产和实业资产）进行的组合投资。通过多元化投资，建立有效的资产组合，不仅可以降低甚至消除非系统性的投资风险，而且亦可降低系统性的投资风险。

由于社会福利基金投资的收益与风险与其他基金一样具有正向替代的关系，因此，投资者必须在收益目标与安全目标之间进行权衡。为此，社会福利基金投资必须根据基金的性质、收益目标和风险承受的程度，预先确定一种合适的风险与收益标准。在进行投资时，要严格以此标准为依据，既不要为追求过高的收益而冒很大的风险，也不要为了安全而不顾收益。因此，进行社会福利基金投资时要结合具体情况和实际需要与可能，合理搭配投资品种，灵活选择投资方式，兼顾社会福利基金投资的收益性目标和流动性目标。

投资组合的内容主要有以下几个方面。

1. 投资工具组合

投资工具组合是指不同投资工具的选择和搭配。社会福利基金可以选择包括从实业资产到金融资产在内的各种投资工具。

实业资产投资主要有产业投资、营利性基础设施投资和房地产投资。从发达国家的情况看，社会福利基金实业投资主要集中于房地产投资。房地产投资的坏账风险、利率风险和市场风险相对比较小，但是房地产的专用性较强，流动性较差，因而一般监管风险和流动性风险较大。

金融资产投资主要有银行存款、债券投资、股票投资、信托投资、投资基金、抵押贷款、期货与期权投资和外汇投资。银行存款的安全性、流动性较强，但收益率却较低。政府债券的安全性最强，但收益率一般较低；企业债券在债券中风险程度较高，收益率也相对较高。股票投资的风险一般高于银行存款和债券，但通常可获得高于债券投资的收益率。信托投资可以规定其运用的项目和比例，信托公司只收取佣金，并承担经济责任；也可由信托公司全权经营，并承担经济责任。后者的风险一般小于前者，收益通常则低于前者。投资基金是一种大众化的信托投资工具，具有集合投资、专业化管理、分散投资风险和流动性强等特点，是商业保险基金的重要投资渠道。抵押贷款的风险一般低于公司债券、股票投资和实业投资，但收益通常也低于这三类投资。抵押贷款通常用于被保险人购买房地产。期货与期权投资的主要功能在于转移风险而不是分散风险。外汇投资的功能则在于分散国际市场的风险。

社会福利基金在进行投资工具组合选择时，要考虑两方面因素：一是社会福利基金的规模，不同类型社会福利基金的性质及目标要求；二是不同投资工具的风险和收益。对于储蓄性的社会福利基金来说，规模越大，则选择投资工具的范围越大。投资组合所包含的投资工具越多，一般风险就越小，流动性越强。但是，社会福利基金投资并非越分散越好。这是因为，投资组合规模扩大虽然可以降低风险，但也会增大监管成本，并降低投资收益率。

2. 投资期限组合

投资期限组合指社会福利基金投资资产的长短期限的搭配。

不同的投资工具所形成的资产的期限是不同的，同种投资工具所形成的不同的资产也会有不同的期限。如产业投资、基础设施投资和房地产投资一旦投入，所形成的固定资产就会长期固定在某一地方发挥作用；银行存款、抵押贷款、信托贷款要到约定的期限才能收回本金和利息；债券有约定的还本付息期，但通常也可上市交易；投资基金分开放型和封闭型两类，封闭型基金在封闭期内不能退出，开放型基金则可随时购买或赎回；股票投资购入不能退股，只能上市交易。正是因为投资工具有不同的期限，因而应进行投资期限的组合。

社会福利基金在进行投资期限组合选择时，应主要考虑三方面因素：一是社会福利基金支付的要求，包括支付的时间和数量；二是不同资产的约定期限及流动性；三是经济周期变化与社会福利支付周期变化。为了使基金的资产具有较高的收益性，需要保持一定量的长期投资；而为了保证社会福利基金支付的需要，又必须保持一定数量短期或流动性强的投资品种。

投资限期的组合方法主要有两类：一是期限分散化的投资期限结构。即投资购买多种期限的资产，使不同期限的资产结合起来，在获得较高收益的同时，满足流动性的要求。二是期限分离法。这是一种与期限分散化相反的期限结构，它是把近乎全部的资金都投放到一种期限的资产上去。

理论界一般将社会福利基金分为三类：第一准备金，具有高度流动性的部分，用于支付 3 个月以内的社会福利支出；第二准备金，具有相当流动性的部分，用于支付 3 个月以上、1 年以下的社会福利支出；第三准备金，可用于中长期储蓄并投资的部分，用于支付即将到来的社会福利的支付高峰。因此，社会福利基金第一准备金应以现金和银行存款方式持有；第二准备金应用于资金的短期拆借，购买1年期以下的国库券、贴现商业票据等；第三准备金可用于中长期投资。

3. 投资区域组合

投资区域组合是指将社会福利基金向不同国家或不同地区进行投资来分散投资风险，获得稳定收益的一种基金投资组合方式。不同地区和不同国家的投资具有不同的收益和风险，通过不同地区和国家投资的组合便可以降低投资风险并提高投资效益。

社会福利基金投资的区域组合主要应考虑以下因素：

（1）各国资本市场的相关性。具体包括汇率制度、经济发展的阶段、资本市场的管制制度等。目前，一些国家资本市场的相关性在提高，而另一些国家资本市场的相关性却可能在下降。这就为资本市场的投资国际组合提供了可能。

（2）各国所处的经济周期阶段。世界各国的经济发展总在一定程度上存在某种周期性，但这种周期性会因社会制度、经济发展水平和经济结构的不同而呈现出多样性和不同步性。因而基金投资运营者总是能寻找出正处于经济景气的国家和地区，并以这些地区资本市场的股票或债券作投资组合。

（3）汇率变动对投资的影响。由于越来越多的国家实行浮动汇率制度，各国货币相互比价上下波动频繁，波幅很大，投资的风险加大。但是，各国货币汇率的变化常常出现此消彼长的现象，使各国经济出现较大差异，这种差异性为社会福利基金投资的国际组合提供了空间。

第四节　社会福利基金的监督

社会福利基金监督是指纳税人根据社会福利法规的有关规定，对社会福利机构实施社会福利的情况进行的检查与监督，监督主体可以是社会福利的上级机关，或者是财政、银行、审计、工会组织，群众与企业也可以对社会福利机构进行监督，其内容包括对社会福利基金的缴纳、支付、社会福利的实际业务的执行情况以及社会福利基金的运用等方面的审核监督。因此，社会福利基金的监督是做好社会福利工作的重要保证，也是社会福利基金管理的重要环节。

社会福利基金的监督可以通过以下几个主要途径进行。

一、社会福利基金行政监督

社会福利基金行政监督是政府部门根据其相关的管理职能，代表国家对社会福利基金实行监督。主要包括以下几个方面。

（一）财政监督

财政监督是指财政部门对社会福利基金管理部门遵守财政法规和财务会计制度情况的监督，同时社会福利管理机构的经费预算也通过财政部门来控制，所以财政监督是行政监督的主要形式。

财政监督的内容包括：社会福利基金发展的中长期规划，发展水平是否与国家经济发展总体状况相适应，是否适应国家财政的负担能力；社会福利管理机构的经费预算；社会福利基金的财务管理和会计核算。

（二）金融监督

金融监督是指国家金融管理部门对社会福利管理部门的金融活动是否符合国家金融政策所进行的经济监督。

金融监督的内容主要包括：第一，金融政策监督，即社会福利金融活动是否符合国家金融政策，基金的管理与运作是否符合国家的宏观计划；第二，投资过程监督，即金融管理部门在基金的安全性上进行监督；第三，投资结果监督，即监督投资收入是否按规定并入社会福利基金，进行社会福利基金存储合理性与合法性的监督。

金融管理部门可以参与社会福利管理委员会，在委员会规定的程序下进行金融监督。金融管理部门也可以定期或有重点地对投入运营的社会福利基金进行检查。

（三）劳动部门监督

社会福利是对劳动者提供基本的生活保障，这就必须涉及国家的劳动政策，或者说社会福利管理部门必须在国家的劳动政策基础上开展社会福利。实质上，社会福利本身就是国家劳动政策的一种具体体现，因此，劳动部门有责任和义务对社会福利基金的运行情况进行监督，监督社会福利的实施是否与国家的劳动政策的目标取向保持一致。

劳动部门监督的形式主要有两种：一是通过专门的社会福利管理委员会进行监督；二是结合劳动管理，定期或不定期地对社会福利基金进行监督检查。社会福利管理委员会的组成中包括政府各有关部门的代表，其中也包括劳动管理部门的代表。

（四）审计监督

审计监督是由专门从事审计业务的部门对社会福利基金的财政收支、社会福利基金运营的效益和违反财经法纪的行为所进行的经济监督。

从事社会福利审计监督的主体是国家审计机构和管理部门内部审计机构，同时，在国家审计机构授权的情况下，社会审计组织也可以从事审计。

由于社会福利的政府行为特点，社会福利的审计监督是国家审计机构经常的和重要的审计项目。这就意味着，国家审计机构对社会福利审计的主要形式应是经常性审计（一般情况下每年至少审计一次），审计的时间、内容、程序相对固定，审计内容全面；当然，每次审计也可以根据具体情况而有所侧重。国家审计机构也可以对社会福利进行专项审计。

社会福利管理部门的会计报表或决算要同时抄送审计部门，审计人员通过报表及时了解社会福利基金的收支情况，以便确定审计的重点。

二、社会福利基金社会监督

社会福利基金的社会监督是指社会福利的直接利害关系者或其他群众组织，借助舆论的力量，对社会福利基金进行监督。社会监督包括工会监督、劳动者监督、企业监督和舆论监督等多种形式。

工会是劳动者的群众组织，以劳动者的代言人身份对影响劳动者切身利益的社会福利实行监督。监督的主要内容是政策监督和管理监督。政策监督主要监督社会福利的有关政策是否体现全体劳动者的根本利益，例如劳动者承担社会福利基金的比例、城市最低生活保障制度的执行情况等。管理监督主要是对社会福利基金管理部门的管理行为进行监督检查，特别是对社会福利基金是否存在损失、浪费现象从而影响到劳动者的利益进行监督。工会监督的形式多种多样，如根据有关社会福利法规部分地参与社会福利的管理活动，征求劳动者对社会福利的意见并向有关政府部门反映等。

劳动者以社会福利的福利保障对象和部分社会福利费用承担者的双重身份对社会福利实施监督。由于工会是劳动者的群众组织，因此劳动者监督的形式同工会监督相衔接，换言之，劳动者主要通过工会组织对社会福利实施监督。

企业（单位）作为社会福利基金的主要承担者，有权监督社会福利管理部门对社会福利基金的使用和管理情况。企业监督的主要形式是社会福利管理部门定期向企业通报社会福利基金的收支情况。

舆论监督是指通过新闻媒介对社会福利管理部门的管理行为进行约束，从而维护劳动者的利益。舆论作为一种监督手段，其影响方式和效果具有特殊的地位，不可忽视。

本章要点

1. 社会福利基金的含义、种类、性质与作用
2. 社会福利基金的运动流程
3. 社会福利基金的筹集管理
4. 社会福利基金的来源、筹集原则及筹集方式
5. 社会福利基金的支出管理
6. 社会福利基金投资的意义、原则
7. 社会福利基金投资的方向及其策略
8. 社会福利基金的监督

基本概念

社会福利基金　社会福利基金筹集模式　现收现付制　完全积累制　部分积累制　等额投资成本平均法　固定金额投资策略　投资组合

复习思考题

1. 社会福利基金的作用有哪些?
2. 如何筹集社会福利基金?
3. 如何对社会福利基金进行管理?
4. 社会福利基金投资的原则是什么?
5. 社会福利基金应如何进行投资?
6. 如何对社会福利基金进行监督?

推荐阅读书目

1. 孙光德，董克用．社会保障概论．北京：中国人民大学出版社，2000
2. ［英］尼古拉斯·巴尔．福利国家经济学．北京：中国劳动社会保障出版社，2003

中 篇

社会福利分论

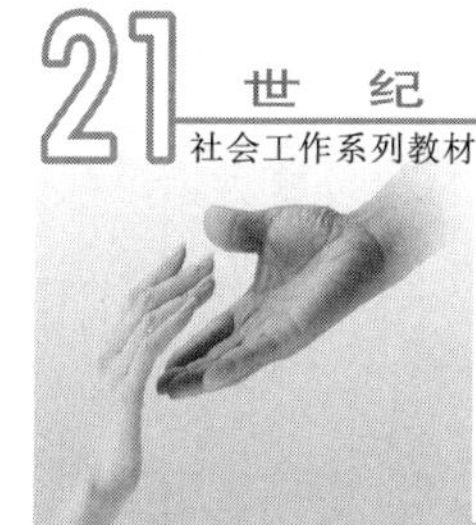

第五章

老人社会福利

学习目标

1. 了解老人及其社会福利的内容；
2. 理解各主要资本主义国家在实施老人社会福利过程中存在的差异；
3. 了解我国老人社会福利的成就；
4. 掌握我国老人社会福利存在的问题；
5. 掌握我国老人社会福利改革的对策。

每一个人都会进入老年，这是客观规律。也就是说，老人社会福利是社会中每一个人都需要的。在人口老龄化趋势不断加强的形势下，对老人社会福利的需求更是与日俱增。因此，老人社会福利在社会福利体系中占有十分重要的地位。

第一节 老人社会福利的含义与内容

一、老人的社会福利需求

（一）老年的含义

人们经常提到的老年，可以从不同的角度来理解。

1. 关于老年的生理层面的理解

从医学和生理学的角度看，衰老和老年是指生理上某些功能老化的现象。一般老年的衰老和死亡是由于疾病或一种器官、某一系统器官丧失功能所致，如心脏、脑、肾脏、肝脏、呼吸系统或循环系统等丧失功能导致衰老或死亡。

进入老年期后，老年生理方面的变化包括以下方面：(1) 容貌的改变；(2) 身体内部的变化，如骨质疏松、神经衰弱、内脏功能衰退等；(3) 生理功能的改变，如对温度改变敏感、肺活量不足、血压升高、排尿不足、睡眠不足等；(4) 感觉器官的改变，如视力、听力下降，平衡感降低等；(5) 性能力下降；(6) 在行为方式上，反应较迟钝、动作缓慢；(7) 容易患病，身体衰弱或身体残障，容易发生意外事件，如跌倒中风等。

2. 关于老年的心理层面的理解

从心理学的角度来看，人到老年后，心理上会感觉到一系列的失落。因为，他们不再有工作角色及职业认同，他们丧失了原有的社会地位；他们身体的某些功能减退，失去了许多因身体健康所带来的快乐。由于老人身心日益衰退，在心理上会陷入挫折、沮丧，或情绪高涨愤怒、焦虑不安、恐惧等一系列心理上的困境。这些不健全的心理状况会加速身体方面的退化及疾病。因此，老年期最重要的是辅导老人心理重建，通过心理治疗或提前预防，使老人养成一种情绪平和、容易满足、心情愉悦的心理状态。

根据心理学家埃里克森（Erikson）的生命周期理论，老年期是人生的第八个时期，这个时期的生命主体是整合——绝望。具有整合意识的老人，在成年期曾有过一些成就，对家庭和社会都有过贡献，到老年期就会觉得过去的岁月并未虚度。而年轻时蹉跎岁月、一事无成的人，到老年期已没有机会重新发展，因而会感到灰心丧气。从社会化的角度看，人的一生都是一个不断社会化的过程，老年期一样存在社会化。在从中年到老年的过渡期中如何较好地实现角色转变，顺利完成老年期的继续社会化，是老年期的主要任务。

3. 关于老年的社会层面的理解

从社会学的角度看，人进入老年期后，除在心理和生理上表现出一系列不同的特征外，也意味着他（她）从社会生产领域退出来，相应地，一系列的社会责任也被全部解除或大部分解除。首先，退休表明老人不再是完全意义上的社会生产者；其次，退休后，原来伴随着老年职业的正式社会关系相应转为非正式的社会关系，或者丧失了各种社会关系；最后，老人退休后，社会参与大大减少，社会地位也逐渐下降。在传统农业社会里，老人是被人尊敬的长者，但在现代工业社会，老人的社会地位被青年和中年取代。总之，无论是在家庭还是在社会，老人都不再是主体。

（二）社会福利中的老年

社会福利所说的老年，一般是按国家或政府以法律制度规定的年龄标准确定的。现代社会大多以享受社会福利或退休金的年龄作为老年的标准。这种标准在各国有一定差异，发达国家的标准略高一些，发展中国家的标准则略低一些。详细情况见表 5—1。

表 5—1　　部分国家官方规定的退休年龄

发达国家	性别	退休年龄	发展中国家	性别	退休年龄
瑞士	男 女	65 62	阿根廷	男 女	60 55
丹麦	男 女	67 62	赞比亚	男 女	50 50
英国	男 女	65 60	波兰	男 女	65 60
德国	男 女	65 65	捷克共和国	男 女	60 55
法国	男 女	60 60	智利	男 女	65 60
意大利	男 女	65 60	斯里兰卡	男 女	55 50
美国	男 女	65 65	中国	男 女	60 55
加拿大	男 女	65 65	印度	男 女	55 55
瑞典	男 女	65 65	乌干达	男 女	60 55
奥地利	男 女	65 60	卢旺达	男 女	55 53

资料来源：转引自孙光德，董克用主编：《社会保障概论》，121 页，北京，中国人民大学出版社，2000；世界银行：《防止老龄危机》，246 页，北京，中国财政经济出版社，1996。

（三）老人的需求与老人社会福利

老年人的特殊需要问题，首次在1969年召开的第24届联合国大会上正式提出后，即引起了与会各国代表的关注。此后的多次联大会议都将老龄问题列入议事日程。1982年，在维也纳召开了人类历史上第一次专门研究老龄问题的世界大会。大会通过了第一个纲领性文件《维也纳老龄问题国际行动计划》，从此老龄问题被列入联合国大会的历届议题。1991年第46届联合国大会通过了《联合国老人原则》，规定老人原则包括独立、照顾、自我充实、尊严四个方面。

根据对老年生理、心理和社会层面的含义的理解，老人的需求应包括以下几个方面。

1. 经济需求

传统农业社会采取的是家庭集体经营的生产方式，其生产的主要工具是土地，而土地所有权属于身为家长的老人。如果老人未将土地“分家”给子女，在老人去世之前，家庭的经济大权都掌握在老人手中。但在工业社会，大多数人达到一定年龄时必须被迫退休，退休后很难再就业，所以老人退休后收入会大幅度减少。再加上身体健康状况日渐下降，医疗费用会逐渐增加，其生活很容易陷入困境，需要有经济上的基本保障。

我国老人的收入水平较低，而且存在城乡差异。城市老人一般有退休金，而农村老人则要依靠自己的劳动收入或家庭支持。1992年，中国老龄科学研究中心进行了一项关于老人收入情况的调查，调查显示，在收入数额方面，城市老人年平均收入为2 053元，而农村老人则只有832元；在收入来源方面，城市老人的收入来源（下降序列）包括个人收入（56.4%）、政府（25.9%）、家庭（17.6%）及社区（0.1%）收入，而农村老人的收入来源为个人收入（46.9%）、家庭（41.6%）、社区（6.4%）及政府（4.9%）收入。[①] 对于我国很大一部分老人来说，“养”老是最基本的需求，也是最低层次的需求，其他需求如健康、精神或社会的需求都要以此需求的满足为基础。

2. 健康需求

人进入老年阶段后，生理功能衰退，抵御疾病的能力下降，患病的几率增加，并且容易患老年性疾病。因此，医疗保健对老年人来说非常重要。医疗保健的费用对老人及其家庭来说是一项很大的开支。因而健全的医疗保险体系和老年医疗保健福利对老人而言有着重要的意义。

3. 生活需求

由于老人的活动能力下降，出现各种意外的概率也大大增加，一些老人因疾病或

---

① 参见中国老龄科学研究中心：《“老年人供养体系研究”数据分析》，1994（未公开出版）。

瘫痪而生活无法自理，因此需要家庭和社会提供生活照料。在传统的农业社会，老人主要依赖家庭提供生活照料。由于现代社会家庭照顾的功能相对减弱了，因而社会照顾的作用显得相当重要。老人社会福利在具体内容和措施上，有很大一部分内容就是关于老人生活照料的。一些发达国家特别是福利国家的老人福利和服务的内容非常具体。一般来说，老人生活照料包括基本性日常生活照料和工具性日常生活照料。前者包括照顾老人吃饭、穿衣、洗澡、上厕所等，主要服务对象是高龄老人和瘫痪、卧病在床的老人。后者则包括帮老人做饭、洗衣、料理家务、购物等。

4. 精神需求

老人退休后，几乎所有的时间都是闲暇，闲暇生活对老人来说非常重要。另外，进入老年期后，老人不需要直接为生活奔波，老人更重视精神上的追求，如个人兴趣的发展等。因此，老人在休闲娱乐上的需求相对较强烈。休闲娱乐不仅可以满足老人的精神需求，在娱乐中陶冶性情，还可以结识更多的老人，特别是一些老人集体活动，让老人在集体中发展出一些非正式的社会关系，从而可以满足他们的心理需求和社会需求。

5. 社会需求

老人虽然退休或退出生产领域，但他们仍需要有社会参与来增进自己的自尊和实现自我价值。尤其是一些身体健康的老人，他们还希望参与各种社会活动，以体现自己的价值。

以上五个方面都是老人社会福利的基本内容，它可以通过表5—2反映出来。从纵向上看，现代社会的老人社会福利更强调其服务性及满足个人全面发展，传统社会的老人社会福利则更多地局限在物质需求的满足特别是经济条件的保障及社会救济层面。从横向上看，不同发展水平、不同制度的国家，老人社会福利的内容、重点也会有所不同。一些国家如美国实施的是典型的社会安全制度式的老人社会福利，而另一些国家如瑞典实施的则是典型的福利国家式的老人社会福利。

表5—2　　老人的需求和老人福利内容对照表

老人的需求		老人社会福利的内容
经济需求	经济	退休金、社会救助
生活需求	健康	医疗保健、老人疗养院、老人医院等
	生活照料	家政服务、养老院等
	住房	住宅福利、老人福利院等
精神需求	休闲娱乐	老年活动中心
	自我发展与自我实现	老年大学等
社会需求	社会参与	老人志愿活动、老年再就业咨询、培训与介绍

二、老人社会福利的产生

老人社会福利的产生从根本上说是社会发展和社会变迁的结果，其中最主要的社会变迁包括：人口老龄化、工业化、家庭结构和功能的变化。而最根本的变迁乃是传统社会到现代社会的转型。虽然传统的农业社会也存在着有限的个别老人福利设施和福利服务，但老人社会福利作为一种正式制度安排，则是工业社会的产物。这种正式的制度安排的标志是：社会福利不再是局部的、有限的慈善行为，而是一项面向全体社会成员的社会政策；社会福利不单纯是民间的互助活动，而是由政府直接干预并承担相应的责任；社会福利的内容不再是满足社会成员因生存而需要的单纯的物质保障，而是为了增进老年的精神生活和促进个人全面发展等。

（一）人口老龄化与老年问题

人口老龄化是指老龄人口比重不断上升，并达到一定水平时的人口结构状态，60岁以上人口达到总人口的10%或65岁以上人口达到总人口的7%是人口老龄化的国际标准。当前人口老龄化是由60岁或65岁以上人口在国家总人口中的比例决定的。在未来30年里，全世界老年人将增加两倍，接近4亿人，占人口总数的比例将由1990年的9%上升到2030年的18%。[①]

我国是世界上人口最多的国家，也将是世界老年人口最多的国家。自20世纪80年代以来，60岁以上的老年人口平均每年以3.2%的速度增长；1990年，我国60岁以上老年人口已达到总人口的10%，这标志着中国进入了老龄化社会。[②] 第五次人口普查数据反映出我国人口年龄结构发生了较大变化：0～14岁人口占总人口的比重为22.89%，比1990年人口普查下降了4.8个百分点；65岁及以上人口占总人口的比重为6.96%，比1990年人口普查上升1.39个百分点。这次人口普查说明，我国改革开放以后，随着社会经济的迅速发展，人民生活水平大幅度提高，医疗卫生保健事业快速发展，特别是人口生育水平的迅速下降，人口老龄化进程加快。根据《中国城乡老年人口状况追踪调查》结果显示，截至2006年6月1日，我国60岁及以上老年人口总数为14 657万人，其中城市老年人3 856万，农村老年人10 801万，城乡老年人男性为7 169万，女性7 488万，80岁及以上的高龄人口1 619万。与2000年第一次抽样调查相比，老年人口占总人口比重由10.2%提高到2006年的11.3%，高龄

① 参见穆怀中主编：《社会保障国际比较》，174页，北京，中国劳动社会保障出版社，2002。

② 董克用，王燕主编：《养老保险》，74页，北京，中国人民大学出版社，2000。

老人占老年人口的比例也从 9.2%增至 10.7%。老年人口的增多，使得全社会的老年抚养系数从 2000 年的 15.7%增长到 16.4%。①

中国的人口老龄化过程大致可分为三个阶段：第一阶段为 1990—2000 年，中国人口由成年型向老年型转变；第二阶段为 2000—2020 年，这时中国将变成典型的老年型人口的国家；第三阶段为 2020—2050 年，这一阶段将是中国人口老化的严重阶段。令人担忧的是，在中国人口总体老化的同时，老年人口内部也在不断老化。中国人口老龄化趋势可以见表 5—3。

表 5—3　　中国人口老龄化趋势

年份	总人口（中位方案）（亿）	60 岁以上		65 岁以上		80 岁以上	
		人口（中位方案）（亿）	占总人口比例（%）	人口（中位方案）（亿）	占总人口比例（%）	人口（中位方案）（亿）	占总人口比例（%）
2000	12.70	1.31	10.34	0.91	7.13	0.14	10.44
2010	13.76	1.73	12.54	1.15	8.38	0.21	12.23
2020	14.72	2.45	16.61	1.74	11.83	0.30	12.07
2030	15.24	3.55	23.30	2.44	15.98	0.43	12.07
2040	15.43	4.09	26.52	3.24	20.98	0.64	15.64
2050	15.21	4.38	28.76	3.32	21.81	1.00	22.91

资料来源：中国人口信息研究中心：《中国人口老龄化趋势》，http：//www.cpirc.org.cn/tjsj/tjsj.asp。

与其他老年型国家的人口老龄化历程相比，中国的人口老龄化具有两个突出的特点：一是人口老龄化速度和老年人口的绝对数增长较快；二是人口老龄化的速度快于经济发展的速度。

以第四次人口普查的数据为基础，按中位方案进行的中国人口预测的结果表明，中国人口正在迅速地老龄化，年龄结构正在由成年型转变为老年型，但各个时期的老龄化速度有很大的差异。据人口学家预测，21 世纪上半叶高龄老人每年平均增长速度是 51‰，65 岁以上老年人每年平均增长速度为 29‰，总人口在达到峰值前每年平均增长速度可能只有 7‰。毫无疑问，高龄老人是增长速度最快的人群，而老龄工作的重点和难点也在高龄老人，因为大多数 60～70 岁的老年人尚有生活自理能力，而 80 岁以上的老年人最需要照料，带病生存甚至卧床不起的概率最高。庞大的“中老年”和“老老年”人口无疑会给家庭和社会带来沉重的负担。

① 参见《〈中国城乡老年人口状况追踪调查〉研究报告》，http：//www.china.com.cn/news/txt/2007-12/17/content_9392818.htm。

（二）家庭结构和家庭养老功能的变化

与传统社会主要是主干家庭和联合家庭的家庭结构相一致，传统社会的家庭是最重要的社会照顾单位。诸如“养儿防老，栽树乘凉”、“不孝有三，无后为大”都证明了养育子女特别是儿子的重要意义。而工业社会的家庭结构和功能都发生了巨大的变化。在家庭结构上，传统社会的主干家庭、联合家庭逐渐被核心家庭所取代。核心家庭的基本特征是家庭规模小、家庭居住人口少，年轻的夫妻不再像主干家庭或联合家庭那样与父母居住在一起。传统的大家庭在逐步解体，老年夫妇家庭及“空巢”家庭越来越多。家庭养老的功能也在逐步弱化。现代工业社会的家庭不再是主要的社会照顾单位，其社会照顾的功能被逐步分离出来并逐渐为社会部门所取代。当然，这也并不否认家庭在现代社会依然是重要的养老主体，但它与传统意义上的家庭养老相比发生了很大的变化。

（三）社会转型——工业化

从根本上讲，老人社会福利是工业化的结果。这是因为，工业化使人们的各种生活风险增加，个人对社会的依赖程度也越来越高。在经济发展的同时也要求实现社会安全和社会稳定，社会化、制度化的老人社会福利制度便应运而生。工业革命后，随着经济发展水平的不断提高，在社会福利制度发展与完善的过程中，老年人的基本生活得到了保障，在此基础上，老年人的特殊保障政策不断增加。如老年人的优惠购物和免费或低费享受社会服务，增加退休养老津贴，降低老年人看病就医的收费标准等。

总之，老人社会福利是依据老人的需求、家庭结构的变化、社会结构转型所汇集而成的一个趋向，是由政府有组织有计划地运用合理原则与现代的理性精神与方法，用经济效益来保障老人的生活，积极发掘老人的经验、才智和潜能，以更好地促进社会的进步与发展。

三、老人社会福利的含义

（一）老人社会福利的定义

老人福利（old age welfare）一词，理论界至今还没有给出明确的界定。一般将老人社会福利作为社会福利的一个内容或者其中的一个领域，与残疾人社会福利、儿童社会福利、妇女社会福利并列。

在中国，老人社会福利的概念往往与老龄工作、老人福利事业、老人社会保障的概念等同。一般认为，中国的老人社会福利是指在政府的领导下，在社会各方面力量的参与下，对处在特殊困境下的无劳动能力、无生活来源、无法定赡养人和抚养人的孤寡老人和部分生活不能自理、家庭无力照顾的老年人所提供的供养、医疗、康复、娱乐和教育等方面的服务。①

广义的老人社会福利，是指国家和社会通过社会化的福利设施和有关福利津贴，以满足老年人的生活服务需要并促使其生活质量不断得到改善的一种社会政策。其内容包括老人社会救助、养老保险和狭义的老人福利。具体可以从以下四个方面来理解：(1) 在责任主体上，国家（通过政府有关职能部门——主要是民政部）和社会（通过社会福利事业的社会团体）是老人社会福利的责任主体；(2) 从享受对象上看，以“三无”老人为主，同时也包括所有老人；(3) 从服务提供方式上，既包括社会救济意义上的物质保障，也包括社会福利意义上的社会服务；(4) 在社会服务的性质上体现出经济福利性，既属于第三产业范畴，又不同于一般第三产业，是难以采取市场调节的社会公共领域，政府政策扶持往往是其生存、发展的必要条件。

狭义的老人社会福利则是指根据老人的特殊需求和老年人自身的特点，由社会提供给老年人的特殊的、照顾性的物质帮助和社会服务。

（二）老人社会福利几个相关概念的比较

从老人社会福利的概念可以看出，老人社会福利与老人社会保障、养老保险等密切相关。

老人社会福利、老人社会保障、养老保险是社会福利、社会保障领域中经常混用的几个相似的概念。一般认为，老人社会保障是指对退出劳动领域或无劳动能力的老年人实行的社会保护和社会救助措施，包括经济、医疗以及社会服务等方面的社会保护和社会救助。②养老保险是国家和社会根据一定的法律和法规，为解决劳动者在达到国家规定的解除劳动义务的劳动年龄界限，或因年老丧失劳动能力退出劳动岗位后的基本生活而建立的一种社会保险制度。养老保险是社会保障制度的重要组成部分，是社会保险五大险种（养老保险、失业保险、工伤保险、医疗保险、生育保险）中最重要的险种之一。③

可见，老人社会福利、老人社会保障、养老保险这三个概念之间存在着明显的差异：

(1) 在覆盖范围上，老人社会保障的范围大于养老保险和狭义的老人社会福利，

① 参见时正新主编：《社会福利黄皮书：中国社会福利与社会进步报告（1999）》，146～147页，北京，社会科学文献出版社，2000。

② 参见孙光德，董克用主编：《社会保障概论》，119～120页。

③ 参见董克用，王燕主编：《养老保险》，3页。

其对象是全体老年人，而不仅仅是退休者。广义老人社会福利的覆盖面最广，它不仅涵盖了狭义的老人社会福利，而且包括养老保险及老年社会保障。

（2）在内容上，老人社会福利的内容也比较宽泛，除养老的基本物质（经济）生活保障外，还包括老年人的医疗、护理、休闲娱乐、生活照顾、福利服务等各方面的内容。

（3）在提供保障和服务的主体上，老人社会福利除了政府等正式的机构外，还包括广大的社会部门、社会工作者等；老人社会保障、养老保险则主要是政府的责任，由国家立法强制实行，企业单位和个人都必须参加。

（4）在提供保障和服务的目标理念上，老人社会福利除了保障老人的基本生活外，还有更高层次的老人发展、老人精神生活以及各种老人服务。而老人社会保障、养老保险的目的是为了保障老年人的基本生活需求，为其提供稳定可靠的生活来源。

四、老人社会福利的内容

老人社会福利的内容基本涵盖了老年人的基本需求。可以概括为：基本理念、老年保障、机构照顾、老年服务和老年活动以及社会敬老方式这五部分内容。这五个方面又有其具体内容和不同要求，表 5—4 比较直观地描述了老人社会福利的这五个方面及其具体要求或措施。

表 5—4　　老人社会福利的内容

基本理念	老年保障	机构照顾	老年服务	老年活动	敬老方式
敬老尊贤——社会风气 养亲报恩——个人义务	经济——养老年金 健康——医疗保险 家庭——亲属抚养义务 社会——贫困救助	抚养机构——留养、赡养老人 病养机构——疗养、疾患、长期慢性病或瘫痪的老人 休养机构——举办老人休闲、康乐或联谊活动或退休老人生活安养 服务机构——提供老人综合性服务	咨询服务——解答老人疑难，提供服务方式 医疗康复——慢性病或残障老人 家庭服务——家庭护理及家政服务 免费住宅——无经济基础的单身老人	休闲活动——老年俱乐部 团体活动——各种社团活动与才艺展示 老年教育——老年大学、再就业教育 就业辅导——老年潜能发展	老人礼遇——让座、让位、老人优先 敬老活动——联欢联谊，表彰典范 各种优惠——车船票及康乐等优待

从表 5—4 可以看出，老人社会福利的内容与老人社会福利的具体措施及服务等有关。老人福利措施主要是关于老人福利和服务的详细设置，是老人社会福利的主要内容和实现。老人福利措施一般包括物质保障、医疗保健、住宅福利、福利服务、福利机构、老年教育、老人优待等方面。

第二节　发达国家的老人社会福利

发达国家的老人社会福利是其社会福利体系的一项主要内容，是在全民福利的发展模式中逐步建立起来的。由于各国的国情、经济发展阶段、综合经济实力、社会文化传统和风俗习惯存在差异，各国在实施老人社会福利过程中有一定的差异。英国、美国、瑞典、日本等国的福利制度建设各具特色，因而本章分别介绍这些国家的老人社会福利。

一、英国的老人社会福利

早在 1948 年，英国政府就宣布已建成福利国家，已向全民提供了“从摇篮到坟墓”的全部社会福利。其社会福利项目十分完整，覆盖面也很广泛，主要包括保障全体国民获得最低收入的社会保障，为老年人、残疾人、儿童等个别需求提供服务的社会服务，为全体国民提供基本免费的必要的保健和医疗服务的国民保健服务，住宅服务和教育服务等等。英国的老人社会福利也较完整，主要包括以下内容。

（一）社会保险及经济资助

1. 退休年金

凡就业的英国国民均参加社会保险，男年满 65 岁、女年满 60 岁就达到了法定退休年龄，可以领退休年金；男年满 70 岁、女年满 65 岁，无论有无另外的工作，都可以领取额外退休年金。80 岁以上的老年退休年金又略为增加。

2. 公共救助

倘若老人年金不足以维持其最低生活水平，就可向补充给付委员会申请公共救助，经查属实，即可按周发给救助金，直至老人经济情况好转而不需要救助时为止。

3. 养老年金

凡残废不能参加保险或者超龄不能投保，合乎下列条件之一者可以领取养老年金：(1) 年满 70 岁及以上的老人；(2) 年龄超过 40 岁的残疾人或盲人；(3) 在英国居住五年以上的英国籍国民；(4) 未领国民保险的退休年金及寡妇给付。

(二) 医疗保健

所有英国人都可接受免费治疗。老年医疗保健服务规定老年应先指定家庭医生，患病时接受其服务，持医生所开处方到药房免费取药。若病情比较严重就送到当地医院，接受免费治疗。上午 10 点入院，下午 4 点返回，医院派专车接送。因各地区的老人有不同的需求，因而英国政府还根据各地区的不同情况设立了特殊医院，如精神病院、残障老人之家及其他专门医院，以满足特殊老人病患治疗及保健的需要。此外，各地保健所还组织了基层保健服务队，其成员包括家庭医生、保健员、访问护士、社会工作者等，定期到老人家庭进行健康访问，他们不仅为老人提供医疗服务，必要时还代有关机构为老人提供饮食服务或派遣家庭服务员。

为使医生不轻视或厌烦老年病患，英国政府规定，凡是为老人治病的医生可获得较高的诊疗费，各地医院都设置老人科、老年精神病科及营养师、社会工作者等。

(三) 老年住宅

英国老年住宅大致可分为以下六种：

(1) 公有住宅。英国各地方政府设立的新镇开发公司兴建住宅，作为出租或出售的老年住宅，早期只租不售，从 1979 年开始政府鼓励居住者购买。

(2) 出租住宅。民间自主组成的住宅协会将旧住宅修建或兴建新宅，出租给老人。兴建费用由政府给予相当数额的补助。

(3) 老人购房优待。凡是购置住宅的老人，可以申请分期贷款，利息也可申请宽减。

(4) 给予老人免费住房。由英国民间组织发起，请那些拥有较大房宅的老人，让出一部分房间给贫苦老人居住，房主仍保持其房屋的所有权。

(5) 为鼓励子女照顾老人，如果子女附近有空地，可向地方政府申请，由政府出钱盖一些平房，供老年父母居住。

(6) 小团体住宅。利用社区内公有房屋，每间房屋收容 6 到 8 人，并为其配备一名公共管理员。

(四) 机构安养

英国的安养机构可分为健康老人居住的老人之家以及病残老人所居住的护理之家两类。前者入住的条件为自身无法生活但不需住院者，这类机构包括：公立的、公家委托私人兴办的、私人兴办向地方政府立案的等三类。

（五）老年教育

老年教育的形式有：专门为老人举办的推广（或成人）教育项目；利用大众传播媒体或函授学习的项目；入大专旁听或正式学习的项目等等。

（六）其他社会服务

英国老人社会福利除了以上各项以外，还包括以下其他社会服务项目。

（1）膳食服务。对那些居家老人无能力准备膳食者，民间团体及商人为老人准备膳食送到家中，甚至在轮椅上喂食，仅收较低的费用。

（2）家事服务。地方机关或民间社团训练已婚女性担当家事辅助员，从事协助购物、清洁等家务劳动，仅收较低费用；对于那些低收入老人，则提供免费服务。

（3）有些地方当局提供洗被褥衣物服务。

（4）访问服务。一些健康老人志愿为住在附近的老人提供定期访问服务。

（5）设备及物品的更新。一些行动不便的老人，住房墙壁上需要安装扶手、方便坐轮椅进出的自动门，抽水马桶及洗澡盆也需要安装扶手，浴室地板应防滑，有适合老人睡觉的矮床铺，厨房设备的修改如食品及调味品等要放置在方便老人取用的地方，等等。对于这些设备及物品的修改或更新，或提供经济方面的援助，或代为设计、施工。

（6）日间照护。对于一些患痴呆症或行动不便、缺乏自理能力，而家人日间外出工作或就学、独自在家的老人，公立或私立机构设置日间照护中心，将老人日间聚集到中心，供给午餐并提供其他服务。

（7）休闲活动。由政府机关或民间机构举办，成立各种俱乐部、旅行会，供健康老人休闲娱乐。

（8）老年寄养。合乎机构安养条件的健康老人，也可以不送到机构而送到一个家庭寄养。由于老人到陌生环境的适应能力较差，观念上有被家人抛弃的感觉，因此这一措施尚未普遍推广。

（9）燃料补助。为低收入老人提供廉价燃料。

（10）交通津贴。凡行动不便且家庭贫困的老人，可申请交通津贴。

二、瑞典的老人社会福利

瑞典是世界上公认的福利国家的典型，在发达国家中素有“福利国家的橱窗”、

"第三条道路楷模"之称，其社会福利项目繁多，且水平较高。老人社会福利项目主要有以下内容。

（一）社会保险与年金制度

1. 老年年金

凡年满 65 岁的老人就可领取老年年金。年金额的标准是单身为基础额的 95%，夫妇每人为 77%。对于不足国民附加年金限额的部分，将用年金补贴的方式给予补足。领取老年年金的年龄，由当事人在 60～70 岁间选择，以 65 岁为基准。提前领取年金的人每月减少 0.5%的款额，推迟领取年金的人每月增加 0.6%的款额。1976 年，瑞典政府又规定了部分年金制度，即以 60 岁以上经常工作或打零工的老人为对象，补贴他们减少收入部分的 50%。这种年金与 65 岁以后领取的老年年金无关。

2. 提前退休年金

这项年金的支付对象是未到领取老年年金年龄、因身体或精神上的疾病而丧失劳动能力的人。如其疾病有很快康复的可能，可支付伤病津贴，支付条件与年金一样，有一定的时间限制。劳动能力降低到正常人一半以下者，可领取提前退休年金。劳动能力的判定不仅以医学上的伤残度为准，而且根据现在的收入与残疾以前的收入的差额大小。

提前退休年金有以下几种：（1）现在的劳动能力是原来的 1/6 以下者，支付年金的全额；（2）现在的劳动能力是原来的 1/6 到 1/3 者，支付金额的 2/3；（3）现在的劳动能力是原来的 1/3 到 1/2 者支付金额的 1/2。提前退休年金全额与老年年金同额。领取提前退休年金限制为 16～65 岁，65 岁以后由老年年金代替此项年金，有 16 岁以下重症残疾儿童的父母，可领取养护津贴。

3. 国民附加年金

国民附加年金也有提前退休年金和老年年金。国民附加年金的款额，根据 65 岁时年金分数的高低与交纳保险费的年数来确定（年金分数是指该人收入最好的 15 年间的平均年金分数）。推迟领取老年年金的款额与国民年金一样。提前退休年金按照国民年金的规定判定身体和精神残疾者丧失劳动力的程度，然后支付全额年金或 2/3 年金或 1/2 年金。

（二）老年住宅

瑞典政府自 1953 年起，开始补助老年住宅。主要措施有以下几种：

（1）住宅津贴。凡家庭收入未达到一定水准的老人，通常在其老年年金中加给住宅津贴。1971 年起不予收税，其数额由地方政府根据当地生活水平来决定，如果是残障者，则支领较多。

（2）一般住宅。除年金以外无其他收入来源或收入较少者，由地方政府支付与标准住宅房租相当的住宅津贴。瑞典大概有半数老人受领此项补助。

（3）年金住宅。对于符合建筑基准及年金者使用的特别公寓，或者合作经营的公寓住宅，政府自 1960 年起，以低利返还建筑费，同时给予 40%～70%的津贴。在一般住宅中，建有年金者专用的公寓，其设备符合老人的特殊需求，同时还配有女性管理人。

（4）老年之家。主要是收容社区贫困老人。

（三）医疗保健

瑞典政府规定享受年金的老人可以免交健康保险费。在医疗费中，门诊治疗均为免费，住院治疗只有在领取年金后的一年是免费的，以后的每次治疗要负担 30 克朗。后来一些地区提出有资产的老人应负担得再多一些，负担多少由各地区自行决定。有工资收入的老人只有在领取年金后的半年中可以享受伤病津贴。“瘫痪在床的老人”是老人在医疗中最大的问题，各地设立了许多小型疗养所，为这些老人提供社会服务。

（四）老年教育

瑞典的老年教育项目形式多样，主要有以下几个方面：

（1）上大学。瑞典的大学都是国立的，凡是领取年金的老人，都可以上大学。

（2）推广社会教育。一是实行国民高等教育。国民高等学校是北欧典型的成人教育机构。瑞典各城市的国民高等学校，设立了年金受领者的课程，如外国语、社会科、理科等班级；设在名胜区的寄宿学校，则要求老人集中学习、娱乐。二是在广播电台专门设置空中老人教育课程。

（3）向老人开放图书馆、博物馆。对一些行动不便的老人，图书馆派人送书上门，定期调查他们希望阅读的书目，对调查结果进行整理，编成老人爱读的图书目录，送到各家庭、老人之家及其他有关机构参考；在一些偏远的地方，还举办“移动图书馆”，选出图书作流动巡回服务。

三、美国的老人社会福利

在发达国家中，美国的社会福利制度建立起步较晚，其特点是实行强制与自愿相结合的原则，但对受益者的条件有严格规定。美国的老人社会福利具体包括以下内容。

（一）老年福利立法

1. 老年法

美国在 1965 年颁布了《老年法》（The Older Americans Act），并进行了多次修订。该法令以老年福利为核心，包括老年救助、老年住宅、老年安养机构、医疗、再就业等措施。该法令共分为 11 章，第 1 章是立法的目的；第 2 章规定了在社会福利部下设置老年局；第 3 章阐明了各社区从事老年福利规划、服务及训练工作的机构，可以给予赠款补助；第 4 章指出了推动研究发展工作的重要性；第 5 章规定了接受援助的单位训练工作人员，并提出相对基金；第 6 章是一般规定、成立顾问委员会等；第 7 章为老年志愿工作方案；第 8 章是老年营养方案；第 9 章是老年模范计划，为老人提供居住、教育、医护、交通等各项服务；第 10 章是老年社区就业方案；第 11 章为多目标老年中心方案，由社区新建或改建老年活动中心，以便推行营养计划，提供卫生、社会、教育、康乐等服务。

2. 社会安全法

1935 年美国颁布了社会安全法，其中有关老人福利服务的内容主要有：（1）有工作的老人可通过老年遗属残疾保险，于退休时获得年金给付；（2）没有工作的老人可通过公共救助办法，申请救助；（3）贫病且有困难的老人，可根据卫生福利服务办法规定，申请医疗及其他救助、服务。

3. 其他法令

除以上法规外，美国有关老人社会福利的立法还包括以下内容：

（1）住宅法。该法于 1937 年颁布，规定为低收入者兴建平价住宅，年满 62 岁的单身老人可以租用。1966 年起凡兴建国有住宅的，保留若干住宅供老人居住。

（2）老年医疗协助法。1960 年颁布医疗救助计划，65 岁以上低收入的老人如有需要可获得免费医疗。1965 年修正了社会安全法，规定在薪水中扣缴保费，或由政府与老人共同缴纳部分保险费用，患病时可获得免费医疗。

（3）禁止歧视老年法。1975 年颁布了禁止歧视老人的法规，规定对老人再就业及各种活动和服务不得实行歧视。

（4）其他有关老人的法规。如全国心理卫生法规定患精神病的老人应尽量少送精神病院隔离，改以疗养方式，或设立老年之家。国内志愿服务法则规定 50 岁以上的老人，可优先辅导担任志愿工作或有报酬的工作，并以职业训练充实其技能。

（二）老年保险与救助

1. 老年、遗属、残疾保险

老年、遗属、残疾保险（Old Age Survivors and Disability Insurance，OASDI）是给老人、遗属及残疾人的年金。美国政府规定支付老年年金及医疗保险的年龄是65岁。

2. 所得安全补助

凡不能获得社会安全保险年金且年满65岁的老人，如果其资产所得及个人收入符合法律规定的领取安全补助的标准，都可以获得补助金。这项补助分联邦政府基本补助及地方补助两种。联邦政府基本补助金每年随物价指数调整，州补助金则由各州自行规定。

所得安全补助不同于社会保险。社会保险是以退休制度为基础、提供老年年金以支付老年生活所需的各项费用；而所得补助是对没有获得老人年金的老人所给予的一种救济措施。

3. 老年公共救助

老年公共援助包括以下两种：一是对需要经济救助的老人，即那些既没有领取老年年金，也没有申请安全补助金的老人，经调查，财产总值及每月收入在一定标准以下、生活困难，可以向当地社会局申请公共救济。二是对需要医疗救助的老人提供公共救济。65岁以上老人可以通过联邦政府的“老年医疗救助计划”，获得医疗的现金支付与医疗照顾。

（三）医疗保健

美国老人医疗保健福利项目包括以下内容：

1. 医疗保险

凡享有社会安全保险年金及所得安全补助金者，均可享受医疗保险制度的优惠。美国对老年医疗保险的规定分为两类：一是强制性的住院保险，要求65岁以上的就业老人必须参加，保险金由本人及雇主各按工资的0.9%交纳。老人生病时，每次仅需少数费用即可住院90天，并可于出院后继续接受治疗100天，所需费用包括住院、诊疗、膳食、活动、各种检查及药费等由社会安全保险基金支付；另一类是自愿性的补充医疗保险，经费来源于退休金中按月扣除的保险费，不足部分由联邦政府补贴。老人生病时，需先付少数费用，80%由医疗保险开支，20%自行负担。

2. 医疗救助

医疗救助是给低收入者的医疗照顾，凡是无固定收入或收入太低、领取联邦收入维持金的老人及其家属，都有资格享受此补助。

3. 老人养护之家

这种机构主要是针对患有慢性病而需要长期护理与疗养的老人而设立的，是一种介于医院和家庭之间的机构，其工作重点是护理与康复。工作者除了少数医生外，大部分是护士和服务人员。依其治疗养护的目的与程度的不同可以分为：(1) 治疗性的养护之家，有专业医生和护士全天候为老人服务；(2) 休养性的养护之家，有技术护士照顾老人生活，也可以作一般性的休养治疗；(3) 居住性的养护之家，一般仅供老人吃住及属于生活性的个人服务，如洗澡穿衣、购物等日常生活照顾，而无医疗服务。

（四）老年住宅

指退休住宅计划。由于美国盛行核心家庭制，绝大多数老人不与子女同住，退休后老人的收入及家庭人口数都有所减少，对大房屋的需求也减少，因此，政府及民间组织为老人设计与兴建住宅，以低廉的价格甚至免费提供给老人居住。

（五）老人福利机构

美国的老人社会福利设有专门的老人福利机构。主要有以下几种：

1. 养老院

美国养老院的老人主要依靠老年年金支付维持生活，而对一些孤苦无依、收入不足的老人，政府以公共救助的方式予以收养。养老院的性质有公立的，也有私立的，前者由联邦政府或地方政府办理，后者由慈善社团办理。养老院中供给膳宿、康乐、医疗，并为死亡者办理善后事宜。

2. 老人活动中心

美国还设有老人活动中心，老人可以聚集在此一起举办各种活动，如休闲娱乐活动等。

3. 老人日间托护中心

针对缺乏独立生活能力或患痴呆、其子女又无暇照顾的老人，各地建有老人日间托护中心。可将这些老人送到该中心，通常上午送出，傍晚接回，由该中心供给午餐及一些休闲娱乐活动。

（六）老人福利服务

美国老人的福利服务主要有：

1. 膳食服务

对于一些行动不便的老人，可将膳食送到轮椅上并为其喂食，这些膳食都以较低廉的价格供应。

2. 家事管理员服务

老人因病或无能力照顾自己的生活，可申请家事管理员到家中暂时处理部分或全部家务。

3. 寄养祖父母计划

对于那些收入不多的、具有爱心及耐性，愿意抚养残疾儿童或遗弃儿童的老人，政府付给老人酬劳金。

4. 电话服务

每天与独居老人通一次电话问好，如果无法接通，可派人上门访问是否发生意外。

5. 友好访问

一些社团或志愿为老人服务的个人组织友好访问团，定期访问老人，并根据其需要开展服务。

6. 图书服务

为减少老人的烦闷寂寞，有图书巡回车定期驶往各社区，为老人免费提供图书服务。

四、日本的老人社会福利

第二次世界大战后，日本政府相当重视社会福利问题。其社会福利的特点是非常注重效率及受益者的自力更生等。日本的老人社会福利主要有以下内容。

（一）老人社会福利的有关立法

日本老人社会福利的有关立法主要有：

（1）1951 年公布的社会福利企事业法，规定设置社会福利机构，包括老年安养机构及老年福利中心。

（2）1959 年公布的国民年金法，规定老人应为其老年年金投保 25 年以上，65 岁后免缴保费，并开始领取老年年金。

（3）1954 年公布的厚生年金法，规定了老年退休年金、在职老年年金及退出保险所获得的津贴。

（4）1950 年公布的社会保护法，规定了对于 68 岁以上以及 70 岁以上的高龄老人分别增加年金的支付额。

（5）1971 年颁布的中高龄者雇用促进特别措施法，规定了 55 岁以上老人的雇用率应为人口总数的6%以上，并给高龄失业者发放求职手册及老人失业者雇用办法。

(6) 1949年公布的紧急失业对策法，规定对老人失业者应按规定雇用。

(7) 1966年公布的雇用对策法，对老人雇用率、职业选择、职业资料的提供、老人再就业的促进、老人兼职支付金等均有明确规定。

(8) 1951年公布的公营住宅法，规定政府及民间协力兴建公营住宅，低价租给老人家庭居住。

(9) 1983年实施的老人保健法，明确规定老人应得到确切的医疗服务。

(二) 社会保险与医疗保健

日本的老年社会保险与医疗保健具体有以下项目。

1. 社会保险

日本政府规定，凡是雇用5人以上员工的机构，都纳入中央厚生省所主办的厚生年金保险，被保险人必须至少在参加保险后20年才能自请退休，凡是超过40岁才开始投保者至少要经过15年才能申请退休，矿工因工作辛劳，可特准其投保15年后申请退休。而自雇用者、农民或其他从事工作的人则参加国民年金保险，这类投保人有不少人是低收入者，因而需要由国家给予一定的补助。除上述两种年金外，无能力缴费或不符合缴费的老人可申请领取福利年金。

2. 医疗保健

日本的医疗保健主要有以下项目：

(1) 健康检查。日本的老年福利法规定，年满65岁以上的老人每年作一次健康检查，一般性的诊断免费，精密性的诊断则收一定的成本费。

(2) 健康教育。为预防老人患病，日本对中年或老年人推广健康教育。日本在各地市、町、村开设了老人保健班，由医生、保健护士、营养师等举办演讲，授课对象为老人及其家庭成员。其目的是使中老年人注意自身的健康，加强食品营养、运动、个人修养等。

(3) 补助老人医疗费用。凡年满70岁的老人以及65岁以上的卧病老人，如果本人及抚养义务人因收入低而无力负担医疗费用，可申请此项补助。该项补助费由国家承担2/3，地方政府承担1/6，市、町、村负担其余部分并负责发送补助。

(4) 卧病残障老人康复训练。老人行动不便原因有多种，而以脑血管病变及脑溢血引起的后遗症最多，在发病初期实施康复训练效果最佳，日本在各养护老人之家及老人福利中心一般都举办康复训练。

(5) 老人保健法案及老人保健医疗。日本厚生省于1981年提出了老人保健法案，其目的在于为老人提供保健知识及训练，以预防、治疗疾病，确保老年身心健康。日本政府规定由市、町、村负责推动老人保健法案的实施，并具体办理下列各项事宜：发送保健手册；举办健康教育；设立健康咨询；进行健康检查；医疗；康复训练；访问指导；其他活动等。

（三）养老机构

日本的养老机构主要有以下三种。

1. 养护老人之家

日木养护老人之家的收容对象为病残老人、痴呆症患者或心理失调者，以及不能与子女同住者，或单身老人、经济困难者。进入养护老人之家的老人视其经济能力自己承担部分费用，剩余部分由国家和地方政府分担。

2. 特别养护老人之家

日本的特别养护老人之家主要收容那些卧病在床的老人以及心理残疾较严重、已丧失独立生活能力的老人，由受过专门训练的工作人员予以照顾。

3. 老人安养之家

日本的老人安养之家主要是针对那些身体较好、有独立生活能力而又不能与家人同住的老人。日本的老人安养之家又可分为自费安养和公费安养两种。自费安养是指由老人及其家庭付费入住。如果老人收入较低，或家庭生活较困难，可以由政府酌情补助部分或全额费用。

（四）居家老人服务

日本的居家老人服务项目主要有：

（1）老人日间照护。对于一些身体状况不好、其家人又无暇照顾的老人，可以送到日间服务机构，大约每周一次或两次，由工作人员照顾老人餐饮或进行生活方面的指导及动作训练。

（2）提供家事服务人员。日本家庭服务人员较多，主要是对行动不便的老人以及身心残障者进行定期访问，并有针对性地开展服务，如洗刷、餐饮等服务。

（3）患病老人服务。针对患病老人到其家中进行服务。

（4）为贫困老人提供日常生活用具。

（五）其他福利服务

日本的老人社会福利除了以上项目外，还包括其他福利服务，主要有：

（1）老人福利中心。日本各地均设有老人福利中心，为老人免费或廉价提供咨询、讲习或休闲娱乐服务。

（2）老人休憩之家。它与老人福利中心的功能相类似，也是为了增进老人的身心健康，提供免费或廉价的休闲娱乐、学习及训练等服务。

（3）老人休养之家。日本的老人休养之家一般设在风景优美的地方，可供老人短期休养，并达到保健的效果。

（4）老人再就业辅导。日本的社会福利协会一般举办有老人职业介绍所，为老人再就业提供免费服务。

（5）创业或兴趣。为使老人在老年能实现自我价值，有些福利事业机构为老人提供学习多种技艺的机会，如绘画、唱歌、手工艺等。

从各国老人社会福利的措施来看，各国的老人社会福利项目繁多，内容丰富、全面，包括了公民可以享受到的现代文明生活的全部待遇，从老年物质、健康、伤残的各项社会保险到全社会老年人享有现代生活方式所需要的食物营养、居住条件、健康水平、继续教育等，应有尽有。这种制度化的社会福利日益成为老年人生活不可缺少的一个重要组成部分，老人社会福利已经成为发达国家整个社会福利的一项非常重要的内容。

第三节　我国的老人社会福利

一、我国古代的养老制度

在几千年的农耕社会中，我国一直以家庭生产及自给自足的自然经济为主，家庭负担着生产、生活的各种功能。一个人的生老病死完全依赖家庭，家庭是个人生活的主要依托及其发展的基础，也是个人精神寄托的根本。家庭养老是这种社会的主要养老方式。除此以外，当时也存在一定的社会养老方式，主要表现为由政府从法律上对老人的养老进行一些具体规定，同时，由政府和社会组织举办一些诸如敬老礼仪或慈善性的活动，直接为某些德高望重或孤苦无依的老年人提供物质上的补助。

我国古代的老人社会福利主要有以下形式。

（一）由国家法令规定亲属的赡养义务

唐朝、明朝、清朝等各朝代都对老人的养老做了具体规定。如唐朝、明朝、清朝的律例都规定，如果祖父母、父母在世，子孙分割家产另立门户或不供养老人，按十恶大罪中的不孝罪论处。唐朝的法律《唐户令》规定：“诸鳏寡、孤独、贫穷、老疾、不能自存者，令近亲收养，若无近亲，付乡里安恤。”明朝、清朝的法律规定：“凡鳏寡、孤独及残废之人，贫穷无亲属依倚，不能自存，所在官司，应收养而不收养者，杖六十。”为了救济老年贫穷无依靠的人，各级官府还设立了“悲田院”、“福田院”、“居养院”等，对社会上无依无靠、无家可归者实行收养。这些措施和活动体现了社会慈善事业的社会保护功能。

（二）从财产制度上对老年人提供物质上的保障

北魏时代的法律做出了“使父子无异财”的规定，主要是保障家产的管理与处置完全由尊长负责。唐朝的《唐律疏议》规定：“凡同居之内，必有尊长，尊长既在，子孙无所自专，若卑幼不由尊长，私取用当家财物者，处罚。”在土地分配方面，唐朝还规定：“老男田二十亩，免除税捐，授予天地。”虽然这只是对老年男性提供土地，含有封建制度对妇女歧视的内容，但也显示出对老年人的生活提供物质保障的意义。

（三）官吏退休制度是国家对老年人社会地位的认定

传统中国社会主要实行家庭养老，但是官员的退休规定提高了老年人在家庭和社会上的地位。早在公元前的春秋战国时期，我国已经出现了退休制度。当时在某些地方废除了旧的世卿世禄（终生俸禄）制度，代之以新的“致仕”（官员退休）制度。

汉朝已逐渐形成了一套相当完备的官员退休制度。东汉时期的《白虎通义》记载：“官吏年满七十，耳目不聪，腿脚不便者，皆得致仕。”退休的年老官吏，可获得原官职俸禄的1/3，以示尊贤。

唐朝官吏退休之后的经济待遇有了较大幅度的提高。当时的朝廷规定，官吏年满70岁以上均应退休；如果未满70岁，但形态衰老者也要退休。退休后的俸禄按原官职的高低、贡献的大小而定。五品以上的官吏可得原俸禄的一半；有功之臣，经天子恩典，可得到全部俸禄；京城六品以下、非京城五品以下者退休后，还有永业田养老。

宋朝的官僚机构已经很庞大，官员剧增，虽已有明文规定，但某些官员到年龄仍不退休，滞留官位，朝廷不得不做出一些限制性措施，规定对年满70岁的在职官员不再进行“磨堪”（考察），不再评定功过，不予升官，且要劝其退休。

元朝时期，朝廷官员退休年龄仍为70岁，并规定，内外三品以下官员凡年满70者定要退休。明、清两代的退休制度有了进一步的变化，官员的退休年龄由原来的70岁提前到60岁；而且可以提前自愿退休。

老年社会救济和朝廷官员的退休制度是老年人社会地位的直接标志。尽管我国古代已经产生了老人的社会福利，但从养老的经济来源、养老方式、提供养老服务的人员等方面来看，古代的社会养老制度不占主导地位，当时的养老制度主要以家庭养老为主。

二、新中国成立后的老人社会福利

（一）我国老人社会福利的发展演变

从 20 世纪 50 年代初期以来，根据整个中国社会的变迁和转型来划分，我国老人社会福利的发展演变大致经历了两个大的发展阶段：计划经济时代的老人社会福利及经济市场化过程中的老人社会福利。

1. 计划经济时代的老人社会福利

我国老人社会福利发展的第一阶段是 20 世纪 50 年代至 80 年代的计划经济时代的老人社会福利阶段。这一时期，中国整体的福利制度模式是由国家负责、政府包办的民政福利和单位包办的职工福利等组成的传统福利模式。老人社会福利的基本结构是城乡二元的老人福利结构。

城市老人的社会福利主要表现在单位包办的职工福利上。1951 年国务院颁布了《中华人民共和国劳动保险暂行条例》。该条例规定，企业职工的养老保险费由企业负担，建立企业职工退休养老制度。1955 年，国务院颁发了《国家机关人员退休处理暂行办法》，对国家机关、民主党派、人民团体和事业单位的工作人员的退休制度予以明确规定，在机关和事业单位中实行退休养老制度，其退休条件和待遇标准与企业大致相同。1957 年，劳动部草拟了《国务院关于个人、职员退休处理的暂行规定》，由国务院于 1958 年 2 月公布实施。这一规定适当放宽了退休条件，提高了待遇标准，我国从此建立起了统一的退休制度。老人退休后的生活、医疗保健、娱乐、服务等全部由原所在单位负担。

我国农村老人社会福利经历了一个不断形成与发展的过程。20 世纪 50 年代实现农业合作化以后，政府开始对农村生活困难的老年人实行社会救济制度。1956 年，我国第一次全国人民代表大会第三次会议通过的《高级农业合作社示范章程》以及 1962 年中共中央发布的《农村人民公社工作条例修正草案》，对在农村建立社会保险和生活福利制度都作了原则性的规定。但是，由于受较低农业生产力发展水平的制约，除了少数大城市近郊区生产力水平较高、经济较富裕的社队，逐渐建立了一些老人社会福利如给老年农民发放退休金之外，大多数农村只是对鳏寡孤独老人实行了具有救济性质的“五保”制度。“五保”老人享受国家和集体的供养，其他广大农村老人仍主要依靠家庭供养。20 世纪 50 年代末期以后，农村开始出现了集体举办的敬老院等社会福利设施，但敬老院也主要只是针对那些孤寡老人即“五保户”。农村老人接受“五保户”的人数在不同时期有一些变化。1980 年以前，接受五保的人数不少于农村应保老人数的 90%。20 世纪 80 年代初期，接受五保的人数因政府社会救济金的减少而大幅度下降，80 年代中期，受助比例有所回升，但到 1992 年又下降到不足 75%。此后，又有所上升，1995 年达到最高峰，农村应保老人接受五保的比例达到 94%，具体接受“五保”的比例详见表 5—5。

表 5—5　中国农村“五保”计划（1985—1995）

年份	“五保”人数（万人）	“五保”受助者（万人）	受助比例（%）	地区开支（万元）
1985	274.7	220.2	80.2	58 605
1986	264.7	213.9	80.8	62 432
1987	255.7	209.0	81.7	76 072
1988	250.1	196.8	78.7	84 239
1989	287.2	209.8	73.1	86 248
1990	250.6	195.1	77.9	102 360
1991	248.4	188.6	75.9	112 842
1992	231.8	172.9	74.6	119 555
1993	244.7	216.7	88.6	145 994
1994	247.6	230.2	93.0	177 358
1995	249.4	234.9	94.2	197 437

资料来源：《中国统计年鉴》，各卷；《中国民政统计年鉴》，各卷；黄黎若莲：《边缘化与中国的社会福利》，102～103 页，香港：商务印书馆，2001。

2. 经济市场化过程中的老人社会福利

20 世纪 80 年代中后期以后，我国的老人社会福利事业随着社会的转型及经济体制的转轨而发生了一些变化，这是我国社会福利事业发展的第二阶段。

20 世纪 80 年中后期以来，我国已经形成了一个以《宪法》为依据、由相关法律组成的保护老年人，包括处在特殊困境下的老年人合法权益的制度体系。90 年代中期以来，在党和政府的关心与支持下，各级民政部门围绕自己所承担的指导老年人权益保障工作的职能，建立健全了保护特困老年人基本生活权益的社会保障网络，通过推进社会福利社会化和推广社区服务，开辟了老年人社会福利的新领域，逐步形成了以国家、集体兴办的老人社会福利机构为骨干，以社会力量兴办的老人社会福利机构为新的增长点，以社区老年人福利服务为依托，以家庭养老服务和保障为基础的具有中国特色的老人社会福利服务体系。

截至 2000 年年底，全国城镇社区服务设施 18 万处，比上年增长 15.3%，从业人员由上年的 67 万人增加到 75 万人；综合性的社会服务中心 12 674 个，比上年增长 66.3%，职工 8.2 万人，比上年增长 57.7%；便民服务网点 45.2 万个，比上年增长 11.3%；社会服务志愿者组织 6.6 万个，志愿者 377.2 万人，全年开展社会活动 207 611 万人次，比上年增长 71.9%。目前，全国共有街道 5 902 个，已建老年福利设施 4 534 个，占 76.82%；有居委会 108 000 个，已建老年福利设施 35 544 个，占 32.91%；有农村乡镇 43 511 个，已建敬老院 37 344 个，占 85.83%。全国城乡各种福利事业单位 4.0 万个，床位数 113 万张，共收养老年人 85.4 万人。其中，国有社会福利单位拥有床位数 22.1 万张，占总数的 19.6%；集体所有制单位拥有床位 87.8 万张，占总数 77.7%；民办福利单位拥有床位 3.1 万张，占总数 2.7%。每万人口平均拥有福利床位 9 张，每千名 65 岁以上老人平均拥有老年收养性福利机构床位 10 张。农村社会保障服务网络进一步完善，全国建立农村社会保障网络的乡镇 11 855 个，覆盖率为 43.3%。农村五保户政策得到较好的落实，集体供养五保户 208.1 万人，集体供给金 20.5 亿元。救济精简退休老职工 49.7 万人。[①]

到 2007 年年底，全国各类老年福利机构 39 754 个，比上年增长 4.3%；床位 212.8 万张，比上年增长 38.6%；收养各类人员 171.9 万人，比上年增长 42.9%。其中：城市老年福利机构 5 070 个，床位 33 万张，收养老年人 22.6 万人；农村五保供养服务机构 34 684 个，床位 179.8 万张，收养老年人 149.3 万人。这进一步有效缓解了老年福利服务的供需矛盾。[②]

在经济市场化的过程中，我国政府仍然非常重视老人的社会福利，老人的社会福利制度已经初具规模，但仍存在一些问题。我国的老人社会福利水平与发达国家相比还存在一定的差距。据调查，全国 1.26 亿老年人中大约有 1 400 万老年人要求进入福利机构养老，占老年人总数的 11%（这一比例与发达国家相比要高，西欧国家和香港地区是 6%）；而现有的各类福利机构（主要是民政部门举办的）能够提供的老年人床位只有 97.7 万张，不到全国老年人总数的 0.8%，与发达国家 8%和发展中国家 5%的平均供养比例相比，差距甚远。

（二）我国城镇老人的社会福利

在计划经济时代，我国的社会福利制度是在职业福利保障的基础上，以对主流社会漏出的部分脆弱社会成员进行补救性保障为目标，它实现的仅仅是社会救助层次的

---

① 参见台恩普：《中国的老年服务业》，http：//www.cnca.org.cn/work/llyj-index.asp。

② 参见民政部：《2007 年民政事业发展统计报告》，http：//www.mca.gov.cn/article/zwgk/tjsj/。

保障，因而实际上是一种职业福利为主、民政福利为辅的官办福利模式。城市的老人社会福利几乎完全载于单位体制之上，职工的养老、劳动保险、集体福利服务以及国家提供的商品和补贴等等一系列福利都由所在单位全面提供，而其背后是单位对国家的依赖。

现阶段，我国城市养老保险制度正在逐步由单纯的国家保险向国家、企业和个人三方筹集资金的方式过渡。许多城市建立了由社会保险机构负责管理、社会统筹与个人账户相结合的养老保险制度。目前，我国城镇老人社会保险制度改革的方向是：建立起适应社会主义市场经济体制的要求，适用于城镇各类企业职工和个体劳动者，资金来源多渠道、保障方式多层次、社会统筹和个人账户相结合、权利与义务相对应、管理服务社会化的养老体系。

目前，我国城镇老人社会福利的措施主要包括物质生活福利、医疗保健、文化服务等方面。

1. 城镇老人的物质生活福利保障措施

我国城镇老人的物质生活福利措施主要包括：举办老年经济实体，为退休人员增加再就业的机会，并对生活困难的老人给予物质帮助；开展向老人送温暖活动；建立福利院和敬老院，收养没有生活保障的老年人，并扩大对社会上一般老人的收养安置，为老年人解决生活照料、医疗保障服务以及精神上的孤独问题，提高老年人的生活质量；为老年人提供特殊的优惠服务措施，如为 70 岁以上的老年人发放老人乘公共汽车和进入公园的免费证等；为老年人提供社区服务，如由基层街道居委会为生活困难的老人提供包户服务，建立包户服务组，订立包户服务协议；兴办托老所，对那些无人照料的老年人提供照料和生活帮助等。

2. 城镇老人的医疗保健措施

我国城镇老人的医疗保健措施主要有：由老人原所在单位或社区定期组织身体检查，发现疾病及时采取措施治疗；建立老年病医院或设立老年病科，开展老年病的治疗工作，目前大多数医院都有老年人挂号、看病、取药三优先公约；由国家组织并出资或者由社区建立康复疗养机构，使老年人的健康问题得到解决。

3. 城镇老人的文化服务设施

由单位或社区建立一些专门的老人休闲娱乐的活动场所，如老年活动站、老年中心等，为老年人提供文化、教育、娱乐、体育活动设施，实行优惠服务。还有一些城镇社区建立了“老年婚姻介绍所”、“老年再就业介绍所”、“家政服务站”等，在很大程度上解决了老年人的实际生活问题。

（三）我国农村老人社会福利

改革开放以前，我国农村老人社会福利实行的是“五保户”制度。改革开放以后，农村家庭联产承包责任制的推行极大地调动了农民的生产积极性，农村的社会生产力得到了极大的发展，农民的生活水平得到了很大的改善。农村经济的发展为农村老人社会福利的发展奠定了一定的物质基础。据统计，1980 年，全国农村只有七八个省市的 20 万人参加了农村老年社会保险，1983 年发展到 13 个省市的 50 多万人，1984 年迅速发展到 22 个省市的 80 多万人。至 2007 年末，全国参加农村养老保险人数为 5 171 万人，全年共有 392 万农民领取了养老金，比上年增加 37 万人，全年共支付养老金 40 亿元，年末农村养老保险基金累计结存 412 亿元。①

现阶段，我国农村老人社会福利的内容主要有社会救济、社会养老保险及社会补偿养老。

1. 农村老年社会救济

农村老年社会救济，是由国家和集体组织实施的对特殊困难的“三无”老人实行的社会救济制度，具体地说，就是“五保”制度。所谓“五保”，即由国家和集体对农村基本无劳动能力、无生活来源、无依无靠的老年人以及残疾人和孤儿，实行保吃、保住、保穿、保医、保葬（孤儿保教）的供养制度。

我国农村的“五保”制度始建于 1956 年合作化时期。这一制度对于保证我国农村社会的稳定、提供社会化的养老功能，发挥了积极有效的作用。

“五保”制度有两种方式：（1）老人集中在敬老院供养。住进敬老院的老人由其所在的村集体组织提供粮食和资金，由乡镇企业收入、乡村提留和地方财政给予一定的补贴。（2）分散供养，即由村级基层组织负责给予照顾。截至 2007 年年底，全国农村五保老人得到五保救济的人数为 531.3 万人，499.2 万户，分别比上年同期增长 5.5%和 6.7%。其中集中供养 138 万人，分散供养 393.3 万人。农村五保供养平均支出水平为每年每人 1 179.6 元；农村五保集中供养平均标准为每年每人 1 953 元，农村五保分散供养平均标准为每年每人 1 432 元。此外，还有 646 万人次得到了农村临时救济。②

2. 农村养老保险

我国农村养老保险于 20 世纪 80 年代末和 90 年代初开始进行试点，是我国政府为保障农村社会成员晚年权益而制定的社会政策。

---

① 参见劳动与社会保障部：《2007 年劳动和社会保障事业发展统计公报》，http：//www.gov.cn/fwxx/bw/ldbzb/。

② 参见民政部：《2007 年民政事业发展统计报告》，http：//www.mca.gov.cn/article/zwgk/tjsj/。

现阶段，我国农村养老保险制度的基本运作方式是：建立农村社会养老保险事业管理机构，为农民设立养老保险个人账户；保险费以个人缴纳为主，集体给予适当的补贴，个人缴费和集体补贴全部记在个人名下；以县级为基本核算平衡单位，逐步分级负责保险基金的运营和保值增值；参加保险者达到规定的领取年龄时，根据个人账户基金的积累总数确定领取标准，由社会保险机构定期计发养老金。

我国农村养老保险制度具有如下特点：（1）以农民自我保障为基础，不增加国家的财政负担，也不过分依赖集体，因而该制度具有较大的活力；（2）实行个人账户的管理模式，资金的所有权明确，使农民懂得参加养老保险是为自己的未来做准备，消除了农民的思想顾虑；（3）在缴费标准和时间上，可根据个人的情况自由选择，适应了农民收入不稳定的特点；（4）实行农村各行业人员社会养老一体化，有利于农业劳动者在不同劳动岗位之间的自由流动。

3. 社会补充养老

除了社会救济和社会保险以外，在我国农村还发展了一些社会补充养老方式，主要有以下两种：

（1）农村计划生育养老保险。我国农村各级组织为了进一步解除农民计划生育户的后顾之忧，于1985年开始在辽宁省、福建省的部分地区率先创办了计划生育养老保险。目前，全国各省区的农村都开展了一些计划生育养老保险。计划生育保险是由计划生育部门组织的，一般采取向保险公司投保或通过银行开办保险业务的形式，保险对象是实行了计划生育的家庭。

计划生育养老保险的实施形式主要有三种：一是与中国人民保险集团公司合作，由该公司主管，委托各地计划生育协会代办；二是由地方政府决定或人民代表大会通过条例，成立计划生育养老基金会，将所筹集的资金存入银行，以备日后保证养老金的支付；三是开展合作养老保险的“绿色养老保险”，即由集体和群众个人集资，由计划生育部门和计划生育协会统一组织和协调，开展投资少、风险小、见效快的种植业、养殖业等能使资金增值的产业，将增值部分作为计划生育群众的养老保险之用。也有一些地方利用资源优势，划出一块土地、草场等，由集体和个人投资开发，其收益用于养老。计划生育养老保险资金的筹集方式，各地也不尽相同。多数地区采取财政拨一点、乡镇集体筹集一点、群众拿一点的办法。也有一些地方的保险资金完全由财政支付或从计划生育处罚费中支出。

（2）农民退休金制度。20世纪80年代中期以来，我国农村一些集体经济发达的地区，也仿照城镇企业单位的退休制度，给具备条件的老年人发放退休金。

第四节　老人社会福利展望

一、老人社会福利的发展趋势——福利多元化

第二次世界大战以后，随着发达国家经济的迅速发展，社会福利制度也逐步完善，各国用于社会福利方面的开支不断增加。但从 20 世纪 70 年代以来，发达国家经济增长速度普遍大幅度下降，通货膨胀严重，失业增加，对外贸易的增长速度显著减慢，各国的经济实力明显下降。由于经济增长缓慢，个人、企业和政府的收入都明显减少，与此同时，各国失业人口有增无减，而且都不同程度地出现了人口老龄化的趋势，从而使养老保险、医疗开支和失业救济支出快速增长，进而加重了各国的财政负担，使各国陷入财政危机。

在这样的背景下，人们开始对社会福利制度进行反思，并提出了各种新的社会福利发展模式。其中有代表性的社会福利发展模式是混合福利模式。根据混合福利模式，每一个社会都存在着提供特定服务的四种方式，而具体采用何种方式则取决于这种服务能否货币化（从生产的角度来看）和是否出售（从消费角度看）。这四种方式是：市场（服务的生产与消费均是货币化的）、国家（服务的市场是货币化的，但消费却是基于非市场的）、家庭（服务的生产和消费均是非货币化的）以及物物交换（不用钱的市场交换）。在这四种方式中，物物交换在现代社会中作用不大。因此，现代社会的福利总量（TWS）可以用下列方程式来表达：

$$\text{TWS}=H+M+S$$

其中，H 等于家庭生产的福利，M 等于市场中买卖的福利，S 等于由国家提供的福利。

混合福利模式认为，特定社会的福利混合是以每一个供应者所生产的商品和服务的比例为特征的。此外，每一个部门肯定可以被其他的部门所取代。因此，国家的支配角色并不意味着国家的垄断地位是必然的。另外，财政可以刺激私有化和更多地利用志愿部门的要求。

除了混合福利模式外，还有多元主义模式。该模式由约翰逊（D. Gale Johnson）于 1987 提出，他用“福利多元主义”这个词来表达下述事实：健康、教育和社会照顾无须由国家垄断。也就是说，健康、教育和社会照顾可以从不同的部门，包括法定的、志愿的、商业的和非正式的部门获得。

福利多元主义模式提出后得到了理论界及实际工作部门的普遍认同，从而成为世界老人社会福利发展的未来趋势。

二、转型期我国老人社会福利发展成就与存在的问题

（一）我国老人社会福利发展的成就

经过改革开放20多年来的变革，我国的老人福利制度得到了很大的发展。主要表现在以下几个方面。

1. 老人社会福利开始走向制度化

我国老人社会福利经历了一个不断社会化和制度化的过程。特别是在改革开放以后，随着社会保障制度及相关制度如劳动就业制度改革的不断深化，国家先后制定了一系列关于老人社会福利的法律法规和社会政策，从而使老人社会福利开始走向制度化。

1982年4月，民政部颁发《城市社会福利事业单位管理工作试行办法》，对城市社会福利事业单位的管理进行了规范；1993年4月，民政部颁布《国家级福利院评定标准》，促进了福利院的正规化、标准化；1993年8月，国务院和民政部制定《社会福利业发展规划》，使社会福利业的发展有了统一的指导思想和目标，并提出了实现目标的具体政策和措施，为今后社会福利事业的法制化奠定了基础；1994年1月23日，国务院令第141号颁布了《农村五保供养工作条例》，标志着我国的农村五保工作走上了法制化和规范化的轨道，为处在特殊困境下农村老年人合法权益的保护提供了制度保障；1996年10月1日，《中华人民共和国老年人权益保障法》正式颁布实施，它的制定和实施进一步丰富、健全了我国现行的法律体系。在家庭赡养和扶养、社会保障、参与社会发展、法律责任等方面对老年人应有的权利做出了明确规定，为实现“老有所养、老有所医、老有所乐、老有所学和老有所为”提供了法律保障。1997年，民政部制定了《农村敬老院管理暂行办法》，明确规定了敬老院的办院方针、原则和办院形式，使敬老院工作走上了法制化的轨道，为处在特殊困境下的农村老人的合法权益保护提供了制度保障。1999—2000年，《国务院办公厅转发民政部等部门关于加快实现社会福利社会化的意见的通知》、《老年人建筑设计规范》、《社会福利机构管理暂行办法》、《老年人社会福利机构基本规范》、《社会福利机构区域设置规划》等一大批文件规章和行业标准的出台、颁布，使老人社会福利事业初步形成一个建设发展有规划、投资捐赠有优惠、硬件建设有标准、管理服务有规范的法制化管理体系。

2. 老人福利社会化程度提高

改革开放以后，我国老人福利的社会化程度不断提高。主要表现在以下两个方面：

（1）官办福利机构的开放与民办福利机构的发展。计划经济体制下的老人福利制度因为封闭运行，面向的都是具有特定身份的有限社会成员，因而并非是一种真实意义上的社会化的福利制度。而改革后的老人福利制度则显现出不可逆转的社会化趋势。以民政部门举办的社会福利机构为例，原来只向符合条件的老人开放，现在则可以接收自费老人入住。这不仅意味着官办福利设施开始融入社会化，而且使官办福利机构的效率得到极大的提高。在民政部门举办的福利机构向社会开放的同时，社会举办的福利机构亦在迅速发展。

（2）经费来源多渠道化。改革开放以后，在老人社会福利经费来源方面，已经彻底打破了国家和集体单位包办的格局。多渠道筹集资金不仅意味着福利的社会化程度在提高，而且更突出地反映了社会福利责任分担机制正在逐渐形成，这正是社会福利事业可持续发展的重要且必备的条件。目前老人社会福利的经费来源有政府财政拨款、集体投入、发行福利彩票、社会捐款、收费服务等。

3. 社区老年服务得到发展

在传统老人社会福利制度的变革中，社区服务日益受到重视。1992 年 6 月，中共中央、国务院颁布的《关于加快发展第三产业的决定》，其中即含有发展社区服务业的内容。1993 年发布的《关于加快发展社区服务业的意见》，明确了社区服务业的性质、地位与作用，促进了社区服务的发展。2000 年 11 月发布了《关于转发〈民政部关于在全国推进城市社区建设的意见〉的通知》。2001 年 5 月，劳动和社会保障部、民政部等 8 个部委又联合发出《关于推动社区就业工作的若干意见》。这些文件及通知有力地促进了社区服务的发展。据统计，截至 2001 年年底，具有福利性的全国城市社区服务设施达 18.1 万处，各类社区服务中心 12 674 个，各类社区志愿者组织 6.6 万个。社区服务正在部分地替代传统的单位职工福利的许多功能，计划经济时代的“单位人”正在向市场经济条件下的“社区人”转变。2001 年 6 月，“全国社区老年福利服务星光计划”正式启动。民政部门将在 2～3 年的时间内利用发行全国福利彩票的资金筹集资金总额的 80%，同时，依靠政府投入、社会参与，总计投资 100 亿资金，用于建设一大批社区老年人福利服务设施、活动场所，以建立健全社区老年人福利服务体系。从 2000 年到 2006 年，城市老年人享受各种社会福利补贴和社会救助的比例由 16%上升到 19.3%，农村老年人则由 15%上升到 19.7%。城市老年人领取老年优待证并享受各种优待的比例由 40.5%上升到 63.9%，享受到各类特困救助的比例由 1%上升到 2.4%；农村老年人得到政府救助的比例也从 5.4%提高到 8.9%。

4. 城市社区为老服务发展迅速

从 2000 年到 2006 年，我国城市社区老年人活动室和托老所的数量显著增加，覆盖的老年人比例分别由 51.2%和 11.7%上升到 70.8%和 31.2%；很多城乡社区都设立了老年人运动健身场地，提高了覆盖率，城市由 41.7%提高到 64.5%，农村则由 10.6%提高到 18.4%。社区提供家政服务所覆盖的老年人比例，城市由 45.6%提高到 68.2%，农村由 3.6%提高到 6.8%；提供上门护理服务所覆盖的老年人比例，城市由 36.0%提高到 55.1%，农村由 3.6%提高到 8.2%。①

5. 城乡老年人参与社会经济发展、参加社区活动、表达群体诉求的意识逐步增强

从 2000 年到 2006 年，城市老年人参加各项社会公益活动的比例由 38.7%上升为 45.1%；农村老年人了解集体经济状况的比例从 11.9%上升到 18.8%；愿意与周围有困难的老人聊天解忧的老年人比例，城市同期由 50%上升到 60.7%，农村从 66.1%升为 67.5%；愿意参加社区活动的比例，城市同期由 56.4%上升到 66.2%，农村从 54%上升到 61.4%；城市中愿意代表老年人向上级组织反映实际问题和心声的老年人同期由 52.7%上升到 65.5%。城市老年人继续工作和再就业的比例不是很高，但他们参与市场经济活动的能力增强，很多人仍以各种方式更加活跃地参与指导生产、参与投资、炒股等社会经济活动；农村老年人很多仍在以各种方式经常性地参与经济活动，坚持干农活的占 45.5%，比 2000 年多 1.2 个百分点；务工、做生意的占 5.4%，比 2000 年多 2.5 个百分点，增加了近 1 倍。②

（二）我国老人社会福利存在的主要问题

改革开放以来，我国老人社会福利的发展尽管取得了一定的成就，但仍然存在一系列问题，这主要表现在以下几个方面。

1. 城乡二元体制与城市条块分割的管理体制仍然存在

长期以来，我国老人社会福利基本上是一种剩余式的社会救济制度，一直是由官方包办的民政部主管并具体组织实施，因而被认为是一种正统的社会福利。如前所述，我国的老人社会福利存在城乡二元体制：城镇退休人员的生老病死由原单位负责；农村的老人社会福利则只针对“五保户”，其他人员由家庭养老。根据《中国城乡老年人口状况追踪调查》报告，我国城市老年人养老金（退休金）保障覆盖率

①② 参见《〈中国城乡老年人口状况追踪调查〉研究报告》，http：//www.china.com.cn/news/txt/2007-12/17/content_9392818.htm。

2000 年男性为 85.6%，女性为 53.6%，2006 年男性为 89.1%，女性为 64.6%。而在农村，则仅有 4.8%的老年人享有养老金保障；城乡老年人，尤其是农村老年人收入的总体水平和增长幅度仍然偏低。城市中有近 20%的老年人年收入处于不足 4 600 元的低水平，低于城市老年人年均中位收入的 50%，并且仍有 135 万城市老年人的收入低于当地的最低生活保障线；农村中有 27%的老年人年收入处于不足 750 元的低水平，低于农村老年人中位收入的 50%，并且仍有 2 160 万农村老年人收入低于农村困难救助的水平。在调查中，农村老人非常担心没有生活费来源的，同期从 12.4%升至 14.2%。①

城镇的老人社会福利存在严重的条块分割：

尽管民政部门在理论上是中国社会福利事业最重要的管理部门，但在现实中却并不显得特别重要。这主要是由于政府采取了将福利项目分散化的政策：一方面将社会成员划分为国家机关事业单位工作人员、企业职工、农民等阶层并实施分割管理；另一方面，将实施老人社会福利的责任交给了各个单位（包括城市中的企业、机关事业单位和农村人民公社或后来的乡镇等）。因此，老人社会福利管理体制实际上一直处于分割管理状态，并在发展中经历了许多变化。

我国的老人社会福利除民政部主管的主要面向“三无”老人的福利外，城市企业单位、事业单位也存在各自的单位福利，包括福利补贴、建立老人疗养院等各种集体福利设施等。劳动部负责制定企业职工的福利政策，其中包括城镇企业的退休老人应享有的职工福利。而企业的工会则始终协助企业行政举办并参与管理疗养院，协助企业行政建立并管理各种集体福利设施，包括老人服务设施。1998 年中央政府机构改革中在原劳动部门的基础上新组建了劳动和社会保障部，专门负责全国职工的社会保险事务，老人社会福利逐渐转变为企业内部事务。

国家机构、事业单位工作人员的福利事务则是由政府人事部门负责制定政策并进行管理，中国共产党的组织部门同时参与政策制定与管理。从 1949 年新中国成立时设立政务院人事局、1950 年 11 月新组建人事部、1954 年撤销人事部并成立国务院人事局、1959 年撤销国务院人事局而在内务部设立政府机关人事局，到“文化大革命”时期撤销内务部而将人事管理责任移交中共中央组织部和国务院政工小组，再到 1978 年 3 月成立民政部并同时建立民政部政府机关人事局、1980 年 7 月重新成立人事部、1982 年与国家劳动总局等合并组成劳动人事部、1988 年再独立设置人事部、1998 年中央政府机构改革中保留了人事部（但将有关社会保险管理职责合并到劳动

① 参见《〈中国城乡老年人口状况追踪调查〉研究报告》，http：//www.china.com.cn/news/txt/2007-12/17/content_9392818.htm。

和社会保障部），人事部门管理国家机关、事业单位职工福利事务的职责一直延续至今。

可见，我国城镇老人社会福利的有关管理部门涉及民政局（厅）、人事局（厅）、工会、劳动局等多个部门。

2. 老人社会福利服务水平低，供需矛盾突出

当前，在我国经济转轨、社会转型，特别是人口老龄化迅速发展的情况下，传统老人社会福利制度已越来越不适应形势发展的需要，面临着严峻的挑战。

（1）社会福利项目覆盖面小、供需矛盾突出。随着城乡愿意到养老机构长期住养的老年人总量的增加，对机构养老床位的需求增加，机构床位的供给不能满足需要。根据《中国城乡老年人口状况追踪调查》测算，对机构养老床位的潜在需求量从2000年的1 821万张上升到2006年的2 261万张。但我国社会养老机构现有的床位数仅为149万张，与此相差甚远，尚不及需求的1/12，与发达国家5%～7%的机构供养比例相比，差距较大。同时，全国有5 400万老年人要求社区提供福利服务，而现有的社区老年福利服务设施和家政服务组织十分匮乏。由此可以看出，我国老人日益增长的福利服务需求与老人社会福利项目供给严重不足之间的矛盾十分突出，老人社会福利制度建设严重滞后于国民经济的发展水平。

（2）社会福利设施陈旧，整体水平较低。随着人民群众生活水平的不断提高及消费结构向多元化方向发展，老人特别是高龄老人要求提供多层次的福利服务，而我国现有的以保障“三无”对象基本生活权益为主要任务的老人社会福利机构，硬件设施较差，服务水平较低，难以满足社会需求。

（3）社会福利机构功能单一，分布不合理。我国的老人社会福利机构大多服务功能单一，有些只能提供吃、穿、住等简单的服务；而且，大多数福利机构远离社区，交通不便或分布不合理，使现有老人社会福利机构的床位利用率不高，仅为75%左右，而老人急需的就近、就便的多形式的社区福利服务却十分稀少。因此出现了一方面总量供给不足，另一方面有效需求不旺的状况。

（4）老人社会福利项目由政府包办过多，社会化程度较低。我国的老人社会福利机构多由国家、集体包办，民政部门“直属、直办、直管”，社会举办的老人社会福利服务机构则刚刚起步，规模较小。因此，一方面，老人社会福利资金不足，致使其发展缓慢；另一方面，由于缺乏竞争，福利机构的管理体制和运行机制不能适应市场经济体制和社会发展的要求。

3. 社会为老服务体系不完善

随着高龄老人和“空巢”老人的增多，老年人对多种多样的养老服务需求也在日益增长，不仅失能老人对长期照料和专业护理的需求十分迫切，而且众多居家养老的

老年人对社区服务和社区照顾的需求也更加强烈。虽然一部分老人可以到机构养老，但由于我国社会养老机构现有的床位数远远不能满足老人的机构养老需求，因而大部分老人只能选择居家养老。当家庭成员无法承受全部或部分老年人照料服务时，必然期待着社会及社区提供照料服务和指导，以弥补家庭照料功能的不足或缺失。从2000年到2006年，城市老年人对热线服务、老年饭桌（送饭）等服务的需求分别上升了6.1和3.5个百分点，农村老年人非常担心需要时没人照料的，从11.3%升至13.4%。这些都给以社区为依托的老年人长期照料和社会为老服务提出了更高的要求。然而，目前我国社区服务和社区照顾的发展状况相对滞后。有调查显示，城市社区居委会中，有老年人活动场地的占66%，农村村委会中则仅有30%设有较为简陋的老年人活动场地，31%设有老年人活动室；城乡社区中能够提供家政服务所覆盖的居家老年人比例，城市为68.2%，农村仅为6.8%；城市社区提供老年人饭桌或送饭服务的覆盖率仅为19.5%；能够提供上门包护服务所覆盖的老年人比例，城市为55.1%，农村仅为8.2%。

所有这些都表明，在我国尤其是农村地区，面临着老年人长期照料的严峻挑战，建立包括生活照料、文化娱乐、健康护理和精神慰藉在内的全方位的社会化养老服务体系迫在眉睫。

4. 老年人的心理问题和精神需求需要引起全社会的严重关切

随着人们物质生活的不断提高，老年人的精神生活及生活质量问题显得尤为重要。我国老年人的心理和精神状态从总体上来看是健康积极的，但仍然存在一些心理和精神健康的问题，需要得到家庭和社会的足够关注和重视。

有调查显示，城乡老年人感到自己越来越跟不上社会发展的比例到2006年时仍高达73.6%，只比2000年下降1.2个百分点，并且单就农村来讲，这个比例反有上升；目前，常感孤独的老年人，在城市为18%，农村为30.9%；不喜欢结交朋友的老年人比例五年来有所上升，城市从2000年的20.4%上升到2006年的23.0%，农村同期从26.8%升至29.8%；有过自杀念头的老年人在城市占2.6%，农村为4.9%。这说明老年人在心理和精神健康方面需要关怀、辅导的要求迫切，社会有义务帮助他们积极面对生活、积极参与社会、促进代际和谐。

三、我国老人社会福利进一步改革的对策

我国目前的老人社会福利制度与社会主义市场经济体制的要求及我国老人社会福利制度发展目标相比，还存在着很大的差距。因此，我国应进一步深化老人社会福利制度改革，建立有中国特色的老人社会福利制度。

（一）我国老人社会福利制度深化改革的方向

根据建立社会主义市场经济的要求，借鉴发达国家的成功经验和做法，在总结我国社会福利制度改革实践经验的基础上，考虑到我国的实际情况，我国老人社会福利改革应从基本国情出发，建立以家庭自我服务为基础、以老年社区福利服务为依托、以国家兴办的社会福利机构为补充的家庭养老与社会养老相结合的社会化老人福利服务体系。这是发展具有中国特色的老人社会福利的必然选择。具体来说，我国老人社会福利改革的方向是实现"社会福利社会化"。

一般认为，老人社会福利社会化的内容包括：(1) 政府应转变职能，即将一些能够由社会承担的职能交给社会组织等机构；(2) 改变政府直接办服务机构的做法，参照经济领域中"政企分开"的做法，重构政府与下属服务机构的关系，扩大服务机构的经营自主权，使其成为不依附于政府的独立的社会服务机构；(3) 允许甚至鼓励民办非企业组织在社会服务领域发挥越来越大的作用，以扩大福利服务的总供给量，满足人们的需求；(4) 开发民间资源，拓宽资金渠道，改变过去政府单独承担全部福利服务成本的状况，发展慈善事业，为福利服务注入新的血液。总之，老人社会福利社会化就是要更多地发挥社会力量在老人社会福利服务中的作用，实现投资主体多元化、服务对象公众化、运行机制市场化、服务方式多样化和服务队伍的专业化与志愿者相结合。

社会福利投资主体多元化是指要改变过去投资主体单一的状况，开辟国家、集体、社会组织和个人的多元投资渠道，通过优惠政策，广泛动员和依靠社会力量，调动社会各方面的积极性，引导和帮助街道、村（居）民自治组织、社会团体、企事业单位、个人和外资以多种形式捐助或兴办社会福利项目，建立以社会筹集为主、政府资助为辅的多层次、多途径的投资体制以及社会各界、居民群众广泛参与的发展机制。

社会福利服务对象公众化是指要改变过去社会福利机构仅仅面对"三无人员"、"五保户"等传统服务对象的做法，以有偿、低偿和无偿服务相结合的方式，为全体老人及有需求的居民提供福利服务。具体来说，就是根据老年人的收入情况，对需要帮助的老年人提供分层次的养老服务：对高收入者提供按市场价格收费的商业性服务，对中、低收入者提供低偿的非营利性的公益性服务，对"三无"对象则提供无偿的福利性服务。

社会福利运行机制市场化是要改变计划经济条件下的管理方式和运行机制，按照产业化思路和市场经济规律发展社会福利服务，建立市场化的运行机制，在注重社会效益的同时注重经济效益，使所有社会福利机构不仅能生存，而且能滚动发展。

社会福利服务方式多样化是要充分利用家庭、社区福利服务网络和社会福利机构等载体，因地制宜地开展集中、分散、上门等多种形式的福利服务，形成社会福利服务的完整体系，满足不同人群不同层次的需求。

社会福利服务队伍的专业化与志愿者相结合，是指通过专业教育和职业培训，逐步建立起一支政治强、业务精、作风正的老人社会福利服务专业化队伍；通过倡议、发动、引导志愿者服务活动和建立“劳务储蓄”制度等，不断壮大志愿者队伍，使志愿者服务制度化、经常化。

总之，社会化、制度化、多元化是我国老人社会福利的发展趋势。

（二）我国老人社会福利改革的基本思路

1. 加强老年福利立法，推进社会福利的制度化建设

老人社会福利走向制度化，是社会发展的一个重要标志，而通过相应的法律来规范福利的供给与需求，则是社会福利制度化的基本要求。针对目前我国社会福利立法短缺、现行福利政策缺陷多的客观现实，在我国社会福利制度深化改革的过程中，当前要全力推动《老年人权益保障法》的修订与完善，同时积极协调有关部门推进养老、医疗、福利、救助、社区服务等老年保障法规、政策的制定、修订与完善，并实现社会福利法制专门化，使我国的老人社会福利制度真正成为一项体制、机制、法制都很健全的具有中国特色的重要的经济、社会制度。

2. 推进多元筹资方略

它包括：一是将企业或用人单位原有规模庞大的职业福利支出中的一部分转化为财政对社会福利项目的支出；二是随着经济的发展和国家财力的持续增长保持社会福利经费的持续增长，让全体社会成员均能分享到经济增长与经济发展的成果；三是调动民间资财，包括扩大福利彩票的发行规模、积极引导社会捐献、扶持民办福利事业、充分利用志愿力量等；四是除极少数无依无靠、且生活不能自理的社会成员外，绝大多数人在享受社会福利时均应承担一定的缴费义务。

3. 发展和壮大社会公共福利组织

一是将官办福利机构社会化，如将民政部门办的福利院、养老院发展成为独立的社会公益组织，并面向全社会开放；二是对企业或单位举办的福利机构实行剥离，使企业或单位举办的老年保健服务、职工疗养院等福利性组织转变成社会化的福利组织，成为能够为所在地区全体社会成员提供服务的机构；三是鼓励民间组织举办社会福利项目，简化其申办手续，并提供一些政策优惠，以扶持、促使民办社会福利组织的发展；四是引导并扶持社区服务组织，使社区服务网络化、普遍化，如将企业举办的老年活动中心等社会服务机构交给职工居民所在地的社区来举办。

4. 构建官督民办的新型社会福利运行机制

强调老人社会福利社会化并不意味着政府可以放弃自己的管理责任，但同时也不能再走官督、官办或官管企业的老路。政府应转变职能，主要负责优化社会福利资源的配置、监督社会福利机构运行的秩序，从而充当监督者与供款者的角色。而各种社会福利项目则应该在政府的宏观调控下，由民间团体主办。官助民办、民办或官民合办，是老人社会福利发展的方向。

5. 构建城乡兼顾、全方位的社会为老服务体系

根据党的十七大的精神，"缩小区域发展差距，必须注重实现基本公共服务均等化"，必须加大政府对老龄事业特别是农村和边远地区老龄事业的投入，按照社会福利社会化、城乡一体化的发展思路，构建覆盖城乡全体老年人的为老社会服务体系，加快城乡老年院舍及专业护理机构、社区养老服务机构和为老服务网点、文化娱乐场所、健身场所及路径等设施的建设；同时，尽快为众多失能老人提供专业化的长期照料和护理服务；加强管理，提高服务质量，尽可能满足老年人的多种服务需求，构建以居家养老为基础、社区照顾为依托、机构供养为补充的具有中国特色的养老服务体系。

6. 培训专业的社会工作者

发展社会工作事业，还必须培训和培养专业的社会工作者，以更好地开展老年社会工作、社区工作，为老人提供高效的服务。

本章要点

1. 老人社会福利需求
2. 老人社会福利的内容
3. 各主要资本主义国家在实施老人社会福利过程中存在的差异
4. 我国老人社会福利的成就、问题与改革的对策

基本概念

老人　老人社会福利　人口老龄化

复习思考题

1. 老人的需求包括哪几个方面的内容？
2. 试述老人社会福利的主要内容。
3. 改革开放以来，我国老人社会福利取得了哪些成就？
4. 当前我国老人社会福利制度存在哪些主要问题？如何解决这些问题？

推荐阅读书目

1. 董克用，王燕主编．养老保险．北京：中国人民大学出版社，2000
2. 韩良诚．中国人口老龄化与养老保险制度改革．中国行政管理，1992（8）
3. 曲海波．中国人口老龄化问题研究．长春：吉林大学出版社，1990

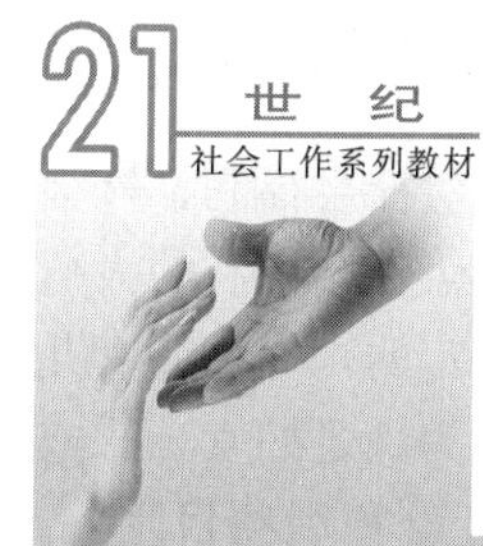

第六章

妇女儿童社会福利

学习目标

1. 了解妇女儿童社会福利的主要内容；
2. 理解妇女儿童社会福利的作用；
3. 理解当前我国妇女儿童社会福利制度存在的主要问题及其改革。

妇女儿童社会福利是社会福利制度的一个重要组成部分，在一国的经济发展过程中发挥着重要的作用。它有利于提高人口质量，维护社会安定，体现男女平等。由于妇女与儿童的天然联系，许多国家将妇女和儿童作为一个整体，专门设置了一系列福利项目，构成相对独立的妇女儿童社会福利制度。

第一节　妇女儿童社会福利概述

一、妇女儿童社会福利的定义与内涵

(一) 妇女儿童社会福利

妇女儿童社会福利一词，至今还没有明确的定义。对于妇女儿童社会福利概念的

理解一般与社会福利概念联系起来将其作为其中的一个内容或者一个领域，与老人社会福利事业、残疾人社会福利等并列。

作为社会福利的领域或内容之一，妇女儿童社会福利的定义与对社会福利、社会保障这两个大概念的界定有关。与国内学者普遍将社会保障作为涵盖社会福利的大概念一致，国内学者对妇女儿童社会福利的概念一般也是从狭义上界定的，即将妇女儿童社会福利看成是妇女福利和未成年人福利的合称，是国家和社会为满足妇女、未成年人的特殊需要和维护其特殊利益而提供的照顾和福利服务，是社会福利项目之一。也就是说，一般将妇女儿童社会福利作为妇女儿童社会保障的内容之一，而将妇女儿童保障的概念等同于西方广义的妇女儿童社会福利概念。这样，一般认为，妇女福利是指劳动者的福利项目，它与劳动者所从事的职业有关，主要包括各种生活福利津贴、集体福利设施以及休假、免费旅游等福利待遇，这种福利项目的多寡和水平的高低，取决于劳动者所在单位的经济效益或收益来源状况；儿童福利则面向全体未成年人，它主要通过兴办托儿所、幼儿园、孤儿院、儿童保健站等社会福利设施为儿童提供多种福利服务，同时也根据国家的人口政策，对独生子女实施现金补贴，并在国家财政支持下为全体儿童提供预防保健服务，其中除孤儿由国家和社会集中供养外，其他儿童福利一般以收取低费为特征。因此，妇女儿童社会福利概念往往与妇女儿童社会福利事业以及妇女儿童社会保障（有的学者用妇女儿童福利保障）的概念等同起来。而且还往往被划分为妇女福利、儿童福利、母子福利等不同的部分。

根据国际上的通行做法，妇女儿童社会福利应该专指国家和社会通过社会化的福利设施和有关福利津贴，以满足妇女儿童的生活服务需要并促使其生活质量不断得到改善的一种社会政策。也就是说，妇女儿童社会福利基本等同于国内学者所说的妇女儿童社会保障的概念，它的内容包括妇女儿童社会救助和狭义的妇女儿童社会福利等。

（二）妇女儿童社会福利的内涵

为了进一步理解妇女儿童社会福利概念，我们可以从以下四个方面来把握上面的定义：

第一，在责任主体上，国家（通过政府有关职能部门，如我国的民政部）和社会（主要通过各种社会福利团体）是妇女儿童社会福利的责任主体。也就是说，妇女儿童社会福利的责任主体与正式社会福利的责任主体是一致的。这也就意味着，我们这里所研究的妇女儿童福利仅局限于正式的妇女儿童福利范围。

第二，从享受对象来看，妇女儿童社会福利的享受对象应包括所有的城乡妇女儿童。

第三，从服务提供方式看，既包括社会救济意义上的物质保障，也包括社会福利意义上的社会服务。

第四，在社会服务的性质上体现出经济福利性，既属于第三产业范畴，又不同于一般第三产业，是难以采取市场调节的社会公共领域，政府的政策扶持往往是其生存、发展的必要条件。

二、妇女儿童社会福利的作用

妇女儿童社会福利作为社会福利的重要组成部分，其作用应该与社会福利的作用是一致的（本书第二章详细地论述了社会福利制度的作用）。但作为一种分支福利项目，它在社会经济生活中又有其特殊性的一面。这些作用主要表现在以下四个方面。

（一）有利于实现男女平等

由于自然的生理局限以及传统思想观念的影响，女性参与社会经济活动时常常受到各种阻碍，特别是在就业中，常受到不平等待遇，这一切又会影响到妇女在社会上的经济地位和政治地位。随着社会经济的发展，妇女地位的改变，男女平等是社会发展的一种潮流。实现男女平等的关键是妇女享有平等参与社会经济活动的权利和平等的发展机会。国家通过立法保障妇女的劳动权利，实施女工劳动保护，加强妇女保健工作，提高妇女的整体素质，这些都能为妇女参与社会经济活动奠定牢固的基础，是实现男女平等的必要条件。

（二）有利于提高人口质量

劳动力是一国社会经济发展的一个基本要素。国家的发展依靠高素质的劳动力资源，这已是一个不争的规律。发展妇女儿童社会福利事业，通过对妇女儿童进行物质帮助和服务照顾来保证人口质量，提高人口素质，是当今很多国家人口发展战略中的一个重要组成部分。国家通过制定妇女就业保障、妇女生育社会福利、妇女儿童健康、儿童成长、贫困儿童的社会救助等方面的政策措施来对有这类需要的妇女儿童提供帮助和服务，能从基础上提高全民族的人口质量，为国家的强盛奠定坚实的基础。

（三）有利于维护家庭和睦和社会安定

妇女儿童是家庭中的重要成员，而家庭又是社会的基本细胞，承担着孕育未来社会经济发展所需的劳动力的功能，也是劳动力接受教育的第一站。政府对妇女儿童提供必要的帮助和照顾，能大大减少家庭因经济困难等原因而导致的家庭破裂、家庭不和睦等现象，因而有利于劳动力的再生产和下一代的健康成长，也有利于社会的稳定。

（四）有利于开发和利用女性劳动力资源

作为社会的“半边天”，妇女是社会劳动力资源的重要组成部分，甚至有些工作非女性而不能承担。有了妇女儿童社会福利的帮助和照顾，妇女的生存状况进一步改善，劳动积极性也更高，从而可以激发妇女的劳动潜能，使她们能在社会经济活动中充分发挥其特长，以利于社会经济的快速发展。

三、妇女儿童社会福利的主要内容

妇女儿童社会福利的领域和内容应该涵盖妇女儿童的基本需求。大体上可以将妇女儿童社会福利的内容概括为妇女就业保障、妇女生育社会福利、妇女儿童健康和儿童成长福利。[①]

（一）妇女就业保障

妇女就业保障是通过立法和政策措施，保证妇女有与男子同等的就业权利和机会，创造男女平等的就业机制，使妇女平等地参与社会经济生活。

具体包括：(1) 立法保障妇女享有与男子同等的就业权利和就业机会，并通过就业政策指导鼓励企业雇用女工，如允许雇用女工的企业在规定时间内享受社会保险税优惠等。(2) 立法保障女职工就业期间享有与男职工同等的待遇，包括实行同工同酬、同等的培训机会和晋升机会等。(3) 立法禁止以结婚、怀孕、产假、哺乳为由解雇女职工，禁止使用童工。(4) 立法保护女职工在生产工作中的安全和健康，对女职工实行特殊劳动保护，一般禁止女职工从事有毒、有害、危险和强体力劳动；限定女职工的工作时间，如禁止女职工上夜班，禁止孕妇、乳母加班加点等；对处在经期、孕期、哺乳期和更年期的女职工实行特殊劳动保护。(5) 制定政策促使女性提高受教育程度，为妇女举办各种就业培训，确保妇女在就业市场上有与男子平等竞争的实力。

妇女就业保障为妇女就业创造了条件，对女性就业产生了积极的影响，有助于提高妇女就业率。但是实施妇女就业保障不是单纯地提高女性就业率，而是要从女性就

① 社会福利制度中的其他项目如老人福利、残疾人福利等包含了部分妇女儿童福利的内容，在此不再重复。

业率、女性就业质量、女性就业与家庭责任的和谐等几个方面来综合改善妇女的就业状况和生活质量。

（二）妇女生育社会福利

生育社会福利是指政府和社会为怀孕和分娩的妇女提供物质帮助和产假，以保证母亲和孩子的基本生活及孕产期的医疗保健需要方面的福利。

实行生育福利制度的社会性目的，是保护女性的生育功能，保护母婴健康，维持人类自身繁衍。它的经济性目的，从人力资源开发与利用的角度看，是保护女性劳动力资源，为她们创造参与和发展的机会，这对一个国家的经济发展具有积极意义。享有完善的生育社会福利，是全世界妇女的共同追求，但由于受到社会经济发展水平、社会制度和社会政策、民族文化、社会对生育社会价值的认可程度等因素的影响，各国生育福利的覆盖范围、项目的完备程度和待遇水平参差不齐。在西方福利国家，生育社会保险、社会福利和社会救济相互衔接、补充，共同为妇女生育构筑了一道安全网，妇女生育基本得到了保障。而在多数国家中，则主要通过生育保险为职业妇女提供保障。还有一些国家至今没有实行生育社会保障。所以，这里主要研究妇女生育社会保险制度。

生育社会保险是通过立法为因怀孕、分娩而丧失劳动能力的职业妇女提供物质帮助和产假的社会保险制度。生育社会保险主要从生育医疗保健服务、产假、生育津贴、育儿假及育儿津贴几个方面向生育妇女提供保障和福利。

生育医疗保健服务是提供孕期、分娩和产后所需的各种检查、咨询、助产、住院、护理、医药等一系列保健服务，以保证母婴平安健康。这项服务是医疗保健的子项目，在实行全民医疗保健的国家已覆盖到全体妇女。

产假是职业妇女在分娩或流产期间依法享有的法定带薪假期。根据生育社会福利产前产后都享受的原则，产假一般明确划分为产前假和产后假两段，并依产程难度及产出婴儿数分为正常产产假、难产产假、多胞胎产假几种。产假的长度应以有利于产妇恢复健康为基础，结合社会政策和经济承受能力来制定。从全世界看，产假长度一般为 12 周左右，有些国家规定的产假更长，在 20 周以上，如芬兰规定产假为 33 周，德国为 32 周。发展中国家规定的产假相对短些，如菲律宾规定产假为 45 天，利比亚为 50 天。

生育津贴是对职业妇女因为生育而导致的工资收入损失依法给予的现金补偿，目的是为生育妇女提供基本生活保障。生育津贴的计算方法有均一制和薪资比例制两种。采用薪资比例制时，薪资基数有本人生育前工资、所在企业平均工资、行业平均工资、地区平均工资等几种选取方法。

育儿假和育儿津贴的福利项目只在少数国家实行，它是规定婴儿的母亲或父亲可以在休满产假后增加一段休假照顾婴儿。从各国的情况看，育儿假期一般在 6 个月到 3 年之间。育儿假期间发给适当津贴，有些国家称为“母亲工资”或“父亲工资”，其标准低于生育津贴，例如，意大利的“母亲工资”是原工资的 30%，匈牙利是低收入女工平均工资的 50%左右。

（三）妇女儿童健康和儿童成长福利

综合各国设立的福利项目，妇女儿童健康和儿童成长福利大致有对使用童工的限制、妇女特别保健服务、儿童保健、家庭补贴、儿童免费教育、孤残儿童照顾、婴幼儿照顾等内容。

由于儿童身心都处于发育阶段，过度的劳动和职业伤害会直接影响他们的健康成长，因此，国际劳工组织和很多国家都规定禁止使用童工。1920 年，第 2 届国际劳工大会通过《最低年龄（海上）公约》，禁止 14 岁以下儿童在海上工作。1921 年，第 3 届国际劳工大会通过《最低年龄（扒炭工和司炉工）公约》和《未成年人（海上）体格检查公约》，规定不得雇用 18 岁以下未成年人在船舶上充任扒炭工和司炉工；雇用 18 岁以下未成年人在海上工作，必须由主管机关认可的医生鉴定，证明其体格适于海上工作。1937 年，第 23 届国际劳工大会通过《最低年龄（工业）公约》，规定 15 岁以下儿童不得受雇于工业企业。1999 年，第 87 届国际劳工大会通过《最有害童工形式公约》，目的是在全世界范围内有效禁止最有害的童工形式。这些公约对签约国有重要的约束和指导作用，在一定程度上保护了儿童的健康成长。但也应看到，世界范围内的童工问题仍然很严重，特别是在发展中国家。据国际劳工组织 1998 年的报告，在发展中国家，5～14 岁的儿童中有 1/4 在从事经济活动，达 2.5 亿人之多。因此，全面消除童工现象还需要时间。

针对妇女生理特点提供特别的健康保健，为母亲提供更优惠的减费或免费健康服务，在很多国家成为制度。生育保证了人类繁衍、世代延续，具有社会价值。由于生育会导致身体发生一系列生理变化，母亲要付出巨大的身体损耗甚至生命，很多国家把照顾母亲的健康作为社会福利的重要方面。

以家庭为对象设立补贴制度，对养育孩子的低收入家庭给予帮助并发给每个孩子儿童津贴。例如，英国对每个儿童自出生起按周发给儿童津贴，对单亲家庭中的一个孩子加发附加儿童津贴，对孤儿增加孤儿津贴。儿童享受更优惠、更周到的医疗保健服务，如免去挂号费、免费治疗牙病，生病需要照顾时，家长享有带薪护理假等。儿童教育是各国社会福利支持的重点，很多国家规定，儿童免费接受中、小学教育，免费享有课本、文具和在校午餐。在社区内设立儿童之家，为不能照顾孩子的家庭提供帮助；收留孤儿、弃儿，负责他们的生活和教育等。

除了以上内容外，各国根据其具体情况还实施了其他各种不同内容的妇女儿童社会福利项目。

四、制约妇女儿童福利发展的主要因素

妇女儿童福利与其他社会福利一样，其发展要受到很多因素的制约，这些因素有经济发展水平、人口、科学进步、社会制度和结构、社会意识形态、社会财富分配、儿童群体的需求、社会职业的专业化等。在这些众多的因素中，经济发展水平和依赖的人口比率、社会体制体现的价值取向、妇女儿童的福利需求是三个最主要的制约因素。

（一）经济发展水平和依赖的人口比率

从世界妇女儿童福利发展的历史看，影响妇女儿童福利政策的因素是多方面的，经济发展水平是其中最主要的因素，而影响妇女儿童福利特别是儿童福利的另一个重要因素是其依赖人口比率，即成年生产人口与儿童依赖人口的比率。据 20 世纪 80 年代的统计，发达国家每 100 名成年人约需照顾 41 位儿童；而发展中国家则是 100 名成年人要照顾 71 个儿童。这一比率反映了社会非生产团体给予生产团体负担的多寡，它必然直接影响到福利的开支和实际水平。发展中国家一般都面临着经济发展投资的巨大压力，社会资源配置中社会福利的份额势必受到极大的制约。所以妇女儿童福利的持续发展有赖于社会生产力的持续提高。

（二）社会体制体现的价值取向

妇女儿童福利制度的进步基于妇女儿童权利的进步社会理念，妇女儿童社会福利在本质上是一种完整全面的社会建设，是尊重妇女儿童权利的诸多表现形式中的一条底线，它建立在社会对每一个妇女儿童的保护与发展成长负有责任和义务这样一个基本认识之上。全面的社会发展观、社会福利观、妇女儿童权利观等进步的社会意识，作为现代妇女儿童福利的思想基础，是建立健全的妇女儿童福利制度体系和运行机制的必不可少的部分。正是在进步的社会观念的指导下，才能从政策上保证国家财经政策与社会政策的整合并形成完整的体系，从而不仅有经济发展性投资与社会福利开支的科学比率，而且有全民性福利给付与政府妇女儿童福利制度的核心——妇女儿童福利给付之间的合理比例，才能保证在社会组织和机构的建设上，政府的决策部门、社会化的第三部门、社会基层组织和民众基层运动的载体——社区等的发育健全，配置

合理，在内在运行和相互契合上能够符合妇女儿童社会福利发展的需要；才能保证在社会运行机制和秩序整合上，在法律的限定下建立起有序的执行程序，并能够使整个过程成为一个合理衔接、相对完整的执行体系。

（三）妇女儿童的福利需求

妇女儿童社会福利需求是建立在妇女儿童权利观念上的，是将妇女儿童作为一个能动的主体，对其发展本质的认识和判断。评价一个国家的妇女儿童福利制度和运行机制机构的优劣，重要的标志在于是否能涵盖妇女儿童的全面福利需求。一般来说，妇女儿童的福利需求包括生理、心理、情感、精神和社会几个方面，如妇女需要有一个稳定的家庭、舒适的工作、平等的社会地位等，儿童需要良好的营养和平衡的饮食、衣物、住所，每一个儿童都需要被看成是独特的发展中的人等等。另一方面，妇女儿童福利需求同时是一个社会性的特定概念，不仅仅是指简单的生理心理性的、个体性的、个别化的需求。英国学者布来逊（Jonathan Bradshow）曾将需求分为四大类：标准的需求，即专业人员在某一既定情境里所界定的需求；感觉的需求，即个人依其欲望所感觉的需求；表达的需求，即转变成为货币能够支付的需求；相对的需求，即以"区域公平"为原则的需求。这是一种社会性的定义，对它的回应是一种整体性的社会建设。

第二节　妇女儿童社会福利制度的产生与发展

一、妇女儿童社会福利制度的产生

妇女儿童社会福利的兴起和发展是工业革命的产物。工业革命起源于西欧，因此世界范围内的妇女儿童社会福利事业也始于西欧国家。

实际上，社会救助贫困家庭和儿童的活动历史久远，西方资本主义国家的教会等民间社会团体很早就有募集资金、收养孤儿、救济贫民的慈善活动。但民间救济的规模和力度受到资金来源等方面的限制，难以顾及所有贫困妇女儿童。这种民间社会团体的慈善活动可以归入非正式的妇女儿童福利的范围。但在当今世界各国社会福利体系中，占绝对主导地位的正式妇女儿童社会福利制度的出现比非正式妇女儿童社会福利制度的产生晚得多。正式妇女儿童社会福利制度只是在西欧一些国家进入大工业社会后才开始出现的。也可以说，正式妇女儿童社会福利产生于19世纪末20世纪初。

在进入大工业社会后的19世纪末，英国政府就制定了改善儿童和妇女生产劳动条件的工厂法，用立法的手段开展妇女儿童社会福利事业。1918年，英国议会通过了保障孕妇和5岁以下儿童健康的《产妇幼儿福利法》，该法第一次以专项法规的形式规范妇女儿童保障，并拓宽了妇女儿童社会福利的内容。1911年，意大利政府率先把社会保险扩大到产妇，把生育列入疾病保险的范围。以后，西方国家逐步建立了以生育保险、生育补助、家庭补助等保障母亲儿童生活和健康的福利项目。

工业社会中女工、未成年人的劳动保护问题，也是关系到妇女儿童的安全和健康的重大问题。对女工和儿童的劳动保护立法，是从限制妇女的劳动时间和禁止使用童工开始的。1939年，德国就颁布了《普鲁士儿童保护法》，禁止使用9岁以下的童工。1883年，英国通过的《工厂法》以女工及未成年工为主要保护对象，规定了女工和未成年工的劳动时间上限。国际劳工组织从20世纪20年代开始，多次制定通过禁止和限制使用童工的公约。另外，国际劳工组织对成员国女工的劳动保护也起到了重要的推动作用。从1919年开始的几十年中，国际劳工组织先后发布了一系列关于妇女劳动保护的条例和建议，包括保护母亲，禁止妇女从事夜班工作、矿山井下工作和有毒有害工作，男女就业机会均等、同工同酬等内容。这些都大大推动了妇女儿童社会福利事业的发展。

二、妇女儿童社会福利制度的发展

西方国家妇女儿童社会福利制度的发展大体上经历了三个发展阶段，即20世纪40年代的初具规模阶段，20世纪40年代末到60年代的长足发展阶段，20世纪70年代以来的调整完善阶段。

第二次世界大战后，政府干预成为西方各主要资本主义国家宏观经济政策的取向，扩张性财政政策广泛被西方各国所采用。由于社会福利制度特别是正式社会福利制度是政府转移支付的主要内容之一，因此，西方各主要资本主义国家普遍推行社会福利制度。而妇女儿童福利是各国福利制度体系中的一个重要组成部分。另外，新兴的社会主义国家如苏联、东欧国家以及一些战后开始独立的新兴国家，也积极建立健全妇女儿童社会福利制度。与社会福利制度本身的发展情况相一致，到20世纪40年代初，妇女儿童福利制度经过一个较长阶段的实践和完善，已初具规模。

20世纪40年代以来，妇女儿童福利制度和其他的福利制度一样，得到更进一步的发展，各国根据自己的具体情况，实施了名目繁多的妇女儿童福利措施。比如，日本政府1947年正式颁布了《儿童福利法》。该法案消除了过去仅对贫困者施以救济的福利观念，其目的是为了增进全体儿童的身心健康；1964年美国国会通过了《经济机会法》，以推动消减贫穷计划，其中“儿童学前教育”的辅导是该计划的重要措施之一。与此同时，国际组织也对妇女儿童福利给予了充分的关注。1952 年，国际劳工组织通过了《生育保护公约修正案》和《生育保护建议书》；1953 年，世界工联维也纳会议提出争取社会保障的完备纲领，指出：真正的社会保险必须包括生育保险在内。这一切推动了妇女儿童社会福利的大发展，使妇女儿童社会福利规模从小到大、项目从少到多、水平从低到高，形成了比较完备的体系。

现代社会，世界上大多数国家都根据自己国家的实际状况开展了妇女儿童社会福利事业，使世界范围内的妇女儿童社会福利得到了发展。特别是自 20 世纪 70 年代以来，国际社会为促进妇女儿童发展采取了一系列的积极措施，达成了多项协议，形成了基本共识，大大地促进了妇女儿童社会福利的发展。在这方面的成就具体体现在以下五个方面。

（一）建立了妇女儿童工作机构

联合国于 1946 年先后成立了联合国妇女地位委员会和联合国儿童基金会。这两个国际组织的成立大大促进了国际妇女儿童社会福利事业的发展。

（二）制定了妇女儿童发展行动计划和战略

国际社会认为大力发展社会生产力、实现经济社会发展目标，虽然可以为实现男女平等、儿童优先创造客观物质条件，但却不能自然而然地促成妇女在同男子平等的基础上充分参与发展，不能自然而然地保证儿童各项权利的实现，必须采取特别措施以消除对妇女的歧视，保护儿童的优先发展。

从妇女发展计划看，1975 年第一次世界妇女大会通过的《墨西哥宣言》提出：实现男女平等的特别措施“很重要的一点是制定并执行专门针对妇女的发展规划，促进妇女广泛参与各个领域的事务，提高妇女的社会地位，提供与男子相同的机会，并为妇女平等参与提供便利和服务。”为此，联合国分别于 1988 年和 1996 年制定出台了两个《联合国妇女与发展中期计划》；1991 年、1995 年、2000 年联合国先后出版了反映全球妇女发展状况的综合数据和分析报告，并以此为依据干预和影响各国政府的决策。为实现男女平等，在对世界妇女状况趋势和有关统计数字进行分析的基础上，联合国妇女基金会在《2000 年世界妇女进程》报告中提出了促进男女平等的三步战略：一是改革制度，完善法律，赋予两性平等的权利和机会。二是加快经济发展，促进资源共享；三是采取积极措施，纠正歧视妇女现象，即采取中短期的干预措施。

从儿童发展计划看，1990 年联合国召开的世界儿童问题首脑会议通过了《儿童生存、保护和发展世界宣言》以及执行这个宣言的《行动计划》，提出了 20 世纪 90 年代全球儿童发展的 7 项主要目标、24 项支持性目标。2002 年联合国召开的儿童问题特别联大又通过了《适合儿童生长的世界》决议，明确了在保健、教育、保护和艾滋病防治 4 个主要领域保护儿童权益、改善儿童生存条件的原则和目标。

（三）发表了妇女儿童权利公约

1952 年联合国发表了《妇女政治权利公约》，这是世界范围内授予并保护妇女政治权利的第一个国际性法律文件，规定妇女在选举权、被选举权和担任公职权方面享有与男子平等的资格。1959 年，联合国发布了《儿童权利宣言》，向世界倡导维护儿童权利，增加儿童福利。1979 年联合国通过了《消除对妇女一切形式歧视公约》，这是国际性的妇女权利法案。这个公约指出："国家充分和完整的发展、世界的福利以及和平事业需要妇女与男子平等地、最大程度地参与所有领域。"这个公约涉及法律上消除对妇女的不公平对待、文化形式上的歧视，保障妇女参与社会活动的权利、妇女生殖健康的权利、平等地受教育和工作的机会以及解决妇女在农村贫困中的特殊问题等等。1989 年联合国通过了《儿童权利公约》，明确提出了每个儿童无论其种族、民族、性别、贫富如何，都一律平等，都不应受到歧视的原则，强调儿童享有生存、发展、参与及受保护的权利。

（四）多次召开高级别、世界性有关妇女儿童发展的专题会议

从妇女方面看，自 1946 年联合国成立妇女地位委员会以来，共召开了四次世界妇女大会。1975 年召开的第一次世界妇女大会通过了《墨西哥宣言》；1979 年召开的第二次世界妇女大会通过了《联合国妇女十年：平等、发展和和平后半期行动纲领》；1985 年召开的第三次世界妇女大会通过了《到 2000 年提高妇女地位内罗毕前瞻性战略》；1995 年召开的第四次世界妇女大会通过了《北京宣言》、《行动纲领》，确定了妇女地位的 12 个重大关切领域（即妇女与贫困、妇女的教育和培训、妇女与保健、对妇女的暴力行为、妇女与武装冲突、妇女与经济、妇女参与权力和决策、提高妇女地位的机制、妇女的人权、妇女与媒体、妇女与环境、女童）。2000 年，联合国召开了妇女问题特别联大，审评第三次、第四次世界妇女大会所通过文件的执行情况，讨论 2000 年后应该采取的行动和措施，敦促各国政府和社会各界履行对提高妇女地位所作的承诺。

从儿童方面看，自 1946 年联合国成立儿童基金会以来，多次召开有关儿童发展的专题会议。值得一提的是：1990 年 9 月召开的最高级别的世界儿童问题首脑会议和 2002 年 5 月召开的儿童问题特别联大，意义深远，影响重大。世界各国的国家首

脑及高级别的政府官员两次聚集纽约联合国总部，商讨儿童发展问题，把儿童生存、保护和发展问题作为各国政治领袖面临的挑战，要求各国首脑庄严承诺：对儿童的权利，对他们的生存、保护和发展给予高度优先，并认为让每个儿童享有更美好的未来是一项最崇高的使命。

（五）将性别观点融入国际社会的有关会议和文件中

国际社会对男女平等高度重视。早在1945年6月制定的联合国宪章，就主张无论男人还是女人一律平等，并把这一主张作为联合国宪章中两个鲜明主张的一个（另一个主张是国家无论大小权利平等）。1948年联合国《世界人权宣言》又指出："人人生而自由，在尊严和权利上一律平等。"该公约将男女平等权利具体化为"一切权利和自由"，宣言特别规定了男女在婚姻家庭中的平等权利，提出了"母亲和儿童有权享受到照顾和协助的原则"。

第二次世界大战后的几十年间，世界各国都在积极推行社会福利政策，其目的是为了使一般人的生活获得适当的照顾，并缩小贫富间的差距，以及维持社会关系的平衡。由于儿童是国家未来的希望，富有极大的潜力；且儿童的成长与发展，关系着国家民族的兴衰，亦关系着经济的成长与社会的安定，因此世界各国对于儿童福利工作都特别重视，使儿童福利成为每个国家社会福利中不可或缺的一部分。

现在，妇女儿童发展作为全球人类发展的重要组成部分，越来越受到国际社会的普遍重视。在社会福利领域内，妇女儿童社会福利已经是和老人社会福利、残疾人社会福利等并列发展的重要领域。

第三节　我国妇女儿童社会福利的产生和发展

一、我国妇女儿童社会福利制度的形成

我国妇女儿童社会福利制度的产生可以追溯到新中国成立之前的本世纪初。1921年，中国劳动组合书记部拟定的《劳动法案大纲》、1930年中央苏区颁发的《劳动暂行法》、抗日战争时期陕甘宁边区制定的《陕甘宁边区劳动保护条例》、晋绥边区发布的《关于改善工人生活办法草案》、解放战争时期先期解放的东北地区发布的《战时劳动法》、《东北公营企业战时暂行劳动保险条例》中，都对妇女儿童保障制定了相关规定。但这些规定或者仅停留在文字上，或者仅限于在解放区实施，还没有形成国家

的制度。

我国妇女儿童社会福利制度的真正建立时间是新中国成立之后。1951 年 2 月，当时的政务院颁布了《中华人民共和国劳动保险条例》，规定：女工人与女职员生育产前产后共给假 56 天，产假期间工资照发；怀孕检查或分娩时，其检查费与接生费由企业行政方面或资方负担；女工人与女职员或男职员之妻生育时，发给生育补助费。1952 年 6 月，政务院发布《关于各级人民政府、党派、团体及所属事业单位的国家工作人员实行公费医疗预防的指示》，把女工作人员生育费用纳入公费医疗项目。1955 年 4 月，国务院发布《关于女工作人员生育假期的通知》，规定了机关、团体、事业单位女职工享有的生育待遇，待遇标准与《中华人民共和国劳动保险条例》中的生育待遇规定基本相同。1956 年 6 月，全国人大通过《高级农业合作社示范章程》，对妇女产前产后的休息时间、生育物质补贴等作了规定。这一系列政策措施使妇女生育得到了不同程度、不同水平的社会保障。

我国的女工劳动保护制度开始于 20 世纪 50 年代初。当时首先在女工数量比较多的纺织系统开展了女职工妇科病普查普治，并建立了女工卫生室。1956 年商业部制定了《商业部所属各级国营商业企业及其附属单位工作时间暂行办法》，规定怀孕满 7 个月或产后未满 6 个月的女职工，不得从事夜班工作。女职工怀孕期间应根据其本人需要调换轻便工作；无轻便工作可调时，应缩短工作时间，工资照发。这一年，还通过了《高级农业合作社示范章程》，禁止让孕妇从事过重和过多的体力劳动。

新中国政府特别重视男女平等。新中国刚刚成立，就把保障妇女的就业权写入了国家宪法，1954 年颁布的《中华人民共和国宪法》第 42 条规定，公民有参加劳动的权利，这里的公民就包括了妇女。政府还采取一系列具体措施，保证妇女有与男子平等的就业机会和同工同酬。

新中国成立后，儿童的健康成长也受到国家的特别重视。《劳动保险条例》第 13 条规定，工人与职员未满 16 岁的子女患病时，应在该企业指定诊所、医院免费诊治，手术费、普通药费由企业行政方面或雇主方负担。1955 年 9 月，财政部、卫生部、国务院人事局联合颁布的《关于国家机关工作人员子女医疗问题的规定》中提出，可采取“统筹医疗”或“本人自理、补助困难”两种办法解决机关工作人员子女医疗问题。除此之外，国家还对全体儿童实行免费接种和定期健康检查制度。20 世纪 50 年代，由北京、上海、天津等大城市开始，在城市陆续建立了妇幼保健机构，负责妇女儿童的保健工作；60 年代以后，儿童保健逐步扩展到农村地区。

为减轻母亲负担、保证儿童健康成长，政府积极推动托幼事业的发展。《劳动保险条例细则》第 51 条规定，企业的女职工有 4 周岁以内的子女 20 人以上，工会基层委员会应与企业行政方面或资方协商，单独或联合其他企业设立托儿所，其房屋设备、工作人员的工资及一切经常费用，完全由企业行政方面或资方负担。1950 年，教育部、卫生部、内务部发出《关于托儿所、幼儿园几个问题的联合通知》，要求根据需要和可能，积极发展托儿所、幼儿园，并对托儿所、幼儿园的经费来源、保教人员培训等作了具体规定。

民政部门承担了孤儿、弃婴、伤残儿童的照顾工作。新中国成立后，各地民政部门接收改造了其他国家在我国开办的儿童慈善机构和国民党政府及旧社团办的儿童慈善机构，还兴办了多种类型的婴儿福利机构，收养孤儿弃婴。国家给儿童福利事业单位拨出专项经费，并配备了工作人员和生活、教育、医疗等设备，使孤儿弃婴受到保育和教育，使伤残儿童得到照顾和医治。

从解放到 20 世纪 60 年代初，我国妇女儿童社会福利制度初步形成。

二、我国妇女儿童社会福利制度的发展

“文化大革命”期间，我国妇女儿童社会福利制度和其他福利制度一样，也处于停滞甚至倒退状态。许多妇女儿童福利措施被取消，剩下的一些福利措施则是名存实亡。

改革开放以后，我国政府又开始关注妇女儿童的社会福利。1977 年以后，我国政府在改革和完善妇女儿童福利制度方面主要做了以下几个方面的工作。

（一）进一步推动托幼事业的发展

1979 年 10 月，中共中央、国务院转发《全国托幼工作会议纪要》，要求各级党委和政府积极抓好这项工作，以解决面临的儿童入托难问题。相关制度还规定，职工子女享受托儿补助费，在本单位的托儿所、幼儿园入托的，免缴保育费；在非本单位举办的托儿所、幼儿园入托的，其为子女缴纳的保育费由所在单位按规定标准予以报销。

（二）设立独生子女保健津贴

1979 年为配合推行计划生育的基本国策，有关部门做出规定，要求发放独生子女保健津贴。具体规定是，凡领取独生子女证的职工，可以享受独生子女保健补贴，标准为每月 10 元，从出生之日至满 14 周岁，由父亲或母亲单位按月发给。

（三）实施九年制义务教育

1986 年 4 月，第六届全国人民代表大会第四次全体会议通过《中华人民共和国

义务教育法》，规定国家实行九年制义务教育，凡年满6周岁的儿童，不分性别、民族、种族，应当入学接受规定年限的义务教育。义务教育已在全国普遍实施，并取得了巨大成就，实现了九年义务教育在全国范围内的全面普及。截至2007年年底，全国共有小学32.01万所，比上年减少2.15万所；招生1 736.07万人，比上年增加6.71万人；在校生10 564万人，比上年减少147.53万人；小学毕业生数1 870.17万人，比上年减少58.31万人。小学学龄儿童净入学率达到99.49%，其中男女童净入学率分别为99.46%和99.52%，女童高于男童0.06个百分点。由于学龄人口的逐年减少，初中校数、招生数、在校生数和毕业生数略有减少，初中阶段毛入学率和初中毕业生升学率继续提高。全国共有初中学校5.94万所（其中职业初中0.03万所），比上年减少0.15万所；招生1 868.5万人，比上年减少61.06万人；在校生5 736.19万人，比上年减少221.75万人；毕业生1 963.71万人，比上年减少107.87万人。初中阶段毛入学率98%，比上年提高1个百分点。初中毕业生升学率80.48%，比上年提高4.78个百分点。[①]

（四）健全女工劳动保护制度，扩大实施范围

1986年5月30日，《女职工保健工作暂行规定》下发试行。《规定》对女职工月经期、怀孕期、哺乳期、更年期、婚前、产后等阶段的保健作了详细规定。《规定》的实施范围除国营、集体企业外，还适用于中外合资企业、外商独资企业、乡镇企业和个体联办企业。1988年劳动部颁发的《关于女职工剩余待遇若干问题的通知》规定，女职工怀孕，在本单位的医疗机构或者指定的医疗机构检查和分娩时，其检查费、接生费、手术费、住院费由所在单位负担。1988年国务院发布的《女职工劳动保护规定》，规定不得在女职工怀孕期、产假期和哺乳期降低其基本工资，或解除劳动合同。怀孕的女职工做产前检查应视为出勤；对怀孕的女职工不能胜任生产岗位的，根据医生的证明，可予以减轻劳动量或安排其他工作。在劳动部的其他有关文件中还规定，对女职工怀孕反应厉害的、需保胎休息的、产假期满因身体原因仍不能工作的或患子宫外孕的，均按病假处理。

（五）延长生育假期

根据《女职工劳动保护规定》，女职工的生育假期由原来的45天延长为90天，其中产前假15天。难产的，增加产假15天。多胞胎生育的，每多生一个婴儿，增加

---

① 参见教育部：《2007年全国教育事业发展统计公报》，http：//www.jyb.cn/xwzx/gnjy/zhbd/t20080505_159331.htm。

产假15天。女职工怀孕不到4个月流产，可根据医务部门的意见，给予15～30天的产假；怀孕4个月以上流产的，给予42天产假。产假期间，工资照发。

（六）机构建设取得一定成效

在福利机构建设上，启动实施了《“十一五”流浪未成年人救助保护体系建设规划》、《“十一五”儿童福利机构建设规划》暨“儿童福利机构建设蓝天计划”等，引起了社会重视，并取得了一定的成效。截至2007年年底，全国儿童福利院达269个，比上年增长8%；床位3.3万张，比上年增长6.5%，收养儿童2.9万人。各类收养性单位共收养儿童8万余人。①

（七）孤儿救助事业获得突破性发展

2004年5月，民政部在全国启动了《残疾孤儿手术康复明天计划》，决定用三年时间，从福利彩票公益金和社会捐款中拿出部分资金，为全国各社会福利机构中有手术适应征的孤残儿童实施手术康复。该计划的实施已使3.5万多名残疾孤儿得到手术矫治，并建立了长效机制。2008年民政部等15部门出台的《关于加强孤儿救助工作的意见》是新中国成立以来对孤儿生活救助和生活保障的第一个综合性的儿童福利性制度安排，在我国儿童福利事业发展史上具有里程碑的意义。该意见的出台使孤儿社会福利由养育向教育、医疗、康复、成年后的住房和就业拓展。

三、我国妇女儿童社会福利的成就及问题

（一）我国妇女儿童社会福利取得的巨大成就

经过改革开放30多年来的变革，我国的妇女儿童社会福利制度得到了很大的发展。主要表现在以下四个方面。

1. 妇女儿童社会福利开始走向制度化

我国妇女儿童社会福利也经历了一个不断社会化和制度化的过程。改革开放以后，社会福利制度及其与之相关联的一些社会制度如劳动就业制度等改革不断深入和深化，国家先后制定了一系列关于妇女儿童社会福利的法律法规和社会政策。1993年8月，国务院和民政部制定了《社会福利事业发展规划》，使社会福利的发展有了统一的指导思想和目标，并提出了实现目标的具体政策和措施，为今后社会福利的法制化奠定了基础；1999—2000年，《国务院办公厅转发民政部等部门关于加快实现社

① 参见民政部：《中国民政统计年鉴（2008）》，http：//www.mca.gov.cn/article/zwgk/tjsj/。

会福利社会化的意见的通知》、《社会福利机构管理暂行办法》、《社会福利机构基本规范》、《社会福利机构区域设置规划》等一大批文件规章和行业标准出台、颁布。这些制度措施都涉及妇女儿童福利，这意味着我国妇女儿童社会福利与其他的福利项目一样开始走向制度化。

2. 妇女儿童社会福利社会化程度提高

改革开放以来，民办妇女儿童福利机构开始出现，并获得了一定程度的发展。民办福利机构的从无到有，大大提高了妇女儿童福利水平。

除了民办福利机构的出现外，妇女儿童福利社会化还表现为福利经费来源渠道的多元化。改革开放以来，我国逐步打破了妇女儿童社会福利经费由国家和集体单位包办的格局，经费来源渠道开始出现多元化。目前，妇女儿童社会福利的经费来源主要包括：政府财政拨款；集体投入；发行福利彩票；社会捐款；各种收费服务等。多渠道的筹款格局不仅意味着妇女儿童福利的社会化程度在提高，更突出地体现在妇女儿童福利责任分担机制正在形成。

3. 妇女福利获得了较快的发展

改革开放以来，妇女福利获得了较快的发展，具体表现在以下方面：

(1) 妇女的劳动权利保障和女工劳动保护更明确具体。目前，我国妇女从业人员已占社会从业人员的44%，高于世界34.5%的比例，城镇女职工占全国职工人数的比例达到38%。① 另外，我国相关法律明确规定，妇女享有与男子平等的劳动权利、同工同酬的权利和休息的权利、获得安全和卫生保障以及特殊劳动保护的权利。凡适合妇女从事的职业，任何单位不得以性别为理由拒绝招收女性劳动力或提高对女性的录用标准；不得在女工孕期、产期、哺乳期降低其基本工资或解除劳动合同；在晋升、晋级、评定专业技术职务以及分配住房和享受福利待遇等方面不得歧视妇女。

相关法律制度还规定了妇女就业期间享有以下劳动保护：不得安排女职工常年从事矿山井下劳动、第四级体力劳动强度的劳动和其他禁止女职工从事的劳动；女职工月经期间，禁止安排其从事低温、冷水和第三级体力劳动强度的劳动；不得安排怀孕妇女从事第三级体力劳动强度的劳动和孕期禁忌从事的劳动；女职工怀孕7个月以上，不得安排其从事夜班工作，并在劳动时间内为其安排一定的休息时间。

(2) 女职工生育社会保险制度逐步健全。目前，我国女职工生育保险制度主要按1988年9月1日起实施的《女职工劳动保护规定》和1994年12月1日颁布的《企业职工生育保险试行办法》执行。以上制度规定，达到法定结婚年龄的已婚女职工，符合国家计划生育规定，生育期间享受以下生育保险待遇：女职工产假90天，其中产

① 参见孙光德，董克用主编：《社会保障概论》，247页。

前休假 15 天，难产的增加产假 15 天，女职工怀孕流产的，根据医疗部门证明给予一定时间的产假；企业生育保险实行社会统筹，企业女职工产假期间由生育保险基金支付生育津贴，津贴标准按本企业上年度职工月平均工资计发，非企业单位的女职工，产假期间享受原基本工资，由本单位支付；有不满 1 周岁婴儿的女职工，在每班劳动时间内享有两次哺乳时间，每次 30 分钟；国家机关、人民团体、事业单位的女职工，生育所需医药费用由公费医疗支付；企业女职工生育的检查费、接生费、手术费、住院费和医药费由生育保险基金支付，超出规定的医药费由职工个人负担。

在建有合作医疗或试行医疗保险的农村地区，农村妇女生育（符合计划生育规定）的医药费用由合作医疗或医疗保险基金部分报销。

4. 儿童福利事业有了更进一步的发展

改革开放以来，为保证儿童健康成长，国家通过多种渠道，推出一系列保障儿童健康、教育的措施。这些措施包括：（1）儿童计划免疫。城市 0～7 岁、农村 0～12 岁的儿童，均定期享受儿童基础免疫，国家按规定程序免费提供卡介苗，脊髓灰质炎疫苗，百日咳、白喉、破伤风混合疫苗，麻疹减毒活疫苗，流行性脑炎菌苗等疫（菌）苗，由当地儿童保健所或医疗单位负责接种。（2）儿童保健。我国规定，凡 7 岁以下儿童，城市由居住区指定保健所或综合医院负责，农村由当地乡村医生和上级保健所巡回医生共同负责，按儿童所处的不同阶段，分别施行儿童健康保健。保健内容包括：健康观察、定期体检、新生儿专案管理、儿童保健指导、儿童传染病管理，以及佝偻病、营养不良等儿童常见病门诊等。（3）儿童疾病及残疾的预防。《中国提高出生人口素质、减少出生缺陷和残疾行动计划（2002—2010）》要求，切实采取措施，掌握 21 世纪初中国出生缺陷基本状况，在全社会普及预防出生缺陷和残疾的科学知识，加强婚前保健、孕产期保健、婴儿保健和早期干预等综合性防治措施，预防和减少出生缺陷和残疾的发生。（4）儿童免费教育。我国义务教育法规定，年满 6 岁的儿童都要接受义务教育；国家和社会投资办学，学生在校学费主要由国家负担；国家设立奖学金、助学金，社会各界捐资，共同资助贫困儿童就学。

（二）当前我国妇女儿童社会福利事业存在的主要问题

到目前为止，我国的妇女儿童福利事业与其他的单项福利事业一样，也存在一些问题。这些问题主要有以下五个方面。

1. 妇女权益仍受到一定程度的侵害

1992 年我国颁布实施《妇女权益保障法》后，又相继颁布了《母婴保健法》、《劳动法》、《农村土地承包法》等一系列法律法规，基本形成了妇女权益保障的法律体系，妇女权益得到了更好的保障。但由于受根深蒂固的封建思想等因素的影响，侵害妇女合法权益的现象至今仍然大量存在。具体表现在：妇女参与国家和社会事务管理及决策的程度还不够高；劳动力市场上仍存在一定程度的性别歧视，使妇女就业和再就业压力增大；一些企业侵害女职工劳动权益的现象时有发生；一些地区仍存在强奸、拐卖妇女等严重侵害妇女人身权利的现象；妇女在婚姻家庭领域受侵害问题和流动人口中妇女的权益保障问题日益突出。

2. 福利社会化程度不高

改革开放以来，我国在妇女儿童福利事业方面逐步引入多渠道的筹款机制，但到目前为止，与其他单项福利经费的筹措一样，妇女儿童福利经费仍主要由政府财政负担。据不完全统计，我国的妇女儿童福利费用的 85% 以上仍由政府财政拨款。这种经费筹措格局与市场经济的发展要求严重不相适应。

3. 妇女儿童福利水平仍较低

到目前为止，我国的妇女儿童福利水平与一些发达国家相比仍较低；有些福利标准长时间不变动，不能满足当前的需要。譬如说，20 世纪 80 年代确定的每月 10 元的独生子女保健津贴标准，直到现在仍在执行。这种 10 元的津贴对于独生子女家庭来说，已基本没有意义，根本就达不到鼓励少生优生、补助独生子女家庭的目的。

4. 妇女儿童福利的差异很大

这种差异体现在地区之间、城乡之间。沿海发达省区妇女儿童的实际福利水平要大大高于内地落后省区，城市妇女儿童的实际福利水平要大大高于农村地区的妇女儿童。这种差异有的是由于地区的政策差别造成的，也有的是由于政府的福利政策在那些贫困地区、农村地区不能得到很好的贯彻而造成的。这种福利差别严重影响了一些地区群众的劳动积极性，也给社会治安带来巨大的隐患。

5. 贫困问题仍然存在

在一些贫困地区，仍存在大量的基本生存如温饱都得不到保障的妇女儿童。由于妇女儿童地位的特殊性，贫困对她（他）们的伤害比成年男性要大。我国政府应该加大力度采取得力措施，尽快消除贫困。

本章要点

1. 妇女儿童福利的主要内容
2. 妇女儿童福利制度的产生与发展
3. 我国妇女儿童福利制度的产生与发展
4. 当前我国妇女儿童福利制度存在的主要问题

基本概念

妇女儿童福利　妇女就业保障　生育社会保险

复习思考题

1. 妇女儿童福利的主要内容是什么？

2. 制约妇女儿童福利发展的主要因素有哪些？

3. 当前我国妇女儿童福利制度存在哪些问题？请针对这些问题提出一些切实可行的对策。

推荐阅读书目

1. 郑功成等．中国社会保障制度变迁与评估．北京：中国人民大学出版社，2002

2. 李迎生．社会保障与社会结构转型：二元社会保障体系研究．北京：中国人民大学出版社，2001

第七章

残疾人社会福利

学习目标

1. 了解残疾人及残疾人社会福利的含义；
2. 理解关于残疾人社会福利的理念；
3. 掌握残疾人社会福利的主要内容；
4. 理解各发达国家在实施残疾人社会福利的过程中所存在的差异；
5. 了解我国残疾人社会福利所取得的成就；
6. 理解我国残疾人社会福利存在的问题及其改革。

由于遗传、事故、疾病等一些难以避免的原因而产生的残疾人是社会中最困难的特殊群体，应该受到社会的特殊照顾。残疾人社会福利是社会福利体系中一个不可缺少的部分，它的建立与完善对于一国经济、政治、文化的发展都将产生深远的影响。

第一节　残疾人社会福利概述

一、残疾人的确认

讨论残疾人社会福利首先要回答的问题是，什么是残疾人。对残疾人的不同定义影响到残疾人社会福利的理念。早期对残疾人的定义偏向于残疾人个人方面的因素，随着残疾人社会福利的发展，后期残疾人的定义偏向社会环境方面的因素，并强调残疾人的尊严和平等。目前，国际上关于残疾人的定义大致有以下几种。

（一）世界卫生组织的定义

世界卫生组织根据卫生工作的经验，对缺陷、残疾和障碍三者进行了区分。所谓缺陷是指心理上、生理上或人体结构上某种组织或功能的任何异常或丧失。残疾是指由于缺陷而缺乏作为正常人以正常方式从事某种正常活动的能力。障碍则是指一个人由于缺陷或残疾而处于某种不利地位，以致限制或阻碍该人发挥按其年龄、性别、社会与文化等因素应能发挥的正常作用。

（二）国际劳工组织的定义

国际劳工组织大会 1983 年 6 月 1 日在日内瓦举行的第 69 届会议通过了第 159 号《残疾人职业康复和就业公约》（以下简称《公约》），《公约》中第一条对残疾人是这样定义的：残疾人指因经正式承认的身体或精神损伤在适当职业的获得、保持和提升方面的前景大受影响的个人。

（三）联合国的定义

联合国大会 1975 年 12 月 9 日通过的《残疾人权利宣言》中指出，“残疾人”是指任何由于先天性或非先天性的身心缺陷而不能保证自己可以取得正常的个人生活和社会生活上一切或部分必需品的人。联合国大会第 48 届会议 1993 年 12 月 20 日第 48/96 号决议通过了《关于残疾人的世界行动纲领》，对残疾与障碍及残疾人进行了比较详细的定义。该纲领指出，残疾泛指世界各国任何人口出现的许许多多的各种功能上的限制。人们出现的残疾既可以是生理、智力或感官上的缺陷，也可以是医学上的状况或精神疾病。此种缺陷、状况或疾病有可能是长期的，也可能是过渡性质的。障碍是指一个人因机会的丧失或受到限制，无法与其他人在同等基础上参与社会生活。它指的是患某种残疾的人与环境的冲突。使用此词的目的是着重强调环境中和社会上许多有组织活动诸如信息、交流和教育中的缺欠，使残疾人无法在平等基础上参与社会活动。由此可以看出，残疾人并不是一个单一性质的群体，它包括精神病者，智力迟钝者，视觉、听觉和言语方面受损者，行动能力受限者和“内科残疾者”等。

（四）我国的定义

我国 1990 年 12 月 28 日通过的《中华人民共和国残疾人保障法》第 2 条规定：残疾人是指在心理、生理、人体结构上，某种组织、功能丧失或者不正常，全部或者部分丧失以正常方式从事某种活动能力的人。残疾人包括视力残疾、听力残疾、言语残疾、肢体残疾、智力残疾、精神残疾、多重残疾和其他残疾的人。中国残疾人社会福利基金会宣传提纲也指出：残疾人是指由于心理状态、生理功能、解剖结构的异常或丧失，而导致其部分或全部失去以正常人的方式从事某项活动的能力，因而在社会生活中不能充分发挥正常作用的人。

根据以上有关残疾人的规定可以看出，残疾人是指身体、智力或者精神状况违反常规和偏离正常状态（即相对于当时相同年龄的正常健康状况而言），并非暂时的功能减退，而使其参与社会的能力受到影响的人。也就是说，残疾可以分为身体残疾、智力残疾和精神残疾。

为了比较确切地判定什么样的人是残疾人，世界各国都根据本国的情况制定了“残疾人评定标准”。1996 年，我国政府对 1987 年公布的《中国残疾人评定标准》进行了修改，以《中国实用残疾人评定标准》公布实施，该评定标准将残疾人分为视力残疾、听力残疾、言语残疾、肢体残疾、智力残疾、精神残疾、多重残疾和其他残疾等类别，并对其中的每一类残疾人的分级和标准做出了具体规定。根据 2006 年第二次全国残疾人抽样调查（详情见表 7—1）数据推算，而截至 2006 年 4 月 1 日，全国各类残疾人的总数约 8 296 万人，占全国人口的 6.34%。

表 7—1　　2006 年全国各类残疾人抽样调查数据　　单位：人

全国残疾人分残疾类别构成	
听力残疾	38 370
言语残疾	2 510
智力残疾	10 844
肢体残疾	48 045
视力残疾	23 840
精神残疾	11 790
多重残疾	26 080

注：以上数据根据 2006 年第二次全国残疾人抽样调查统计数据整理得出。

资料来源：中国残疾人联合会网站，http：//www.cdpf.org.cn/sjcx/content/2008-04/07/content _ 83889.htm。

二、关于残疾人社会福利的理念

在不同时期，人们对于为什么要实施残疾人社会福利有不同的看法，或者说有不同的价值理念。具体来说，关于实施残疾人社会福利的价值理念主要有以下三种。

（一）供养理论

对于残疾人，特别是失去劳动能力的残疾人，人们最初的、甚至认为是最好的办法是把他们养起来。他们的家人或社会通过对残疾人的供养而表示对残疾人的责任和爱。在经济不发达国家，这种供养几乎只限于完全丧失劳动能力的残疾人。而在发达国家，对残疾人供养的范围较大。尽管各国因经济发展水平的不同对残疾人供养的内容和水平有所不同，但是，一般说来，这种供养大多限于经济方面或者物质方面，比如残疾人保障、保险和救济。对残疾人特别是严重丧失劳动能力的残疾人进行经济上的供养是完全必要的，但经济上的供养并不代表残疾人社会福利的全部内容，因而供养理论存在不足，如对残疾人的精神需求和能力估计不足等。供养理论是对早期残疾人社会福利影响较大的一种理念。

（二）回归社会论

回归社会论是针对将残疾人封闭起来进行供养和照顾所产生的弊病而提出的。20世纪50年代，美国社会学家戈夫曼在研究关护精神病患者的庇护所后指出，由于庇护所中精神病患者处于不良的同伴关系和“关护”关系之中，精神病患者的病情没有好转，有的反而加重了。这里所指的不良同伴关系是指精神病患者之间的长期的共同生活、他们之间的具有强烈刺激性的互动。“关护”关系是指庇护所的管理人员、医护人员对精神病患者的消极的、冷漠的态度和严格管制精神病患者的行为。这种关系之所以被认为是不良关系，是因为它们常常不能使精神病患者的情况好转，相反，由于这些互动关系的刺激，精神病患者的病情可能会加重，而这种加重是将精神病患者封闭起来的结果。在戈夫曼看来，对精神病患者的服务，应该避免上述庇护所式的做法，使精神病患者处于积极的社会关系中，基本方法就是使精神病患者走出封闭状态，进入社会。在这一观念影响下，人们对残疾人的观念也发生了改变，逐渐由将他们供养起来转变到让他们回归社会。

受回归社会理念的影响，残疾人社会福利进入了一个新的发展阶段。其中影响最深远的是英国的社区照顾，这一模式随后推广到欧美其他发达国家，因而社区照顾逐渐成为使残疾人、老人等福利服务对象回归社会的典型模式。

回归社会理论不仅改变了传统残疾人社会福利的内容，而且还创造了一种新的残疾人社会福利工作方法，即社区康复。社区康复作为现代残疾人社会福利的一项重要内容和工作方法，就是在社区照顾的基础上发展起来的（关于社区康复将在残疾人社会福利的项目和内容中详细介绍）。可见，回归社会理论对残疾人社会福利的发展影响深远。

（三）增能（empowerment）理论

增能理论认为残疾人供养及照顾理论在把服务对象看作是脆弱的一群时，忽视了人的潜能和发展。增能理论站在人的发展的立场上，认为通过一定的方法可以使残疾人在一定程度上恢复他失去的机体的、社会的功能，并有助于他们进入一般的、正常的社会生活。增能的作用不仅在于增强其原本丧失的机体的功能，而且可以增强他们的生活信心，甚至可以减轻他们对社会的“拖累”。增能理论是以人的发展理论为基础的，它关注人的基本价值的实现。按照增能理论的理解，增能的方式是多种多样的。比如康复可以使残疾人已丧失的功能得以恢复，教育和培训可以发掘他们的潜能，外界生活、活动条件的改善可以减少他们表现自己能力的障碍等等。残疾人康复就是增能理论的典型例子。残疾人康复不仅包括残疾人身体功能的恢复，也包括社会功能的恢复和发展。残疾人职业康复是通过帮助残疾人就业来促进他们康复和社会功能恢复、发展的方法。通过就业，残疾人不但获得独立的经济地位和收入，而且可以通过劳动使残疾人原已失去的某些器官的能力得到某种程度的恢复。此外，就业还可增强残疾人的效能感和自信心，使他们融入社会生活。因此，职业康复是一种有综合意义的对残疾人进行康复和帮助其发展的方法，在方法取向上也是治疗和发展的统一或整合。

在上述三种关于残疾人社会福利的理念中，第一种即供养理论是个体型残疾的理论，它强调残疾人的个人责任，即某个人的残疾是由于其个体的原因造成的，虽然社会承担其供养责任，但这只是一种消极意义上的帮助，这一理念往往忽视了引起残疾的社会环境的原因以及人的潜能的发展。后两种理念即回归社会论和增能理论是社会型残疾的理论，它注重残疾的社会责任，即认为某个人的残疾是由于社会原因导致的。社会在结构上、制度上存在问题使得某些个人受损，因此，社会应该为受损的个人承担责任。

总体来看，“康复重于救助”、“机会均等与全面参与”是现代残疾人社会福利的发展趋势。在尊重残疾人的人格及确认其有获得和参与正常社会生活的权利的理念下，许多国家的残疾人社会福利逐渐减少了救助意义上的救济金的发放，而扩大了对残疾人维持有尊严的生活内容的广泛援助。[①] 特别是20世纪80年代以来，“平等、参

---

① 参见李增禄等：《中外社会福利服务比较研究》，321页，台北，“中央”文物供应社，1982。

与、共享”成为残疾人社会福利被普遍认可的理念。

三、残疾人社会福利的概念及其内容

（一）残疾人社会福利的概念

残疾人社会福利可以从广义和狭义两个角度去理解。从狭义的角度来看，残疾人社会福利与老人社会福利、儿童社会福利、妇女社会福利并列，是社会保障体系中的一个子体系。广义的残疾人社会福利是指国家保证有残疾的公民在年老、疾病、缺乏劳动能力及退休、失业、失学等情况下获得基本的物质帮助，并根据社会的经济、文化发展水平，给予残疾人相应的康复、医疗、教育、劳动就业、文化生活、社会环境等方面的权益保障，以维护社会稳定，实现残疾人“平等、参与、共享”的目标的一种制度。它包括为保障残疾人在衰老、疾病、缺乏劳动能力及退休、待业、失学等情况下，从国家和社会获得足够的物质帮助而建立起来的特定保护法的援助制度，如残疾人社会救助、养老保险、失业保险和医疗保险等；同时也包括国家和社会团体等兴办的各种社会福利事业、福利设施和福利服务，如残疾预防、残疾人康复、残疾人教育、残疾人就业以及残疾人文化娱乐等。

（二）残疾人社会福利的内容

虽然世界各国残疾人社会福利的内容存在一定的差异，但总的来说，残疾人社会福利的基本内容是一致的。在我国，残疾人福利一般是国家和社会在保障残疾人基本物质生活需要的基础上，为残疾人在生活、工作、教育、医疗和康复等方面提供的设施、条件和服务。主要包括以下内容：一是多渠道、多层次、多形式开拓残疾人就业门路，扩大就业范围，提供就业机会，保障残疾人的工作权利和自我实现的权利；二是大力发展残疾人特殊教育，提高残疾人的文化素质和自立能力；三是开展立法、宣传和教育，保障残疾人的合法权益和提供特殊保护，呼吁社会尊重、关心和帮助残疾人；四是兴办残疾人生活、工作、教育、文化娱乐活动的设施及器材的生产；五是在社会事业的各个领域尽可能地为残疾人提供方便条件等等。

残疾人社会福利的内容可以从不同角度来进行划分。按残疾人社会福利的领域来分，残疾人社会福利一般包括残疾人保障、残疾预防、残疾人康复、残疾人教育、残疾人文化、社会环境。按残疾人社会福利提供的方式来分，残疾人社会福利包括残疾人社会福利制度（包括残疾人社会福利行政和残疾人社会福利立法）和残疾人社会福利服务（包括残疾人社会福利设施、残疾人社会福利服务或者残疾人社会工作）。

残疾人社会福利的项目和内容可以用图 7—1 来直观地表示。

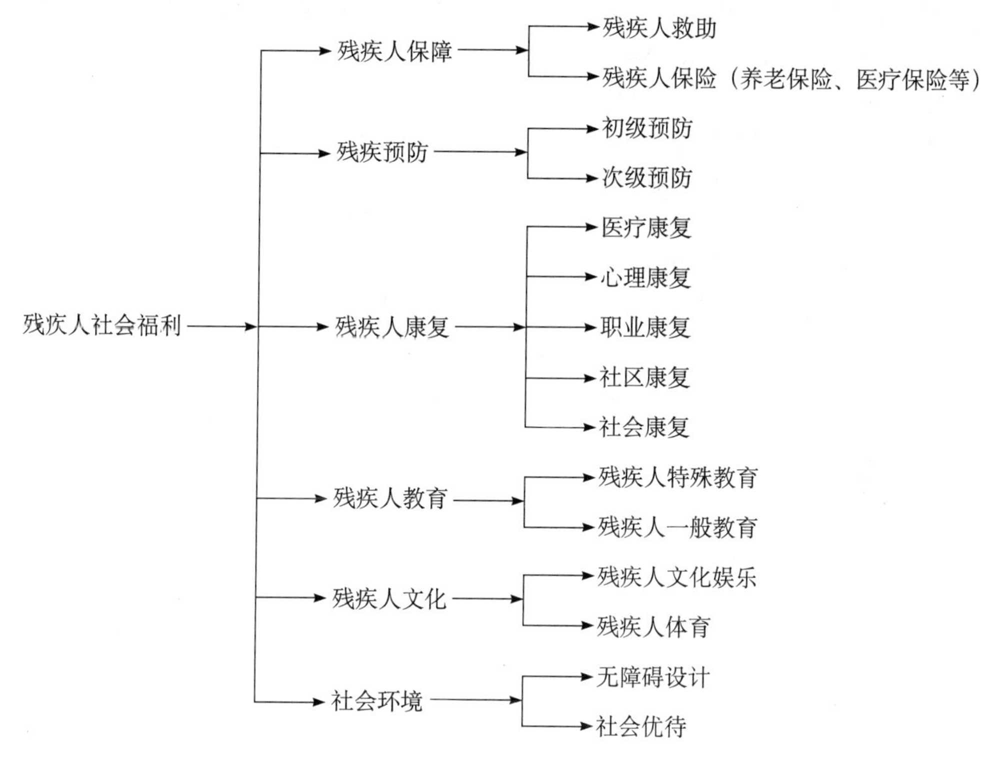

图 7—1　残疾人社会福利的内容

1．残疾预防

残疾预防是指采取一些行动来避免出现生理、智力、精神或感官上的缺陷（初级预防）或防止缺陷出现后造成永久性功能限制或残疾（二级预防）。预防可包括许多类别的行动，如产前产后的幼儿保健、营养学教育、传染病免疫运动、防治地方病的措施、安全条例、在不同环境中防止发生事故的方案，包括改造工作场所以防止职业残疾和疾病，预防由于环境污染或武装冲突而造成残疾。简单地说，残疾预防是指在了解致残原因的基础上，利用现有的卫生医疗技术，积极采取各种有效措施、途径，防止、控制或延迟残疾的发生。

2．残疾人康复

残疾人康复旨在使残疾人达到和保持生理、感官、智力、精神和（或）社交功能上的最佳水平，从而使他们借助于某种手段，改变其生活，增强自立能力，即通过专业化的程序和技术对生理的、心理的、行为的残障者实施再教育和再塑造，增强他们适应社会的能力，以便进入正常的社会生活，乃至成为具有建设性的社会一员。它具体包括医疗康复、心理康复、教育康复、职业康复、社区康复、社会康复等，其目的在于通过各种康复手段，使残疾人回归社会。

3. 残疾人教育

教育是改善残疾人状况、提高残疾人素质的关键手段，也是残疾人平等参与社会的根本保证。残疾人教育是对残疾人实施的教育，它包括学前教育、基础教育、高等教育、职业技术教育和成人教育等。特殊教育是对有特殊需求的人实施的教育，在教育过程中，需要有特殊的教具、学具和特殊的教学方式。

残疾人教育福利包括以下几个方面：（1）有关残疾人教育的法律、法规。一般而言，世界各国都在相应的法律、法规中明确规定残疾人有平等的受教育的权利。（2）残疾人教育机构，除了一般教育机构中的特殊教育外，还有专门的残疾人教育机构比如聋哑学校和特殊教育学校等。（3）与残疾人康复相关的教育训练，如残疾人职业训练等。

4. 残疾人就业

与残疾人教育一样，残疾人就业也是残疾人社会福利的重要内容之一。现代残疾人社会福利重视残疾人自身的发展，倡导残疾人自立，其中一个重要表现就是采取各种措施保障残疾人就业。

保障残疾人就业的福利措施一般包括两个方面：第一，利用法律或政策手段保护残疾人的就业机会。世界各国都有相应的法律明确规定企业有义务雇用一定比例的残疾人。第二，开展残疾人职业康复，提供残疾人职业咨询、职业评估、职业治疗、职业培训等福利服务。

5. 残疾人文化体育

早期的残疾人社会福利一般比较注重残疾人物质生活方面需要的满足，随着残疾人社会福利的不断发展，残疾人文化体育活动开始活跃，并丰富了残疾人的精神生活。残疾人体育就是其中影响深远的内容之一。

国际残疾人体育运动始于 20 世纪 40 年代，80 年代末期开始进入成熟阶段，并逐步走向规范化、正规化。1988 年汉城第 8 届残疾人奥运会后，残疾人体育比赛被正式纳入国际奥运会竞赛体系。1989 年 10 月国际残疾人奥委会成立，并对残疾人体育比赛进行了一系列改革。现在许多国家都把残疾人体育的发展视为本国体育发展、经济发展水平与文明程度的标志，并予以高度重视。①

6. 无障碍环境

20 世纪初期，由于人道主义的呼唤，建筑学界产生了一种新的建筑设计方

① 参见中国残疾人联合会编：《中国残疾人事业年鉴（1949—1993）》，北京，华夏出版社，1996；中国残疾人联合会网站，http：//www.cdpf.org.cn/nj/b2d020/index.html。

法——无障碍设计。它运用现代技术建设和改造环境，为广大残疾人提供行动方便和安全空间，创造一个“平等、参与”的环境。国际上对于物质环境无障碍问题的研究可以追溯到20世纪30年代初，当时在瑞典、丹麦等国家就建有专供残疾人使用的设施。1961年，美国制定了世界上第一个《无障碍标准》。此后，英国、加拿大、日本等几十个国家和地区相继制定了有关法规。1974年，联合国召开了国际无障碍专家会议，对无障碍设计做了研究总结，并提出了以后的任务。

无障碍环境包括物质环境、信息和交流的无障碍。物质环境无障碍要求城市道路、公共建筑物和居住区的规划、设计、建设应方便残疾人通行和使用，如城市道路应满足坐轮椅者、拄拐杖者通行和方便视力残疾者通行，建筑物应考虑在出入口、地面、电梯、扶手、厕所、房间、柜台等处设置残疾人可使用的相应设施和方便残疾人通行等。信息和交流的无障碍要求公共传媒应使听力、言语和视力残疾者能够无障碍地获得信息，进行交流，如影视作品、电视节目的字幕和解说，电视手语，盲人有声读物等。

在物质环境无障碍设计上，世界各国都制定了相应的法律、法规，并在实际的建筑设计中实施，为残疾人创造了开放、方便、安全的行动空间。在信息和交流的无障碍环境上，网络信息技术的发展也对无障碍环境建设提出了新的要求。一个令人关注的问题是残疾人的数位落差（digital divide，也称数码区隔）问题，即残疾人在信息社会的信息权利的问题，这包括几个方面：一是残疾人获取信息的机会权利；另一个是残疾人使用网络的无障碍，包括计算机硬件辅助的问题及计算机软件的设计问题等。

第二节　发达国家的残疾人社会福利

由于各国的国情、经济发展阶段、综合经济实力、社会文化传统和风俗习惯存在差异，各国在实施残疾人社会福利的过程中存在一定的差异。英国、瑞典、美国、日本等国的社会福利制度建设各具特色，因而本章主要介绍这些国家的残疾人社会福利。

一、英国的残疾人社会福利

英国的残疾人社会福利起源很早。早期的残疾人社会福利主要是教会及慈善机构救济工作的一部分。14 世纪初教会规定必须将各教区捐款的四分之一到三分之一用来救济贫民，其中包括残疾人。工业革命后，英国的社会问题日趋严重，贫民及残疾人问题引起了政府的注意，政府开始关注残疾人社会福利问题。1601 年英国颁布了著名的《济贫法》，确立了政府在社会福利中的责任。《济贫法》经过多次修改，其中有关残疾人社会福利的规定越来越受到重视。1941 年，英国成立以经济学家贝弗里奇为主席的社会保障服务委员会，着手制定战后社会保障计划。第二年，该委员会发表了著名的《贝弗里奇报告》。报告设计了一整套“从摇篮到坟墓”的社会福利制度，提出国家将为每个公民提供 7 个方面的社会保障，其中包括残疾人补助，另外 6 个方面是儿童补助、养老金、丧葬补贴、丧失生活来源补助、妇女福利和失业救济。1944 年，英国颁布了《残疾人就业法》，以法律的形式规定公私立机构必须为残疾人保留一定名额的就业机会。1948 年，政府进一步在《就业及职业训练法》中明确规定国家及地方政府对残疾人有康复和职业训练的责任，对有生活需要的残疾人则依据《国民救济法》给予经济上的协助。这标志着英国残疾人社会福利开始从以前的救济观念转向尊重残疾人人格并确保其有就业机会和就业能力。1971 年起，英国将重度残疾人纳入正式教育及福利系统中，对重度残疾人提供特殊教育及残疾与随护补助。英国公立医疗卫生机构同时配合残疾人社会福利的发展作残疾预防及康复。妇女怀孕期间由政府免费提供孕妇牛奶及果汁以维护胎儿的健康。婴儿出世后就进行残疾早期发现及早矫治工作。同时设置特别医务社会工作者为残疾人及其家庭服务。现阶段英国的残疾人社会福利已由预防做起，按个人的需要在有计划、有组织并有法律依据的前提下做残疾人的医疗、康复、职业训练、指导就业和公共救助的服务。

英国社会福利制度的建设时间较早，而且较完善，其残疾人社会福利也较完整，主要包括以下内容。

（一）残疾人医疗康复

1. 身体残疾人的医疗康复

英国对身体残疾人的治疗及其在医学意义上的康复，是由国民保健服务提供的。康复中心配备了各种训练器具及生活用品，指导身体残疾者进行适应日常生活的训练，并用专车接送参加训练的残疾人。康复中心作为残疾人的聚会场所发挥着重要的作用，有时还组织舞蹈、体育比赛等文娱活动。轮椅等辅助器具也由国民保健服务提供。地方政府负责保护身体残疾者，为此，他们需要了解残疾人的人数及其需求，并有义务向残疾人及其家属说明他们可以提供的服务。由地方当局社会服务部所承担的残疾人社会福利的内容基本与老人社会福利的项目一样。与老人福利服务相同，人们也利用地方政府经营的设施、委托民间办的设施以及在地方政府登记的民间设施来收容保护残疾人，并在社区中为残疾人提供适当的帮助和护理服务，尽量丰富和方便他们的生活。为此，福利机构组织了各种俱乐部和旅行会，还为残疾人提供社会工作者、保健人员、家庭护士和家庭助手的帮助。

2. 精神残疾人的医疗康复

精神残疾人按其症状的轻重缓急，在医院的门诊部、短期住院部、中期疗养部和长期疗养部接受治疗。较重的病人可送到社会事务部经营的机构进行治疗。一般来说，精神病人到医院看病或住院治疗均需经过家庭和本人的同意，也有地方政府强制入院（约占入院总数的 1.5%）措施，须有两个医生的证明。在紧急情况下，以 72 小时为限，有一个医生的证明即可。对于精神病人也强调早期治疗和社区护理。

地方政府和民间团体为在社区生活的精神残疾人提供娱乐中心和俱乐部等服务，并为智力低下的人提供技术训练的机会和职业介绍服务。地方政府还设立了训练设施和残疾人设施，收容那些不能在自己家中生活的人。这些收容设施往往起着从医院向社区转移残疾人的作用。

（二）残疾人就业

英国残疾人社会福利强调为残疾人的就业创造条件，以便残疾人能与正常人一样自立地生活。《残疾人就业法》规定，凡雇用 20 人以上的企业，有义务雇用企业职工总数的 3%的残疾人。英国政府还对残疾人进行登记分类，根据就业的可能性，将登记的残疾人分为 A、B 两类：A 类是经过职业训练就能就业的残疾人，B 类是必须创造特殊条件才能就业的残疾人。对 A 类残疾人加强职业训练、职业介绍以及职业环境的改善，对 B 类残疾人则尽可能提供在特殊条件下的就业机会。英国的就业部负责残疾人的就业安排，残疾人就业指导官负责残疾人的就业指导。残疾人经本人申请可在职业介绍所登记。在职工总数中，各企业汽车场管理员和电梯管理员，是残疾人的对口工种。就业部、地方政府和民间团体还为超过上学年龄的残疾人提供职业训练场所，并对就业困难的残疾人提供技术培训设施。

另外，英国还提供了残疾人职业康复福利服务。1948 年公布的《就业及职业训练法》规定，各地政府应举办职业训练及就业服务。在劳工部内设有训练司及伤残人员司策划监督全国就业辅导业务，并设有伤残重建院 14 所。地方政府则于各地设立残疾人训练所或康复中心，并开设专门的机构，办理职业训练或补助经费委托各种企业或职业学校、社会团体等办理各种训练，并于训练后予以就业安置与辅导。

（三）残疾人教育

英国在 1893 年就制定了《初等教育（盲聋儿童）法》，规定 5～16 岁的盲童及

7～16 岁的聋童应受义务教育。不过 19 世纪中叶前英国特殊教育的设施较少，直到 1944 年英国颁布的《教育法》才确定政府对生理、心理伤残及智障儿童与青少年提供特殊教育的责任。该法规定地方教育行政机关应调查各地区内需要实施特殊教育的儿童分别办理各类所需的教育。同时教育单位应指派教师到各医院为学龄儿童设班施教或做个别床边教学，并对长期在家调养的儿童到家施教。1953 年，《学校保健服务及身心残疾儿童规程》中明确规定，特殊教育的实施需要有适当的设备、教材、教法，及有专门受过训练的教师。英国在 1971 年将重度残疾儿童纳入教育范围。英国从儿童到青少年阶段各类残疾儿童的特殊教育都由政府教育单位负责。

二、瑞典的残疾人社会福利

瑞典是典型的福利国家，其残疾人社会福利也非常成熟和完备。瑞典法律规定，每一个市政府有义务帮助每一个残疾人过与正常人一样的生活。政府负担残疾儿童的照顾和服务，残疾儿童上学，如选择正常人学校，政府须配备一名专门护理人员；负责残疾人生活辅助设备的提供和交通、住房等设施的建设，残疾人成年后，可以住进政府提供的集体宿舍（拥有各自独立的厨房、洗手间和一名专门护理服务人员）。如果残疾程度较高，可以领取残疾人补助金。瑞典残疾人社会福利具体包括以下内容。

（一）残疾人社会保障

瑞典对残疾人的基本物质生活保障主要有以下几方面：

1. 残疾养老金

瑞典规定，如果因工致伤者无法康复返回工作岗位，可获残疾养老金，最高等级的残疾养老金相当于伤者受伤前的工资。

2. 残疾儿童护理补贴

瑞典政府规定，护理 16 岁以下残疾儿童的父母可获得残疾儿童护理补贴，每个孩子的护理补贴每年约 5.4 万克朗。

3. 残疾保险

残疾保险是对 16～65 岁的残疾人发放的残疾保险，以便保障残疾人能享有与正常人一样的物质和文化生活。

瑞典除了利用社会保险来保障残疾人的收入以外，还为残疾人提供了以下服务：在住房方面，专门修建了中度残疾人专用的一层公寓；如果是将普通住房改造为残疾人专用住房，则政府为其提供补助费。

（二）残疾人医疗康复

瑞典各省负责帮助残疾人恢复正常生活的康复训练，残疾人辅助用具的费用由健康保险和省里负担。由于瑞典的社会工作比较发达，一般每个残疾人都有相应的社会工作者为其服务。比如，以老人和身体残疾人为对象的家庭服务员，已经成为身体残疾人日常生活中不可缺少的帮手。

（三）残疾人就业

瑞典保障残疾人的就业权利，各类机构、公司等，无论是国有还是私有，都必须雇用一定数量的残疾人。对缺乏技能难以就业的残疾人，政府负责提供劳动机会、收入保障和技能训练等方面的相应帮助。如斯德哥尔摩市 Ostermaluns 社区开办了一个亚健康人技能训练中心，对不具备正常工作能力的智障患者，中心为其提供劳动机会和劳动报酬，以解决其生计问题；同时专业社会工作者还为每位残疾人制定了详细的心理康复计划，工作指导人员教授残疾人相应的技能，帮助他们恢复、提高工作技能和人际交流能力，促其回归社会。

（四）残疾人教育

在瑞典，人们认为残疾儿童最需要的不是护理而是教育，因此主张尽可能不让残疾儿童进入收容设施或与其他儿童隔离，而让残疾儿童与普通儿童一起接受教育。瑞典的保育所、学龄前预备学校和基础学校都接受残疾儿童入所或入学，这些机构的培训工作由省管辖。

除对残疾儿童进行基础义务教育外，瑞典对残疾人的高等教育及成人教育也有相应的福利措施和福利服务。

（五）无障碍环境

在无障碍环境上，瑞典政府要求城市建设符合无障碍设计标准。比如城市需要平整街道，以便于轮椅的行走，并在交通信号灯处附设盲人专用的声音信号机，公共建筑物应附设坡道。地方市政府负责接送残疾人去工作场所、医疗机构和公共设施，国家为此提供35%的援助。

三、美国的残疾人社会福利

（一）美国残疾人政策

美国残疾人政策大致可以分为三个阶段：

（1）20世纪初，美国开始建立收入、健康福利以及保险方面的政策。这一阶段主要是医生和社会工作者在为残疾人进行服务，受益的残疾人对象主要是工伤残疾人和退伍军人以及那些特别贫穷的人。1935年，美国经济发展处于低潮，此时社会福利资助的对象只是老人和盲人。到20世纪50年代，工伤残疾人和退伍军人也可以获得社会保障。而对穷人的资助项目则起源于1965年，此时穷人还可以获得健康保险。

（2）20世纪70年代以后，美国对残疾人的政策作了一些改变，主要将用于残疾人方面的资金投入到残疾人科研上来。在这一阶段，教师和家庭成员、社会工作者开始加入到为残疾人服务的行列中来。残疾人事业的工作重点主要是儿童，特别注重残疾儿童的教育，以便使残疾儿童能够进入公共学校学习。与此同时，对残疾人的工作也更为关心，尽可能使残疾人和正常人一样可以获得同等的工作机会。

（3）20世纪八九十年代，美国残疾人政策开始转向关注残疾人的人权方面，对残疾人的合法权益用立法的形式确定下来。在这一时期，主要是残疾人自己直接加入到争取自身权益的队伍中来。同时，在环境无障碍、信息无障碍和交通方面，美国都有相应的立法明确加以规定。

（二）残疾人保障

美国设有残疾年金，残疾年金的支付对象为65岁以下作为完全被保险者的被雇用者，包括其成为残疾人的那个季度在内，如其在事故发生前的40个季度中，已有20个季度的保险期数，可领取这项年金；当事人如在31岁以前残疾，从其21岁起到残疾之时所有季度已有二分之一以上记入保险期数，也可领取这项年金，但是最少要有6个保险期数。另外，美国还为患有矿尘病的矿工制定了特别津贴制度。收入低的残疾人则可领取有关机构发放的食品。对残疾人除了提供经济保障，还为他们提供了住宅保障。1964年，美国政府专门制定了为老人和收入低的身体残疾者提供住宅的计划。

（三）残疾人医疗康复

1. 身体残疾人康复

美国的身体残疾者福利集中体现在康复计划上，美国政府在对残疾人提供帮助的同时，还提供详细周到的康复服务。

鉴于生活贫困的孕妇得不到很好的照料以及弱智儿童出生率高的情况，1963年美国政府为母子保健服务制定了特别立法，规定为低收入地区的女子和1岁以下的婴幼儿提供综合母子保健服务。1972年修订的社会保障法规定，根据社会保障年金制度以及铁路工作人员退职制度，每月领取津贴的残疾人和患有慢性肾脏病的一部分人可以领取医疗保险津贴。1973年国会通过了《残疾人康复法》，强调对重症残疾者进行康复治疗。

此外，美国还有专门对肢体不自由儿童提供的服务。这项服务基本上属于公共卫生范围内的医疗服务。各州对残疾儿童的早期发现进行预防服务，服务年龄从出生之日起到21岁为止。根据联邦政府的规定，有关机构要对全体儿童提供健康检查服务。州政府根据残疾儿童的医疗费和各个家庭的情况，提供必要的经济援助。所有的州立医院都要购置护理设备，以达到提供保健服务的标准。

美国以残疾人为对象的医疗服务基本上是根据医疗保险及其他有关立法，由普通医院、某些设施、访问护理机构等提供。这些服务项目妥善与否及享受条件因州和地区而异。医院及长期疗养设施，只收容最需要医疗护理的人，多数人都是在家接受护理。访问护理机关或保健局负责提供护理人员，护理人员的工作通常在医生的全面指导下进行。

患有视觉障碍的人可以利用康复中心。利用这个中心的人往往是住在家里的人，一些康复中心还为老年盲人提供特别服务。社会福利工作人员对申请者进行初审，在服务中与盲人医院或机构中的社会工作者密切配合。

残疾人在进行康复训练期间，社会福利工作人员有责任利用精神医学的方法对患者和家属进行心理治疗。从患者离开亲人进入康复中心时起到训练结束，社会工作者始终要对其提供帮助。

2. 精神残疾人康复

美国对精神残疾人的护理，最初是由社区负责的，后来改成隔离保护，现在重又改为社区护理。

目前，随着精神卫生服务资金的增加，各州的州立精神病医院制度都得到了不同程度的发展。与此同时，提供综合而且容易被人接受的治疗服务的社区精神卫生中心也得到了一定程度的发展。精神卫生中心主要提供住院治疗、门诊治疗、急救等服务。各地的精神病患者治疗由精神卫生中心、州立精神病院、普通医院、康复中心以及其他有关机构协作进行。

（四）残疾人就业

1990年，美国通过了《残疾人法》（Americans with Disabilities Act），该法规定，在工作方面，残疾人和正常人拥有同等的被雇用的权利，雇主不得拒绝雇用残疾人；被雇用者不应因“身体检查”而受到差别待遇。

美国在联邦政府卫生教育福利部下设立职业康复委员会负责指导监督全国9个职业康复区分会工作。美国在各地设置80个以上的州立职业康复机构，雇用受过专业学位的康复指导员及社会工作者以个案辅导的方式进行辅导、职业训练、职业安排等服务。每个重要城市都有公立或私立康复训练中心提供职业训练及安置的服务。以盲人为主的康复单位超过400个以上。凡在康复中心接受职业康复的残疾人，其所需费用由政府或劳工保险机构支付。每年联邦政府把各州职业教育补助金额总数的1/10划为帮助残疾学生的学业补助及工作预备训练之用。“办理成绩优良的职业康复机构可经过州政府向联邦职业康复委员会提出扩展或创立计划与预算，申请补助或特别奖金。”①

（五）残疾人教育

1973年制定的《残疾人康复法》第504条中规定，所有残疾儿童不论其残疾种类及程度，都有接受免费及适当教育的权利，从而确立了残疾人教育机会平等的基本特殊教育原则。针对残疾儿童教育的还有1985年颁布的《残疾儿童教育法》，该法规定自学前教育到高级中学有义务为每一个合格的残障儿童提供免费适当教育，这些机构受联邦政府资助。同时要求各教育机构必须做评估方案，对每一个残障儿童的安置计划及教育效果加以评估，并将测验及评估计划书提供给学生家长，家长有权调阅其子女在校的档案资料，以防止歧视。美国还在《高等教育法》第904条中规定，凡因残疾原因歧视学生或拒绝其入学的高等教育机构，联邦政府将不给予其学校设施补助，以保障残疾人接受高等教育机会上不受歧视。另外，公、私立图书馆还为残疾人提供特殊设备及供阅读的仪器。比如，美国国会图书馆本馆及分布各地的分馆就设有专门为残疾人服务的部门，并提供免费服务。以盲人为例，图书馆备有凸字及有声图书杂志、特别改装的录音机，以免邮费、免租金的方式借给盲人使用。

（六）无障碍环境

美国是世界上第一个制定“无障碍标准”的国家，其无障碍环境建设既有多层次的立法保障，又进入了科研与教育的领域；各种无障碍设施既有全方位的布局，又与建筑艺术协调统一，同时给残疾人、老年人带来了方便与安全，堪称世界一流水平。1961年美国国家标准协会制定了第一个无障碍设计标准。1968年国会通过了建筑无障碍条例，提出了使残疾人平等参与社会生活，在公共建筑、交通设施及住宅中实施无障碍设计的要求，并规定所有联邦政府投资的项目，必须实施无障碍设计。为了从根本上转变观念，美国许多高等院校建筑系，已专门设立无障碍设计技术课程，作为必须训练的一项基本内容。现在新建道路和建筑物基本能做到无障碍建设，旧建筑物

---

① 李增禄等：《中外社会福利服务比较研究》，329页。

的改造也能考虑无障碍，尤以残疾人居住的建筑最为突出。这些建筑针对使用者的特殊要求，采取了更多措施，包括建筑设施的灵活调整等，以使残疾人通行安全和使用方便。

四、日本的残疾人社会福利

根据日本厚生省1996年的统计，在日本，身体有残疾的人有318万人，智力残疾41.3万人，精神障碍217万人，因此，全日本共有576.3万残疾人。这些残疾人的公共福利措施由法律做了规定，相关法律有：1949年生效、1997年修订的《身体残疾人员福利法》，1960年生效、1988年修订的《精神残疾人员福利法》，1970年生效、1988年修订的《残疾人基本政策法》，此外，还有《残疾人福利法》、《残疾人教育法》、《残疾人雇用促进法》、《残疾人职业训练法》、《特殊儿童抚养补贴法》、《残疾人福利协会法律》、《精神卫生法》等十几个具体领域的法律，从而形成了较完备的法律体系。

日本的法律规定“身体残疾人员”指的是“18岁以上有身体残疾的人”，18岁以下的残疾人适用《儿童福利法》的有关条款。1949年制定的《残疾人福利法》规定，国家和地方政府有责任提供并决定体残人士应享受的各种福利性服务。但2000年对《残疾人福利法》进行了修改：到2003年，残疾人可以自己做出决定购买所需的服务，而政府的职责只是在经济上给予支持。《残疾人福利法》的修改为日本新的社会福利体系设置了一个基本框架，同时与其相关的八部残疾人保障法律在此基础上也进行了相应的修改。根据这些修改的有关残疾人法律的规定，在未来的三年内将建立并完善日本的“个人社会服务体系”，该体系可分为以下四类：安置型；应用型Ⅰ（地方政府合同型）；应用型Ⅱ（资助性付款型）；应用型Ⅲ（政府津贴型）。① 具体来说，日本的残疾人社会福利包括以下内容。

（一）残疾人保障

对残疾人经济困难者提供的日常生活福利帮助是根据1950年生效、1997年修订的《公共协助法》进行的。该法的基本原则是确保那些因无法控制的因素而生活在贫困中的人们的最低生活标准，其目标是为了帮助这些人自力更生。这一扶助项目须通过由需要协助的人员或其法定监护人或居住在与其相同地址的亲属提交申请来启动。原则上，这项扶助是以家庭为单位提供的。经济困难者扶助项目由福利办公室管理，

---

① 参见广州市残疾人联合会网站，http：//www.gzdpf.gov.cn/menu/info/info7.htm。

由有资格证书的社会工作者负责。在处理关于儿童、残疾人与老年人的福利项目时，这些社会工作者可以获得由地方政府委任的被授权的福利志愿人员的帮助。

经济困难者扶助的种类共有以下8类：(1) 提供食品、衣服以及其他日常生活必需品；(2) 提供义务教育课程需要的课本；(3) 提供住所；(4) 提供医疗检查及药品；(5) 提供生育帮助；(6) 提供工作所需的资金与设备方面的协助；(7) 提供丧葬费用；(8) 提供长期看护方面的协助。

为帮助残疾人在社会中自立，日本中央和地方政府通过购买他们生产的产品的方式向他们提供经济上的帮助。特殊残疾人员则可以获得一笔政府津贴，那些精神及身体残疾人员还可以通过一套扶持与互助系统领取一项特殊补助。

那些在家中养育身体或精神残疾的儿童的法定监护人还可以得到一笔特别儿童养育津贴，津贴的数额根据残疾程度的差异而分为不同的等级。日本教育方面的设施有盲人学校、聋人学校、可以提供特别护理的住所学校，以及公立学校中的特殊课堂等。

(二) 残疾人医疗康复

日本残疾人医疗康复福利的相关法律有《体残人士福利法》、《智障人士福利法》、《精神康复和精神障碍人士保护法》。日本身体残疾人员的福利措施由地方政府，尤其是通过福利办公室与身体残疾人员康复咨询中心管理，有专业知识和技术人员回答其管辖区内身体残疾人员的咨询。这些专业人员可以得到被授权的福利志愿人员以及由市、町、村政府任命的身体残疾人员顾问的协助。

被确认为有身体残疾的人员可以享受几种公共福利服务项目，包括咨询与指导、特殊康复与医疗服务、残疾人辅助设备与器械的更换与维修以及在几种康复设施里接受治疗等。对于那些特别严重的残疾人，服务项目还可以包括用于购买澡盆、便壶、特别设计的床、文字处理机、雇家政服务人员、请医务人员登门体检等。

日本比较重视残疾人的预防工作。例如，按照1965年生效、1993年修订的《母婴健康法》，孕妇可以获得健康检查与指导。

另外，"正常化"的概念也越来越受到人们的关注。"正常化"的目标是建立一个没有藩篱的社会，在这个社会里，残疾人可以自力更生，在当地的社区里自由地参与社会活动。为完成这一任务，日本政府将"残疾人政府行政计划"与"七年正常化战略"合二为一。该计划希望在2002财政年度通过增加诸如福利家庭的数量、增加有严重精神或身体残疾儿童去幼儿园及其他设施的次数以及训练精神残疾人员应付日常生活的设施的数量，以扩大残疾人参与社会活动的基础。

（三）残疾人就业

1960 年，日本颁布了《残疾人就业促进法》，使轻度残疾人的就业逐步发展起来，但是，中度、重度的残疾人就业仍很困难，就业率很低。因此，1970 年提出了主要以就业困难的中、重度残疾人为对象，建立心身残疾人职业中心的方针，该中心作为公共职业介绍所的专门辅助机构，开展从职业咨询、职业评价、职业指导到就职后的跟踪服务等工作。1972—1982 年间，在日本全国 47 个都道府县都建立了这种中心。1987 年，《关于残疾人的就业促进法》颁布，社区残疾人职业中心以及在中心工作的残疾人职业咨询员专职位置得以确定。1991 年，残疾人职业综合中心开业。目前日本已经形成了残疾人职业综合中心—地方残疾人职业中心—社区残疾人职业中心这一残疾人就业网络。

（四）残疾人教育

1947 年日本在《学校教育法》中将盲校、聋校及养护学校纳入义务教育范围，同时规定各省市有设置盲校、聋校及养护学校的义务。1973 年起实施《身心残疾人志愿全面就学制度》，并于 1979 年实施《全国特殊儿童全员就学》（包括重度残障者和多重残障者）的义务教育制度。日本残疾儿童不分类别及程度都有权接受 12 年义务教育。自学前教育起，设置障碍儿童教育中心，并与养护学校的幼稚部实施残障儿童幼稚教育，同时为儿童家长提供教育培训。日本中央政府还编列预算补助地方政府普设启智、启能、病弱等特殊学校、特殊班及职业学校。为了培养师资，在师范大学普遍开设特殊教育课程，并与特殊教育综合研究所开设长期和短期研习班。1979 年起多重残障及重度残障儿童开始在特殊学校、特殊班或在家中接受教育并实施教育巡回指导制度，政府以定额经费补助。日本特殊教育是由中央文部省初等、中等教育局所设的特殊教育科负责全国特殊教育的规划及审议，并每年对各地兴建特殊学校及其设备、就学奖励、研究发展等编列预算专款补助。在区、市、县及镇教育局、科则配置特殊教育专门指导员，指导地方特殊教育工作。

（五）无障碍环境

日本为残疾人、老年人增设的无障碍设施比较普及，国家所制定的统一建设法规中就包括残疾人、老年人无障碍设计。每一幢建筑物竣工时，有专门的部门验收其是否符合残疾人、老年人无障碍设计。在一些公共设施中，尤其是在商店，要按商业建筑面积大小实现不同等级的无障碍设计，建筑面积大于 1 500 平方米的大中型商业建筑要为残疾人、老年人提供专用停车场、厕所、电梯等设施。另外，在机场、电力火车站、电力火车以及道路等地方和设备中，无障碍设施、服务也较为完善。

第三节　我国残疾人社会福利

一、我国残疾人社会福利的历史

在长期的封建社会，我国残疾人的生活责任几乎完全落在家庭上。20 世纪 40 年代，出现了中国盲民福利会、中华聋哑协会等组织，但因得不到政府的支持，不久即夭折。新中国成立后，我国残疾人社会保障获得了发展，其发展演变大致经历了初创、停顿和再创三个阶段。

（一）初创阶段（1949—1965 年）

20 世纪 50 年代，随着我国工农业生产的不断发展，政府开始关注残疾人的生活，使残疾人普遍得到了收养和救济，并且获得了基本的生活权利和政治权利。例如，1951 年我国政府颁布了《劳动保险条例》，并陆续举办了一些盲、聋、哑学校，以及社会福利机构和福利企业。到 1958 年，我国社会福利企业发展到 463 个，安置残疾人 3 800 人。各种养老院、福利院共接纳荣誉军人、老人、残疾人 36 万人，盲、聋、哑学校也由 1949 年的 42 所发展到 266 所，在校生达 23 300 人。与此同时，还逐渐举办了各种社会福利机构，如 1953 年成立了中国盲人福利会，1960 年成立了中国盲聋哑协会，大部分省、自治区、直辖市也建立起地方协会和基层组织。1960 年中国盲人福利会与中国聋哑人福利会合并成为中国盲人聋哑人协会，该协会针对残疾人的一些特殊问题，初步解决了一部分残疾人的入学、就业和生活问题。这标志着我国残疾人社会福利的产生。

（二）停顿阶段（1966—1976 年）

十年动乱期间，由于多方面的原因，残疾人社会福利遭到严重破坏。中国聋哑人协会被扣上了“推行修正主义”的罪名而停止活动；残疾人生产自救组织被强行合并、撤迁或撤销；盲聋哑学校被迫收缩或停办。在此期间，我国残疾人社会福利陷于停顿。

（三）再创阶段（1977 年至今）

改革开放后，中国残疾人社会福利得到了较快发展。1979 年，上海开办了第一个弱智儿童学习班，此后，全国各省市纷纷仿效，以官办、民办等多种形式，接纳弱智儿童。1984 年成立了中国残疾人社会福利基金会，为残疾人服务。1987 年，长春市长春大学首次开办了专门招收残疾人上大学的特教部。与此同时，辽宁沈阳市皇姑区则已于 1984 年发动街道力量，开始对残疾人进行知识教育、技术培训、医疗康复工程，凡达到康复标准的残疾人，则送到街道的福利工厂。1987 年，在重庆举行的第二届国际康复研讨会上，皇姑区已形成了一个统筹规划残疾人的“社区康复”的办法。1988 年，全国各类残疾人的统一组织——中国残疾人联合会成立。随后，全国各省、地、县也成立地方分会，至 1989 年，全国 90%的省市已完成此工程。残疾人联合会是政府批准的全国性残疾人社会福利事业团体，集代表、服务和社会管理功能于一身。1990 年 12 月 28 日，七届全国人大常委会十七次会议通过的《中华人民共和国残疾人保障法》，是保障残疾人利益、发展残疾人事业的基本法律，旨在保障残疾人以平等的权利、均等的机会，充分参与社会生活，共享社会物质文化成果。残疾人保障法的颁布实施，使中国的残疾人社会福利发展到一个新的水平。

为了促进残疾人社会福利的发展，中国先后制定实施了关于残疾人社会福利的五年计划。自《中国残疾人事业“九五”计划纲要（1996—2000）》实施五年后，残疾人状况得到明显改善，残疾人事业取得显著成就，形成了更加有利于残疾人事业发展的社会环境。430 多万残疾人得到不同程度的康复；残疾儿童少年义务教育入学率进一步提高；残疾人就业率由 70%提高到 80%；829 万农村贫困残疾人得到扶持解决了温饱，269 万城乡特困残疾人的基本生活得到了保障；残疾人文化体育生活日趋活跃，特殊艺术和残疾人体育在国内外引起强烈反响；残疾预防取得进展，多项预防措施逐步得到落实，减少了残疾的发生。广大残疾人自强不息，素质提高，参与社会生活的能力增强，范围扩大。[①] 2000 年残疾人事业“九五”计划纲要的全面完成，使我国残疾人社会福利迈上了一个新台阶，达到了一个新水平，为新世纪残疾人社会福利的持续健康发展奠定了良好的基础。2008 年中央政治局会议和常委会又专题研究残疾人工作，对发展残疾人事业做出重大部署，下发了《中共中央国务院关于促进残疾人事业发展的意见》（中发［2008］7 号），深刻阐述了残疾人事业的重大意义，提出了在新的起点上加快发展残疾人事业、帮助残疾人和全国人民一道向高水平小康社会迈进的宏伟目标。全国人大常委会通过了残疾人保障法修订案，批准我国加入残疾人权利公约。这些都为残疾人事业的发展提供了有力的政治保障、法制保障和理论支撑，为残疾人事业的发展打下了坚实的基础。可以预见，我国残疾人社会福利将会发展到更高的水平。

---

① 参见中国社会工作网，http：//www.chinasw-web.com/。

二、我国残疾人社会福利的成就及主要问题

（一）我国残疾人社会福利已有的成就

我国残疾人社会福利经过改革开放以来的重新发展，取得了一定的成就。主要体现在以下方面。

1. 残疾人康复

我国残疾人康复工作的兴起始于20世纪50年代。当时，为了改善在革命战争中负伤的伤残军人的健康状况，国家设立了伤残军人疗养院、康复医院、荣军疗养院等。后来，煤炭系统、冶金系统等大型厂矿企业为满足伤残、病残职工康复的需要，设立了职工疗养院、康复医院，各地卫生、民政部门还设立了精神病院等。到1980年，全国共有各类康复医疗机构400多个，其中康复医院20余所。许多普通疗养院设康复病区，部分综合医院设康复部（科），共有康复床位3万多张。中国盲人聋哑人协会配合卫生部门在部分盲病高发区开展防盲治盲工作。这些都为后来的康复工作打下了一定基础。

我国残疾人康复事业的蓬勃兴起是20世纪80年代以后。1984年3月，中国残疾人社会福利基金会成立，与此同时，经国务院批准“中国康复研究中心”开始筹建。基金会成立后所做的第一件实事就是派医疗队到山西、云南等省开展小儿麻痹后遗症矫治手术和白内障复明等康复工作。1986年4月，中国残疾人社会福利基金会康复协会（后改名为中国残疾人康复协会）成立，该协会团结了数以千计的康复医学专家开展各类残疾的康复工作。1988年3月，中国残疾人联合会成立以后，协助国务院和政府有关部门制定实施了残疾人康复的一系列计划，开始有组织地开展大规模抢救性康复工作。主要是白内障复明、小儿麻痹后遗症矫治、聋儿听力语言训练三项康复工作，后来扩展到“低视力康复”、“精神病防治康复”、“智力残疾康复”以及社区康复工作、残疾人用品用具供应服务等。

与此同时，中国残疾人社区康复工作也获得了发展。在世界卫生组织的倡导下，1987年国家卫生部在山东、吉林、广东、内蒙四省（区）12个县（区、旗）开展了侧重医疗康复的社区康复试点工作。1988年中国残联成立后，首先在沈阳市皇姑区开展残疾人社区康复试点，依托既有的社区服务框架，建立起三级康复服务网。经过三年的努力，基本形成以区政府牵头、街道为主体、居委会为纽带、家庭为基础的区、街、委、家庭四位一体的社区康复模式。自筹资金、自备材料、自行施工建立了全区无障碍设施，为残疾人平等参与社会生活创造了良好的环境。在上述工作开展的基础上，中国残联先后在黑龙江省大庆市、佳木斯市，吉林省长春市郊区，山东省邹

平县、滕州县，湖北省武汉市、仙桃市、咸宁市，陕西省咸阳市渭城区，甘肃省兰州市西固区、七里河区，宁夏回族自治区青钢峡市、石嘴山市的矿区，河南省信阳城乡等8省（自治区）15个地区（均为相对贫困的城镇、农村）进行社区康复试点，依靠当地政府及有关职能部门参与，依托现有的卫生、教育及其他有关机构的技术力量与设施，制定了残疾人康复方案，并落实到每一个残疾人家庭，将这一项工作流程变为本社区政府的行为，从人、财、物诸方面保障了社区康复的顺利进行。1990年卫生部、农业部等5个部委联合下达了关于《我国农村实现“2000年人人享有卫生保健”的规划目标》，将社区康复工作纳入其目标管理，并逐渐在各省、市、县（区）建立社区康复站。

据不完全统计，2008年，通过实施一批重点康复工程，556.2万残疾人得到了不同程度的康复。全年共完成白内障复明手术88.8万例，为3.5万名低视力患者配用助视器，培训儿童家长1.1万名，有效开展家庭康复训练；开展盲人定向行走训练12 936人；全国共对20 122名聋儿进行了听力语言康复训练。与此同时，大力推广“社会化、综合性、开放式”精神病防治康复工作。2008年共对444.3万重性精神病患者进行综合防治康复；对30.6万贫困精神病患者进行医疗救助。还成立了29个省级孤独症儿童康复训练机构，有1 027名孤独症儿童进行了康复训练。另外，机构福利得到了快速发展。截至2008年年底，累计建立辅助器具供应服务机构2 203个，为残疾人减免费用装配普及型假肢2.6万例，供应辅助器具109.5万件，装配矫形器1.2万例；全年开展肢体残疾康复训练服务的机构6 352个，对3 014名贫困肢体残疾儿童实施矫治手术、装配了矫形器等辅助器具，进行了术后康复训练；对1.6万肢体残疾儿童进行了机构康复训练；对8万肢体残疾人进行了社区康复；全年开展智力残疾康复训练服务的机构2 083个；对2.7万名0～14岁的智力残疾儿童进行了康复训练；对2万余名智力残疾儿童家长进行了康复知识培训。在780个市辖区和1 411个县（市）开展了社区康复工作，累计建立社区康复站77 142个，配备13.4万名社区康复协调员，757.4万残疾人得到康复服务。①

2. 残疾人教育

我国的残疾人教育有法律依据和法律保障。《中华人民共和国教育法》、《中华人民共和国义务教育法》、《中华人民共和国高等教育法》及《中华人民共和国职业教育法》中都有残疾人教育的相关内容。1994年颁布实施的《残疾人教育条例》（国务院第161号令）则是残疾人教育的专门法律。

① 参见中国残疾人联合会编：《2008年中国残疾人事业发展统计公报》，http：//www.cdpf.org.cn/sytj/content/2009-04/23/content_30243391.htm。

残疾人教育又被称为特殊教育。中国近代的特殊教育是从 19 世纪后半期开始创办的，但发展缓慢，到 1949 年以前，各类残疾儿童学校仅有 42 所，在校生 2 000 余人。这些学校大多带有慈善救济事业的性质，并经常被视为社会的负担。新中国成立以后，中国政府积极举办和发展特殊教育事业。1951 年，中央人民政府政务院在《关于改革学制的决定》中提出："各级人民政府设立聋哑、盲目等特种学校，对生理上有缺陷的儿童、青年和成人施行教育。"特殊教育从此被正式列入国民教育体系。

改革开放以来，中国特殊教育进入了一个新的发展阶段。政府进一步明确了特殊教育的方向、措施和政策。2003 年以来，我国残疾人教育工作进一步发展，残疾人素质和平等参与社会工作的能力进一步得到提高。到 2008 年全国为盲、聋、智残少年儿童兴办的特殊教育学校已发展到 1 672 所，义务教育普通学校附设特教班有 2 844 个，在校的盲、聋、智残学生约 58 万人。已开办特殊教育普通高中 95 所，在校生 5 464 人；其中聋高中 76 所，在校生 4 458 人；盲高中 19 所，在校生 1 006 人。全国有 6 273 名残疾人被普通高等院校录取，1 032 名残疾人进入特殊教育学院学习。另外，残疾人职业教育也获得了一定程度的发展。全国省（自治区、直辖市）、市（地、州）、县（区、市）三级残疾人职业教育培训机构（系、专业）达 1 757 个，接受残疾人职业培训的普通机构有 1 974 个，77.4 万人次残疾人接受了职业教育与培训，并有 10.7 万人次获得了职业资格证书；达到中等学历的职业教育机构有 162 个，在校生 9 932 人，毕业生 6 033 人，其中获得职业资格证书 4 460 人。[①]

3. 残疾人就业

中国政府历来非常重视残疾人参加社会劳动和就业的权利，通过给予税收减免等优惠政策，鼓励社会福利企业集中安置残疾人就业。同时，还规定所有用人单位要按照一定比例安排残疾人就业。据统计，1996—2000 年间，中国安置城镇 110 多万残疾人就业，就业率由 70%提高到 80%；农村残疾人累计就业 1 600 万人，就业率达到 84%；全中国约有 6 000 万残疾人，就业率为 84%。中国通过实施最低生活保障以及救济、补助、供养等措施，解决了 499 万特困残疾人的基本生活问题。[②] 2007 年《残疾人就业保障条例》的颁布实施以及 2008 年对《残疾人保障法》的全面修订，以法律形式保障残疾人的劳动和就业权利，进一步完善了残疾人的社会环境，加强残疾人职业培训和再就业培训，依法推进按比例就业，大力提倡多种形式的就业，巩固集中就业。

---

① 参见中国残疾人联合会编：《2008 年中国残疾人事业发展统计公报》，http：//www.cdpf.org.cn/sytj/content/2009-04/23/content_30243391.htm。

② 参见中国残疾人联合会编：《中国残疾人事业年鉴（1949—1993）》，http：//www.cdpf.org.cn/nj/b2d020/index.html。

除在政策和法律上贯彻实施残疾人按比例就业外，中国的社会福利企业也是残疾人就业的重要方式。社会福利企业是为安置残疾人员劳动就业而兴办的具有社会福利性质的特殊企业。2008 年，残疾人就业工作取得了新的进展。城镇新安排 36.8 万残疾人就业。其中，集中就业的残疾人 11.3 万人，社会各单位按比例安排残疾人就业 9.9 万人，个体就业和多种形式灵活就业的残疾人 15.6 万人；农村残疾人参加生产劳动达 1 717.1 万人。残疾人社会保障状况进一步改善；全国城镇已参加社会保险的残疾人达到 297.6 万人；在已经实行最低生活保障制度的城乡，共有 738.6 万残疾人享受到最低生活保障，62.7 万残疾人在各类福利院、养老院享受集中供养、五保供养；377.3 万残疾人得到临时救济和定期补助。①

4. 残疾人文化体育

新中国成立后，残疾人受到重视。一批青壮年残疾人进入了福利工厂，许多残疾儿童进入盲聋哑学校。在福利厂、学校开展了球类、棋类、广播操、生产操、拔河等群众性体育活动。20 世纪 50 年代后期，我国开始举办残疾人体育竞赛。1957 年在北京举行了首届全国聋哑人田径、游泳、乒乓球比赛。1959 年举办了首届全国聋哑人篮球赛。同年，我国优秀盲人选手参加了国际盲人田径运动通讯比赛，有的项目已接近国际水平。这是残疾人体育运动的初级阶段。

改革开放，特别是中国残联成立以来，残疾人体育事业迅猛发展，取得了可喜的成就。1983 年 10 月，中国伤残人体育协会成立（后更名为残疾人体育协会）。1985 年，中国智残人体育协会和中国聋人体育协会相继成立。此后，大多数省、自治区、直辖市均成立了地方残疾人体育协会。我国残疾人体育组织还分别加入了国际残疾人奥委会、国际聋人体育协会、国际特殊奥委会、国际盲人体育协会、国际轮椅联合会、国际瘫痪人体育协会、远东及南太平洋地区残疾人体育协会联合会等，并同许多国家残疾人体育组织建立了联系。这些都表明中国的残疾人文化体育事业进入了一个新的发展阶段。

5. 无障碍设施建设

与发达国家相比，我国无障碍设施的建设起步较晚。20 世纪 80 年代中期，中国政府才开始无障碍设施建设的试点。经过十多年的发展，我国的无障碍设施建设取得了一定的成绩，尤以北京、上海、天津、广州、深圳、沈阳、青岛等大中城市比较突出。在这些城市，为方便盲人行走修建了盲道，为方便乘轮椅的残疾人修建了缘石坡道；大型公共建筑中修建了许多方便乘轮椅的残疾人和老年人从室外进入到室内的坡

---

① 参见中国残疾人联合会编：《2008 年中国残疾人事业发展统计公报》，http：//www.cdpf.org.cn/sytj/content/2009-04/23/content_30243391.htm。

道，以及方便使用的无障碍设施（楼梯、电梯、电话、洗手间、扶手、轮椅位、客房等）。但总的来看，与残疾人的需求及发达国家和地区无障碍设施建设的情况相比，我国的无障碍设施建设还较为落后。

6. 残疾人组织建设和综合服务设施建设初具规模

近些年来，我国政府十分重视残疾人事业，经过各级残疾人联合会的共同努力，全国残疾人组织体系进一步规范完善，干部队伍结构有了明显改善，残疾人工作者综合素质普遍提高，与广大残疾人的联系更加紧密，为残疾人服务的能力水平明显提高。同时，残疾人综合服务设施建设得到进一步发展，为基层残疾人工作更好地开展提供了基础条件。截至2008年年底，全国已竣工并投入使用的各级残疾人综合服务设施共计2 205个，在建项目共计291个，筹建项目共计307个。其中，省级行政单位已竣工并投入使用的残疾人综合服务设施数已达65个，地级行政单位已竣工并投入使用的残疾人综合服务设施数已达249个，县级行政单位已竣工并投入使用的残疾人综合服务设施数达1 891个。①

（二）中国残疾人社会福利存在的主要问题

改革开放以来，我国残疾人社会福利内容逐渐丰富，形式日趋多样，但随着社会文明程度和人民生活水平的不断提高，残疾人的需求也发生了变化，其需求层次由单一的渴求温饱向多层次的发展需求转变。与残疾人社会福利需求的变化相比，我国残疾人社会福利还存在着一些问题，主要表现在以下几个方面。

1. 残疾人社会福利实施中依然存在较严重的行政化现象

我国在建立和完善社会福利制度的过程中，一个基本的做法是推行社会福利社会化。但计划经济体制下的高度集中管理造成社会福利资源高度集中、福利服务提供及其推行手段的行政化现象依然十分严重。残疾人社会福利也不例外。残疾人社会福利实施中行政化现象的存在不利于社会福利社会化程度的提高，同时也会影响到民间福利机构等第三部门的发展。

2. 残疾人社会福利服务水平低，供需矛盾突出

我国残疾人社会福利服务水平低，供需矛盾比较突出。主要表现在：

第一，残疾人社会福利的救济色彩较重，覆盖面较窄，未能起到安全网的作用。

第二，残疾人社会福利服务设施陈旧，整体水平较低，滞后于经济、社会发展的总体水平。

---

① 参见中国残疾人联合会编：《2008年中国残疾人事业发展统计公报》，http：//www.cdpf.org.cn/sytj/content/2009-04/23/content_30243391.htm。

第三，残疾人的生活水平普遍低于社会平均水平，部分有劳动能力的残疾人没能参与劳动就业。据调查，全国要求进入福利机构寄养的残疾人有601万人，而各类福利机构的容纳量只有3.4万人，为需求总量的0.6%。全国需要由国家抚养的孤、残儿童有428万人，而各类福利机构能提供的床位只有3.15万张，仅为需求总量的0.7%。70%的残疾人需要国家、集体的救济或亲属的供养。

第四，残疾人受教育的机会少、程度低，残疾人中文盲和半文盲占多数。1991年，全国文盲、半文盲率为15.6%，而残疾人占68%；1991年底，全国适龄儿童入学率为97.8%，而盲聋哑与弱智儿童的入学率不足10%。

第五，残疾人的康复医疗保障不足，康复需求得不到满足。2007年度全国残疾人状况监测主要数据报告显示，仅有19.0%的残疾人1年内接受过康复服务，城市接受康复服务的残疾人比例为29.5%，农村为15.7%。2007年度，全国8 296万残疾人中，曾接受过医疗服务与医疗救助、贫困救助与扶持、康复训练与服务和辅助器具配备服务的比例分别占残疾总人口的35.61%、12.53%、8.45%和7.31%，而对以上4项服务有需求的比例分别达到残疾总人口的72.78%、67.78%、27.69%和38.56%。①

第六，残疾人社会福利层次较低。目前，我国大多数残疾人还只能追求基本生活资料的满足，其他更高层次的需求则难以满足。

3. 我国残疾人社会福利的筹资渠道单一，保障基金的管理和运用较为混乱

目前，我国残疾人社会福利的资金主要是由政府财政拨款，基本上是国家包揽。残疾人社会福利资金由各级主管部门管理，各级管理部门从中提取一定的管理费用。由于残疾人社会福利中的行政色彩较浓，致使各级主管部门提取的管理费用比例过高，浪费严重；而且，各级管理部门在管理资金时只是充当保管员的角色，资金的保值增值率较低；另外，资金的挪用现象也时有发生。

4. 我国残疾人社会福利尚未走上规范化与法制化的轨道

我国《残疾人保障法》的制定，初步奠定了我国残疾人社会福利的法律基础。但是，我国残疾人社会福利主要还是靠行政手段与道德力量推动实施的，法制体系不够完善，而且《残疾人保障法》的权威性和有效性也没有充分显示出来，残疾人社会福利工作中的随机性仍不可避免。

残疾人社会福利作为社会福利制度的一项重要内容，其发展水平、发展程度、发展格局等直接关系到社会福利制度的发展与完善，进而影响到社会稳定与社会发展。

---

① 参见周庆行，张新瑾：《我国残疾人社会福利存在的问题及其发展的路径选择》，载《长沙民政职业技术学院学报》，2008（3）。

尤其是在我国经济转轨、社会转型的特殊时期，市场经济所要求的竞争机制、效率原则等将使处于不利地位的残疾者面临新的更严峻的挑战。在此背景下，如何在遵循市场经济规律的前提下改革现行的残疾人社会福利制度，已经刻不容缓。

三、我国残疾人社会福利制度的改革

我国残疾人社会福利体系由残疾人社会物质保障、残疾人社会安全保障、残疾人社会发展保障三部分组成。残疾人社会物质保障主要是指国家和社会对残疾人在生、老、病、死、伤以及丧失劳动能力或遭遇突发灾难造成生活困难时给予物质帮助。残疾人社会安全保障主要是指针对残疾人的立法系统和执法系统，利用法律规范人们的行为，制裁非法行为对残疾人的侵害，保证残疾人的人身、财产安全和残疾人应享有的权利，如受教育权、劳动权和婚姻权等不受侵害，为残疾人提供一个良好的社会安全环境。残疾人社会发展保障主要包括普及残疾人的义务教育、劳动技能教育、残疾幼儿教育、残疾人的保健教育以及残疾人的基本精神文化生活需求等五个方面。在残疾人社会福利体系的这三个部分中，残疾人物质保障旨在消除残疾人的物质贫困，是较低层次的福利；残疾人安全保障旨在消除残疾公民的生存意愿贫困；残疾人社会发展保障旨在消除残疾人的精神文化生活的贫困，属于较高层次的福利。这三者虽各有侧重，但都以全体残疾人为保障对象，目的是通过保障机制实现残疾人的个体保障，同时为社会的健全与发展服务。

与我国社会福利制度的改革趋势相一致，残疾人社会福利改革包括两个方面：一是社会福利服务水平的提高，福利层次的提升；二是残疾人社会福利的社会化和社区化。针对残疾人社会福利中存在的主要问题以及残疾人这一特殊群体的需要，我国残疾人社会福利改革应以劳动福利型为主体模式，以单纯福利型为辅助模式。

（一）劳动福利型模式

所谓劳动福利型模式是指国家和社会在保证残疾人基本生活需要的同时，使其有机会行使劳动的权利，从事力所能及的社会劳动，依靠自己获得基本的收入，而不是单纯地依靠国家救济。该模式将保证残疾人劳动就业放在第一位，将社会公平和经济效率统一起来，既尊重了残疾人的劳动权利，同时又兼顾了残疾人的利益和社会整体利益、残疾人的现实利益和长远利益，被认为是一种比较适合中国国情的、具有发展前景的模式。因此，我国残疾人社会福利改革的趋势是将劳动福利型模式作为主体模式。

（二）单纯福利型模式

据我国1987年的全国残疾人抽样调查，在15岁以上的残疾人中，丧失劳动能力的残疾人几乎占到30%，除此以外还有15.83%的1～14岁的尚无劳动能力的未成年残疾人。残疾人口多且情况复杂。因此，我国的残疾人社会福利除了发展劳动福利型模式以外，还必须以单纯福利型模式作为补充。

举办福利院是最通常的做法。随着社会的发展和国家经济承受能力的不断增强，可将福利院逐渐发展为残疾人村、残疾人儿童村等。实施单纯福利型模式要求有残疾人的家庭应当负起供养与护理残疾人的责任，国家和政府也应当按规定对有残疾人的家庭发放残疾人津贴，以减轻残疾人家庭的负担。

残疾人之家，国外又称为残疾人日间护理中心，是一种将福利院与家庭结合起来的比较好的做法。残疾人白天在残疾人之家生活，晚上回到家里与家人团聚，这种做法对残疾人、福利院和残疾人家庭三方都有好处。

从残疾人社会福利的两种模式来看，我国残疾人社会福利制度的改革必须将劳动福利型和单纯福利型两种模式结合起来，充分发挥政府、社区、家庭、个人等多方面的力量，最大限度地提高残疾人社会福利的水平。

本章要点

1. 不同时期人们对于实施残疾人社会福利的不同价值理念
2. 各国在实施残疾人社会福利过程中存在的差异
3. 我国残疾人社会福利发展演变的阶段
4. 我国残疾人社会福利的成就及存在的主要问题
5. 我国残疾人社会福利的改革

基本概念

残疾人　残疾人社会福利　残疾预防　劳动福利型模式

复习思考题

1. 关于实施残疾人社会福利的价值理念主要有哪几种？
2. 残疾人社会福利包括哪些主要内容？
3. 改革开放以来，我国残疾人社会福利事业取得了哪些主要成就？
4. 当前我国残疾人社会福利存在哪些主要问题？
5. 如何对我国残疾人社会福利进行改革？

推荐阅读书目

1. ［日］国际社会福利协会日本国委员会编．各国的社会福利．北京：华夏出版社，1988

2. 郑功成等．中国社会保障制度变迁与评估．北京：中国人民大学出版社，2002

3. 黄黎若莲．边缘化与中国的社会福利．香港：商务印书馆，2001

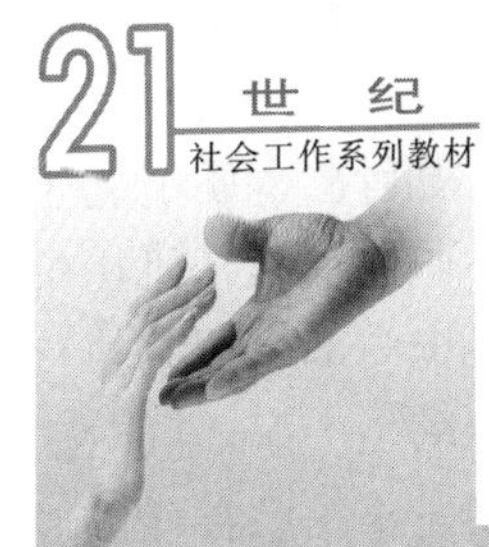

第八章

职业福利

学习目标

1. 了解职业福利的概念、功能与特点；
2. 了解并理解职业福利的内容；
3. 理解并掌握职业福利方案的设计与职业福利的执行；
4. 了解并掌握职业福利方案效果评估与管理；
5. 掌握职业福利与社会福利之间的联系与区别；
6. 理解并掌握我国转型期的职业福利。

第一节　职业福利的含义与内容

一、职业福利的含义

（一）职业福利的概念

职业福利（亦称为机构福利、员工福利）是以单位或社会团体为责任主体，专门面向内部员工的一种福利待遇，它是单位在工资之外为员工提供的其他现金给付或福利性服务。职业福利主要以经济效率为目标，旨在鼓励和刺激生产、工作的积极性，它适用于微观领域里的企业或机构的人力资源管理①，因此，职业福利在本质上属于职工激励机制范畴，是职工薪酬制度的重要补充。从本源意义看，职业福利是机构招揽人才和激励员工并借此赢得竞争胜利的一种重要手段。它是在机构内部决策并执行的一种福利制度，其最终目的是配合机构最大限度地提高雇员的劳动生产率，同时也为机构未来的发展争取和准备人力资源。职业福利不以社会为目的，不是慈善性的施与，而是使机构战略计划付诸实现的一种内部战略管理手段。

（二）职业福利的功能

从科学的角度看，人的一生既是一个由少到老的自然生命体过程，更是一个通过与社会的持续交流而构造化的社会性过程，在这个过程中，个人为实现自身价值最大化，在一定时期必定要慎重地选择职业（单位），通过职业（单位）为个人提供工作平台、劳动报酬、成长机会等，激发个人最大限度地发挥潜能，从而既成就了个人价值又促进了单位甚至社会的进步和发展。

所谓职业是指劳动者为了生活所得而发挥个人能力，在社会分工体系中从事的相对稳定的、有报酬的、专门类别的工作及由此而获得的一种特定的劳动角色。它是对人们的生活方式、经济状况、文化水平、行为模式和思想情操的综合性反映，也是一个人的权利、义务、权力、职责，从而是一个人社会地位的一般性表征。

在社会分工高度发达的现代社会，职业对社会成员个人的作用更显突出。一方面，由于人们面临更多的生活风险，为了减轻生活风险对人自身的威胁，人们需要采取个人保障、社会保障和单位保障三个方面的协同保障，其中单位保障主要是单位对员工及其家属提供的生活保障；另一方面，由于现代科学技术的巨大发展带来社会竞争程度的加剧和人们对高效益的渴求，使得社会成员更多地需要激励并表现出多层次性，除需要得到相应的生活保障外，人们更加追求个人学习、成长、休闲及社会价值的提升等，于是既具有一定保障功能更具有激励功能的现代职业福利应运而生。从单位角度看，职业福利具有吸引优秀员工、提高员工士气、降低员工流动率、凝聚员工、激励员工进而提高单位效益等功能。从单位和员工个人共同角度看，职业福利的功能主要是激励员工，单位通过给员工提供科学合理适度的职业福利，使他们产生工作满意感，激发员工自觉地为组织目标而奋斗的动力。

职业（单位）福利之所以能对职工进行激励，是因为任何一个员工到某一个单位

① 参见陈银娥：《现代社会的福利制度》，1页，北京，经济科学出版社，2000。

工作，总是存在某种需要、欲望或期望，他们的这种需要、欲望或期望构成其工作动机。如果单位能提供相应的“报酬”来满足职工这些需要、欲望或期望，员工就会满意，就愿意倾注自己的能力和热情，有责任心地为单位服务，充分发挥自身的工作积极性和创造性，使他们在实现组织目标的同时实现自身的需要。同时，会促使员工继续保持这种工作积极性和创造性，或者会在今后的工作中做出更大的努力，向着更高的需要、欲望、期望冲刺。因此，一个员工的需要、欲望或期望以及他在工作中的行为表现是一个持续往返的过程，如图 8—1 所示。

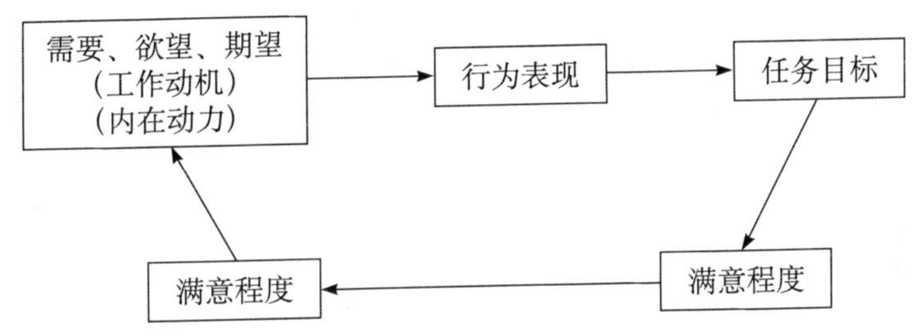

图 8—1 职业福利对员工的激励过程

职业福利对员工的激励效果可以用图 8—2 来进行说明。由于劳动生产率的提高主要是受到人们的能力、工作满意度与积极性等个人因素的制约，因而在研究中将引入员工工作满意度这一中间变量。

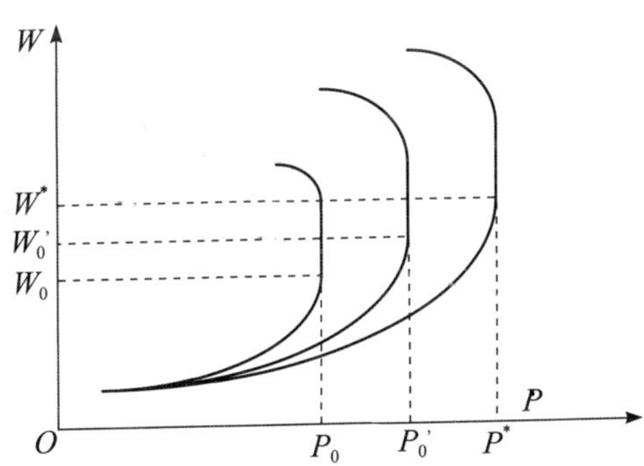

图 8—2 职业福利对劳动生产率的影响

图 8—2 中，W 表示报酬，是自变量；P 表示劳动生产率，是因变量。

我们从报酬—劳动生产率曲线来分析激励效果不断提高对劳动生产率提高的影响。随着激励创新机制一定程度地发挥作用，员工报酬的同等提高使生产率提高更多，报酬—劳动生产率曲线向右移，直到最理想的状态，即报酬体系激励作用和其他因素作用的充分发挥，使员工工作满意度提高，从而使劳动生产率得到最大提升，使实际劳动生产率接近于企业的潜在劳动生产率（即可能达到的最高的企业劳动生产率）。而与此同时，员工所获得的报酬也达到最高，即图 8—2 中 W^*，P^* 状态，这时的报酬是企业所能提供的最高报酬。

从报酬体系激励创新效用来看，工资的提高与合理的工效挂钩对员工的激励作用是明显的。而员工福利的激励创新对于提高劳动生产率也有着非常重要的作用，它不仅有利于报酬—劳动生产率曲线的右移，而且还有利于潜在劳动生产率的右移。因为企业潜在劳动生产率的提高有赖于员工能力及组织的效率，员工的能力需要良好的教育福利来提高，而员工俱乐部等福利设施可以增强组织的协调性等。

此外，职业福利还有减轻员工税收负担、增加企业招募的优势、加强核心员工的留任意愿等功能。

（三）职业福利的特点

与其他社会福利项目比较，职业福利具有以下一些特点：

1. 职业福利以业缘关系为标志

只有在本行业、本单位就业的员工才能享受本单位所提供的职业福利，有些职业福利项目，员工家属也可享受。

2. 职业福利以普遍性与差异性相结合的原则向员工提供

有些职业福利项目面向单位全体员工，凡单位员工均可享受；有些福利项目仅仅面向单位内部分员工，只有需要某种项目激励的那部分员工才能享受，这就导致同一单位内部员工之间在享受职业福利的项目或水平上存在差异。例如，某些单位根据员工服务时间的长短（工龄）和劳动贡献的大小不同，规定员工享受不同水平的福利待遇。

3. 职业福利具有功利性

单位设立职业福利的出发点在于通过为员工提供诸如生活保障、生活服务、成长机会、娱乐休闲等需求的满足，保证员工一定生活水平和生活质量的提高，保证员工的向心力和凝聚力，造就员工的归属感和群体意识，吸引和留住高质量的劳动力竭诚为本行业、本单位服务，提高单位整体工作绩效。设立职业福利的另一个目的还在于提高本行业、本单位的社会声望，树立单位的形象，增强单位的竞争力等。这说明，职业福利具有明显的功利性。

4. 职业福利受多种因素影响

这些因素主要包括社会生产力水平、社会保障水平、市场劳动力报酬水平、单位管理者的观念及行为、劳动者的需要、单位的经济状况等。因此，职业福利水平在一定程度上反映了单位及社会的发展状况。其中，单位管理者的观念意识对职业福利有着重要影响，他们关心员工福利与否、关心的程度如何等，常在职业福利中有所表现。

二、职业福利的内容

根据职业福利的含义及特点，从世界大多数国家实施职业福利的情况看，职业福利一般分为三个层次。

(一) 政府规定的法定福利

政府规定的法定福利即政府通过立法要求单位必须提供给员工的福利，一般包括社会保险、职工伤病补助、工伤事故补偿、法定休假、生活困难补助等。其中，社会保险项目是最主要的部分，主要包括养老保险、医疗保险、失业保险和伤残保险。社会保险虽属于社会保障的内容，但由于单位要承担一定的缴费责任，因而在单位内部具有福利的特性，尤其是，由于这类社会保障具有两种性质：第一，它是必要劳动的报酬，它的必要性在于维持劳动者再生产；第二，是其社会属性，它是维持劳动关系的社会要求。与劳动挂钩的各种保障项目，都应理解为是一种劳动报酬，而那些维持劳动力再生产的保障措施则是必要劳动报酬。所谓必要劳动，是指劳动者为个人及其家属谋取劳动力再生产费用需付出的劳动。劳动力再生产费用由三部分内容组成：一是维持劳动者自身的劳动力再生产所必需的生活资料；二是维持劳动者家属的生活所必需的生活资料；三是劳动者必要的教育训练费用。各种单位员工保险可以看作是保证劳动者恢复和延续劳动力以及在丧失劳动能力时获得必需生活品的一种手段。例如，医疗保险是为了恢复劳动者的健康，使劳动力的再生产能够正常进行，马克思曾把医疗保险费称作是“劳动能力的修理费用”；生育保险是为了保证劳动力的不断更新所必需的；养老保险则是在劳动者丧失劳动能力时保证维持其基本生活的需要，劳动力的衰老时期是劳动力再生产的一个过程，这个过程的生活需要是劳动力再生产费用的一部分。因此，我们把社会保险列于政府规定的法定福利。

尽管不同国家、不同行业因为自身的实际需要在法定福利的项目选择及水平规定上表现出较大差异性，但这类福利有着共同的特性：即均由政府以一定法律、法规规定，单位作为责任主体出资举办，单位员工按一定条件享受，有些项目员工本人还需要承担相应的缴费责任。这类福利的主要特点表现为单位内职工享受的普遍性和补偿性，它虽然主要是满足了单位员工的某些基本需求，但它同时具备激励员工的功能。

（二）作为补充性社会保障措施的职业福利

作为补充性社会保障措施的职业福利主要包括补充养老保险（职业年金）和补充医疗保险两种。它们是目前典型的和通行的新型职业福利项目，是职业福利的重要组成部分。职业年金是指单位在国家有关政策及法规指导下，根据自身状况和发展需要而建立的旨在使职工在退休之后的一定时期内能按年度获得（通常按月发放）一定数额养老金的退休收入保障制度。它是单位及其职工在依法参加国家基本养老保险的基础上，自愿建立的补充性养老金计划，是单位职业福利制度的主要组成部分。大多数工业化国家都建立了职业年金制度。他们一般是先建立企业年金，然后再逐步建立其他类别的职业年金，有的国家甚至早在公共年金计划建立之前，就已经建立了企业年金计划。因此，企业年金制度在国际社会中已发展成为一种成熟的、有普遍代表性的职业年金制度。

与国家基本社会保障制度安排主要体现国家责任、社会责任与政府责任相区别，职业年金和补充医疗保险这种补充性社会保障措施主要体现职业特色、群体特色、个体特色及效率观念。如果说在基本社会保障制度中，各种社会组织与社会成员个人只是参与其中并适当分担责任，那么在职业年金和补充医疗保险这种补充性社会保障措施中，社会组织和社会成员个人可以发挥主导作用。单位是举办主体，各单位根据自身发展战略需要，经过一定制度安排，对本单位全体或部分员工提供补充性的养老保障或医疗保障。向单位中哪些员工提供什么样的福利，标准为多少，以什么样的方式享受等，均由单位自定，不受外界干涉，即使政府也无权通过命令强制要求实施或强制进行管理。

职业年金和补充医疗保险虽然是员工老年收入和医疗保障的一个补充来源，在整个社会系统中，职业年金制度事实上已成为养老保险制度中的一个重要支柱，补充医疗保险制度也已成为医疗保险制度中的一个重要部分，但由于职业年金和补充医疗保险不是纯市场的商业人寿保险，它并不完全按市场规则运作，因而在任何国家，职业年金和补充医疗保险的实行其实都与政府紧密相连。

以企业年金为例，企业发展企业年金享受政府税收优惠，在经济关系上，企业同政府之间是一种税收关系，政府可通过税收金融手段引导和调节企业年金。

1. 企业年金的形式

从多数国家的做法看，企业年金分为两种基本形式：

（1）纳费型。纳费型补充养老保险形式是通过企业建立养老保险账户的方式，由企业和员工（多指企业）定期按一定比例缴纳保险费，员工退休时的补充养老保险金水平取决于资金积累规模及其投资收益。

（2）给付型。也称待遇型补充养老保险形式。这种形式带有企业福利和奖励的性质。通常是企业按照员工的经验、资历和其他条件为员工交付的养老金。员工退休时能够领取的保险金给付水平，一般决定于员工特定的收入水平和劳动就业年限两个基本因素。例如，退休前收入水平的某一百分比与劳动年限之积，构成补充退休金的给付水准。不管是哪一种形式的补充养老保险，一般都采用基金制管理，企业年金采用个人账户方式记载每个职工企业年金的企业缴费、个人缴费以及投资收益、利息等全部资产，企业年金个人账户全部资产归员工个人所有，除本人外，不能调剂使用。

2. 政府在企业年金中的职能

由于企业年金具有由企业举办又与政府紧密相连且需要相关社会机构提供支持的特点，因此，为了实行企业年金的效益最大化，企业、政府分别行使不同的职能。企业主要制定自己的发展战略，并提出自己的企业福利目标，同时要设计出可行的具有激励作用的企业年金计划，提供企业年金所需资金，承担举办主体责任。其中，企业的一项重要工作就是确定企业年金要激励的员工对象（企业年金的享受资格）和企业年金的标准。

政府在建立和管理企业年金中，不直接承担养老金待遇责任，但政府对促进企业年金的发展却具有重要的政策支持及管理责任，政府主要通过必要的手段引导、调控和促进企业年金的健康发展。其主要职能是：

（1）制定企业年金的税收优惠或豁免政策。具体包括企业年金筹资中给予税收优惠政策；在企业年金基金的投资收益方面给予必要的税收优惠，对企业年金的发展进行鼓励与引导；对受益人享受企业年金时给予税收优惠，如对员工所得企业年金免征个人所得税。

（2）运用立法规范企业年金。一是规范企业年金的筹资，从立法角度确定企业年金的筹资方式、方法及筹资比例的限制；二是规范企业年金基金的管理与经办机构，对相关的管理、经办机构的资格进行审定和监管；三是规范企业年金基金的投资与运营，运用经济、法律手段对投资范围、运营方法进行必要的调控。如制定企业年金管理的会计、财务、审计、统计等制度，最大限度地控制企业年金制度的运行风险。

为保证企业年金的规范运作，在具体操作上，企业年金的举办程序一般包括下列7个环节：（1）设计企业年金计划，这个计划应包括缴费水平、待遇支付、当事人的权益与义务管理方式。（2）按备案审查制向政府监管机构上报企业年金计划，同时报相关部门备案，作为政府对该企业年金计划监管的依据。（3）建立企业年金理事会，明确其权利和义务。（4）建立参保人个人账户，选择并确定账户管理机构。（5）制定投资政策、选择专业投资管理机构，进行年金基金投资管理。（6）选择企业年金托管银行，对年金基金进行委托保管。（7）企业年金的支付或计划的结束。

（三）单位内常设职业福利项目

除政府规定的法定福利及作为补充性社会保障措施的福利外，职业福利更丰富地表现为单位内常设的福利项目。由于各单位之间在职业特点、发展战略、经济实力等方面存在差异，同时一个单位在不同时期其发展战略目标等亦在不断变化之中，因而造成不同单位之间的内部职业福利项目及水平各不相同，甚至同一单位在不同时期的内部福利项目及水平也表现出较大的差异性。

1. 常设福利项目

综观世界各国职业福利，被单位选为内部常设福利的项目大体包括以下项目：

（1）带薪休假。指单位在员工非工作的时间里按工作时间发放工资的一种福利。现代社会，竞争激烈、工作紧张、压力很大，绝大多数职工甚至愿意放弃一部分收入以换取更多的休闲时间。于是，除按国家法定享受休息日规定外，单位可根据自身实际情况制定奖励职工、提高员工积极性的带薪休假制度。如规定工龄达到一定年限的员工，可享受若干天的带薪假日，对单位中业绩达到一定水平的员工，可享受若干天的带薪休假等，在此期间他们完全享受正常上班的一切待遇；可规定员工一年中能享受带薪病假的天数；可将员工休息期间的时间记入工作时间；还可规定员工探亲假及应该享受的待遇等。事实证明，这种支付工资的假期既为员工提供了从容休息的机会，使他们的精力得以恢复与调整，工作效率更高，同时又增强了他们对单位的忠诚度，使其更愿意留在该单位工作。因此，大多数国家的企业都比较重视这项福利。

（2）员工特殊人寿保险。指单位集中为员工购买人寿保险，如民间医疗保险、集体生命保险等。由于机构大宗购买人寿保险比单一个人小额购买有比较价格的优势，因而单位集中购买可以降低购买成本。各单位在为员工集中购买人寿保险时也可以只为员工购买最低保险额，再鼓励员工自己交保，购买一定数额的额外保险。

（3）教育资助。为员工提供学习和受教育的机会既是一项对员工很有价值的投资，也是对单位的一种长期投资，因此，对单位员工提供教育资金援助，是许多单位乐于采取的一项福利措施。最通常的做法是：组织面向全体员工旨在提高人力资本的综合培训，如组织所有员工有条件时参加单位举办的有关人际交往、管理技能、现代科技知识等方面的讲座或研讨会；组织针对单位内各级各岗位人员本职工作的业务培训，主要采取以单位内“教练”现场指导和培训方式完成；选送优秀员工到相关高等院校、科研院所攻读学位或专业培训机构参加高层次的培训，单位为顺利通过学业的职工提供学费，并以一定条件约束他们学完后回单位服务；资助员工子女受教育，为了保证所有员工都有能力送子女上大学，单位为员工提供子女学费贷款担保和单位配给的储蓄。

由于教育资助福利是一种昂贵的长期投资，为保证其投资效益，各单位提供此类福利时，一般会相应地设定针对享受该项福利的员工长期为本单位服务的限定条件，如为了预防某些员工接受了这些福利以后跳槽到其他单位，有些单位要求其员工签署一份协议书，承诺若在一定时期内离开该单位则必须归还所有费用。这样，如果员工在规定服务的时间内离职，所在的单位就可以获得所支付费用的补偿。

（4）实物福利。指单位购买特定实物，低价或免费提供给特殊员工的一种福利。例如，单位可购买高档住宅、汽车、电脑等物品作为福利分给为单位服务年限特别长的职工以及对单位有重大贡献者，以示对这些职工的奖赏和激励。如我国的一些地区或单位在引进紧缺高级专门人才时，按人才职级提供一定面积的住房，待本人为单位服务若干年后，该住房完全产权归属自己；或者单位不提供住房，而一次性地提供较高数额的住房补贴等。

（5）组织职工聚会、旅游或提供疗养机会。定期或不定期地组织职工聚会，给大家提供相互交流和沟通信息的机会，有计划地组织职工外出旅游，适时地安排员工疗养，既可放松职工紧张的神经，使其以更旺盛的精力投入工作，也可增长知识，开阔思维，因而这种形式的职业福利已成为各个国家争相采取的一种职业福利。

（6）娱乐或文体活动。单位组织开展多种形式的娱乐或文体活动，如联欢会、歌咏比赛、舞蹈比赛、各种球类比赛、棋类比赛、拔河比赛、书画摄影比赛等，举办文化节、艺术节、体育节，成立文体俱乐部等，既提供了广大员工展示特长、张扬自我的舞台，丰富了员工的业余文化生活，提高了参与员工的成就感，又活跃了单位的气氛，增加了单位的凝聚力。

（7）职工特殊援助方案。针对员工在工作生活中遇到的现实困难，特别是员工有关工作压力、社会交往、心理紧张等情感和精神健康方面的问题，以及员工在面临复杂社会中的特殊事件和发生不幸事件造成应对紧张等危机时，单位或者提供组织内部的专业顾问，或者把员工委托给适当的社区服务机构，帮助处理、解决这些问题，化解危机，所需经费大部分或者全部由单位支付。发达国家十分重视此项福利，美国三分之一的公司都设有员工援助顾问。实践证明，这一方案对于帮助员工克服危机、调整心态、提高工作效率具有积极作用。

（8）生活福利。指为了适应员工紧张工作和生活的需要，单位给员工提供的一些方便员工生活的福利，主要包括免费午餐、班车、低价购买本单位产品等。单位或者自己兴办职工食堂，或者出资集中订餐，为员工提供免费午餐，这不仅让员工节省了开支，也节约了时间，是世界上通行的一种生活福利。为使员工保持精力，缓解交通拥挤，单位根据员工居住地和工作地的实际情况提供班车服务，接送员工上下班，员工可免费或支付部分费用乘车。允许员工低价购买本单位的产品也是一项具体的生活福利。如一些航空公司规定，本公司所有起飞前尚未客满的航班，雇员都可以低价乘坐。一些零售店，对外销售为成本加价 60%～100%，本单位员工购买同样产品，则只收成本加价 10%或更少。

另外，有的单位还从自身实际情况出发，适当开办有特色的服务项目，如托幼优惠、产假延长、家庭特困补助、老年人服务、接送职工子弟上学、提供健康检查等。

（9）节日礼物。单位在了解国家、民族文化的基础上，根据“节日”的文化含义，在特定节日集中购买与之相关的礼物赠送给全体或部分员工，或者值节日之际给员工提供相关服务。如在端午节分发粽子、“三八”妇女节组织女职工参加健康体检等。

（10）提供参与单位民主管理的机会。现代管理心理学认为，组织成员对组织的依赖感和归属感的程度以及在单位内部“组织成员”身份的确认程度，是影响组织绩效的重要因素，因此，单位通过一定的制度安排，让员工有尽可能多的机会参与单位的管理过程，可增强员工对单位的认同感和责任感，强化单位主人翁的自觉意识，激发员工努力工作，促进单位绩效的提高。通常的做法是设立职工委员会等组织并按规章参与单位管理，设立合理化建议渠道及奖励制度，制定重大事项向员工通报制度，建立员工举报制度等。当单位需做出重大决策时，充分听取广大员工的意见并吸纳各类员工代表参与决策。

例如，员工持股计划就是随着经济的发展而逐步发展起来的一种体现员工参与单位管理的新形式的职业福利。它是指由各家公司所属的内部员工以个人出资的形式，来认购本公司部分股份或股票（对于公开发行、上市的公司而言），并委托公司内部雇员持股会进行集中管理的一种产权组织形式。单位明确规定了不同职级、为单位做出不同贡献的员工所能购买内部股票的数量及价格。为了体现“激励性”，有的单位甚至无偿向需要被激励的员工赠送股份或股票。这样，每个员工都有属于他们自己的个人股票账户，优势员工拥有的份额更大，从而有效地将员工与企业的利益捆绑在一起。由于它给员工所带来的最终收益取决于员工的努力程度、贡献度和企业的经营绩效，因而从本质上看是一项长期的激励机制和福利机制，它使企业能够吸引人、留住人，从而让其为企业尽其所能，贡献体力和脑力。

此外，还包括举办福利设施及提供相应服务等。包括职工食堂、职工宿舍、托儿所、幼儿园、浴室、理发室、休息室等生活福利设施，以及文化室、俱乐部、职工图书馆、健身房、泳池、运动场、歌舞厅等文化、康乐设施和场所，并提供相应服务。

2. 特色福利项目

除以上列举的项目外，由单位自主设置的内部职业福利又发展了一些新的特色性项目，主要有以下项目：

（1）法律保护性服务。包括简易方案和综合方案，简易方案提供免费电话或办公室咨询、文件审核及对比较复杂的事件提供免费或优惠价法律服务。综合方案包括其他服务、平等就业权利保护（反种族、性别、年龄等歧视）、投诉检举的反报复、隐私保护，以及为其代理一些离婚案件、房地产交易及参与民事与刑事犯罪的审判等。这是职业福利中增长最快的项目之一。

（2）咨询性服务。免费为员工个人进行职业发展设计的咨询服务，即为员工提供分析、指导和建议，提供参考资料及情况汇报服务等。

（3）工作环境保护。单位利用人机工程原理进行工作环境设计、工作扩大化、工作丰富化、弹性工作时间、缩短工作时间、扩大工作反馈渠道以及工作授权与工作团队等工作设计项目，企业内部提升政策等。

由于社会系统中各类职业的特殊性，特别是各个单位的特殊性，决定了各类职业、各个单位在职业福利的选择组合上各有侧重和偏爱，从而使得各单位、各职业的职业福利呈现出多样性和差异性。如公务员职业福利、军人职业福利、运动员职业福利及企业福利等，它们虽然有相通的一面，但同时各有侧重、各具特色。相通性是指政府规定的法定福利项目大体一致（虽然有时以不同的形式存在），有些项目的设计原则和方式相同。特色性是指不同类别职业、不同单位根据本单位的实际而设计的职业福利体系体现了本职业、本单位的工作特性，福利水平体现了自身效益状况。

第二节　职业福利的实施与管理

职业福利的实施与管理包括职业福利方案的设计、执行、效果评价、调整及管理一整套连续工作流程。

一、职业福利方案设计

职业福利方案指一个单位根据自身实际所设立的各种职业福利项目的组合，包括待遇水平、享受条件、实施时限等，它是对单位职业福利状况的综合描述，也是职业福利执行的依据。

（一）职业福利设计的原则

职业福利的设计一般应遵循以下几个原则。

1. 为单位发展战略服务原则

职业福利的真谛是为单位发展战略服务，通过举办有关福利项目满足员工某种需求，激励员工充分发挥工作的积极性、主动性、创造性，提高工作绩效，进而促进单位效益和竞争力的提高。因此，设计职业福利时首先要坚持为单位发展战略服务的原则，紧紧根据单位的发展战略需要设计福利项目，确定福利水平，并随单位发展战略的变化而调整。单位必须研究自身的实际需要，根据单位的需求点，找到确实能为单位发展战略服务的福利项目；研究新形势下员工需求的特点及规律，找准确实能激发员工工作热情、增加工作动力的福利项目；研究设计及管理职业福利的技术规范，促进职业福利系统的良性运行和单位福利效益的不断提高。

2. 满足职工个性化需求原则

职业福利要真正起到吸引人才、留住人才、激励员工的作用，就必须针对职工的需求设立，而职工的需求是多种多样的，不同的人有不同的需求，即使同一个人在不同时期需求状况也不一样。特别是在现代社会条件下，随着人们生活方式和价值观念的多元化，员工的需求更具个性特征。因此，单位设立职业福利时应从实际出发，在福利项目及水平的选择和搭配上应做到灵活多样，保证职工个性化需求的满足，实现重点激励。如对重视培训机会的人才或潜在人才，单位有倾向性地为之提供教育福利，能收到事半功倍的激励效果。

3. 激励性原则

职业福利的本质是调动员工的积极性和创造性，激发员工奋发努力，以实现单位的目标。因此，任何职业福利项目的最终结果一定要起到激励员工的作用，要通过福利的提供吸引和留住人才，使员工产生满意感，并倾注自己的能力和热情，有责任地为单位服务。

4. 适度性原则

职业福利制度是单位的一种制度安排，是单位根据自身实际需要和国家有关政策而设立的效益型制度，要保证职业福利的高效益，必须坚持适度性原则，即坚持职业福利的内容、水平、范围等要同我国的社会生产力水平、本单位实际、单位员工需求等状况相一致，并力求经过科学的管理以最小的投入达到最大的效果。

（二）职业福利设计的步骤

根据职业福利的特点及应遵循的原则，职业福利设计应包含以下步骤。

1. 了解本单位所属社会组织的系统运行规则

在社会大系统中，各类社会组织按社会分工原则分别承担特定职责，有完备的组织内运行规则，任一社会组织内的单位在运行中所遵循的该类组织的共性规则是其设计职业福利的基础，决定了单位职业福利的基本方向。因此，单位设计职业福利的第一项工作就是要认清本单位在社会系统中所属的组织类别，了解本类社会组织的职责及运行规则。

2. 分析和界定单位的战略目标及主要任务

由于职业福利的本质是为单位的发展战略服务，因此，设计职业福利的第二步是要全面了解本单位的发展战略目标，包括单位的长期目标、单位在特定时限内的具体目标以及由之决定的主要任务。单位的战略目标及主要任务是设计职业福利的导航器，它直接决定了单位需要在什么时候选取哪些项目和多高水平的福利以激励哪些员工，它基本决定了职业福利的组合选择。

3. 调查遴选单位员工的合理需求，提出相应的满足措施

一是通过科学的调查寻找单位员工的需求共性；二是根据不同类别、不同职级员工的需求侧重点了解员工需求的差异性。在此基础上，对员工的所有需求进行甄别，确定在特定时期合理有效、应该由单位以福利方式满足的、能起激励作用的需求。这类需求确定后就要根据需求的合理刺激点原则，寻找满足需求的激励性手段或方式，特别要找出满足单位中优势需求即形成单位核心竞争力的员工特殊需求的有效手段。可通过问卷法了解员工对福利的需求，通过访谈法找典型员工了解某一层次或某一类型员工的福利需求。

4. 设计职业福利方案

如果本单位有从事职业福利设计的专业人士，则该单位可自行设计职业福利方案，否则，单位必须委托社会专业机构或人士来设计。由专家小组在以上工作的基础上，在科学理论指导下，运用现代职业福利设计方法与技术，设计出符合单位发展战略、富有特色的职业福利方案。

一般说来，单位在设计职业福利方案时，应该首先考虑以下问题：（1）提供什么福利？为什么提供？（2）向谁提供？提供多少福利？（3）允许职工个人有多大的选择余地？（4）福利成本由谁来承担？其中，第一项关心的是福利的效益，即实行不实行某项职业福利，对提高工作效率到底有何影响，其余三项关心的是福利的成本问题。

职业福利内容的决定，即单位选择向职工提供哪些福利，应主要考虑三个因素。（1）单位要知晓要实现自己发展的长期目标和近期目标所希望吸引的员工类型，针对该类型员工的主要需求制定方案。比如，如果单位希望多吸引流动性比较小的职工，就可增加补充养老保险在本单位职业福利中的重要性。（2）单位要知晓竞争对手提供了哪些福利，市场上的“标准做法”是什么，据此考虑自身福利的竞争力。（3）要考虑历史的和社会的因素，特别是单位的支付能力。在设计单位福利体系时，必须注意福利内容和数量的灵活性，以适应职工的差异性而对其各种需要都加以满足。这样，才能制定出既有竞争力、吸引力，又能适当降低单位成本压力的职业福利方案。

职业福利方案一般包括三个方面的内容：一是职业福利的内容，即本单位职业福利的项目及组合，包括福利项目的待遇水平、各分项的设定期限、享受资格和条件、享受者应承担的义务等；二是职业福利方案的运作过程规定，即该方案投入运行后在各方面、各环节的全程控制链描述，包括资金筹措方式、福利承办机构的职责、福利举办的日常程序、方案运行的效果评价及方案修正等；三是方案设计的技术说明，主要介绍设计该方案所运用的理论及方法、福利组合综合效益的评定标准、福利项目与水平选择同目标员工需求满足的关系，即该方案成立且有激励效果的理论和方法支撑。上述三方面的内容必须以文本形式规范地表达。

5. 对职业福利方案的正式确认

由单位遵照国家有关法律及法规，通过按单位规章确定的方式和程序，对职业福利方案加以确认，如果认为方案还需进一步修改，则将修改意见反馈给专家小组，待其按要求修改后，单位再进行最后确认，并通过决策使之成为单位的内部管理制度。这样，职业福利方案才被正式法定化为单位制度系统中的一个部分。

二、职业福利的执行

职业福利的执行就是通过职业福利方案的运行，使福利一项一项地落实于相关员工。要保证职业福利方案的顺利执行，必须做好三个方面的工作。

（一）制定严格的职业福利执行制度

执行制度贵在经常，重在严格，关键在落实。通过建立工作制度、财务制度、监督制度等，并与相应的法律法规及其他制度相配合，用完善的制度体系保证职业福利严格按已定方案举办，这些制度是保证职业福利高效顺利执行的重要条件。

（二）设置专门机构，配备专业人员从事职业福利工作

职业福利作为单位内一项特殊的管理制度——激励性制度，其运行涉及多个部门和众多员工，职业福利的统筹管理部门和某些福利项目的实施执行部门不是完全同一的，因此，为保证职业福利制度的高效运行，各单位必须设置专门机构如职业福利处来统管单位的职业福利事务。该机构对单位职业福利方案的执行负总责，其日常工作包括：（1）经常性地调查本单位员工的生活状况及需要，对可能出现的合理需求进行分析，提出相应的满足手段即设立或变更福利项目水平的建议；（2）掌管职业福利基金的财务运行；（3）负责职业福利工作对员工和社会机构的业务事务办理；（4）敦促有关福利实施部门对相关福利及时充足地提供；（5）负责组织对职业福利效果的评估

等。同时，还必须配备包括管理、人力资源、心理学、社会学、文教等与职业福利相关专业知识和专业技能的人员，共同组成专业结构合理、沟通能力强的专业队伍，从事职业福利工作，而且需要单位内部审计部门、职工委员会等监督职业福利方案的执行。

（三）利用沟通艺术，发动广大员工积极参与职业福利的执行过程

员工既是职业福利的享受者，又是职业福利执行的重要参与者，单位员工对职业福利方案的了解、认同及参与程度直接影响着该单位职业福利的执行状况。因此，单位在职业福利方案的执行中必须注重沟通的作用，在单位内建立完善的沟通体系。

（1）通过沟通把单位职业福利设计的意义、方案，特别是员工享受的条件及费用承担及时告知员工，既能促使员工从本源意义上认识职业福利的作用，认同和支持单位的这样一种制度和政策，又能帮助员工明了自己应享受的待遇及应尽的义务，大大方便了职业福利方案的具体操作，特别是能给员工一种方向性的引导，激励员工向单位制定的人才方向发展。

（2）通过沟通收集员工对职业福利方案的意见反馈，了解员工对某一福利项目实施的反应，是否需要进一步改进，是否要取消，通过员工对职业福利方案的意见和建议，为进一步修改和完善职业福利制度提供帮助。具体的沟通方法视单位情况而定，一般可采取的形式有：发文件，组织员工学习；召开各类会议，领导层层宣讲；印发《单位职工福利手册》分发给每一位员工；为每位员工准备针对其特殊性的个人福利手册，提醒个人在福利上所作的选择、享有的权利和分担费用的责任；召开员工座谈会；运用问卷法开展职业福利项目设计及实施效果调查；开设“职业福利”信箱，方便职工反映情况；设立职业福利接待日，由有关人士直接同员工见面，倾听员工的意见和建议，解答员工提出的疑惑和问题等。

三、职业福利方案效果评估及调整

（一）职业福利方案效果评估

职业福利的本质是单位为实现自身发展战略而设立的单位内部激励政策，这一政策的执行效果需要用成本和收益加以计算。从实施链条看，自确定职业福利方案始，方案被执行一个周期后，单位必须对其效果开展全面客观的评估，这种评估既可总结职业福利方案的作用效果，又可为方案的修正提供支持。

1. 职业福利方案效果评估方法

在设计职业福利方案时，要同时设计出配套的评价体系，即专家小组根据各类福

利项目的激励特点和单位实际，预先设定单位量福利能够带来的激励效果标准，为评价福利效果打下基础，这是职业福利方案的一个构成部分。对职业福利方案的评估一般采用成本—收益分析方法。以教育投资为例，教育资助在企业组织中对员工的激励效果可体现于员工经济效益和对企业的忠诚度两大主要方面，教育资助的成本则可划分为直接成本和机会成本。直接成本包括：雇员接受培训期间的工资、培训物质条件的费用等；机会成本包括接受培训的人员在培训期间对产量的影响，其他培训参与人员的时间消耗等。

2. 评估职业福利效果应注意的具体事项

（1）单位对员工的考核必须科学化。单位对员工工作质量及效果的考核要按单位组织结构的设计模式，由其上司直接考核，而不应由职业福利主管部门直接考核，职业福利管理部门的任务是在各部门对其员工考核的基础上，从单位总体角度来分析职业福利的综合作用和效益。

（2）评估时限必须与单位业务工作的特性相结合，对那些持续较长的工作应以其全部完成为基础进行考核。

（3）要区分职业福利的作用与其他制度作用的差别。因为有些工作绩效是多种因素共同作用而产生的，职业福利仅是其中的一个因素，因此，评估职业福利实施效果时一定要分析职业福利在其中所占的分量，恰如其分地评价职业福利的作用。

（4）坚持定性评估与定量评估相结合。一方面从各项指标的数量变化上测定职业福利的作用效果，另一方面，坚持从员工积极性、创造性及对单位的忠诚度不断提高的方向性上评价职业福利的作用。

（二）职业福利方案的调整

单位在对福利方案实施效果评估的基础上，应结合自身发展战略决定该方案是继续执行还是进行调整。当福利方案取得预期效果且单位发展战略不发生改变时，该方案可继续执行。当福利方案未取得预期效果时，不管单位发展战略是否发生改变，都必须及时对方案进行调整。在发展战略不发生改变的情况下，只需对方案进行局部修订，主要取消那些经检验不适合单位发展需要的福利项目，调整因单位条件发生变化而导致激励作用退化或减弱的福利项目。如果单位的发展战略发生变化，则必须按职业福利方案制定的规则重新设计适合新发展战略的全新职业福利方案。例如，美国一些著名的大公司曾根据公司条件及环境的变化，将没有起激励作用、占薪酬收入30%以上的传统福利项目进行改革，衍生出包括社会性奖励、学习与发展、象征性奖励、旅行奖励、弹性工作制等非货币福利形式，极大地满足了员工社交、荣誉、发展、生活便利等方面的需要。

四、职业福利的管理

职业福利的管理，是通过组织、指挥、监督、调节职业福利工作中的各个环节，实现既定的职业福利需要达到的目的。它是单位人力资源管理的重要一环。严格说来，职业福利的设计、执行、评估和调整等过程皆属于职业福利管理的内容，但职业福利管理更多属于制度层面和保障层面，从这一角度看，职业福利管理又成为职业福利实施中的一个方面。从这种角度来看，职业福利管理可分为单位内管理和政府对职业福利的支持两个层次。

（一）单位内职业福利管理的特征

1. 单位内对职业福利的管理是一种制度管理

单位内职业福利的管理首先是一种制度管理，它是单位一种内部制度的坚持和执行，它要求坚持用单位的总体制度规范职业福利的全程运行。

2. 单位内职业福利管理是一种目标效益管理

单位内职业福利管理要求围绕单位总体发展战略制定出职业福利方案，据此明确各个工作阶段的任务并通过切实可行的措施逐步达到预期目标。

目标效益管理涉及三个方面的工作：（1）福利成本的控制，根据预算单位整体福利计划必须“适度”，提供的福利量正好能提高员工的满意度，能激励大部分员工，进而提高单位整体效率，并在单位发展战略上具有可持续性，单位有能力支付福利费用。（2）已定福利项目一定要高水平地提供，促使每个项目的运行尽可能地“经济化”。（3）在实际操作中注重灵活性和艺术性，必要时可突出员工重点福利需求的满足。

3. 单位内职业福利管理是一种公开管理

单位内职业福利管理要求公开化，福利方案应向单位全体员工公开，甚至向社会公开。

4. 单位内职业福利管理是一种动态管理

单位职业福利管理会随着社会经济环境的变化，尤其是劳动力结构以及员工生活方式的变化而不断调整。

（二）政府对职业福利的引导和调控

各单位的职业福利虽然是各单位的内部制度安排，但政府可从宏观层面对职业福利进行引导和调控。主要方式有：（1）用财政手段、劳资关系、社会保障制度等手段间接调控职业福利的设置及水平，如补充养老保险、补充医疗保险等福利项目通常是在国家有关政策的引导并享受优惠的财税政策下得以实施的，政府的财税政策实际上刺激了各单位设立补充养老保险和补充医疗保险福利项目。(2) 通过现代社会生活方式引导各单位把职业福利设计重点放在对员工科学生活方式需要的满足上，借此推动职业福利的科学化和现代化。(3) 通过制定政策促使各类职业收入同其劳动贡献挂钩，使各类职业间收入差距维持在合理的范围内，同时既使各类职业（各单位）有经济实力举办职业福利，又保证作为薪酬重要补充的职业福利在不同职业之间起点是公平的，从而保证社会职业结构的合理化和社会稳定。

第三节　职业福利与社会福利

在“福利国家”出现以前，各种类型的职业福利曾经是社会责任机制中的一个重要因素，也是一种很常见的现象。“福利国家”社会福利的快速、全面发展，阻碍了职业福利的发展，但并没有完全取代职业福利。从 20 世纪 80 年代以来，由于“福利国家”的发展受到了来自各方面的批评，职业福利重新受到重视，再加上政府的鼓励，尤其是社会福利的“社会化”和“私有化”，使职业福利获得了快速发展。可见，职业福利与社会福利既有联系，又有区别。

一、职业福利与社会福利的联系

职业福利与社会福利存在着密切的联系，主要表现在以下几个方面。

（一）职业福利同社会福利并存，是社会福利的有益补充

社会福利制度发展的目标模式是以不断改善和提高社会成员的生活质量为追求目标的社会化发展道路，在体系完整、功能全面、服务系统的社会福利结构中，社会化福利是整个新型社会福利制度的主体，而职业福利作为单位自主兴办的福利则构成整个社会福利制度的有益补充。一方面，职业福利和社会福利各依自己的职能而客观存在，从不同方面以不同方式满足社会成员（或部分社会成员）的福利需求，体现了各自的特殊性；另一方面，二者又相互联系，职业福利补充社会福利，丰富了社会福利的内容，拓展了社会福利的范围，从总体上扩大了社会福利对社会成员满足和激励的效应。

职业福利同社会福利并存是现代社会的一个发展趋势。如美国经过几十年的发展而形成的现代社会模式的基本特点就是职业福利、社会福利、社会保障制度齐头并进，根据不同的社会需求做出相应的制度安排，确立了“基金化”运作的社会保障制度、以企业效益为基准的职业福利制度以及日益完善的社会福利制度同时并存、相互补充的独特社会模式。

（二）职业福利同社会福利的联系更加紧密

社会福利领域的一个重要发展趋势是，政府直接承担的责任会适度化，即福利国家模式和社会主义模式国家的政府责任会减轻，而发展中国家的政府却会随着经济、社会的发展而更加重视建立自己的社会福利制度。无论是福利国家、社会主义国家，还是发展中国家，企业或社会团体承担的福利责任均会更加引起重视并在一个国家或地区的社会福利制度中占有更加显著的位置。因为政府责任的减轻需要寻求替代者，而发展中国家因社会福利制度的不健全，也需要企业与社会团体共同努力。因此，在当代社会福利制度中，单位将承担越来越多的责任，这就使以单位为举办主体的职业福利与社会福利之间更加紧密地结合了起来。职业福利事实上具有越来越大的社会功能，许多机构提供的福利甚至可以满足其员工的多数社会服务需求，从而客观上起到了替代狭义社会福利的作用，职业福利社会功能的强化是一种世界性潮流。如日本的企业福利虽然完全由企业自主确定并服从于企业的发展战略，它却体现出很强的替代狭义社会福利的功能。另一方面，由于政府承担的社会福利水平逐渐降低，需要各机构举办相应的补充保险等来弥补，而补充养老保险、补充医疗保险等项目作为现阶段新兴的职业福利项目，正在职业福利中占据着重要地位，它通常在国家有关政策的引导并享受优惠的财税政策条件下加以实施，从而亦含有政府干预的因素在内，并呈现出系统开放、制度稳定和走向社会化的特色。

二、职业福利与社会福利的区别

随着职业福利的快速发展，职业福利与社会福利的联系越来越密切，但二者仍存在着明显的区别。

（一）性质不同

社会福利属于社会政策范畴，由国家通过相关的法律制度规范，并由公共机构或社会团体举办，从而是政府主导的公共事务；而职业福利却属于企业或社会团体人力资源管理范畴，完全是举办机构的内部事务。

（二）目标不同

社会福利的最终目标是保障社会成员的基本生活并不断改善、提高其生活质量，而机构提供的职业福利的最终目标则是参与市场竞争并促使利润最大化。因此，社会福利的评价指标主要是公众的满意度和社会效益，职业福利的评价指标则是成本核算和工作效率，并确保其为举办机构的最大利益服务。

（三）调节机制不同

社会福利的发展，必须借助政府干预和公共资源的分配，并服从于社会需要；职业福利则主要遵守市场规则，是举办者对内部资源的一种调配，其投入产出必须遵循成本核算原则，并服从于市场竞争规律。

（四）系统性能不同

社会福利是一个开放的、稳定的系统，它面向所有有需要的社会成员；而职业福利则是一个自我封闭的系统，它只面向举办机构的员工，其是否继续保持与发展下去要取决于举办者的效益状况和利益需要，从而并非表现为稳定状态。

（五）内容不同

社会福利通过提供社会服务的方式来满足社会成员对福利的需求，也包括一定的现金津贴等；职业福利则除了包括社会保险等项目外还包括休假、疗养、免费工作餐、旅游等多种方式。因此，社会福利重在满足大众化的需求，职业福利则可以考虑员工的个别需求。

（六）经费来源不同

社会福利的资金一般主要来自国家财政，除此以外也包括由单位按市场化规则投入的资金；职业福利的经费主要由单位或员工个人承担，只有少数项目由政府采取税收优惠的方式提供部分资金。

（七）实施方式不同

社会福利主要采取社会化手段，通过广泛的社会公共组织具体实施，服务越是社会化，社会福利越是能够得到全面发展；职业福利主要由各单位按内部激励政策采取个性化手段来实施，当然，为提高福利设施的使用效益，节约成本，单位在举办有些福利项目时也可利用社会福利的有关便利条件。

总的来说，职业福利有其优势，主要是：职业福利具有很大的灵活性，雇员可以根据自己的偏好进行选择；职业福利的目标和任务都非常明确，即为了配合机构最大限度地提高雇员的劳动生产率，并为机构未来的发展争取和准备人力资源，因而其风险和收益也很明确；职业福利不受国界的限制，适应经济全球化的趋势。尽管如此，由于职业福利只解决局部问题，其提供者往往只注重本部门的利益而忽视了公共利益，因此，职业福利远远不能取代社会福利，只能是社会福利的补充。

三、我国转型期的职业福利

从新中国成立之初到改革开放之前，我国传统的职业福利是计划经济体制下形成的社会福利的一种表现形态，主要是由单位代替国家和社会承担社会保障的职能，从而使职业福利成为社会福利制度的主体内容。这种传统职业福利制度是以单位为本位、以国家为责任主体的全面性的社会保障制度。随着我国社会主义市场经济体制的确立，我国的职业福利开始进行全面改革，在社会保障制度、社会福利制度不断健全的条件下，逐步按照社会主义市场经济的要求和职业福利与社会福利的职能差异来分化传统职业福利，使具有社会职能的一部分传统职业福利通过从单位中剥离而复原为社会福利，而另一部分符合单位发展战略的职业福利则被真正改造为单位的内部激励机制。通过进一步改革，人们对福利的需求能得到多层次的满足。保障性服务性方面的福利需求主要通过社会化福利得到解决，激励性方面的福利需求主要通过职业福利得到解决，在整个福利体系中，社会福利是主体，职业福利只是社会福利制度的有益补充。

（一）转型期我国职业福利的现状与问题

改革开放以来，我国职业福利的建设虽然取得了一定的成绩，如大部分单位或行业开始认识到职业福利在当代社会的重要作用并积极举办有关福利，政府也加大了对职业福利的政策支持力度，社会公众的职业福利意识日渐强烈，但是仍然存在以下急需解决的主要问题。

（1）对职业福利的功能与定位的认识比较模糊。理论界和实际工作部门对现代新型职业福利构想在现代社会系统中的作用及定位仍较模糊，科学研究尚未清晰地把职业福利置于管理制度中一个十分明确的地位，使得全社会对职业福利的功能认识还没有上升到“必须”的高度，在现实中无论管理者还是社会公众都没能完全做到对之进行责任或义务式的处理。最主要的表现是职业福利激励作用的本质还远没能在社会中形成广泛而深刻的共识，以至于一些单位的职业福利依然停留在主要强调其保障和服务功能层面。

（2）现代职业福利的开发不够。主要表现在三个方面：一是缺乏长期战略考虑和整体系统开发，还存在着“特殊任务对应型”的单块福利及“领导情绪意志型”的短期化福利；二是福利项目开发不多，特别是满足现代社会人们个性化需求的高层次福利项目严重短缺；三是职业福利的举办未做到高效益，举办方法的科学性有待进一步改进，举办的协同性有待进一步提高。

（3）社会中各行业、职业间的职业福利还没有一个合理的、统一的标准。各行业、单位举办职业福利随意性较大，水平差距也较大，拥有优势资源的行业、部门、单位往往职业福利项目多、水平高，而弱势行业和单位的福利待遇则普遍较差。

下面以企业福利为例，对我国转型期职业福利的现状及存在的问题加以说明。

1. 转型期我国企业员工福利的现状

随着我国经济体制改革的推进，特别是提出建立现代企业制度和建立全国性多层次的社会保障体系以后，我国的企业福利制度也开始进行改革。我国企业福利从完全由企业统包统揽、企业承担过多的社会职能的传统企业福利制度，开始向逐渐独立起来、作为社会福利的补充而存在的一种激励员工提高劳动生产率的手段、为企业发展战略服务的制度的方向转变。

在我国经济转轨、社会转型时期，企业员工福利也处于转轨时期，主要表现是两极分化和新旧交替：如国有企业员工保障全面、水平较高，而不少其他所有制企业员工福利非常低；新的社会福利体系尚未完全确立，而旧的福利保险体制仍未完全废除。

在社会福利体系转轨过程中，企业的员工福利结构正发生着一系列的变化，员工福利由企业统包统揽转向以社会福利为基础、企业进行补充的形式。但是在实际运行中，不少企业采取了一边参加社会保险，一边实行原来的企业保险制的模式，如少数地区企业传统的劳保医疗办法仍没有废止，企业参加医疗社会保险的同时对现行员工福利开支仍然实行与以前大体一致的做法，企业的包袱并未真正得以减轻。尽管如此，新的企业员工福利体制的轮廓已初步具备：

（1）部分传统员工福利通过改革已演化为社会化的法定社会保障。根据我国社会福利体系的制度安排，我国已建立起全国统一的基本社会福利体系，使传统的员工福利出现了分离，其中传统的劳动保险部分按新的制度安排进入了社会统筹，国家开始承担基本社会保障责任。我国已普遍开展的城镇企业职工社会保险的项目主要有以下几种：一是以社会统筹与个人账户相结合为核心内容的基本养老保险；二是以统账结合为改革方向的医疗保险；三是以保障就业为出发点的失业保险；四是以与安全生产、工伤预防紧密结合为基本特征的工伤保险；五是以保障女职工合法权益为目标的女职工生育保险；六是以保障较低住房需求为目的的住房公积金制度等。按上述安排，全部进入国家基本社会福利体系，企业需缴纳职工工资总额33%左右的保险费，员工个人的投入也占到本人工资的15%左右。当然，不同地区由于实际情况不同而有所差别。

(2) 部分传统的保险福利演变成补充保险，补充基本社会保险水平的不足，并且职工个人负担部分缴费。由于基本保障（主要为养老和医疗）待遇下降，为维护职工的利益，我国鼓励企业建立补充养老保险，各地政府对此有一定的政策支持。一般做法是补充养老保险由企业在国家政策指导下，根据自身的经济效益为本单位职工建立，体现不同单位的效益差别。补充养老保险金的分配原则上按职工当年贡献的大小分别确定。补充养老保险的经费来源主要从企业节余的工资总额和公益金中解决；盈利多的企业，也可以适当在当年的收益中按照一年不超过本企业人均工资一个半月的水平提取，在“管理费用——劳动保险费”项目中列支。缴费也可以由企业和个人共同负担，但个人负担部分不得超过50%，基金归个人所有，采用个人账户方式，在退休后从账户中连本带息一次或多次领取，可以继承。补充养老由社保部门统一办理，收入免征个人所得税。

我国的补充养老保险制度是自愿的，它采取的是账户积累型（纳费型）的，储蓄性很强，是一种工资的延期支付，其优点是收益明确、管理方便，但它抵御通货膨胀风险的能力有限。这种模式的补充养老保险体制较为适应我国国情，但作为养老保险计划的重要渠道，其发挥的作用也较为有限。

商业寿险是商业寿险公司发展规模最大的险种，各种年金保险曾成为很好的卖点，这与人们较强的储蓄观念有关。在一段时期内，此类保险是企业为职工提供养老保障的重要渠道，由于此类保险往往带有一定的风险保障，个人也纷纷选择此类保险为自己增加养老保障。

在补充医疗保险方面，有条件的企业为员工建立补充医疗保险，提取额在工资总额4%以内的从成本中列支。但总体来看，补充医疗保险发展还比较慢，主要是通过商业健康保险，如十项重大疾病保险，以及作为附加险种的住院医疗和住院补贴等来实行，部分企业投保热情虽然较高，但由于风险过大，寿险公司对投保条件有不少限制，因此保险发展规模亦较为有限。

(3) 部分传统企业员工福利仍由企业承办，但还在演化。不少企业的后勤服务部门仍然较为完善，员工的生活服务如食堂等仍由企业承包，但企业的后勤服务部门正在不断精简，效率低下的福利设施正在减少；由企业直接经办的学校及培训中心仍然存在，但与企业经营目标无关的学校都已改造完毕，企业进行培训的方式更加丰富，能更为有效地为企业的经营需要服务。

2. 转型期我国企业员工福利的特点

(1) 员工福利社会化已成为主流。一是参加了国家基本保障的企业不断增加，传统体制下员工福利的大部分已融入或正在融入社会福利体系。二是企业福利在不断社会化，如原来由大型企业办的学校已进行大的改革，交由政府教育行政部门管理。随着社会相关服务业的发展，企业自办的福利不断减少。不少新企业自开办之日起，其员工福利计划就步入了科学规范的轨道。

（2）企业人力资源的风险管理水平有了很大程度的提高。我国商业寿险业的飞速发展，为企业进行人力资源的风险管理提供了很好的条件，特别是保险险种的不断丰富，使得企业的风险管理水平不断提高。

（3）员工的保险福利走向多层次化。既有按国家以法律规定的社会保险作为保障的基础层次，也有企业另外为员工建立的补充保险，包括由社会保险部门经办的补充养老和由商业保险公司经营的商业寿险、健康险、意外险等，还有企业自保形式的风险管理方式。

（4）企业员工福利开始显现企业特色。随着我国社会福利制度的进一步完善，企业、国家承担的责任更加明确，同时企业在市场竞争中为了取得竞争优势，在员工福利方面的自主意识明显增强，在这种社会环境下，企业开始自主安排自己的员工福利，更加丰富的员工福利开始出现，企业员工福利开始显现出企业的特色。

3. 转型期我国企业员工福利存在的问题

在我国社会转型、经济转轨的时期，我国企业员工福利还存在以下问题：

（1）国有企业员工福利社会化进程缓慢。主要是职工集体福利走向社会化的步伐较为缓慢。国有企业历史上建立的职工集体福利设施较多，企业原来建立的庞大的福利机构亦很庞杂，加之现有政策配套不够，财政支持缺位，使不少问题难以迅速得以解决。

（2）企业员工福利层次低。转型期我国企业员工福利大多为一般生活福利，缺少新时代的新内容。企业员工福利的结构不尽合理，主要是提供基本的生活和医疗保障，较高层次的员工福利如员工教育等由于多方面的原因发展缓慢，而且企业并未适应社会福利体系的改革对员工福利进行科学安排，远不能适应现代企业制度发展的需要。

（3）员工福利存在总量适度的问题。首先，国家对收入分配的调控主要体现在工资总额的管理，工资以外的保险福利却未得到足够的重视。其次，在企业的收入分配中，并未将员工福利真正纳入整个分配体系中考虑，不少企业被动地接受社会保险，明显忽视了企业自愿建立的员工福利，没有重视其所能发挥的作用，有的认为只需要提高职工的工资即可，或者建立员工福利时沿袭以前的企业办社会的做法。最后，尽管社会主义市场经济体制已经确立，企业面临的市场竞争更加激烈，但不少企业产权未明晰，或是约束软化，企业的短期行为依然存在，在建立员工福利时出现了新的分配不公；而且，大多数企业的人力成本预算中，并未建立对企业员工福利控制的科学管理办法。

（4）企业员工福利的结构不合理。由于保障能力有限，企业员工福利主要表现为职工养老和医疗以及职工集体福利开支，教育资助仍没有被作为一项员工福利进入整个员工福利体系之中。有的企业保证了过高的养老和医疗保障水平，却对教育的资助不够重视，加上管理不到位，形成了新的浪费和员工福利的不合理安排。

（5）企业员工福利的制度安排不到位。企业对员工福利的管理明显缺少计划性，未与企业组织目标有效地结合起来，整个保障措施也不成体系，难以体现现代企业理性发展的要求。

（6）企业员工福利支出呈现稳步上升的态势。根据《中国劳动统计年鉴》公布的最新统计资料，通过对1995年实施新的社会保障体系后我国各种所有制企业的员工福利现状进行分析，可以发现我国企业员工福利出现了以下趋势：一是国有企业离退休金占职工工资总额的比例还在不断上升。由于国有和城镇集体企业职工人数的连年下降，以及离退休人员的加速增长，因此随着人口老龄化和企业失业人员的增加，转型期企业按20%工资总额缴纳的社会养老保险费几乎全部用于现阶段离退休人员的离退休金，社会养老保险成为没有积累的现收现付，职工个人账户近乎空账。二是职工医疗卫生费在职工福利费总额中占很大比例，国有企业和城镇企业医疗费用占职工福利费用50%以上，其他经济类型也占到40%以上。尽管国有和城镇集体企业员工在减少，在职职工的医疗卫生费总量仍在不断上升，离退休人员医疗卫生费则更高。三是住房福利需求大。按照国家房改政策，将取消职工住房福利化分配，企业员工收入及其积累将成为住宅购置的主要来源，没有住房的员工迫切需要企业建立住房补贴，否则相当于员工实际收入水平的下降，但在转型期各项保障压力较大的情况下，不少企业没有能力为员工提供适当的住房补贴。

（二）转型期我国职业福利建设的制度安排

我国要最终实现完善社会主义市场经济条件下新型职业福利制度的目标还需要进行改革，在我国社会经济处于综合转型期的阶段，我国在职业福利建设方面的当务之急是要尽快做好职业福利建设的制度安排。

1. 政府要切实重视职业福利的作用，抓紧制定有关支持性的政策和法规

随着世界经济一体化趋势的不断加强，国家竞争力的提升依赖于各单位效能及广大员工积极性的充分发挥，而科学适度的职业福利在这方面的激励功能已为世界范围的实践所证明。因此，我国政府应抓紧制定促进职业福利发展的相关法律法规，如尽快颁布职业年金条例等，引导、支持社会单位尽早建立有自身特色的职业福利。

2. 进一步加快经济体制和政治体制改革

主要是按建设有中国特色社会主义的要求，明确各单位的责任，建立评价各类单位运行状况的科学标准，并通过制度提高各单位的责任感，促使各单位明确自身的责任，为高效实现自身目标而积极采用职业福利这一有效手段。

3. 大力推进社会福利制度改革

转型期社会福利制度改革的重点是针对社会福利责任划分不清晰这一困扰我国社会福利制度改革的最大问题，尽快完善社会福利责任共担机制。在我国新型社会福利体系已确立责任共担的原则下，明确政府、单位、个人应该承担的社会福利责任，并积极引导社会各界分担相应的社会福利责任。其中，政府主导整个社会福利制度并承担相应的财政责任，单位、个人有责任和义务参与社会福利并承担相应的缴费责任。由于职业福利同社会福利密切相关，我国必须大力推进社会福利事业的发展，应从社会福利制度化建设入手，尽快建立项目合理、实现开放化与社会化的新型社会福利体系，以促进职业福利迅速发展。

本章要点

1. 职业福利的功能及特点
2. 职业福利的实施与管理
3. 职业福利与社会福利的关系
4. 我国转型期职业福利的问题及其改革

基本概念

职业　职业福利　企业年金　带薪休假　职业福利方案

复习思考题

1. 为什么要建立职业福利制度？
2. 职业福利的主要内容有哪些？
3. 职业福利方案主要包括哪些内容？
4. 如何理解职业福利方案效果评估方法及应注意的具体事项？
5. 单位内职业福利管理的特征主要有哪些？
6. 如何理解职业福利与社会福利的关系？
7. 如何建立和完善我国的职业福利？

推荐阅读书目

1. 郑功成．社会保障学——理念、制度、实践与思辨．北京：商务印书馆，2000

2. 孙光德主编．社会保障学．北京：中国劳动出版社，1998

3. 廖泉文主编．社会报酬系统和社会保险系统．厦门：厦门大学出版社，1997

4. 李燕萍主编．人力资源管理．武汉：武汉大学出版社，2002

5. 周弘．福利的解析——来自欧美的启示．上海：上海远东出版社，1998

6. 谌新民．用人方略：人力资源运用系统．广州：南方日报出版社，2003

7. 李中斌．人力资源开发与管理通论．北京：经济管理出版社，2003

8. [美] 马西斯，杰克逊．人力资源管理精要．北京：机械工业出版社，2004

9. [美] 约翰·M·伊万切维奇．人力资源管理．北京：机械工业出版社，2003

10. 仇雨临．员工福利管理．上海：复旦大学出版社，2004

下 篇

改革与发展

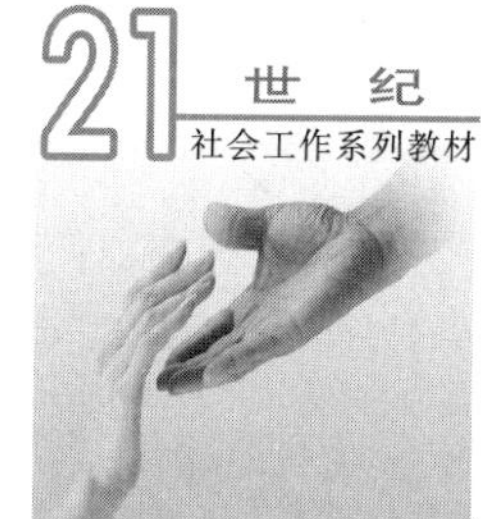

第九章

贫困与社会福利

学习目标

1. 了解并掌握贫困的概念、特点及分类；
2. 了解并掌握贫困的测量及贫困线标准的变迁；
3. 理解转型期的我国农村贫困和城市贫困及我国贫困的变化趋势；
4. 理解社会福利制度对贫困的缓解作用；
5. 掌握缓解农村贫困的社会福利措施；
6. 掌握缓解城市贫困的社会福利措施。

贫困人口是社会福利政策的重要对象。政府通过实施社会福利采取各种有效措施筹集资金，用再分配国民收入的办法，对社会上的贫者、弱者给予一定的经济补助，使其能够享受与经济发展水平相适应的最低生活标准；对社会上没有劳动能力的人实行社会救助，使其能够享受最基本的生活保障；对社会全体公民采取各类福利措施，从而能够起到“社会安全网络”的作用。完善的社会福利制度是缓解贫困的有效手段之一。

第一节　贫困及贫困的测量

一、贫困

（一）贫困的概念

贫困是对人类一种生存状态的描述，是指满足特定人群生存所需的物质供给、技能保障、意识引导，与社会平均水平相比处在匮乏乃至严重匮乏、甚至不足以维持基本生存的状态。

如果从英国的布什（Booth）和朗特里（Rowntree）的早期著作算起（布什的早期著作有1899年出版的《Labor and life of the People：East London》，郎特里的早期著作有1901年出版的《Poverty：a study of Town Life》），世界上从社会保障和社会救助的角度去研究贫困问题，迄今已有100年左右的历史了。在此期间，许多专家学者为了不同的研究需要，从不同的角度给"贫困"下了多种定义。

一般认为，"贫困是指缺乏所得，从而相应地导致低消费水平和福利水平的一种状况"[①]；或者说，"当其物质生活环境在道义上被认为是不可接受时，人们就应被认为处于贫困之中"[②]。在这里，贫困的定义是以消费水平和福利水平为基础的，主要还是经济范畴。阿马蒂亚·森（Amartya Sen）则用一个人所具有的可行能力，即一个人所拥有的、享受自己有理由珍视的那种生活的实质自由，来判断其个人的处境，因而，"贫困必须被视为基本可行能力的被剥夺，而不仅仅是收入低下"[③]。森认为，除了收入低下以外，还有其他因素也影响可行能力的被剥夺，从而影响到真实的贫困；而且，收入对可行能力的影响会随境况的改变而有所不同；就可行能力剥夺而言的"真实贫困"，在显著程度上可能比在收入空间表现出来的贫困更加严重，"对收入而言的相对剥夺会产生对可行能力而言的绝对剥夺"，因而在富裕国家处于相对贫困的人群，即使其绝对收入按世界标准是高的，也会在可行能力上处于非常不利的状态。这就使减少收入贫困的政策绝不可能成为反贫困的终极动机。[④] 显然，森的定义

① ［英］加雷斯·D·迈尔斯：《公共经济学》，84页，北京，中国人民大学出版社，2001。

② ［英］保罗·斯皮克尔：《贫困与福利国家——解开"神话"的面纱》，见丁开杰，林义选编：《后福利国家》，280页，上海，上海三联书店，2004。

③ 阿马蒂亚·森：《以自由看待发展》，85页，北京，中国人民大学出版社，2002。

④ 同上书，86～89页。

强调了人们所具有的可行能力，其贡献在于通过将注意力从手段（即收入）转向目的（即自由），加强了人们对贫困和剥夺性质及原因的理解，从而拓展了关于贫困问题的研究领域。

在各种关于贫困的定义中，世界银行在其发展报告中的定义最具有代表性。世界银行在其发展报告中关于贫困的定义经历了从仅关注消费到同时着眼于人文的发展变化等过程。《1981 年世界发展报告》中关于贫困的定义是："当某些人、某些家庭或某些群体没有足够的资源去获取他们在那个社会公认的、一般都能享受到的饮食、生活条件、舒适和参加某些活动的机会，就是处于贫困状态。"这一定义注重的是"饮食、生活条件、舒适和参加活动的机会"，是以消费水平为基础的，还主要是经济范畴。《1990 年世界发展报告》中关于"贫困"的定义与《1981 年世界发展报告》相比，有了明显的变化。《1990 年世界发展报告》指出衡量"贫困"不仅要考虑家庭的收入和人均支出，还要考虑那些属于社会福利的内容，如医疗卫生、预期寿命、识字能力以及公共货物或共同财产资源的获得情况，并使用营养、预期寿命、5 岁以下儿童死亡率及入学率等指标。这一定义是对以消费为基础衡量"贫困"的定义的补充。随着人类对于贫困问题认识的深化，国际社会开始更加注重从人文发展的角度来衡量一个国家的贫困程度。联合国发展计划署在《1997 年人类发展报告》中提出了"人文贫困"的概念。这一概念不仅包括人均国民收入的因素，也包括人均寿命、卫生、教育和生活条件等因素，即 40 岁以前可能死亡的人口比例、文盲率、获得基础卫生保健服务、可饮用水和合适食物的状况等。根据这一新标准，中国被排在全球 175 个国家和地区中的第 108 位。这个标准基本上代表了当前文明发展程度下人类对于相对贫困内涵的理解水平。

我国理论界对"贫困"的理解也有一些变化。一种观点认为，"贫困"是"个人或家庭依靠劳动所得和其他合法收入不能维持其基本的生存需求。"[①] 这一定义强调的是经济意义上的贫困，而且是绝对贫困。

随着人们对贫困问题认识的不断深化，人们开始更多地关注生存质量与发展前景。因而有人提出"贫困是经济、社会、文化落后的总称，是由低收入造成的基本物质、基本服务相对缺乏或绝对缺乏以及缺少发展机会和手段的一种状况。"[②]

我国许多学者从参与扶贫的实践中认识到生存质量同样是贫困人群面临的首要问题，从而把贫困定位于生存状态领域的问题。有学者对什么是贫困给出了一系列定位。"贫困是人的一种生存状态，这种生存状态中，人由于不能合法地获得基本的物

① 国家统计局农调总队：《中国农村贫困标准研究报告》，1989。

② 林闽钢：《中国农村贫困标准的调查研究》，载《中国农村经济》，1994（2）。

质生活条件和参与基本的社会活动的机会，以至于不能维持一种个人生理和社会文化可以接受的生活水准。”在这个定义中，贫困是一个历史的概念，而且因民族文化的不同而有很大的差异。贫困还是一个外延广阔的概念。贫困定义中的“物质生活条件”不仅包括食品、衣着、住房，还包括教育、医疗卫生、基础设施、生态环境。“社会活动”不仅包括一般的人际交往，还包括宗教活动和政治参与。因此，贫困不仅包括经济意义上的狭义贫困，还包括社会、文化、政治意义上的广义贫困。贫困既是一个绝对概念，又是一个相对概念。就经济意义上的贫困而言，绝对贫困又称生存贫困，是指在特定的社会生产方式和生活方式下，个人或家庭依靠劳动所得或其他合法收入，不能满足最基本的生存需要，生命的延续受到威胁。相对贫困一方面指由于社会经济发展，贫困线不断提高而产生的贫困；另一方面指同一时期，由于不同地区之间、各个社会阶层之间和各阶层内部不同成员之间的收入差别而产生的贫困。如有些国家把低于平均收入40％的人口归为相对贫困人口。世界银行的专家认为，收入低于平均收入1/3的社会成员便可视为处于相对贫困状态。这个贫困的概念不仅包括较长时期内难以超越的贫困状态，也包括短期的贫困，如由于自然灾害、宏观经济波动、疾病等原因造成的暂时性贫困。①

人们的这种认识也影响到政策的研究制定。《国家八七扶贫攻坚计划》就把消灭农村绝对贫困的标准制定为：解决温饱问题，按1990年不变价格计算，绝大多数贫困户年人均纯收入达到500元以上，扶持贫困户创造稳定解决温饱的基础条件；加强基础设施建设，基本解决人畜饮水困难，绝大多数贫困乡镇和集贸市场、商品产地的地方通公路，消灭无电县，绝大多数贫困乡用上电；改变教育文化卫生的落后状态，基本普及初等教育，开展成人职业技术教育和技术培训，改善医疗卫生条件，严格实行计划生育。这从某种意义上证明了反贫困研究发挥的作用及对现实的影响。

（二）贫困的特点

根据以上关于贫困的定义，可以归纳出贫困具有以下特点。

1．贫困具有多元性

根据贫困的定义可以看出，贫困可以从经济、社会、文化、精神等角度去分析，但主要还是要从经济意义上来把握。对贫困表达方式的不同，只是反映了对贫困问题某一侧面的重视和强调。

2．贫困具有社会性

指贫困是低于“最低”或“最起码”的生活水准，而这种“最起码”是得到社会

① 参见康晓光：《中国贫困与反贫困理论》，2～3页，南宁，广西人民出版社，1995。

公认的。所谓贫困标准的制定，就是根据社会公众认可的标准，开出维持最低生活需要的一张“清单”。

3. 贫困具有不完整性

贫困直接表现为“低收入”，缺乏“物质和服务”，其实质是缺乏“手段”、“能力”以及“机会”。从这种意义上说，贫困问题可视为缺乏问题。

4. 贫困具有相对性

从纵向看，贫困是一个历史概念，虽然在某个年度和若干年份它是静态的、不变的，但在一个较大的时间跨度内，它是动态的，其变化的速率依经济发展快慢和公众对最低生活水平理解的变化而定。从横向看，贫困的标准也是不同的，它主要取决于一国的社会经济发展水平。由于各国的经济发展差异较大，因此，很难用一些固定不变的标准和指标加以评定。

（三）贫困的类型

从不同的范围和角度看，贫困可以划分为不同的类型。

1. 绝对贫困与相对贫困

绝对贫困又叫生存贫困，是指在一定的社会生产方式和生活方式下，个人或家庭所得不能维持基本生存需要的状况。绝对贫困的特征是：在生产方面，贫困人口或贫困户缺乏扩大再生产的物质基础，甚至难以维持简单再生产；在消费方面，贫困人口或贫困户未能满足衣食住行等人类基本生存需要，生活达不到温饱水平，劳动力本身再生产难以维持。

相对贫困一方面是指随着不同时期的不同生产方式和生活方式的变化而产生的贫困标准的变化，另一方面是指同一时期不同社会成员之间、不同地区之间因收入差异而产生的低于社会认定的某种水平的状况。相对贫困的出发点不是人的生存或人的生理效能所需要的最低标准，而是人们之间收入的比较和差距，即生活水平最低的部分人口或地区称之为相对贫困。如有些国家把低于平均收入40%的人口归为相对贫困人口。世界银行的专家认为，收入低于平均水平1/3的社会成员便可视为处于相对贫困状态。

2. 狭义贫困与广义贫困

狭义贫困仅指经济意义上的贫困，反映维持生活与简单再生产的最低标准，社会保障制度主要解决狭义的贫困问题。广义贫困涉及经济、社会和文化等方面的综合因素，是指在经济意义之外，还包括诸如人口平均预期寿命、文化程度、婴儿死亡率、社会保障和环境等方面的状况。

对于个人或家庭来说，经济意义上的贫困可以在其生存生活中的每时每刻反映出来，而其他方面的差别，如婴儿死亡率等是在一定的社会时期或家庭生活的某一阶段才能反映出来，因此对于个人或家庭来说，贫困主要是狭义贫困。而对国家或地区而言，贫困主要是指广义的贫困。由于经济水平和社会发展水平是相互影响和相互制约的，社会发展水平主要取决于经济发展水平，因而经济意义上的贫困，即狭义贫困是贫困的最主要内容。

3. 区域贫困与个体贫困

如果按照某种划分贫困的标准，某区域被认定为处于贫困状态，则称为区域贫困。如果按照某种划分贫困的标准，某个人被认定处于贫困状态，则称为个体贫困。区域贫困与个体贫困在多数情况下是联系在一起的，区域贫困一定含有个体贫困的发生，而个体贫困则未必伴随着区域贫困。

4. 长期贫困与暂时贫困

如果某种贫困状态已经存在了很长的时间，或经过长时期仍不能摆脱，那么称这种贫困状态为长期贫困。而暂时贫困是指由于自然灾害、疾病或其他突发性事件造成的贫困。长期贫困与暂时贫困是两个相对应的概念，也是处理和解决贫困问题时应该考虑的问题，它对我们有区别地或分轻重缓急地采取有效的扶贫措施具有一定的意义。某些暂时贫困如果处理不当，也会发展成为长期贫困。

5. 绝对贫困、基本贫困与相对贫困

1993年，唐森（Peter Townsend）在传统的绝对贫困与相对贫困的“二分法”基础上①，又进一步将贫困划分为三个层次（类型），即“维持生存”、“基本需求”和“相对遗缺”。② 香港的莫泰基也将贫穷分为绝对性贫穷、基本性贫穷和相对性贫穷三个层次。他认为，绝对性贫穷是指只能满足生理上的需要来维持生命的生活状态，这一层次的物质生活标准不会因时间、文化和社会组织的变化而有很大改变；基本性贫困是指物质条件已能满足生理上的需要，但在衣食住行方面却很不稳定，这一层次的物质生活会因时间、文化和社会组织的变化而有所变异，但不一定随经济发展特别是国民收入的增长而改变；相对贫困是指与整体社会的经济发展连接在一起的，特别是该社会的国民收入和工资水平。

唐森和莫泰基“三分法”的创见在于，它更为详细地分析了贫困的实际状况，指出介于绝对贫困和相对贫困之间还有一部分上下浮沉、处于不稳定状态的贫困者。由此得出，贫困有绝对贫困、基本贫困、相对贫困三种类型。

---

① See Peter Townsend, *Poverty in the United Kingdom: a survey of household resources and standards of living*, Berkeley, University of California Press, 1979, p. 31.

② See Peter Townsend, *The International Analysis of Poverty*, Hemel Hempstead, Harvester Wheatsheaf, 1992; New York, Harvester, 1993, p. 291.

这种分类实际上与我国反贫困实践中关于解决温饱的标准是相符合的。《国家八七扶贫计划》的目标是力争用 7 年左右的时间基本解决全国农村 8 000 万贫困人口的温饱问题。这里的“温饱”实际上也是一种贫困状态。温饱以下即为未解决；温饱以上相应为已解决温饱或巩固温饱；巩固温饱以后才能进入小康、致富。由此可知，我国的贫困问题可以划分为三种类型：绝对贫困（或未解决温饱）、基本贫困（或基本解决温饱）、相对贫困（或巩固温饱）。与之相对应，贫困人口也可划分为三种类型：未解决温饱型（绝对贫困型）、基本解决温饱型（基本贫困型）、巩固温饱型（相对贫困型）。显然，处于不同贫困状态的贫困人口必然会在生存环境、基本需求等方面有明显不同。

二、贫困的测量

贫困的测量要解决的问题是：谁是贫困人口？一个地区或国家有多少贫困人口？一般的做法是先确定一个贫困线，然后根据这个贫困线再确定贫困人口，从而衡量一个国家或地区的贫困程度。在这里，贫困线就是衡量个人、家庭或某一地区贫困与否的界定标志或测定体系。

（一）贫困的测度

1. 洛伦兹曲线

洛伦兹曲线（Lorenz curve）是美国统计学家洛伦兹（M. Q. Lorenz）提出的鉴定社会收入分配平均程度的一种方法。

洛伦兹首先将一国总人口按收入由低到高排列，然后考虑收入最低的任意百分比所得到的收入百分比，最后将这样得到的人口累计百分比和收入累计百分比的对应关系描绘在图形上，就得到了洛伦兹曲线，见图 9—1。

在图 9—1 中，横轴 OP 表示人口（按收入由低到高分组）累计百分比，纵轴 OY 表示收入（或财产）的累计百分比（从收入最少的人开始计算），ODL 为洛伦兹曲线。连接原点 O 与对角 L 的 45 度直线 OL 为绝对平均线。在这条线上，任何一点的横坐标和纵坐标都相等。这意味着从社会上最穷的人开始计算，总人口中最穷的 5%人口拥有全社会总收入（或总财产）的 5%，总人口中最穷的 10%人口拥有全社会总收入（或总财产）的 10%，等等。总之，社会中最穷的人口所拥有的收入（或财产）在全社会总收入（或总财产）中所占的比例，与这些人口在总人口中所占的比例是相同的。这意味着社会的收入（或财产）分配是绝对平均的。OPL 为绝对不平均线。OP 线上的任何一点的纵坐标都等于 0，这意味着除了 PL 线代表的最后一个人以外，其他人的收入（或财产）都是 0，社会所有的收入（或财产）都归最富有的那一个人所拥有。

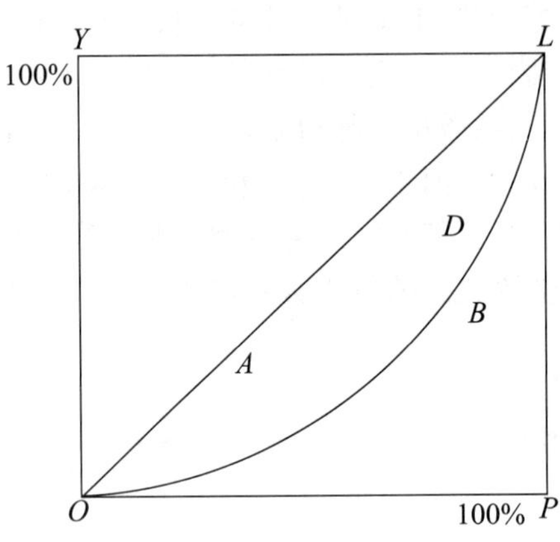

图 9—1　洛伦兹曲线

由于洛伦兹曲线位于绝对平均线 *OL* 与绝对不平均线 *OPL* 之间，显然，洛伦兹曲线的弯曲程度就具有重要的意义。洛伦兹曲线的弯曲程度越大，即 *ODL* 离绝对不平均线 *OPL* 越近，收入分配程度越是不平等；相反，洛伦兹曲线的弯曲程度越小，即 *ODL* 离绝对平均线 *OL* 越近，收入分配程度就越是平等。特别是，如果收入分配绝对不平均，则洛伦兹曲线 *ODL* 与绝对不平均线 *OPL* 重合；如果收入分配绝对平均，则洛伦兹曲线 *ODL* 与绝对平均线 *OL* 重合。

一般来说，一个国家的收入分配既不是绝对不平均，也不是绝对平均，而是介于两者之间。相应地，洛伦兹曲线既不是绝对不平均线 *OPL*，也不是绝对平均线 *OL*，而是像 *ODL* 那样向横轴凸出，但凸出的程度有所不同。

2. 基尼系数

基尼系数（Gini coefficient）是衡量一个国家贫富差距的重要指标。它是由意大利经济学家基尼（C. Gini）根据洛伦兹曲线做出的衡量收入分配平等程度的指标。

根据洛伦兹曲线可知，收入分配越不平均，洛伦兹曲线就越是向横轴凸出，从而洛伦兹曲线与绝对平均线 *OL* 之间的面积就越大。因此，可以将洛伦兹曲线与绝对平均线 *OL* 之间的部分 *A* 叫做“不平均面积”。当收入分配绝对不平均时，洛伦兹曲线（变为绝对不平均线 *OPL*）与绝对平均线 *OL* 之间的部分即 $A+B$，就是“绝对不平均面积”。其中，*B* 为实际收入（或财产）分配曲线与绝对不平均曲线之间的面积。不平均面积与绝对不平均面积之比，称为基尼系数。如果用 *G* 表示基尼系数，则有

$$G=\frac{A}{A+B}$$

显然，如果 $A=0$，则 $G=0$，收入（或财产）分配绝对平均；如果 $B=0$，则 $G=1$，收入（或财产）分配绝对不平均。实际的基尼系数一般位于 0 与 1 之间。基尼系数越小，收入（或财产）分配越平均；基尼系数越大，收入（或财产）分配越不平均。

利用洛伦兹曲线和基尼系数可以分析收入（或财产）分配的平均程度，但其前提条件是要明确多大的收入（或财产）分配差距是合理的。我国根据国内外大量研究得出基尼系数的标准参数是：基尼系数在 0.2 以下为高度平均，在 0.2～0.3 之间为相对平均，在 0.3～0.4 之间为比较合理，在 0.4 以上为差距偏大。

（二）贫困的指标

目前国际上通用的衡量贫困的指标有三种。

1. 恩格尔系数

恩格尔系数是指居民全年的食品支出与消费支出的比率。一般而言，恩格尔系数越高，一个家庭或个人的生活水平就越低。采用恩格尔系数划分贫富的标准是：恩格尔系数达 59%以上者为绝对贫困；50%～59%为勉强度日；40%～50%为小康水平；30%～40%为富裕；30%或以下则为最富裕。通常情况下，恩格尔系数达 60%为贫困线（更准确地说为绝对贫困线）的标准，食品支出除以 60%就是贫困线。

由于各国经济结构、生活习惯、个人消费支出的内容等不同，如果仅用恩格尔系数这一指标来比较各国的生活水平和一部分人的贫富状况，会因各国特殊的国情及人们实际生活状况的差异而产生差异。因此，一些学者提出还应考虑运用其他一些指标。

2. 人均国民生产总值

人均国民生产总值是指一国一定时期内（如 1 年）的国民生产总值与其同期总人口的比率。它是国际上衡量各国经济发展水平和贫富状况的重要经济指标。

人均国民生产总值这一指标基本上能反映富国与穷国在人均国民生产总值上的重大差别，但并不足以衡量人们贫富差异的实际状况。

3. 实际生活质量指数

实际生活质量指数由婴儿死亡率、1 岁婴儿的预期寿命和成人识字率等组成。该指数采取 0～100 分级的指标体系，将上述三个指标体系以一个合理的标准分别换算成指数，然后取其平均数。

根据实际生活质量指数，人们能较好地判断出一个国家的教育、卫生设施的普及程度及人民的营养状况，这些情况本身又反映着就业、工资、保障、福利的状况。

除了以上衡量贫困的指标以外，还有一些贫困线指标：

（1）国际贫困标准法。国际贫困标准法实质上是一种收入比例法，它将一个国家或地区的中位收入或平均收入的50%～60%作为这个国家或地区的贫困线。这种方法易于操作。

（2）人头比例法。人头比例法是将人口分成若干等分组，取其最低收入组的居民收入作为贫困线。不同国家、不同地区采用不同的比例，如5%、8%、10%和20%等。这种方法也比较易于操作。

（3）市场菜篮法。市场菜篮法是首先确定一张生活必需品的清单，清单中包括社会公认的最起码的生活水准的必需品的种类和数量，并根据市场价格确定获得这些必需品的现金，这个金额就是贫困线。

（三）我国农村贫困线的确定

我国主要依据"马丁法"并根据中国贫困地区的实际情况确定农村绝对贫困线。所谓"马丁法"是指美国经济学家马丁对一些有影响力的方法进行提炼，在过去研究方法的基础上，结合食品能量法和食品分配法的基本原理，提出的一个比较理想的确定贫困线的方法。其基本原理是：贫困线由两部分组成，一部分是食物贫困线，另一部分是非食物贫困线。食物贫困线是指按人体生存需要的一组基本食物定量的价值量，非食物贫困线是指人们为满足基本生存所必需的衣着、住房、医疗等费用支出。两者合起来构成贫困线。①

具体来说，我国农村贫困线确定的依据与过程大致如下：1984年，国家统计局进行了一场大规模的农村住户抽样调查。在调查的基础上根据"马丁法"经过认真测算，确定了我国农村贫困标准。依此标准再考虑物价上涨因素，得出每年现价的贫困线。具体计算过程是：首先根据营养部门专家的意见选择最低热量摄入量；然后选择合理的食物消费项目和数量；再结合调查得来的相应价格水平，计算出最低食品费用支出；最后用最低食品费用支出除以合理的食品支出占生活消费支出的比重，所得商即贫困线。这种方法集中考虑了人们基本生活需求中最重要的部分——食物消费，同时，以合理的比例考虑了衣着、住房、交通、燃料、日用品及医疗、教育、娱乐、医务等基本消费，易于操作，而且评估结果与用其他较复杂的方法估计的结果相差无几。

可以看出，中国农村贫困线的确定过程涉及以下几个重要方面。

1. 最低热量摄入量

最低热量摄入量是指维持人们正常生活所必需的热量摄入量的低限。世界银行一般把2 150大卡作为最低热量日摄入量。我国营养专家测算，中国居民维持正常生活

① 参见曹洪民：《关于贫困的标准》，载《中国贫困地区》，1997（5）。

的热量日摄入量应为 2 400 大卡，最低限度为 2 000 大卡。考虑到农村居民主要从事体力劳动的实际情况，在确定贫困线时采用了 2 100 大卡作为最低热量摄入量。

2. 基本食品消费项目与数量

基本食品消费项目与数量的选择应遵循三个原则：一是必须与什么是绝对贫困状态的认定标准相一致，不能包括一些有害性和享受性的食品，即使是最必需的食品消费也不能过量；二是根据该食品消费项目及消费量计算热量摄入量必须达到 2 100 大卡；三是食品消费项目及消费量必须符合我国农村居民的实际情况。

3. 食品支出比重

食品支出比重指在总的生活消费支出中食品支出所占的比重。1978—1985 年是我国农民收入增长最快的 6 年，也是农村贫困人口减少最快的 6 年。1984 年农村居民的食品支出比重在历史上第一次降到 59%。根据对 1984 年我国农村居民的消费结构以及恩格尔系数在我国农村的适用性分析，食品支出比重被定为 60%。从我国农村的实际出发，这一比重是比较合适的，和国际上公认的比例也比较一致。

4. 最低食品支出

国家统计局在进行调查时确定，凡是出售的产品按出售价格计算，凡是购买的产品按购买价格计算，对于自产自用的产品，按国家牌价计算。农民的收入、消费包括基本食品价格等都按这个标准计算，最后得出一个农民基本食品消费的混合平均价格。然后根据各项食品消费及其相应的混合平均价格计算出最低食品消费金额之和。经计算，1984 年农村居民的人均最低食品消费额为 119.73 元。

根据上述办法，用最低食品消费金额除以食品支出比重，即 119.73 元除以 60% 就得到 1984 年我国农村贫困线为 199.6 元，约为 200 元。1984 年农村居民贫困线确定后，再根据农村物价指数的变化，计算出 1985 年以后各年的贫困线，即 1985 年为 206 元，1986 年为 213 元，1987 年为 227 元，1988 年为 236 元，1989 年为 259 元，1990 年为 268 元。从 1990 年起，对农村居民自产自用农副产品的价格进行了调整，计算出 1990 年新的农村贫困标准为 300 元。以后，根据农村物价指数的变化，计算出 1991 年的农村贫困线为 304 元，1992 年为 317 元，1995 年为 530 元，2000 年为 625 元，2001 年为 630 元，到 2004 年这一标准为 668 元。

三、贫困线标准的变迁

如何认定贫困人口，国内外学者的计算方式和统计口径有所不同。世界银行运用贫困人口调查指数（贫困线以下人口在总人口中的百分比）和贫困差距（贫困人口总收入不足在总消费中所占的百分比）两个指标估测一个国家的贫困程度。此外，把 5

岁以下儿童死亡率、预期寿命和净小学入学率等社会指标作为上述指标的补充。根据34个发展中国家和工业国人均消费估计的国别贫困线，按1985年美元购买力平价计算，上限为370美元，下限为275美元。据此，世界银行专家认为，1985年中国贫困人口为2.1亿，贫困人口调查指数为20%，其中赤贫（下限指标）人口8 000万，贫困人口调查指数8%；贫困差距分别为3%和1%。世界银行估计1985年中国农村贫困人口调查指数为10%。如果按中国的标准计算，贫困线以下的穷人消费或收入的平均贫困差距（即平均不足）同年为25%。所有这些都远远低于印度的同一指标。中国的指标也都优于印度和整个发展中国家的平均水平。

世界银行在《1990年世界发展报告》和1993年的另一个报告中采用了人均日消费支出1美元（1985年购买力平均价美元）作为国际贫困标准，再根据购买力平价把这个标准换算成各种货币即可得出各地的贫困线。按照这个标准，如果简单地按官方汇率折算，我国贫困线应为300多元人民币，贫困人口为3.5亿人，贫困率为29.4%，这显然不符合我国实际。在我国，农村土地公有，农民所要解决的问题只是改善现有的生产和生活条件，提高收入，这与许多国家农民没有土地所造成的贫困有本质的差别，由于我国贫困线不包括这部分生产资料成本费用，我国农村贫困标准当然相对偏低。如果采用更客观的建立在消费基础上的购买力平价折算，实际情况也并非如此。根据国家统计局的测算，我国农村的贫困标准与国际标准差别不大。

实际上，尽管绝对贫困的标准客观上应该是一致的，但由于测量方法、测量单位等不同，世界各国的贫困线很难做到完全一致，就连一些有影响的国际组织提出的贫困线在不同地区也有不同的标准。据有关材料，1976年国际劳工组织曾制定了一条贫困标准，其中西欧为年人均收入500美元，拉美为180美元，非洲为115美元，亚洲为100美元。

第二节　我国的贫困问题

贫困按照其涵盖的人口范围不同可以分为农村贫困和城市贫困。而农村贫困又往往是与区域性贫困联系在一起的。

一、转型期的我国农村贫困

（一）我国农村缓解贫困的历史进程

贫困是全球社会的一个普遍性社会问题。脱胎于落后的生产力和凝固的生产关系的我国农村一直处在非常贫苦的低收入水平上，这是一种普遍的贫困状态。新中国成立以后，我国农村的全新发展面貌让许多农民告别了落后与贫穷，但贫困仍然广泛存在。我们可以结合改革开放以来我国缓解贫困的实践来观察农村贫困的历史发展。因为缓解贫困的过程实质上就是一个贫困、贫困人口和贫困地区的社会建构过程。

1. 1978—1985 年是缓解农村贫困的第一个阶段

这个阶段的特点是贫困人口总量大、减贫速度快，缓解贫困的主要手段是通过农村改革提高农民收入，制度化的减贫措施并没有出现。1978 年，按当时我国政府确定的贫困标准，农村贫困人口有 2.5 亿人，占农村总人口的 30.7%。可以说这个贫困发生率相当高，其原因在于农业生产水平低下，人民公社制度导致整个农业生产的低效率，粮食产量不足以保证农民的最低生活水准。1978 年以来农村贫困线、贫困发生率及贫困规模，见表 9—1。

表 9—1　　1978 年以来农村贫困线、贫困发生率及贫困规模

年份	贫困线（元/人）	贫困发生率（%）	贫困规模（万人）
1978	100	30.7	25 000
1984	200	15.1	12 800
1985	206	14.8	12 500
1986	213	15.5	13 100
1987	227	14.3	12 200
1988	236	11.1	9 600
1989	259	11.6	10 200
1990	300	10.8	9 700
1992	317	9.8	8 900
1994	440	7.7	7 000
1995	530	7.1	6 540
1997	640	5.4	4 962
1998	635	4.6	4 210
1999	625	3.7	3 412
2000	625	3.5	3 209
2001	630	3.2	2 927
2002	627	3.0	2 820
2003	637	3.1	2 900
2004	668	2.8	2 610

资料来源：《1978—2000 年农村居民贫困状况》，http：//www.stats.gov.cn/tjsj/qtsj/ncjjzb/t20021022 38944.htm；张岩松：《发展与中国农村反贫困》，北京，中国财政经济出版社，2004；《中国统计年鉴（2005）》；《中国农村贫困监测报告（2005）》；全国农村住户抽样调查 2005 年数据。

1978 年开始的家庭联产承包责任制通过制度创新激发了农民的生产积极性，粮食产量迅速上升，与此同时，农产品的价格有所上升，农村的非农化过程逐步开始。因此从 1978 年到 1985 年，农民的纯收入增长了 2.6 倍，贫困人口减少了一半，由 1978 年的 2.5 亿人下降到 1985 年的 1.25 亿人，占农村总人口的 14.8%，贫困人口每年减少 1 786 万人。①

2. 1986—1993 年是缓解农村贫困的第二个阶段

这一阶段的主要特点是出现了制度化减贫政策，开发式扶贫政策贯穿这一阶段，减贫速度相当可观。1986 年政府开始由救济性扶贫政策向开发式扶贫政策转变，这个转变体现在于 1986 年 6 月成立了正式的专门扶贫工作机构（即国务院贫困地区经济开发领导小组），在财政支出中单列专项资金，出台了一系列的扶贫开发政策。同年，国务院将 1985 年农民人均纯收入低于 150 元的县确定为国家重点贫困县，这一时期的扶贫政策是实施区域瞄准机制，在确立贫困地区的基础上以地区开发为手段，借助贫困地区经济发展的“滴注”效应使农民脱贫致富。

1993 年，贫困县的人均纯收入由 1986 年的 206 元增长到 483.7 元，农村贫困人口从 1985 年的 1.25 亿人下降到 8 000 万人，平均每年减少 640 万人，年递减 6.2%，贫困人口占农村总人口的比重下降到 8.7%。②

3. 1994—2000 年是缓解农村贫困发展的第三个阶段

这一阶段减贫速度放慢，减贫任务更加艰巨，社会力量全面介入减贫。1994 年国家《八七扶贫攻坚计划》公布实施，它标志着中国反贫困进入一个新的历史时期，该计划明确提出：集中人力、物力、财力，动员社会各界力量，力争用 7 年左右的时间，到 2000 年年底基本解决农村贫困人口的温饱问题。这个计划的最重要特点是其对社会动员的强调，也就是说，从政策上认识到了缓解贫困需要从政府到民间的整个社会力量的资源动员。

2000 年农村贫困人口依然有 3 000 万人，其中国家重点扶持贫困县的贫困人口为 1 710 万人。3 000 万贫困人口中的一部分是丧失劳动能力的残疾人和社会保障对象，需要家庭供养和社会救济，这类贫困人口具有一定的普遍性，任何社会都有一定数量的人口依靠政府或社会救济。另一部分是生活在生存条件非常恶劣、基础设施薄弱和社会发育落后的地区，短期内难以就地脱贫。

4. 2001—2010 年是以综合扶贫问题为特征的第四个阶段

这一阶段以《中国农村扶贫开发纲要（2001—2010 年）》的颁布为标志，中国反贫困进入综合扶贫阶段。《纲要》将扶贫开发工作的重点从解决温饱调整为解决温饱

①② 参见中国扶贫开发服务中心：《扶贫开发的历程与成就》，http：//www.help-poverty.org.cn。

与巩固温饱并重，工作对象从绝对贫困人口调整为绝对贫困加低收入人口。针对贫困人口分散化的特点，扶贫的区域对象从592个重点县进一步细化为14.8万个重点村，使之覆盖80%左右的贫困人口；而且更多关注贫困村，确定了以贫困村为重点的“整村推进”专项扶贫工作方案，通过制定和实施参与式村级扶贫规划启动了大规模参与式社区综合发展与扶贫的实践。2005年以来，国务院扶贫办与有关政府部门、国际金融机构及NGO合作，在一些贫困地区进行了“扶贫互助社”、“村级互助资金”、“社区主导型发展”等以增能（empowerment）为基本理念的扶贫模式试点。

国务院扶贫办公布的《中国农村扶贫开发纲要（2001—2010年）》中期评估结果显示：《纲要》实施五年后，全国没有解决温饱的贫困人口减少了562万，低收入贫困人口减少了2 035万，我国扶贫工作已由解决温饱为主转入解决温饱和巩固温饱并重的新阶段。同时，评估结果也显示，进入新阶段我国扶贫开发工作呈现四个明显的特点：一是脱贫成本增加；二是减贫速度放缓；三是贫困人口分布呈现点（14.81万个贫困村）、片（特殊贫困片区）、线（沿边境贫困带）并存的特征；四是贫困群体呈现大进大出的态势。因此，在中期评估的基础上，国务院扶贫办提出了“十一五”扶贫工作的目标，即基本解决农村贫困人口的温饱问题，并逐步增加其收入；按照建设社会主义新农村的要求，基本完成14.81万个贫困村的整村推进扶贫规划。

2008年5月，国务院扶贫办与农业部、国家林业局等13个部门联合下发了《关于共同促进整村推进扶贫开发工作的意见》。在全面推进整村推进工作的基础上，进一步加大对三类地区贫困村的整村推进工作力度：一是人口较少民族中尚未实施整村推进的209个贫困村；二是内陆边境48个国家扶贫开发工作重点县中尚未实施整村推进的432个贫困村；三是重点县中307个革命老区县里尚未实施整村推进的24 008个贫困村。

通过完善国家扶贫战略和政策体系，坚持开发式扶贫方针，重点提高农村贫困人口的自我发展能力，实现农村最低生活保障制度和扶贫开发政策的有效衔接。近几年来，我国在农村贫困减少方面有了进一步发展：农村贫困总人口从2000年的3 209万下降到2006年的2 100万。贫困发生率从2000年的3.5%下降到2006年的2.3%。[①]

（二）我国农村贫困的现状和特点

尽管我国的扶贫开发工作取得了很大的成绩，贫困人口的数量越来越少，贫困地

① 参见国家统计局社会经济调查司：《中国农村住户调查年鉴》，45页，北京，中国统计出版社，2006；国家统计局：《2007年国民经济和社会发展统计公报》，http://www.stats.gov.cn/tjgb/ndtjgb/qgndtjgb/t20080228_402464933.htm。

区的生存环境日益得到改善，但目前的贫困问题依然十分严峻。目前我国农村贫困的主要特征和分布状况具有如下特点。

1. 贫困地区的分布相对集中成片，呈现出明显的区域性特征

目前剩下的贫困人口主要集中分布在西南、西北的深山区、石山区、高寒区、黄土高原区、边疆地区、地方病高发区。这些地区多为革命老区和少数民族地区。在592个国家贫困县中有少数民族县257个。在全国18个集中连片的贫困区域中，极贫困代表区域有两片。一片是甘肃中部和宁夏南部的黄土高原干旱地区，面积约38万平方公里。这里生态环境恶劣，土地沙漠化和水土流失严重，地下水位低，严重干旱缺水。另一片是位于云南、广西、贵州的喀斯特地貌区，面积约45万平方公里。这里耕地稀缺，植被破坏严重，岩石裸露，降水很快就流失和蒸发，无法涵养水分。

2. 社会发育程度低，贫困程度深

目前农村贫困地区绝大多数都是地处偏远，交通不便，信息闭塞，资源匮乏，生态环境恶化，文化教育落后，经济发展缓慢，农民素质较低。由于这些因素的制约，到1997年底剩下的5 000万没有解决温饱的贫困人口中50%以上处于极端贫困状态，缺少最基本的生产、生活条件。在全国592个国家重点扶持的贫困县中还有2 800万人口、2 600多万头大牲畜常年饮水困难；有16.4%的行政村没有通公路，约25%的行政村村民外出要到20公里外的地方乘车；有12%的行政村没有通电；有1/3左右的行政村没有通邮，11.3%的行政村离邮电所的距离在10公里以上。据对贵州省省级贫困县的调查，农户平均缺粮3～6个月。如春天借粮100斤，秋后要还120斤。有的农户因欠债太多，打下新粮全用于还账，然后再借，粮债成了无底洞。许多农户由于没有自我积累，“屋里无箱柜，床上无被褥，抬头看见天，四周不挡风”的现象极为普遍。

3. 返贫率较高

解决贫困地区的温饱问题，主要是针对食不果腹、衣不蔽体、房不挡风的“三不”问题，因而脱贫的标准相当低；生产条件没有得到根本改善，因而抵御灾害的能力很差；加上缺乏社会保障机制，一遇天灾人祸，部分刚解决温饱的农户就会重新返贫。目前返贫率为15%～20%。返贫的农户通常是自身素质和能力较低的人。

4. 特困的顽固性

经过多年努力，比较容易脱贫的地区和农户大都已摆脱了贫困，现在还剩下的特困人口，大部分居住在耕地匮乏、水源困难的石山地区以及地处边陲、交通不便的深山区、大山区和荒漠地区，自然条件恶劣，且其中多为社会发育程度较低的少数民族地区。要使他们脱贫致富，工作相当艰巨。

5. 农村贫困地区人口的健康状况较差

北京市民政局1997年3月完成的一份调查报告显示，顺义县1 000名农民回答目前生活中最担心的困难和问题时，84.4%的人首选医疗问题。农民医疗费支出每年递增20%～30%，大大超过收入增长的比例。据对房山、平谷、通县、怀柔4区县的统计，因经济困难，需住院的病人中40%未能住院。贫困户中很多是因病致贫，因病返贫。目前已有的合作医疗，大部分集资标准低，覆盖面小，保障能力弱。农民花1万元只能报销240元～840元，回报率只占整个医药费支出的2.44%～8.4%，农村贫困人口更是不堪承受。另外，贫困地区人均寿命也较低。

6. 贫困地区人口普遍营养不良

成年人由于缺乏各种营养元素，导致营养不良，体质下降，劳动强度和耐力下降，从而影响生产和产出。婴儿及儿童营养不良会阻碍智力的发展。这两种情形在贫困地区都普遍存在。尽管贫困地区由于普遍的营养不良而牺牲的经济价值还未曾有学者进行全面周密的量化测算，但有一点是肯定的，就是营养不良导致体质下降，劳动生产率降低，这对地区经济增长和家庭收入提高都是一种负面影响。

（三）农村贫困的原因

农村贫困的原因多且比较复杂，主要原因有以下几个方面：

1. 区域原因

区域性贫困是农村贫困的主要特征，这个特征也显现了我国农村贫困形成原因的一个重要层面——区域因素。农村贫困人口主要集中在黄土丘陵沟壑区、东西部接壤山区、西南喀斯特山区、东部丘陵山区、蒙新干旱地区、内蒙古高原沙化区、秦巴山区、武陵山区等。现有的贫困人口大多数分布在深山区、石山区、干旱区、水库库区、地方病高发区和边境地区。独特的区域自然条件和社会经济条件为落后生产力的主要原因，这些地区地处偏远，交通不便，信息闭塞，资源匮乏，生态环境恶劣，经济发展缓慢。

2. 经济原因

20世纪90年代中期以后，在整个经济波动中，农民承受着双重压力：

（1）农产品价格大幅度下降，农业收入大幅度减少。物价特别是粮食等产品的价格自1996年以后逐年下降，大米每斤2元降到1元以下，鸡蛋从每斤3.5元降到每斤1.8元，蔬菜瓜果等的价格也相继下跌。粮食等农产品价格大幅度下跌，农民为此付出了很大的代价。

（2）在非农产业中就业的农民工受到排斥，使打工收入和非农经营收入减少。与此同时，农业税收逐年增加，1993年全国农业税为125.74亿元，1998年增加到

398.8 亿元，平均每年增加 54.6 亿元。[①]除此以外，农村的各项收费负担增加更多。1998 年农业部对 10 个省区调查，乡、村两级高额负债是普遍的，乡级平均负债 400 万元，村级平均负债 20 万元。

农民在这种双重压力之下，收入减少，负担加重，生活出现困难。

3. 政治体制原因

农村贫困的原因还来自农村内部的压力。自 20 世纪 80 年代中期以后，仅 10 多年时间，乡镇干部几倍、几十倍地增加，在人民公社时期一般只有二三十名干部，现在的乡镇，国家规定的正式编制只有二三十个，但实际上各类工作人员已经有二三百人之多。村一级干部也大量增加，原来生产大队只有几个干部，现在有的村委会、党支部有几十个干部。这是农民负担屡减不下的重要原因之一。

4. 城乡分割制度

从根本上讲，农村的普遍贫困状况与城乡分割制度有关。在城乡分割的制度下，农民向城市流动的机会很少，另一方面，工农业剪刀差剥夺了农民的利益。与此同时，许多农民处于无权无势的地位，在整个社会体系中缺乏发言权，难以维护自身利益。一项研究惊奇地发现，农村贫困人口支付的净税率（从国家和集体获得的净转移支付）是负值，比非贫困人口高出 27 倍。这说明贫困人口在农村公共财政和转移支付制度中处于不利地位。

5. 贫困文化在一定范围内存在

低收入人群在一定的生存环境下逐步形成一种贫困文化。一般来说，贫困人群具有以下文化特征：（1）创业冲动微弱，易于满足；（2）风险承受能力较低，不能抵御较大困难，不愿冒险；（3）生产与生活中的独立性、主动性较差，有较重的依赖思想和听天由命的观念；（4）难以打破传统和习惯接受新的生产、生活方式以及大多数新事物、新现象；（5）追求新经历、新经验的精神较差，安于现状，乐于守成。

6. 救助方法的缺陷

农村救助方法的缺陷主要有以下几个方面：

（1）帮富不帮穷。有些地方和部门为了突出自己的扶贫成绩，愿意到条件较好的地区去扶贫，不愿意到最贫困的地区去扶贫，不同程度地存在着“先好后差、先近后远、先易后难”的偏好。

（2）短期行为，急功近利。部分工作人员想方设法将扶贫资金投到能够短期见效

---

① 2005 年 12 月 29 日，十届全国人民代表大会常务委员会第十九次会议决定：第一届全国人民代表大会常务委员会第九十六次会议于 1958 年 6 月 3 日通过的《中华人民共和国农业税条例》自 2006 年 1 月 1 日起废止。

的项目上，很少考虑从根本上改变贫困地区的落后状况；扶贫资金的投放缺乏长远规划，常常形成当年投入资金、过后无人管理的局面，使许多资金白白浪费。

(3) 重工轻农。贫困地区一般都属农业区，有些地方的扶贫工作常常不从实际出发，注意力只集中于工业项目，不重视农业经济的开发和生产条件的改善，从而导致了一些贫困地区始终没能稳定地解决温饱问题，发展工业也成了空话。

(4) 扶贫资金严重浪费。我国农村扶贫资金的发放和使用体制不尽合理，各级扶贫机构、银行、财政部门只管扶贫资金和物资的发放，由贫困地区自己负责安排使用，致使扶贫资金和物资的使用效益较差，有的如泥牛入海，一去无音讯；某些地区把扶贫工作作为争项目、争资金的借口，大量扶贫资金被垄断工程鲸吞挪用，成为另一笔只算投入、不计产出的财政拨款。更有甚者，利用职权化公为私，侵吞扶贫资金和物资。

(5) 片面追求对贫困农村扶贫物资的注入，培养了某些贫困地区从县到乡、从干部到群众“等、靠、要”的通病。

二、转型期的中国城市贫困

中国城乡贫困问题的原因存在较大差异，因而将二者分开叙述。工业化不仅使城市的物质文明得以空前发展，同时也产生了诸多城市社会问题，城市贫困就是其中较为突出、后果较为严重、治理难度较大的一个问题。城市贫困是指在城市经济发展和社会财富不断增加的过程中，由于社会和个人等多方面的原因，一部分人不能够获得必要的收入来维持正常的生活标准而持续处于生活困难状态的一种社会现象。我国自20世纪80年代中期以来，城市贫困现象日益突出，在农村贫困人口逐步减少的同时，因为社会转型面临关键时刻、体制改革进入中期阶段，我国城市出现了为数不少的贫困人群，城市贫困一时成为社会热点问题，并引起了社会各界的广泛关注。

(一) 我国城市贫困现状

新中国成立以后直至改革开放以前，国家采取了一系列与计划经济体制相适应的政策与措施，城市绝对贫困现象得到有效控制。这些政策和措施包括：一是政府统一分配劳动力的制度保证了城市居民的高就业率；二是实行基本生活资料供给制度，同时为国有部门的职工提供全面的高水平的福利待遇；三是对无依无靠、无生活来源、无固定职业和收入的“三无”人员实行较稳定的救济制度；四是实行按劳分配的收入分配制度，使城市居民收入水平具有较高的均等程度。在这种体制及其相应的政策下，尽管我国城市居民的人均收入水平远低于发达国家的收入水平，却大大高于农村居民的收入水平。据有些学者研究，1978 年城镇居民的可支配收入相当于农村居民的 2.36 倍。[①] 因此，改革开放以前，高就业率和广泛的福利制度使得城市贫困并未成为一个严重的社会问题，城市贫困现象仅存在于某些特殊人群之中（如失去劳动能力的残疾人），因而在理论研究和政府政策实践中，甚至未形成“城市贫困人口”的概念。

1. 城市贫困标准及贫困人口规模

从 20 世纪 80 年代后半期开始，一些经济学家、社会学家、社会经济统计专家对我国城镇贫困线和贫困人口规模作了一些研究和推测。

目前，对我国城镇贫困人员状况的统计，既无统一标准也无准确数据，不同部门有不同的统计口径，同一部门也有不同的数据。国家统计局城调队按照国际通用的 5 等份分组法，将占总收入 10%的最低收入组定义为困难户，将其中的占总收入 5%的更低收入户定义为贫困户。同时，利用 1993 年城镇居民家庭调查资料，推算出我国城镇居民中约有 370 万户，1 200 万人处于贫困阶层，贫困线为 1 130 元/人年。

一些学者在 1988 年 10 省市城镇居民收入调查数据的基础上，以人均货币收入的 1/2 作为贫困线，测算出贫困户的比例为 6.83%，贫困线为每人每年 605 元。[②] 另一些学者则根据全国总工会的调查资料、国家统计局城调队的资料，以及城市最低生活保障线的补助标准，认为中国城镇贫困人口比例为 5%～8%，由此推出城镇贫困人口总数约为 1 200 万～2 000 万人[③]。根据估计，1996 年城镇贫困人口在 1 200 万人以上，1997 年约为 1 500 万～1 800 万人，1998 年为 1 200 万～1 500 万人。民政部的调查结果是：1999 年城镇贫困人口为 1 382 万人，约占非农业人口 3.12 亿人的 4.43%。据国家统计局提供的资料，1999 年全国平均贫困线为每人每年 2 310 元，全国贫困人口为 1 477 万人，约占非农业人口的 4.73%。一般认为，2001 中国城镇贫困人口的规模应该在 1 400 万人左右，约占非农业人口的 4.5%，占城镇人口的 3.6%。[④] 总体而言，我国城镇贫困的总量较大，并且稳定在一定的规模。

2. 城市贫困程度

城市贫困居民的生活相当困难，主要表现为收入低下、恩格尔系数高、消费水平

---

① 参见赵人伟：《中国转型期中收入分配的一些特殊现象》，见赵人伟等主编：《中国居民收入分配研究》，104 页，北京，中国社会科学出版社，1994。

② 参见张问敏，李实：《中国城镇贫困问题的经验研究》，见赵人伟等主编：《中国居民收入分配研究》354 页。

③ 参见朱庆芳：《1996—1997 年人民生活状况》，见江流等主编：《1996—1997 年中国社会形势分析与预测》，128 页，北京，中国社会科学出版社，1997。

④ 参见《关注 1 400 万城市贫困人口》，http：//new. inhuanet. com/newscenter/2002-04/11/content-353920. htm，2002-04-11。

偏低、家庭债务偏高，并在社会生活的各个领域处于不利地位。一项研究显示，1988—1995年，城市贫困居民的食物热量供给总体上呈下降趋势。这项研究同时指出，贫困发生率从1988年的4.29%上升到1995年的11.25%，贫困距从0.008 6提高到0.025 1，加权贫困距从1988年的0.003发展到1995年的0.008。贫困发生率、贫困距和加权贫困距比例都在扩大，这说明贫困程度在加深。

3. 城市贫困人口构成

从构成上看，目前我国城市贫困人口主要包括以下人员：(1) 传统上的“三无”人员；(2) 城市经济体制转轨时期沉淀于社会的职工，主要是倒闭的城市集体所有制单位的职工，国有破产或濒临破产企业中无再就业能力的职工，及上述两类人员的家属；(3) 竞争能力较差，在劳动力市场上被淘汰的人，主要是被开除、辞退、解聘或辞职，以及难以被录用的待业青年等；(4) 市场竞争中的失败者，由小康或富裕沦为贫困，如经营破产的个体户；(5) 劳教、劳改后回城的人员，以及因赌博、吸毒致使家庭衣食无着的人；(6) 由偶然因素造成的贫困者，如车祸、自然灾害及疾病等导致残疾而失去劳动能力和收入来源的人；(7) 对物价上涨缺乏抵御能力的低收入者；(8) 流入城市打工、当保姆，但被辞退失去收入来源、生活极端困难的农民。

(二) 我国城市贫困问题的成因

我国目前的城市贫困则主要是在社会、经济转型过程中，由经济体制、社会福利制度等方面的改革等各种因素所导致，是在特殊社会经济背景下，社会、经济各方面发生根本性转变的过程中产生的。具体来说，我国转型期的城市贫困主要是由于以下几个方面因素的作用所致。

第一，随着计划经济向市场经济的过渡，政府逐步放弃了对企业和企业用工的直接控制，企业和劳动者都被推向了市场参与竞争。在市场经济条件下，资本总是向高利润部门流动的行为，使一些城市传统行业，尤其是劳动密集型行业受到很大的冲击，产生了大批下岗或失业职工。这些下岗失业者就是城市贫困者的“后备大军”。

第二，城市产业结构的调整引发了大量的失业，导致了贫困人口的产生。随着我国经济体制改革的逐步深化，在产业结构调整升级的过程中，那些文化程度较低、技术水平单一的劳动者面临着很大的就业困难。而我国城市劳动力流动的弹性很小，城市富余劳动力很难向外流动；外商投资形成的就业机会又有很大一部分流向了年轻的和农村的劳动力，从而使城市职工的就业更加困难，劳动者陷入贫困的风险增大。

第三，社会福利制度改革的滞后导致贫困人口大量增加。改革之初，我国城市社会福利制度改革基本上是为了解决由于经济体制改革而导致的经济制度与福利制度的制度不协调问题，是为经济体制改革服务的。当时，社会福利政策的变动并没有带来福利水平的明显降低，相反，20 世纪 80 年代国有企业的保险福利开支呈明显的上升趋势。但是，进入 90 年代以后，随着社会福利制度改革不断深入，社会福利制度改革已经与经济体制改革并行并按照自身的规律和要求发展。虽然在经济体制改革和经济结构变化的过程中产生了严重的失业、贫困等问题，社会福利制度本来应该朝向扩大福利供应的方向发展，但事实上，20 世纪 90 年代以来中国社会福利政策改革的基本目标是要建立一种低水平、广覆盖、高效率的基本社会保护体系，降低社会福利制度运行成本并提高效率，因而改革的基本取向是通过“社会服务产业化”和“社会福利社会化”来降低政府负担，约束政府社会开支。在这种取向的社会福利制度改革中，城市贫困者的实际受益面和受益程度都非常有限，因而城市贫困人口有增无减。

第四，经济全球化将我国经济融入国际经济大循环，使我国经济面临的竞争日益加剧，从而可能使我国的贫困问题更加突出。因为在全球经济竞争日益加剧的情况下，政府越来越关注的是如何提高我国经济的国际竞争力，政府的社会福利政策更多的是为了满足经济需要的变化，如削减某些社会保护形式，使劳动力市场逐渐变得灵活并能直接降低成本等等。在这一过程中，我国的贫困问题不仅不可能得到根本缓解，而且还有可能加剧。尤其是加入 WTO 以后，经济全球化对国内贫困问题的影响还可能进一步加剧。从长期发展来看，我国加入 WTO 虽然会促进经济增长、增加劳动者的就业机会、提高其收入水平，因而有助于贫困的缓解，但在这一过程中受益者和受害者的不一致将导致在局部地区发生更严重的贫困问题，在缺乏国内、国际协调机制的情况下，将可能出现“富裕中的贫困”。

第五，全球化使国家的经济组织和行为边缘化，国家福利经济体系或制度的继续生存和发展更加困难。在经济全球化快速发展的时代，以市场为基础的世界经济的全球化正以其强劲的渗透力，整合、改造与重塑世界上的生产、经营、流通与消费的各种方式，国际生产正在越来越多地取代国际贸易的中心作用，跨国公司获得了快速发展，在世界经济中的作用越来越重要。在这一过程中，当代国家体系与国际经济关系正在迅速地变化，其中一个重要变化就是，国家已不再能够像以前那样控制国内的经济甚至全球经济，而跨国经济占有越来越大的比重，在很大程度上支配着民族经济，“资本”不仅可以不再依附于一个国家的政治，而且在很大程度上也不再需要劳工组织——工会的合作①，国家边界的重要性大大降低，国家利益也比较难以保护了。而当一个国家民族的一致性和共同利益因受全球化的影响而逐渐弱化时，福利经济体系或制度的继续生存和发展就更加困难。在这一背景下，尽管社会成员（尤其是低收入

① See Hirst P.，Thompson. G.，*Global Myths and National Policies*. In B. Holden ed. Global Democracy：Key Debates. London，Routeledge，2000，pp. 47-55.

者）对政府的社会保护需求会增加，但社会福利水平却难以提高，因而使我国的城市贫困问题也难以得到根本解决。

贫困是收入差距扩大的结果，贫困人口的存在表明社会上的资源没有得到适当的运用，使经济活动在低水平恶性循环，因而不利于经济的长期稳定增长；同时，贫困人口的存在还会威胁到社会的稳定，导致社会冲突，而社会稳定是经济和社会发展的基本前提；而且贫困还直接导致贫困人口的生存困境，使他们的后代得不到正常的教育，难以摆脱贫困，从而陷入贫困的恶性循环。因此，为了维护社会稳定，使社会资源得到充分合理的利用，必须采取适宜的社会福利政策，从根本上缓解贫困。

（三）我国城市贫困的特征

世界各国都不同程度地存在着城市贫困问题，我国的城市贫困与其他国家的城市贫困相比既具有一定的相似之处，又不完全等同于现存任何一种模式，有其自身明显的"转型期"或"过渡期"贫困的特征。

在西方发达国家，城市贫困的社会根源主要有城市化及其所导致的城市人口膨胀、城市产业结构变化和经济发展不平衡、社会歧视、社会保障和社会福利制度不合理、贫困文化、家庭和社会变化等。主要的贫困人口包括妇女、残缺家庭的儿童、非法移民、无家可归者等。目前发达国家的城市贫困问题已进入一个由社会、经济、文化多根源影响的阶段，城市社会中已形成了一个较为固定的贫困阶层，城市贫困问题变得更加复杂、更具有长期性和更难以解决。

发展中国家的城市贫困一般是随着经济的高速发展，在工业化和城市化过程中，农村人口大量涌入城市，导致城市就业机会不足，住房和公共设施紧张，社会福利制度对穷人保护不足而造成的，城市中的贫困人口多为外来的农村移民。

从前面关于我国城市贫困的成因分析中可以看出，我国的城市贫困是社会经济在转型过程中，由于经济体制、社会保障制度等方面的改革，原有体制下既得利益者的受保护程度降低而引起的，这主要表现在新出现的城市贫困阶层多为国有企业的下岗、失业职工和在职低收入者。因此，我国现阶段的城市贫困是在特殊社会经济背景下，即社会、经济各方面发生根本性转变的过程中产生的。在这一过程中，旧的生产要素配置方式、收入分配制度以及社会福利制度被打破，而新的市场机制还没有完全建立起来，缺乏对就业、收入分配的有效调节和对低收入者的有效保护，从而为城市贫困的产生提供了条件。这样，就使我国目前的城市贫困问题带有较强的"过渡性"和"不稳定性"的特点，随着社会经济转型进入一个新的历史阶段，城市贫困也会随之呈现新的特点。

还有一点需要说明的是，城市贫困是在我国社会经济转型过程中出现的，但这并不意味着城市贫困是经济转型的必然结果。因为社会经济转型也为社会成员创造了增加收入的机会，非国有部门的职工正是抓住了这些机会才使他们的经济地位得以提高，国有企业职工之所以在经济地位上相对下降，甚至部分人陷入贫困，根本原因不在于经济转型本身，而在于他们没有很好地利用经济制度转型所带来的经济机会。

三、我国贫困的变化趋势

在计划经济体制向市场经济体制转轨的过程中，新旧体制之间的碰撞与摩擦必然会在社会经济各领域中显现出来，转型时期的贫困问题也必然会产生一些新的特点，具有一定的发展趋势。

（一）市场化改革对贫困地区的影响

在计划经济体制向市场经济体制转轨的过程中，为适应市场化进程而采取的各项经济政策必然会产生利益的再分配，从而对贫困地区和人口产生一定程度的影响。市场化改革对贫困地区产生的冲击主要有以下几个方面。

1. 价格体制改革对贫困地区的利益损害

改革开放以来，国家逐步放松了对价格体系的控制，使农产品价格有了较大幅度的提高，与此同时，农业生产资料和日用工业品的价格也呈上涨趋势。20 世纪 80 年代末期以后，农产品价格上涨幅度下降，而农业生产资料价格上涨幅度不断增加，1989 年农民收入首次下降，原因就在于当年农产品收购价格指数虽比上年提高 15%，但农村工业品零售指数上涨幅度更大，为 18.7%。① 对贫困地区来说，农业经营品种单一，粮食生产所占比重很大，农民对生产生活资料价格上涨的承受力更加脆弱，受到的伤害更大。因此，农产品价格（包括原材料价格）偏低加剧了贫困地区的利益流失，使农民在市场交换中处于不平等地位。

2. 市场化改革加速了贫困地区资金、人才等生产要素的外流速度

在市场经济条件下，资金由利润率低的行业和地区，流向利润率高的行业和地区，是市场机制配置资源的必然结果。缺少资金本已对贫困地区的经济发展构成严重制约，市场化过程中，财税、金融制度的改革更是进一步加速了贫困地区资金外流的速度。如在税收制度方面，1994 年实行国税地税分开之后，一些贫困地区的地方收入大量减少。在金融体制改革方面，专业银行向商业银行过渡，银行在利润最大化目标的驱动下，倾向于把资金投向利润率高的行业和地区，导致贫困地区的乡镇企业和

① 参见朱凤岐，高天虹等：《中国反贫困研究》，31 页，北京，中国计划出版社，1996。

农民难以获得所需贷款，而本应用于发展农业生产的扶贫资金却纷纷外流。

在计划经济体制下，国家统一分配专业人才的制度保证了一定数量的高素质人才流向贫困地区。随着自主择业原则取代原有制度，人才的流动性大大提高，贫困地区的专业技术人员和高质量的劳动力大量流向收入较高的发达地区，来自贫困地区的大学生毕业后也倾向于留在条件较好的城市。

3. 社会服务体系不断衰落对贫困地区的影响

改革开放以来，中国社会服务虽有实质性改善，但从中受益最大的是城市居民和农村中的高收入者。事实上，农村基础教育和医疗保健设施在市场化过程中有不断恶化的趋势。出现这一状况的主要原因有：财政体制改革后，基础教育经费要由地方财政负担，贫困地区的财政拮据，无法保证乡镇教育经费的正常支出；取消人民公社制度之后，农村合作医疗制度也随之解体，农民看病完全自费，药品价格成倍上涨使贫困人口无法支付高额的医疗费用，国家对乡村医疗保健设施投资不足也降低了公共卫生服务的供给。市场化过程中，教育和卫生服务的公共产品性质被淡化，更多地强调其商品性质，这两个部门日益趋向于通过提高收费来解决经费不足的困难，国家如不加以干涉，贫困人口的社会服务条件还将进一步恶化。

（二）我国贫困问题的发展趋势

贫困现象的产生既有深刻的社会历史原因，也有广泛的现实原因，是多种因素综合作用的结果。我国经济发展水平还比较低，又处于体制转轨时期，市场化将对贫困地区产生难以估量的影响，从而使我国贫困问题变得更加复杂。总的来说，在经济转型过程中的未来一段时间内，我国贫困问题还会继续存在，反贫困任务十分艰巨。

1. 农村贫困现象将长期存在，反贫困的任务仍十分艰巨

经过十几年的努力，我国基本上消除了制度因素造成的农村普遍贫困的现象，现有的尚未完全解决温饱问题的贫困人口主要集中在中西部地区的深山、石山区、高寒山区、黄土高原和荒漠区，以及地方病高发区和水库移民区。这些地区自然条件恶劣，自然灾害频繁，土地贫瘠，偏远闭塞，社会发展程度很低。要想解决这些地区的贫困问题，需要付出更大的努力。此外，贫困人口的分布不再具有改革前集中连片的特点，而是日趋分散化，而且在国家“八七扶贫攻坚计划”列明的592个贫困县之外，还有2 200多万农村绝对贫困人口分布在非国家扶持贫困县之中，这些地区由于国家扶持力度不够，地方财政又难以拿出足够的扶贫资金，要想实现脱贫目标具有较大的难度。还有一点值得注意的是，我国目前的贫困线标准还很低，大大低于世界银行的贫困标准，而且当前的反贫困目标主要是解决温饱问题，与脱贫尚存在一定的距离。因此，尽管有的农村人口按人均收入计算超过了贫困线，但其经济基础仍相当脆弱，没有形成稳定的脱贫条件，遇到大的自然灾害、突发性事件，容易重新陷入贫

困，如何有效治理“返贫”现象是今后我国扶贫工作中的难点和重点问题。

相对于解决贫困需要的巨大资金需求，国家财政继续大规模追加扶贫资金的可能性非常有限。一方面，税制改革后，中央财政收入的增长有所下降，扶贫资金受其影响难以较大幅度地增长；另一方面，某些财政支出如国防、治安支出、补贴等具有刚性，难以削减或者取消；而改革过程中还将产生新的资金需求，如在国有企业改革过程中须建立与市场经济相适应的社会保障体系，这个体系的建立需要以强大的财政投入为基础。这两方面都意味着市场化改革对反贫困资金供给构成限制。

反贫困是一种公共行动，需要有良好的宏观经济环境作为保证，而后者要靠全面推进改革才能实现。所以，解决贫困人口的温饱问题、消除我国农村绝对贫困，绝不是短期内就能实现的，而将是一个长期性的艰苦的任务。

2. 随着改革的深入推进，城市贫困问题将日益突出

改革前，我国城市的高就业率和福利制度的普遍化，使城市居民的收入大大高于农村居民，因此，长期以来城市贫困并未发展成为一个严重的社会问题。但是，随着市场化改革进程的加快，城市居民收入差距不断扩大，国有企业改革过程中大量隐性失业转变为显性失业，一部分城市居民的生活水平出现了相对下降甚至绝对下降，这就使城市贫困问题的严重性日益突出。在新旧经济体制交替过程中，城市居民的贫困问题还有加重的趋势，其原因主要如下：(1) 改革前以牺牲效率为代价的充分就业局面不复存在，国有企业改革过程中还将产生大量富余人员；(2) 经济形式多元化必然带来分配方式多元化，居民之间的收入差距有扩大趋势；(3) 现有的社会保障体系覆盖面窄、保障水平低、社会化程度低，不能适应改革发展的需要；(4) 住房、医疗、教育等领域的改革都大大增加了居民的生活负担；(5) 流入城市的农民由于种种原因失去收入来源，生活极端困难，是目前和将来最大的城市贫困人群。

虽然我国现有的户籍制度并未将流入城市的农民视作城市居民，但是随着城市化进程的发展，大量农民流入城市将成为一个必然趋势，与此同时也就会产生一系列社会问题，其中有一部分人由于就业机会有限、文化素质较差等原因失去收入来源或收入不足以维持生活而滞留在城市中，就会形成新的城市贫困人群。因此，流入城市的农民的贫困问题将越来越严重，必须给予充分的重视，及时加以解决。因此，在市场化进程中，低收入人口在城市总人口中的比重会继续上升，城市贫困及其引发的一系列社会问题将日益突出。

3. 各地区、各阶层之间的相对贫困问题将越来越严峻

在我国存在大量绝对贫困人口的同时，各地区、各阶层之间的收入分配差距有不断扩大的趋势，城乡之间、城市内部、农村内部都不同程度地存在着相对贫困问题。

根据财政部财政科学研究所的报告，改革开放以来，我国居民收入分配差距不断扩大、贫富不断加剧，具体表现为以下几个方面。

（1）居民收入总体性差距逐年扩大。20 世纪 70 年代末 80 年代初，基尼系数处在 0.3 以下，80 年代中期以后超过 0.3，90 年代初期在 0.37 左右，90 年代中期上升到 0.4 以上，1998 年为 0.456，2000 年为 0.458。

（2）城乡居民收入差距不断扩大。改革开放以来，我国城乡居民的相对收入差距的大小经历了一个 U 形的变化过程。20 世纪 70 年代和 80 年代初，城乡居民的相对收入差距相当大。1978 年城乡居民收入之比为 2.57∶1，1980 年为 2.50∶1。此后，相对收入差距缩小，1983 年为 1.82∶1，这是整个 80—90 年代城乡居民相对收入差距最小的年份，此后差距又开始扩大。1990 年城乡居民收入之比为 2.2∶1，1995 年为 2.71∶1，2000 年为 2.79∶1，2001 年为 2.9∶1，2005 年扩大到 3.2∶1。

（3）地区之间差距扩大。1978 年，农村居民人均纯收入最高的地区（上海）是最低的地区（河北）的 3.15 倍，1990 年增至 4.21 倍（最高为上海，最低为西藏）。绝对收入差距也大幅度扩大。1978 年，东部与中西部收入差距在 100 元左右，1990 年扩大到 400 元左右，1999 年，东部地区人均纯收入基本都在 3 000 元以上，中部地区在 2 000 元左右，西部地区在 1 500 元左右。2000 年，东部地区人均收入是西部的 2.26 倍，最高的省与最低的省差距超过 3 倍。2005 年，城镇居民可支配收入最高的地区（上海）是最低的地区（新疆）的 2.33 倍，农村居民人均纯收入最高的地区（上海）是最低的地区（贵州）的 4.39 倍。

（4）行业之间的收入差距进一步扩大。20 世纪 80 年代中期，行业之间的收入差距开始显现，职工平均工资最高的行业的职工年人均工资对职工平均工资最低行业的职工年人均工资的倍数 1978 年为 1.81 倍，1980 年缩小至 1.68 倍，1985 年扩大到 1.81 倍，但到 1992 年才扩大到 1.86 倍，此后倍数迅速扩大，1993 年增至 2.12 倍，1994 年为 2.38 倍。1995 年、1996 年连续下降，但 1997 年开始又持续扩大，2000 为 2.63 倍，2003 年达到 4.63 倍，2005 年增至 4.88 倍。

（5）不同经济性质的单位职工收入差距越来越大。国有经济性质单位职工工资与集体经济性质单位职工工资相比，1985 年的平均工资差距为 1.25∶1，2001 年为 1.63∶1，2005 年扩大到 1.71∶1；其他经济性质单位职工工资与集体经济性质单位职工工资相比，1985 年的差距为 1.49∶1，2001 年扩大到 1.77∶1，2005 年这一差距回落为 1.62∶1。

（6）城镇内部各阶层之间收入差距的扩大速度明显加快，高收入和低收入群体的差距问题比较突出，城市分配结构在向有利于高收入群体的方向变化。①

---

① 参见曾国安：《20 世纪 70 年代末以来中国居民收入差距的演变趋势、现状评价与调节政策选择》，载《经济评论》，2002（5）；财政部科研课题组：《中国居民收入分配状况与财税调节》，载《经济日报》，2003-06-16，第 6 版；2001 年以后的数据根据《中国统计年鉴（2006）》资料加工整理。

造成城乡之间、农村居民之间、城市居民之间、沿海和内地之间贫富差距的原因是非常复杂的，本章对此不作专门研究。值得注意的一点是，与绝对贫困相比，相对贫困是一个相对的、动态的概念，随着经济的发展，其标准也是不断变化的，因此，它将随着社会的不断发展而长期存在，只要存在财产的私有制，社会财富就不可能在全体社会成员中均等分配，相对贫困就不可能完全消除。

第三节 社会福利制度对贫困的缓解

一、社会福利制度对贫困的缓解作用

(一) 政府实施的社会福利政策能在一定程度上缓解贫困的痛苦

贫困人口是社会福利政策的重要对象。各级政府通过实施社会福利政策采取各种有效措施，能在一定程度上缓解贫困的痛苦。这些政策、措施主要有：政府通过强制性地筹集资金，要求高收入者多缴纳费用，低收入者少缴纳费用；用再分配国民收入的办法，对社会上的贫者、弱者给予一定的经济补助，使其能够享受与经济发展水平相适应的最低生活标准；对社会上没有劳动能力的人实行社会救助，使其能够享受最基本的生活保障；对社会全体公民采取各类福利措施，从而起到“社会安全网络”的作用。政府通过“收”与“支”的调整，客观上起到了缩小贫富差别的作用，使贫困人口的痛苦得以减轻。

(二) 完善的社会福利制度是缓解农村和城市贫困的有效手段之一

完善的社会福利制度除了满足人们的基本生活需要外，还通过生育保险、子女抚养、教育津贴、医疗保险等形式，提高人们对疾病、意外事故、年老等风险的抵抗能力，降低贫困发生的可能性，同时从某种程度上改变人们的一些落后观念，促使生活方式向现代化转变，为消除贫困创造良好的条件。

(三) 社会福利的发展对缓解贫困起着极其重要的作用

社会福利制度一般包括正式的制度和非正式的制度。各国社会福利制度对儿童的营养和保健、教育事业、培训事业、科学文化事业、医疗卫生事业等都很重视，因而既培养了大量适合现代化生产要求的工程技术人员、专家、熟练个人和管理人员，提高了劳动力素质，也减少了失业者再就业的障碍；同时，由于社会福利制度的发展促进了经济增长，经济的增长带来了就业的增加，特别是实行社会福利要求与之有关的行业和设施如教育、医疗保健、培训、保险等有相应的发展，这些部门的发展吸收了大量的人员就业。失业者再就业障碍的减少、就业人数的增加在一定程度上减少了一国的贫困人口，对缓解贫困起到了积极的作用。而非正式制度的发展也可以在一定程度上减轻贫困，如各种慈善失业和互济性民间组织的发展在一定程度上弥补了正式制度的不足，从而可以减轻贫困。

一般认为，正式的社会福利制度则在缓解贫困的过程中发挥着主导作用。例如，针对经济转型引起的新问题，中国政府增加了对社会福利的供给，主要有：(1) 实施适合中国国情的城镇居民最低生活保障制度的管理体制，社会救济制度实施主体到位及其功能明确到位；(2) 通过设立失业保险和再就业培训机制，一方面努力保障失业者的基本生活，另一方面积极开展再就业工作，将消极的失业救济变为积极的提供就业机会和提高失业者的工作能力；(3) 扩大了城镇的救济对象，建立了城镇居民最低生活保障制度，提高了最低保障水平；(4) 初步建立了农村最低生活保障制度。这些措施对于维护社会稳定、促进经济发展、有效地缓解贫困起到了积极的作用。

有关研究表明，各国社会福利政策的推行使相当数量的资源得到了再分配，而且低收入者是再分配的净收入者，因而社会福利制度在一定程度上减少了贫困。有学者认为，如果没有现行的社会保障制度，英国生活在贫困中的人将比实际多出 7 倍。据估计，1982 年占 20%的英国最贫困家庭只能挣得 0.6%的收入，但由于收入的再分配，他们得到了 11.3%的国民可支配收入。1986 年占 20%的英国最贫困家庭年平均最终收入从 130 英镑增加到 4 130 英镑，占国民收入平均水平的比例从 1%提高到 47%，这就是以现金形式和实物形式取得支付福利救济金的结果。①

（四）社会福利制度引起了新的贫困

虽然社会福利制度给予了贫困人群或家庭比在市场机制下更多的收入，在一定程度上缓解了贫困的痛苦，但一个不容否认的事实是，20 世纪 70 年代以来，各“福利国家”失业者人数大量增加，失业率居高不下，贫困阶层的人数不断增加，贫富差距拉大，社会福利制度在推行的过程中引起了新的贫困。

首先，社会福利制度的推行虽然在一定程度上抑制了因初始分配造成的不平等及其贫困，但从根本上说，收入再分配对不平等的抑制作用是以继续不断地巩固和加强这种不平等的生产关系为前提条件的。社会福利制度的作用就在于使社会分配方式的

① 尼古拉斯·巴尔，大卫·怀恩斯主编：《福利经济学前沿问题》，76 页，北京，中国税务出版社，北京腾图电子出版社，2000。

不平等既能继续扩大，又不至于过分扩大到对其制度的运行形成威胁的狭小范围内，因此，社会福利制度既有缩小贫富差距的作用，但又会导致贫富差距的进一步扩大。

其次，社会福利制度本身的缺陷可能使贫穷永远存在，使贫困家庭在贫困的陷阱中越陷越深。各“福利国家”的社会福利措施尽管多种多样，存在一定的差别，但各国都是根据名义收入来确定贫困线并以此为依据来确定个人收入的起征点、规定个人和企业缴纳国民保险基金的分担额、提供救济金和家庭信贷等。由于一个家庭在再分配后的可支配收入取决于税收和保险分担额的支付及救济金的取得金额等，而且在某种程度上还取决于家庭的名义收入水平，因而当名义收入水平提高时，税收和分担责任也相应提高，可获得的救济金则相应下降。这样，考虑到税收的强制性及各个家庭的具体情况，家庭的净可支配收入在一系列各种水平的名义收入条件下可能并不会发生显著变化。有学者通过估算后发现，1971 年英国 15%的名义收入的增长只产生 1%的可支配收入的增长，这一效果与对额外收入征收 93%的边际税率是等同的。这种现象被称为“贫困高原”，它表示的是可支配收入在名义收入上升的范围内的统一分配，这一现象产生的原因是一个家庭由于名义收入的增加致使纳税和保险分担的责任增加或救济金减少的结果。[①] 由于贫困高原的存在，在一定收入范围内，努力增加贫困家庭收入的各种社会福利措施的最好结果也只能使家庭可支配收入有极少的增加，从这一意义上可以说，社会福利措施使这些贫困家庭陷入了贫困陷阱，而且越陷越深。也就是说，尽管现行社会福利制度给予了贫困人群比在市场机制下更多的收入，但却不能使他们从最初贫穷的困境中摆脱出来。

另外，社会福利制度的缺失或不当也可能导致贫困的发生或恶化。由于贫困产生的原因是多种多样的，不同原因引起的贫困其救治措施也应该有所不同，因而消除贫困一定要根据产生贫困问题的根源对症下药，否则极易形成不当的社会福利政策。社会福利政策的缺位或不当不仅无助于贫困问题的解决，而且还可能加剧贫困。

由以上分析可以看出，社会福利制度既是缓解贫困的必要的和重要的手段，社会福利制度的缺失或不当又可能导致新的贫困。因此，必须针对贫困产生的原因有针对性地采取措施，以便从根本上缓解贫困。

二、缓解农村贫困的社会福利措施

我国是一个农业大国，农村经济落后，农村的社会福利事业发展水平一直较低，

---

① 尼古拉斯·巴尔，大卫·怀恩斯主编：《福利经济学前沿问题》，79～81 页，北京，中国税务出版社，北京腾图电子出版社，2000。

实施福利的项目也很少，主要是养老福利和医疗福利项目。要缓解农村社会贫困，必须改革和健全农村社会福利制度，分项推进农村社会福利事业的发展。

（一）教育福利先行

我国农村经济落后，农民长期相对贫困，社会福利水平低，其根本原因是农村教育滞后，人员素质低，劳动生产率低下。我国农村要发展社会福利，关键是要发展经济，要发展经济就必须提高劳动生产率，要提高劳动生产率就必须发展教育，因此，我国农村实施福利计划必须教育福利先行。

1. 增加对农村基础教育的投入

增加对农村基础教育的投入，一方面要巩固和发展我国农村九年制义务教育成果，解决农村基础教育的实际问题，同时对全体义务教育对象实行免费强制教育，争取早日实现九年义务教育的目标。根据生源情况，对小学可进行并班并校，对调整出来的教育资源可开发其他教育；在中学要因地制宜开设技能课，使学生能够掌握一至两门致富技术，带动农民致富。

2005 年 12 月 24 日《国务院关于深化农村义务教育经费保障机制改革的通知》（国发［2005］43 号）指出，按照“明确各级责任、中央地方共担、加大财政投入、提高保障水平、分步组织实施”的基本原则，逐步将农村义务教育全面纳入公共财政保障范围，建立中央和地方分项目、按比例分担的农村义务教育经费保障机制。中央重点支持中西部地区，适当兼顾东部部分困难地区。深化农村义务教育经费保障机制改革的主要内容是：全部免除农村义务教育阶段学生学杂费，对贫困家庭学生免费提供教科书并补助寄宿生生活费；提高农村义务教育阶段中小学公用经费保障水平；建立农村义务教育阶段中小学校舍维修改造长效机制；巩固和完善农村中小学教师工资保障机制。

2. 全方位多层次发展农村教育福利

应利用现有的县及县以下的师范、职中、普高等学校的教育资源，结合当地社会生产和发展实际的需要，与各高校联合举办各类高中等专科班，使农民能够获得相应的教育机会，特别是获得学以致用的职业培训教育机会，努力提高农民的教育水平。

3. 大力实施科教兴农计划

大力发展农村的科技教育事业，逐步形成农业科教培训体系，在广大农村深入普及科技培训班，努力提高农民的科技水平，使之与实践相结合，尽快实现传统农业向现代农业转变的目标，使农业劳动生产率得到大幅度提高。通过实施教育福利计划，使农民增强自救自助和发展能力，从而把农民享受福利教育和发展教育福利有机结合起来，以保证农村社会福利事业能够得到良性循环发展。

（二）大力发展卫生保健福利

世界卫生组织在1997年召开的第30届世界卫生大会上，通过了“2000年人人享有卫生保健”的决议，此决议意味着到2000年，世界上每一个人包括偏僻地区和贫困地区的社会成员，都能享受到卫生保健福利项目。

为解决农民因病致贫和返贫问题，我国政府作过不懈的努力，但成效不太理想，原因是我国卫生政策在基层难以得到落实，农村卫生经费严重不足，县、乡、村各级医疗卫生机构，其医疗卫生服务，无一不是以营利为目的，这种行为与我国社会主义制度是背道而驰的。“要奔小康，必须先保健康”，这已成为我国广大农民的共识。农村卫生保健起着保障农村劳动力以及全体成员自然机体健康和素质提高的作用，农民有了健康的身体，才能更好地参加农业生产和其他工作。因此，农村卫生保健服务必须摆到实施福利项目的优先地位。

1. 继续巩固和发展儿童计划免疫福利成果

预防比治疗耗资少，经济效果好，免费为儿童提供有关生物制品接种，以预防和控制相应的传染病，此项福利措施效果显著。为巩固和发展这一成果，农村各地现在陆续采取儿童计划免疫保偿制以及定点接种等措施，旨在提高计划免疫的质量，必须坚持和发扬。但是，在实施此项福利措施时，各地要防止借保偿之名采取乱收费和卫生保健搭车收费等错误做法来损害农民利益。

2. 积极推进妇幼保健保偿制

必须集中人力、物力、财力解决妇女和幼儿的保健福利问题。对孕产妇系统保健、幼儿系统保健、婚前及婚姻保健、计划生育技术服务、优生系列保健等妇幼卫生保健福利工作，只能加强，不能削弱。对妇幼保健保偿经费，要做到专款专用，随着农村经济状况好转，逐步增加投入，不断提高妇幼保健的福利水平。

3. 建立健全农民自己的卫生保健福利体制

这种体制的目的不是营利，而是使农民享受到真正的卫生保健福利。在乡镇社会保障委员会的领导下，坚持集体办医，一乡（镇）一院，一村一室，对乡村卫生保健机构实行一体化管理。

（1）加强乡（镇）卫生院防保队伍的建设。国家要增加对防保福利事业的投入，以较少的投资取得较大的社会效益；对乡村医生实行“聘用制、工资制和退休制”，以增强他们的自信心和责任感，解决他们的后顾之忧。

（2）对村卫生室实行“行政、业务、财务和药品”统一管理。全面整顿医药市场，规范个体行医者的诊疗行为；全面恢复和重建合作医疗制度，在自助互助的基础上积累卫生保健资金，以解决农民看病难的问题。

（3）建立农民健康档案和健康手册，定期和不定期对农民进行预防性健康体检，对特殊人群和特殊病种实行分类管理。

（4）努力提高农民的健康水平。合作医疗经费筹集要因地制宜，可采取多渠道筹集，当地社会福利经费中可扶持一点，农民自己缴纳一点，随着社会经济的发展和合作医疗积累基金的增加，逐步递减农民缴纳份额，最终过渡到医疗保险和免费医疗。

（三）抚孤助残养寡是农村社会福利的重点项目

农村“五保户”、残疾人和孤儿仍然是农村社会福利的重点对象。在政府财政比较困难的情况下，必须争取全社会支持，让上述三种人住上社会福利院，使孤儿幼有所育，孤寡之人老有所养，使残疾人得到应有的救助。

（四）对贫困户实行实物福利补助

我国对重点贫困地区划分了一些贫困县，采取一系列的扶贫措施，对农村贫困地区的发展起到了一定的积极作用。随着农村赤贫县的消失，可取消贫困县的划分，直接确定贫困户补助对象。事实上，贫困县中有富人，富县中有贫困户，贫困县的划分，致使一些贫困县中的富人比富县中的贫困户能够得到国家更多的福利待遇。确定贫困户补助对象应视农村当地经济水平而定，对农民年终纯收入低于最低生活保障线以下的，应确定为贫困户补助对象，对其给予实物福利补助。对补助对象发放三卡：一是粮油供应卡，按月定量供应粮油；二是服装供应卡，供应四季服装，通过社会保障委员会在城市募捐到的新旧服装进行调配供给；三是卫生保健卡，贫困户持卡享受个人和集体都能承担得起的优惠，和当地农民同样享受医疗卫生保健服务。利用上述三卡，以保证贫困户获得最基本的生存条件。

（五）农村养老分段分项实施

由于受经济条件的限制，对农村养老可以实行分段分项实施的办法，即对 85 岁以上老人实行“五保”。随着农村经济的发展，逐步扩大农村福利供养老人的年龄段。其他农民的养老问题，则通过积极鼓励和引导农民参加社会养老保险来解决。

三、缓解城市贫困的社会福利措施

由于城市贫困具有与农村贫困不同的特征，因而缓解城市贫困的社会福利措施不一定与缓解农村贫困的社会福利措施相同。具体来说，缓解城市贫困的社会福利措施主要有以下几个方面。

（一）建立完善的社会保险体系

一个完善的社会福利保障体系首先应该能够覆盖社会的绝大多数劳动者，其次，应该实现社会化管理，国家对社会保险基金的缴纳和管理应做出强制性规定，再次，社会福利保障的内容应该能够涵盖所有的主要保险项目，从而才能有效控制失业、年老、伤残等各种因素对劳动者造成的威胁。为此，政府应负起主要的建设责任，加强社会保险的立法工作，加大社会保障的推进力度，尽快建立起一套覆盖面广、内容全面、实现社会化管理的社会保险体系，使之成为预防大众贫困的有效手段。

（二）建立完善的城市社会救助体系

城市社会救助体系是对少数特殊困难者实施救济，避免他们陷入极端贫困的有效手段。传统的“三无对象”救济制度已难以满足城市中日益增多的贫困人口的实际需要。我国目前采取的最主要的反贫困政策是城镇居民最低生活保障制度。最低生活保障制度就是政府按照最低生活保障标准给予非农业户口的城市贫困居民基本生活保障的一项社会福利制度。这项制度从 1993 年开始在上海试点，它有效地克服了传统社会救济制度的随意性，即救济标准、救济范围和救济时间的随意性，提高了社会保障水平。它扩大了社会救济面，不仅对城镇“三无”人员中特困户实施了救济，而且对那些虽有劳动能力、有一定生活来源、有法定抚养人，但不能维持基本生活水平的贫困人口，像企业下岗职工、失业人员、离退休人员中的困难人员也实施了救济。1999 年 9 月底，全国 667 座城市和 1 638 个县人民政府所在地的镇，全部建立了城市居民最低生活保障制度。到 1999 年底，全国有 281 万户保障对象享受了最低生活保障待遇，其中 21%为原民政对象，79%为在职、下岗和失业、退休人员家庭中的贫困人口，共发放保障金 19 亿元。根据民政部 2006 年统计公报，城市最低生活保障制度已经比较健全，基本实现了“应保尽保、动态管理”。截至 2006 年年底，全国共有 2 240.9 万（1 028 万户）城市居民享受了城市最低生活保障，人均保障标准为 169.6 元/月，全年共发放城市最低生活保障资金 222.1 亿元，人均补差 82.9 元/月。

最低生活保障标准实质上就是城市居民贫困线。我国各个城市在制定这个标准时，主要考虑对象是绝对贫困家庭，适当照顾相对贫困家庭。一般而言，最低生活保障标准会随物价变动而调整。以上海为例，1993 年为 120 元，1994 年为 132 元，1995 年为 165 元，1996 年为 185 元，1997 年为 195 元，1998 年为 205 元，1999 年 215 元，是年 9 月调整为 280 元，2002 年提高到 290 元，2005 年提高为 300 元，2006 年调整为 320 元。2007 年，考虑到主副食品价格上涨和其他一些提价因素，市委、市政府决定城镇低保标准从每人每月 320 元涨至 350 元。

最低生活保障制度确实在一定程度上保证了城市贫困居民的基本生活。但这种制度本身是消极的，它只能为穷人提供一个缓冲的机会，不可能保证穷人参与社会发展和提高自己。相反，它可能会维持和再生产一个贫困群体，贫困人口被限定在一个被救助的制度结构范围之内，可能会堵塞寻求自身发展的机会，因此积极的反贫困政策是相当必要的。这些政策应该包括获得就业机会，教育、技能和资格的获取，延伸公共服务，健康政策，消除社会障碍等。

（三）就业和培训福利

就业和培训福利是帮助穷人融入社会的最主要手段。因此，政府要积极为穷人提供就业机会，自雇和非正式就业可以使贫困居民暂时获得固定收入，同时贫困居民可以通过就业积累人力资本。教育、技能和资格的获得相当关键，向贫困居民提供一定的技能培训对于就业意义重大。另外，一定要保证贫困儿童的教育机会，这是打破贫困恶性循环的关键所在。

（四）发展公共服务

公共服务要延伸到穷人可以接受的地方，让贫困居民增加对政府的信心，并有效地利用公共服务获取社会参与机会。对于城市中的低收入者，政府为他们专门提供福利性的医疗、教育、住房等方面的服务，可以大大减轻他们的生活负担，改善其基本生活条件，并为其下一代摆脱贫困状况提供了重要帮助。健康政策要向贫困居民倾斜，从而更好地帮助贫困居民应付疾病风险。在公共卫生体系中，贫困居民的传染病预防要置于优先地位，否则他们可能成为疾病的受害者和传播者。目前，我国一些大城市中专为低收入者修建了“经济适用房”，起到了改善低收入家庭居住条件的积极作用。政府应加大在福利性社会服务上的财政投入，规范各项规章制度，充分发挥这项制度对弱者的保护作用。

本章要点

1. 贫困的概念、特点及类型
2. 国际上衡量贫困的主要指标
3. 我国农村贫困的现状、特点及原因
4. 我国转型期城市贫困的现状、特点及原因
5. 我国贫困的变化趋势
6. 社会福利制度对贫困的缓解作用
7. 缓解农村和城市贫困的社会福利措施

基本概念

贫困　绝对贫困　相对贫困　基本贫困　洛伦兹曲线　基尼系数　恩格尔系数　城市贫困

复习思考题

1. 贫困有哪些主要特点？如何衡量？
2. 引起目前我国农村贫困的原因是什么？
3. 试分析当前我国城市贫困的成因。
4. 社会福利制度对缓解贫困的作用有哪些？
5. 缓解我国贫困问题的社会福利措施主要有哪些？

推荐阅读书目

1. 张纯元主编．消除贫困的人口对策研究．北京：高等教育出版社，1996
2. 赵人伟等主编．中国居民收入分配研究．北京：中国社会科学出版社，1994
3. 李强主编．中国扶贫之路．昆明：云南人民出版社，1997
4. 黄承伟．中国反贫困：理论、方法、战略．北京：中国财政经济出版社，2002

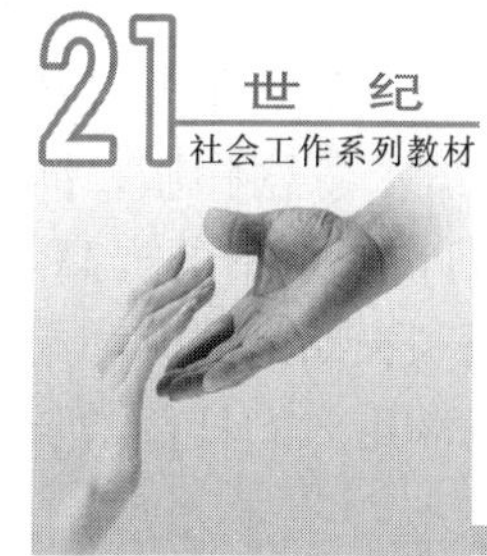

第十章

社会福利社会化

学习目标

1. 理解并掌握社会福利社会化是社会福利发展的必然趋势；
2. 理解社区的含义及构成要素并掌握社区是实现社会福利社会化的最佳载体；
3. 了解中国社区服务的发展历程、内容体系、运行机制及其进一步发展；
4. 掌握社区社会福利服务的体系结构；
5. 掌握社区社会福利服务的运作方法；
6. 理解社会福利社会化需要处理的几个关系。

第一节　社会福利社会化是社会福利发展的必然趋势

一、我国社会福利社会化概况

（一）社会福利社会化的兴起

始于20世纪70年代末的中国改革浪潮，推动着经济的发展和社会结构的改变。

1. 社会福利的需求大大增加

从人口结构角度看，我国人口老龄化趋势日益明显。一方面，庞大的老年人口基数及其快速的增长水平，尤其是家庭小型化的发展，使社会养老需求急剧膨胀；同时，残疾人和孤儿的养护、康复条件也亟待改善。另一方面，人们收入水平的提高，也带动了消费需求尤其是服务需求的明显增长。但是，我国社会福利长期由国家和集体包办，存在着资金不足、福利机构少、服务水平低等问题，难以满足人们日益增长的需要。

2. 政府提供的社会福利供给严重不足

随着经济体制改革的不断深化，国家的财力虽有一定程度的增长，但在以经济发展为核心的发展战略体系中，社会福利处于“边缘地位”，在财政方面获得的支持明显不足。社会福利支出在国民生产总值中占有的比重增长缓慢，难以支持庞大的需求压力，但政府又有责任满足人们的需求，提高人们的生活水平。另一方面，经济体制改革使企业办社会的经营模式遭到了市场经济讲究经济效益规则的挑战。改革使那些曾经为职工提供从生到死全面服务的企事业单位开始压缩职工的部分福利开支，并把某些不宜由单位承办的福利服务设施或项目交回到社会，而被单位减少的福利，需要由个人、家庭和社会共同承担。

基于上述压力，1983 年的第八次民政工作会议前后，民政部开始探索中国城市社会福利的改革，提出国家和社会力量相结合，采取多种形式兴办社会福利的新思路。这便是中国社会福利社会化的发端。1984 年民政部在福建省举办的工作会议上，明确提出了“社会福利社会办”的指导思想，强调：一是要促使社会福利从单一的、封闭的国家式包办体制，转变为国家、集体、个人一起办的体制；二是要面向社会，多渠道、多层次、多形式地发展社会福利事业。1990 年，在北京召开的“中国内地与香港社会福利发展第一次研讨会”上正式提出了社会福利社会化的核心内容，即服务对象的社会化、资金来源的社会化、管理的社会化、服务设施的社会化、服务队伍的社会化。社会福利社会化改革方案借此基本确定。

（二）社会福利社会化的内涵

所谓社会福利社会化，是指在政府的倡导、组织、支持和必要的资助下，动员社会力量建设社会福利设施，开展社会福利服务，满足社会对福利服务的需求。我国的社会福利社会化要坚持以居家供养方式为基础，以社区为依托，以社会福利机构为补充的发展方向，走一条国家倡导资助、社会各方面力量积极兴办社会福利事业的新路子，建立与社会主义市场经济体制相适应的社会福利管理体制和运行机制，促进社会福利的健康发展。

二、社会福利社会化是社会福利发展的必然趋势

社会福利社会化，是民政部于20世纪80年代中期提出来的，随着我国改革开放的不断深化和社会主义市场经济体制的逐步建立，随着行政管理体制、事业管理体制等配套改革的不断展开，社会福利社会化的必要性和迫切性更加充分地体现出来，成为社会福利工作一个全局性、方向性的变革趋势。

（一）管理格局的改变要求社会福利社会化与之相适应

计划经济体制下形成的“单位制度”，是一个具有中国特色的社会组织形式单位，是高度集中的政治、经济和社会管理体制的产物。其主要特征有：一是多功能，即具有政治、经济和社会的三位一体的功能，它不仅是就业场所和生产场所，而且还具有社会保障和其他相应的功能。二是垂直管理为主，各个单位只对自己的直属部门和上级部门负责。单位构成了一个个相对封闭和独立的社会共同体，把一个本应有机联系的社会分割成为无数孤立的、互相不能联系的个体，社会管理工作也只能与之相适应，相互封闭，缺乏整合。随着社会主义市场经济体制的逐步建立，特别是企业的深化改革，社会保障制度的逐步建立，单位办社会、企业办福利正逐步改变，单位人向社会人转变，一个新的社会管理格局正在构建。在这一情况下，政府必须对有关的社会行政管理工作进行相应的变革，注重发挥社会力量和社区组织的作用，使它们承担起一部分原来由单位承担的社会整合、社会控制和社会服务的功能。作为社会行政管理组成部分的社会福利工作，必然要适应变化了的社会管理格局，强化社会力量的参与。

（二）政府行政管理体制的改革要求社会福利社会化

在计划经济体制下，社会权力高度集中在政府手中，形成了高度集中、职能广泛、功能万能的政府机构。而社会主义市场经济体制要求必须转变政府职能，实行政企分开、政事分开。在社会管理方式上由直接、微观管理转变为间接、宏观管理。搞“小政府、大社会”，实行政府搭台、社会唱戏，把相应的工作职能交给社会力量承担，以适应新的条件下顺利开展工作的需要。这就对社会福利社会化提出了迫切的要求。

（三）事业单位的改革直接推动了社会福利的社会化

我国的社会福利事业是在计划经济体制下建立和发展起来的。它无疑具备我国其

他事业单位的共性特征：一是在单一所有制的条件下，政府是社会事业的唯一投入主体；二是事业活动的非经济化；三是事业机构的行政化；四是事业经费的政府财政供给化；五是事业资源的非社会化；六是事业运行机制的非效率化。事业单位的这些主要特征归根结底是由于国家办事业决定的。其结果是严重地制约了社会事业的发展，不能适应人们对于社会福利和公益事业发展的需求。

为全面推进我国行政管理体制改革、企业管理体制改革及其他各项改革，建立和完善市场经济体制，迫切需要进一步深化现行事业管理体制改革，建立与市场经济相适应的事业管理体制。事业单位改革的根本出路就在于社会化，即鼓励社会力量举办社会公益事业，形成多种所有制社会公益事业的格局和多样化的事业单位组织模式，同时，实行政事分开，建立健全事业法人制度，实行市场化运作。这些对于社会福利事业社会化来说，将是一个强有力的推动。

（四）社会福利的任务要求实行社会福利社会化

我国目前正处于社会转型时期。社会福利具有社会稳定机制的作用，应充分发挥职能作用，努力解决社会问题，缓解社会矛盾，消除不稳定因素。然而当前，我国的社会福利制度尚不完善，政策实施不尽如人意，而贫困、失业、贫富悬殊等不稳定因素不可能在短期内消除，尤其是我国是在经济尚不发达的情况下进入老龄社会的，老龄人口的基数大，来势猛，而我国的老年福利服务设施相当短缺，保障老年人口的基本生活权益任务相当繁重。现实迫切需要推进社会福利的社会化，发动社会力量，共同缓解和解决社会问题。

（五）社会福利社会化的本质决定了社会福利社会化的选择

社会福利工作具有鲜明的社会性特征，属于社会工作的范畴。社会工作的一个重要特点，是它的主体包括政府和社会力量两大组成部分，政府主要是组织领导，社会力量主要承担实施的任务。从国外社会工作的发展历程来看，它最先起源于中世纪的贫民救济或慈善事业。而现代类型的社会工作则是随着工业革命的推进，社会福利和社会服务的发展而诞生的，社会力量在社会工作中一直发挥着重要的作用。我国的社会福利工作也起源于早期的慈善事业。新中国建立后，在计划经济体制下，我国的社会福利工作基本上完全由政府包办。在市场经济条件下，社会福利社会化实际上是尊重社会工作发展的规律，充分发挥社会力量的作用。社会福利工作的本质决定了社会福利社会化的客观必然性。

总之，社会福利社会化是在建立社会主义市场经济体制，推进行政管理体制和事业单位改革的新形势下，社会福利工作改革和发展的必然选择，是社会福利工作的一个重大的、全方位的变革。

第二节 社区是实现社会福利社会化的最佳载体

社区在社会福利社会化中具有桥梁纽带作用。随着经济体制改革特别是企业剥离办社会的职能后，“单位人”逐步变为“社会人”，社会成员对社区的依赖程度逐步加深，社区的地位和功能日益增强，社会福利要走社会化的路子，都离不开社区“平台”的承接。

一、社区的含义及构成要素

（一）社区的含义

社，是古代地方基层行政单位。据《周礼》记载，“二十五家为社”。后随着时间的推移，社的范围有所扩大。《元史·食货志·农桑》中有记载：“县邑所属村疃，凡五十家立一社，择高年晓农事者一人为之长。增至百家者，另设长一员。不及五十家者，与近村合为一社。地远人稀，不能相合，各自为社者听。”可见，社是以家为组成对象、有地域特征的地方基层行政单位。

区的含义比社要宽泛一些，它既可以指行政单位，也可以指数量，古代四升为豆，四豆为区，还可以指居处。

我们现在所经常见到的“社区”一词，与其原有的含义有不同之处，它是20世纪30年代初费孝通先生在翻译德国社会学家滕尼斯（Ferdinand Tonnies）的一本著作《共同体与社会》（*Community and Society*）时，从英文单词“community”翻译过来的，其含义是共同体和亲密的伙伴关系。

许多年来，人们对社区的确切含义有着不同的意见，社会学家们从不同的角度对社区下过不同的定义。1955年，美国社会学家希利（G. A. Hilley）收集了有关社区的94个定义并作出结论：“除了人包含于社区这一概念之外，有关社区的性质，没有完全相同的解释”。[①] 这是因为在社会科学中，一些比较重要的、基本的概念使用非常频繁，学者、专家们在研究的过程中不可避免地要分析、应用这些概念，他们在使用这些概念时，由于研究的角度、着重点、理论背景、解决的问题等各不相同，因此

① G. A. Hilley，Definitions of Community，*Rural Sociology*，No. 20，1995.

会给这些概念以不同的解释。社区作为社会学中的一个重要概念，也不例外，比如有的研究比较注重社区的人口要素，有的比较重视地理因素，而有的则着重强调社区中存在的互动关系等，因此他们对社区概念的理解也不可能相同。我国社会学界在定义“社区”这一概念时，一般指聚集在一定地域范围内的社会群体和社会组织，是根据一定规范和制度结合而成的社会实体，是一个社会共同体。因此，社区是指具有某种互动关系和共同文化维系力的人类群体进行特定社会活动的活动区域。它一般为地域的、规模较小的基层社区。我国目前所称的社区在城市一般指街道，在农村则指乡、镇或自然村。

（二）社区的构成要素

根据社区的定义，社区主要由以下几方面的要素构成：

1. 地域要素

社区是地域性的社会，必须占一定地域，它是人们从事社会活动的基础。从这个角度来说，社区是人类与自然环境的统一体。这种自然条件不仅影响了特定社区中人们活动的性质和特点，而且会在很大程度上制约一个社区的发展。

2. 人口要素

社区是指在特定地域中进行特定的社会活动、具有某种互动关系和文化维系力的人群及活动区域。没有人群，社区就没有对象和主体，这时有的仅仅是地域范围，是区域的概念而非社区概念。社区中人群中存在的相互关系以及为了培养和强化这些关系而进行的各种活动比如社区服务、社区教育等无一不是以社区人群为对象来开展和组织的，其目的也是为了社区内人们的思想觉悟和生活水平的提高，为了人的全面发展，所以它也离不开人口要素。

3. 结构要素

社区的结构是指社区内的各种社会群体和组织相互之间的关系。社区是地域性的社会，在社区的地域范围内，存在着诸多的社会群体和组织，包括党政机关、服务机构、生产单位、学校、医院、政府职能部门的派出机构、居民委员会、业主委员会、家庭、邻里等，以及社区居民自发组织的各种群众团体，如兴趣爱好协会，文艺、体育团体等。这些社区的组成部分之间的相互关系，是人们在研究社区结构时所注重的对象。

4. 社会心理要素

社区中有许多群众和组织，社区成员就生活在这些群体和组织之中，社区的性质和规模对社区的结构有非常大的影响，而社区的结构又会对社区成员的心理和行为产生不同的影响。在传统的同质性很强的专能社区中，社区的结构和组织都很简单，生产和劳动方式单一，生活方式平淡，人们和外界接触少，其行为和心理受外界的影响也较小。我们日常所见到的，越是边远、偏僻的地区，其民风就越纯朴，居民的思维方式、行为准则和生活方式与现代都市居民的差距就越大，这种现象就是一个很好的证明。相反，在城市社区中，社区的结构和组织复杂，一个人的生活往往交叉于不同的群体之中，人们与外界的交往频繁，获取信息的渠道多样，经历和阅历丰富，这对他们的心态和行为必然会有较大的影响。

社区的社会心理要素的另一重要方面，是社区成员对社区的归属感。社区成员生活在所在的社区中，参与各种社区活动并享受社区所提供的各种服务，在这些交往和活动中，社区成员与社区内的各个群体和组织会形成种种的社会关系，并满足他们的生活、心理和自我发展的需要。由于长期的生活相处，社区成员必然会对所在社区产生一种特殊的感情，他们为自己社区所取得的成就而自豪，为自己社区的落后而感到耻辱，希望自己的社区更加繁荣。每一个社区中的居民，对于自己所属的社区都有一种情感和心理上的认同感，即有一种“我是某一个地方的居民”的观念。

5. 物质要素

社区进行各种活动，必须要有各种物质要素的支持。比如开展社区服务就需要有相应的设施和条件以及一定的经费投入。没有物质要素，社区也难做无米之炊，无法满足社区居民的物质和精神需求。因此，一个社区必须要有一定的办公场所、服务设施、办公设备、经费来源等物质条件。

二、社区化社会福利形成的理论依据

（一）社区是伴随着工业文明的发展和城市化的进程而日益兴旺起来的

我国城市化的迅猛发展，为中国的经济繁荣提供了良好的条件。据测算，城市人口每增加1%，经济就自然增长2%。但是，有城市必有“城市病”，如精神危机便是各国在城市化过程中都感到棘手的一种城市病。城市与农村相比，职业上的异质性扩大了，文化上的异质性也扩大了，经济收入上的差距也比以前大大拉开，“物之不齐，物之情也。”尽管有差异是正常的，但问题是“异质”一旦“化”起来，负面效应必然陡增。异质化容易带来疏离化、匿名化、孤独化、冷漠化等。异质化、疏离化、孤独化、冷漠化带来的是“一‘墙’之隔，老死不相往来”，这些城市病是与人性相悖的。

人是社会化的“动物”，是富有感情的“动物”。异质呼唤同质，疏离呼唤接近，匿名呼唤“常相知”，孤独、冷漠呼唤共同体。100多年前，就有社会学者提出，为了“减少城市刺激”，应实行“工作与生活分离”。20世纪初期，应大城市芝加哥的呼唤而形成了以研究社区为主要特色的芝加哥学派。20 世纪 60 年代，日本也开始痛感要在社区中“恢复人性”、“重建人性”。社会化的功能是让自然人成为社会人，社会化的功能又会把异化了的“社会人”重新铸成大写的“社会人”。现在，中国城市的异质化在加重，并出现了新的阶层分化倾向。阶层分化会产生多元活动，问题是要学会从各阶层之间的不同利益中找到共同利益，把各阶层之间不同的价值取向编织成有美丽图案的“社会关系网络”。而社区正是把“红、橙、黄、绿、青、蓝、紫”各种阶层融合成了“利益共同体”。

居住在同一地域内的人类有着共同的生存需要，有着共同的生活服务设施、共同的文化、共同的风俗、共同的利益、共同关心的问题。这六个“共同”，自然会频频发生互动，或直接互动，或间接互动。互动的结果便形成了地域性的“社会共同体”——社区。社区建设得好，便会把这六个“共同”进一步升华为三个共同体：道德共同体、信念共同体、情感共同体。由于市场经济是竞争经济，竞争一方面是提高效率，另一方面是市场经济中的货币行为激发了人们的货币意识，而货币意识超过了“度”，便有了腐蚀性。因此，促成道德、信念、情感三个共同体的出现，便是人与社会和谐的社会共同体的巩固。

（二）社会生活网络：从单位到社区

新中国成立后相当长的一段时期内，我国城市居民以单位为其社会空间的组织基础，单位成为城市居民一切生活的中心和重心。改革开放以来，计划经济体制向市场经济体制的转轨深刻影响着城市居民社会空间结构的变迁。当前我国城市居民的社会生活空间正经历着由单位向社区的急剧转换，由总体性的社会空间生存模式向分化性的独立生存模式转变。

单位作为国家与个人之间联系的直线中间环节，是新中国成立后相当长一段时间内整个社会结构的基础，也是控制和调整整个社会运转的中枢系统。换言之，单位是计划经济体制下极具中国特色的微观社会组织形态。在单位体制下，国家、单位及个人之间存在着一种自上而下的单向直线式的关系网，国家控制单位，单位控制个人。单位成了城市居民唯一可选择的互动社区系统，它紧紧钳制着人自身的创造力。作为社会基层组织的单位，不仅作为依据专业分工的职能组织而存在，在计划经济体制这一特定背景下，更衍生出各种繁复和“大而全”或“小而全”的社会功能，城市居民一旦进入单位，单位便对他的生老病死承担起无限责任。城市居民在劳动报酬、生活条件、社会福利与保障的各种资源的获取上高度依赖单位。这种大包大揽式的社会组织方式最终使单位变成家长制式的福利组织体系。同时，国家把组织社会生活、进行社会管理的职能也交给单位，由单位来实现行政性的社会整合。这样，单位就成了国家分配资源、管理社会的中介体，而非真正的利益与资源主体。

随着社会主义市场经济体制的建立，传统的单位体制正在发生深刻的结构性分化。党政分开、政企分开、政社分开使企业事业单位的政治功能逐渐弱化，党政部门对企事业单位的直接控制力度在减弱，控制范围在明显缩小。单位及单位成员个人的活动则日益与市场经济挂钩，国家对各类行为主体的控制不再是集权式控制，转而以明确的法律形式来制约。单位的各种社会职能被剥离出来，复归于社会，城市居民的社会福利也逐步从单位职能中归入社会。今天的单位已不再是城市居民社会生活的唯一中心和重心，“社区”这一社会生活空间便应运而生。社区逐渐成为现代城市居民生活的重心和中心。

我国城市居民的社会空间正实现由“单位”向社区转换。具体而言，主要有以下几种趋势。

1. 城市人的经济与社会生活社区化

单位制下企事业单位办社会的格局逐渐被打破，城市居民的经济社会与文化生活越来越多地与其所在社区产生紧密的联系。城市居民在自我管理与被管理上具备了很大的自由空间，一个相对自主的社会空间正在成型。单位的社会职能日益单纯化，已不再是政府维系城市社会稳定与发展的唯一中介点，社区开始成为对广大城市居民进行整合的重要组织。社区接收由单位转移出来的大部分社会职能并加以系统化、完善化，随着城市居民社区生活的中心化，包括“老有所养、幼有所托、孤有所扶、学有所教、需有所供”等在内的服务体系，正在不断丰富、扩大。随着社区服务功能的不断加强，城市居民对社区的依赖性与归属感也日益强烈。

2. 城市人口结构的变迁

城乡二元格局的瓦解，解放了我国农村的劳动力。往来频繁、变动不居的外来人口大多并不固定于城市单位编制中，单位根本无法对这类流动人口进行恒常有效的管理。自由职业人、个体工商户、私营企业主等体制外人员从原有的阶层中游离分化出来，迅速增长。他们的社会特征明显地不同于原来归属的群体。但在市场体制形成的初期，这些城市新生阶层由于极强的不稳定性和较大的流动性，使得他们无法找到一个稳定的社会归属体，他们自身存在的依附性、社会地位及社会声望的脆弱性，又促使他们寻找一种有效的被社会接纳的方式。从这种意义上来说，社区对其地域内的综合管理，契合了现代城市社会、经济现象的混合复杂性，社区管理对这部分体制外人员的管理充分显示了其优越性和重要性。

3. 城市居民居住空间的变化

随着城市基础设施建设的完善化和系统化，城市居民成批地搬离了世代居住的胡同、小巷、深居院落，住进了成片开发建设的居民小区。城市住房改革使得单位不再是城市居民住房福利的维护者，转而由社区来系统解决。社区在现代城市人的生活里已发挥了不可替代的作用，成为城市现代化管理体系中极其重要的一部分。

4. 城市家庭结构功能的变迁

传统的中国家庭既是社会生产单位，同时也为家庭成员提供所有生存的保障，互为扶持，具有极强的凝聚力。在计划体制向市场体制的转换过程中，城市家庭结构也发生了变迁。传统的数代同堂的大家庭逐渐衰亡，城市家庭结构呈现出小型化发展趋势，其中单身家庭、空巢家庭、丁克家庭越来越多。伴随着人们生活水平的改善，一些大中城市人口老龄化趋势日益显现。家庭原有的经济功能、娱乐功能、教育功能、维系功能等开始弱化，并逐渐转移到社区中。社区开始成为居民家庭的延展体，并成为上述功能的有力承担者、执行者。

各个社区的综合发展是现代城市发展的坚实基础，也是营造现代化城市格局的重要组成部分。社区不仅将成为城市的社会功能载体，同时也将成为城市的政治、经济功能的载体。社区已一跃成为现代城市人社会生活的中心和重心，打破了原有的单位体制下对城市居民的分散管理，实现了专业化的市民社会管理；同时，社区也改变了单位体制下政府通过单位实行的行政性和福利性管理，转而成为社区型的社会化的服务管理。

（三）社区化社会福利适应中国的社会分层新格局及区域间差异扩大的现实

市场体制下出现了新的社会阶层，同时使原有模糊而且扭曲的社会分层鲜明起来，这就促使不同社会层次及不同社会群体的多样化需求显露出来。加之各地经济发展很不平衡，地区差异因原有的文化差异、民族差异与新产生的经济差异相结合而较以前扩大，要满足不同地区的社会福利目标及程度不同的多样化需求，只有允许多种经济形式、多种社会文化方式以及多种满足需求的供给方式并存。而只有社区化的社会福利，才能够同时兼顾多元化的市场需求与一元化的最低生活需求。以经济有效的资源筹集和使用方式，较低的政府投入，获得较高的社会生活保障质量。

（四）社区化社会福利符合中国的历史文化传统

新中国成立后一直到改革开放以前，我国实行的是一套依靠高度集权的组织系统强制推行经济、文化和社会高度一体化的制度。改革开放后，这套制度已经瓦解，统一的国家保障制度失掉了赖以存在的经济基础和组织基础。

实际上，我国历史传统既有集中统一的一面，又有允许地区差异和多种文化并存的一面。社区服务能够在短时期内获得空前的发展，赢得社会各界的帮助支持，源于我国社会的历史文化传统。我国之所以能够不断自我革新，走向兴旺发达，是因为具有一种独特的社会文化机制。即分散性与统一性共处，群体性与个性并存。我国文化善于调和具有冲突的双方，讲求平和、融合，主张和谐、包容。民间社会与政府相互包容，集中统一与分散管理和谐共存。各民族、各地域有着广阔的发展空间，不仅民间结社素有传统，而且“千里不同风，百里不同俗”的地域文化也特色长存。这证明在我国这样一个人口众多、民族众多、地域辽阔、历史悠久的国度，治理方式也体现着独有的社会文化机制。

此外，社区化的社会福利观归根结底依赖于维系社区的观念习俗和道德伦理。在新的历史时期和市场经济条件下，慈悲与仁爱的中国佛教和儒家的道德文化传统有了新的发展，并在社区里起到了黏合剂的作用，这对于推动社区形成互助互爱、各类组织群体共同参与社区建设的新人文环境起到了一定的推动作用。

三、社区化社会福利形成的实证依据

改革开放以来，从南到北，从东到西，我国各具特色的区域性社会福利发展已经崭露头角，追踪其发展轨迹，均可寻到其历史和现实的支点。

（一）珠江三角洲区域

这个区域涵盖广泛，南到深（圳）珠（海）新城，北到广东省山区以南，是一个东西横亘的狭长地带。从广州到中山、顺德、番禺这一带因连片开发，已经形成了新型城镇地带。在改革开放中这个区域率先突破旧体制，最早打开国门，受港澳影响较深，民主化的推进最快。目前已经初步形成政府、企业与非营利部门合作兴办大型活动的新组织和新传统，带动了有地域特点的社会福利体系的形成。最有特色的是一年一度、已经坚持 10 年的中山市“万人行”活动和坚持 6 年并已举办三届的广州市“百万行”活动，这类区域性的宏大的社会组织活动，推动了该区域社会文化心理的认同，创造了较为良好的社会福利管理组织设立和发展的社会大环境。

（二）长江三角洲区域

这里主要指的是以上海为中心、以苏杭为外延的区域。在历史上，上海属江浙一带乡镇的后起之秀，建制不过 300 年，但却以 20 世纪三四十年代颇具半殖民地色彩的经济崛起、五六十年代新中国配套齐全的工业和财政第一重镇、90 年代改革中确立的在 21 世纪连通中国与国际最重要的经济枢纽地位，将历史与现实、传统与创新相结合，形成了独具特色的新海派文化。自 20 世纪 70 年代起，上海在向苏杭一带中小城市进行经济扩散的同时，也强化了与苏杭一带的社会文化联系。改革以来，大量价格相对低廉的苏杭地区剩余劳动力，在进入经济领域的同时，也进入了上海非营利部门的社区服务性组织机构。这是上海现在乃至将来能够在非营利部门保持较高投入产出效率的重要经济基础之一。上海地区的另一重要特征是地方政府在其间的作用很可能超过国内其他任何地区，这一点与上海区位的重要性及政府官员素质较高是分不开的。今后，上海很可能形成类似香港那种以地方政府税收大力支持非营利部门发展的、国内各社区社会福利新体系中较为独特的模式。

（三）京津地区

这个地区文化积淀最深，从而成为传统文化意识最强的区域。其长处是助人为善的观念长久深入人心，如果能加以适当的组织和引导，基于传统慈善观而自发参与社区慈善活动的志愿者群众可数以百万计。天津地区的经济紧缩时期，仍能依靠几十万志愿者的慈善活动维护了社会的基本稳定就是一个证明。

（四）其他地区

其他各地区由于自然、经济、社会文化的条件各不相同，其主要社会问题也不尽相同，因此，各社区形成福利体系的方式、特点均不会相同。例如，云南可能在相当长时期内要以肃毒扶贫为主要的社会工作方向，甘肃需要解决因缺水带来的自然环境日益恶化的农村贫困问题等等。

社会福利制度作为一个国家的政治和经济的选择，不仅与一个国家的体制相关，而且更是一个国家历史和文化的体现。迄今为止，在世界上经济发达国家的社会福利制度中都有一种内存的连续性贯穿其中，这就是联系着这个国家过去与未来的流动着的民族文化。我国现代社会福利制度才刚刚开始建立，还需要一个成长成熟的过程。在这个过程中，最重要的就是找到过去与未来的联系，找到国家和民族的自我。成熟的我国社会福利制度应该建立在这个自我之上。这就是我国独特的社会文化机制。

而联系过去与未来的最适当的文化载体，就是我国的社区。联系过去，社区最能保持我国民间社会的传统，最方便维系和发展具有本地特色的文化；连通未来，社区最能符合人性地满足社区成员变化着的社会福利需求，同时做到将统一与分散的社会目标管理结合起来。提倡各具地域文化特色的社区社会福利，将现代社会福利制度扎根于广袤的我国文化土壤，真正融入我国的传统文化，才有利于继承和发展我国的社会文化机制，而使我国社会福利体系得以长期存在，走向成熟。所以，即便从继承和发展我国社会文化机制的角度，社区也不能不成为社会福利新体系的基本落脚点。可以说，我国社会福利新体系的政策目标，就是建设有利于发育我国文化机制的社区化社会福利体系。

四、社区社会福利的定位

城市社区社会福利既是一个新课题，也是一个老的话题。自市井社会形成之后，就出现了社区慈善救济服务的需求。但在皇权统治下的封建社会的都市救济是一种恩赐型、教导型的慈善救济。在近代，城市社区的公共领域逐渐形成，以商绅、乡绅为主导的具有自发、自治性质的社区救济系统为城市贫民提供了一定的庇护，但是，它是一种带有临时性、随意性的互助体。

新中国建立之后，在计划经济体制下，传统生产和生活共同体的社区被统一到“单位社区”中，单位组织作为社会福利的唯一提供者为“单位人”提供了从摇篮到坟墓的均等式服务。但是，它的服务对象被限定在“单位人”或者家属的范围，外单位人不可涉足，可以说这是一种封闭型的社会福利体系。随着经济体制的改革和市场经济的导入，商品房得到普及，职业、人口流动出现自由化，封闭的“单位社区”逐渐解体，随之出现了具有阶层化特征的现代城市社区。但是，在逐渐变化着的新的社区形态里已经不存在单位组织这一福利的提供者，然而，作为居民的生活需求的福利需求不但没有缩减，随着对生活质量的追求，反而越来越膨胀。于是，社区社会福利应运而生。

（一）社区社会福利的主要内容

社区社会福利的目的是对那些生活不能自立的个人以及家庭，通过社区的社会力量对社会资源的协调和整合，提供家政、保健、护理并包括精神文化生活在内的社会性福利服务，解决他们在生活上遇到的困难，创造一个使社区居民能够实现自主、自立生活的环境。

社区社会福利的内容通过社区服务内容得到具体体现。社区服务主要有：面向老年人、残疾人及特殊人群提供的社会福利性服务；面向社区居民提供的便民利民服务；面向社区企事业单位和机关团体开展的双向服务等。

在社区社会福利中，面向老年人、残疾人及特殊人群提供的社会福利性服务是社区社会福利的主要内容，具体来说，包括以下三个系列：

1. 老年人服务系列

包括孤老包户组、孤老服务站、敬老院、托老所、老年人公寓、老年庇护所、老年婚姻介绍所、老年人活动站、老年人医疗保健站、老年人康复中心、老年人康复门诊、老年人学校等。

2. 残疾人服务系列

包括残疾人服务站、残疾人医疗站、精神病人工疗站、康复中心、残疾人婚姻介绍所、弱智儿童启智班、伤残儿童寄托所等。

3. 少儿服务系列

包括托儿所、幼儿园、学前班、课后辅导班、小学生午餐点、儿童医疗保健站、失足青少年帮教组等。其中，居民委员会对特殊居民群众提供的从物质到精神、从有形到无形的救助、关爱和照顾，都是对国家福利政策的补充和完善。居委会的服务，既是社区服务的依托，又是社会福利的社区体现形式。

（二）社区社会福利是一张局部的安全网

社区社会福利的功能突出体现在社区社会福利是社会的第二张安全网。第二安全是相对于第一安全而言的。社会福利是第一张安全网，而社会福利正是通过社区才得以层层落实、具体实施，才逐步扩大福利覆盖面，才从完全依靠政府过渡到依靠政府和社会并重，使之有了良性的社会化运作。与社会福利相比，社区社会福利是一张局部的安全网，它相对于局部的人群、局部的内容、用个别化的方式将社会福利落实到实处。

1. 社区社会福利的重点对象是老人、城市弱势人群

老人社区社会福利的优势十分明显，它建立在家庭保障的基础上，通过朋友、邻居、亲戚等社区支持网络推行，依靠社区内各种组织获得发展。这样既有效地分摊了福利成本，又让老人能在他们熟悉的环境中颐养天年。城市弱势人群主要指残疾人、下岗职工、低收入者，他们构成了城市中的“新贫困阶层”。社区在实施城市反贫困战略中的地位十分独特，一方面，社区掌握新贫困阶层的第一手资料，有利于建立城市贫困监测系统，为反贫困决策提供完整资料；另一方面，城市反贫困工作也需要社区具体落实。正是社区大量细致的工作，才使这些最需要帮助又最容易被人忽略的人群不至于遗漏在社会安全网之外。

2. 社区社会福利的主要内容侧重于社区救济和福利

社区救济除做好残病救济、孤老救济、孤儿救济工作外，着重救济因收入差距拉大而造成的城市新贫困阶层。社区救济的目标是要保障低收入者能维持最低生活水平，实现人人有其粮、不挨饿、不受冻的社会福利最低纲领，这对维护社会稳定起着非常重要的基础作用。而社区社会福利可以让广大居民普遍受益，提高生活质量。

3. 社区社会福利突出精神服务

早在19世纪欧美一些社会学者就提出了“社会裂化”的观点，即城市人口在职业上和文化上的深度差异性，导致即使面对面互动，也是肤浅的、非人格的，或者即

使空间上相互接近，实际仍然有相当大的距离。此“社区衰落”现象在我国城市化过程中不是减弱而是加强了。在社区服务中突出精神服务，对改善“社区衰落”现象往往有独特的功效。精神服务即为满足人们的基本生活目标而提供的情感慰藉、心理咨询、释疑解惑、生活指导、维护权益、协调关系、倡导文明等精神生活方面的服务。通过这些服务，让公民真切感受到社区远非单纯的地域共同体，它是由许多成员利益结合在一起的社会共同体、道德共同体。它意味着亲密的人际交往、深厚的感情、道德的承诺、相互间协作与帮助等。社会发展证明，人们在需要物质服务的同时，更需要精神方面的服务，因为，通过精神服务可以找回爱、尊重、信心与自由。因此，精神服务是构成城市文明的基石，是对人们生活质量提高的最根本的保障。

五、社区社会福利的实施方式

根据社区社会福利的功能定位，社区社会福利应该主要采取以下方式。

（一）强化家庭功能，使家庭成为社区社会福利的重要支持力量

长期以来，中国人一直比较重视家庭传统，因而家庭保障成为社区社会福利的重要基础。现阶段，我国老年人数量越来越多，完全依靠国家的资金支出来发展老人机构照顾显然不是很现实。满足老人不同层次服务需要的最佳途径，就是在发展国家机构照顾的同时，发展非正规照顾，即由家人、亲友、邻里或其他志愿者提供的照顾。家庭养老已成为除政府养老、社区养老、机构养老之外的第四道安全屏障。另外，家庭对缓解城市新贫困者的心理困惑也有着其他保障达不到的内在稳定功能。社区在提高家庭保障功能方面可以做的工作包括：提供物质性服务，协助家庭生活有序运转；开展教育与培训，提高家庭整体素质；加强家庭沟通，个人的价值体系、性别观念、知识积累、个性修养、语言表达能力以及家庭中所建立的自我观念等，都可以影响家庭成员的沟通，加强这方面的教育可以避免每个人和家人发生激烈冲突，以及当问题出现时有能力应付；提供老人、儿童、病残者照顾，生活服务等等。提高家庭功能，让家庭承接起社区社会福利的一些功能，既是促进经济发展，又是符合中国人亲情相依传统的一种保障措施。

（二）以社区服务中心为基本福利服务机构

社区组织包括三种，第一种是营利性组织，其活动以营利服务为目的；第二种是非营利组织，其活动是为了解决生活服务及特殊人群的福利服务；第三种是志愿者组织，活动的主要目的是协助街道实施福利服务和提升社会的精神价值。社区服务中心

由职业者、志愿者组成，由非营利组织从事微利低偿、便民利民的服务，也向孤老、病残、优抚等社会特殊成员提供福利性服务。目前许多社区服务中心不能完全履行这种职能，一个重要的原因就是资金缺口太大。

从理论上讲，征收社区税是街道办事处增加资金投入，促进社区服务良性运作的重要保证。然而，街道不是一级政府组织，没有征税的功能和权力。在现行体制下，要改变街道的地位，从法律上赋予其征收社区税的权力也是不可能的。因此，确立多元化投资主体对实现社区服务中心福利最大化、服务最优化具有十分重要的意义：第一，对服务项目进行成本核算，使之节源集资；第二，挖掘社区志愿者资源，以少花钱或不花钱而办好服务；第三，根据经济发展水平和市民收入水平，指定详尽的各种服务收费标准，使之有稳定的、制度化的资金收入。社区服务中心还可以办几个下属实体来增加收入，但中心本身应该是一种承担管理、组织、协调、信息提供、情况沟通和指导的中介机构。

除此以外，还可借鉴现代企业制度的成功经验，对来自国家、集体、社会法人、个人的不同投入实行股份化，使之形成一批专业化服务组织及专为弱势人群提供服务的社团，对这些社团给予投资项目和资金运作上的倾斜，对不同对象实行不同的收费标准，使之与社区服务中心共同实现社区社会福利目标。

（三）以居委会为基点夯实社区社会福利内容

社会福利的许多项目都要通过居委会加以具体落实。比如城市贫困救济和最低生活保障制度就采用国际惯例的“家庭经济调查”程序加以落实，其工作程序是接受申请，完成调查，批准、出具证明并通知单位，由单位向受助者发放救助，为每一个受助者立案存档，定期进行追踪调查，为求助者设置畅通的申述渠道等。实践证明，采用“家庭经济调查”，市民无论在职与否，只要其收入在贫困线以下并希望得到政府救助，都可以依托居委会享受最低生活保障。这对缓解“谁家孩子谁家抱走（无单位救助者归民政系统管，有单位救助者归本单位管）”的模式导致的效益不好的单位需救助者得不到单位救助的现状十分有效。另外，居委会根据掌握的第一手资料，能及时终止已经重新就业不再需要救助成员的资金援助，对自治范围内社会福利实施不力的单位或享受不到社会福利的公民，也有权向街道办事处汇报，建议和督促街道办事处采取行政手段解决。正是居委会通过工作建议、批评监督、落实到位、追踪调查等工作，夯实了社会福利的基础，进而使社会福利制度真正造福于人民。

（四）通过一体化的救助系统对城市社会救助资源进行整合

目前，我国城市救助系统存在着立项分散、经费分散、救助对象分散、管理方式分散的弊端。这种单项分立的制度很难系统承担起对不同层次贫困居民的社会救助，也不利于职能部门进行规范化、科学化、法制化的管理。

为革除这种弊端，应构筑社区综合救助机构，将多头管理因素集中到社区救济机构中来，统一项目、统一经费、统一管理机构，实现一体化的救助目标：第一，救助机构是一种既能代表政府，又基本与政府脱钩，能综合利用社区内资源，能沟通政府、居民、其他组织实施社会化服务与管理的一种中介组织。这种组织能够做“市场不在、市场不能，政府不在、政府不能”的事。第二，实施普遍性与特殊性相结合的措施。普遍性就是把救助对象扩展到城市中所有贫困者；特殊性就是为“三无”对象提供的特殊救助，所需经费也由机构统一向政府报批，或统一通过社会筹资，把该项开支控制在可以承受的范围内。第三，救助机构的管理职责是接纳、协调、沟通。接纳是指对所有救助对象的登记、立档存案与受理；协调是指单位救助对象归为单位救助还是社区救助之间的协调；沟通就是将多头管理的救助意见集中起来，又将社区救助意见传达下去，为实施一体化救助体系创造条件。第四，大力倡导志愿者组织和合作社会组织。志愿者组织的理念是奉献与参与，他们能够实现社区社会福利最大化和社区服务最优化目标。

（五）建立监察系统督促社区社会福利的落实

社区社会福利的监测系统包括：

（1）档案系统。即对福利对象的总量、程度、结构进行分门别类的登记，确定受助标准。

（2）调查系统。即对由于下岗、领不到工资、严重疾病、意外事故等特殊原因造成生活困难的对象，开通社会救济网，为其提供物质援助；对重新就业或因其他原因使经济状况超出最低生活水平的救助对象，则应立即停止救济，确保不出现该救济的得不到救济、不该救济的却享受了救济的情况。

（3）督促执行系统。即对社区社会福利执行过程中的问题有采取行政解决的权力。

设置检测系统的目的是为社区社会福利决策提供翔实完整的资料，使政府部门如实掌握救济对象的实际状况，为政府与福利对象之间建立一条沟通渠道。

（六）通过教育增强社区社会福利享受对象的自我发展能力

社区社会福利的实施方式带有间接性特点，一个突出例证就是在给予物质性福利的基础上，更注重对社区社会福利享受对象的培训、教育，提高其技术，增长其能力。这是一种具有长远意义的社会福利方式。可以在社区内设置再就业园区，由政府提供项目和场地，专家根据社会对劳动者素质、劳动技能的要求和空缺进行专业训练，对暂时找不到合适工作的失业人员开展有偿劳务活动，进行职业技术、工种选择、劳动力市场信息分析，避免由于对劳动力需求状况不清楚或对自身条件缺乏正确评估而产生盲目性，街道将经营项目采用招标的方式出租给失业者，并扶持他们走向成功。这种以教育培训代替单一资金援助的做法充分显示出社区社会福利的教育开发功能，同时也意味着社区社会福利的最终目标是要培养公民的现代福利意识——社会应该承担起保护社会成员的义务，但公民绝不能盲目依赖社会福利保障，公民要自强、自立、互助、慷慨，依靠自我能力提高生活质量。

社区教育保障的另一项重要工作，就是推动城市贫困户子女接受义务教育。如敦促、建议学校对特困户子女减免学杂费；开设勤俭助学场所，为贫困户子女解决学习经费；建立统一与分散的教育基金制度，通过政府牵头、机构介入、群众参与的方式建立社区教育保障方式。

第三节　社区社会福利服务

社区社会福利是一个有机的体系，包括社区社会福利服务体系、社区社会福利管理体系、协调监督体系、支援网络体系等等，而社区社会福利服务体系是连动其他体系的中轴，是最为重要的组成部分。

一、社区服务

（一）社区服务的含义

社区服务是在政府的倡导下，发动社区成员开展互助性的社会服务活动，就地解决本社区的社会问题。进一步说，社区服务是在社区内为人们的物质生活和精神生活所提供的各种社会福利与社会服务。

随着社区服务的不断发展，社区服务的含义也在不断延伸，目前在理论和实践界有不同的提法。我们认为，社区服务是在政府倡导下，为满足社会成员多种需求，以街道、镇和居委会的社区组织为依托，具有社会福利性的居民服务业，是社会福利体系和社会化服务体系中的一个重要行业。

（二）我国社区服务的发展历程

现代社区服务是伴随着经济的发展和社会的进步而产生与发展起来的，是工业化、都市化、社会化大生产和社会分工专业化的产物。十一届三中全会以来，随着我国社会主义现代化进程的加快，需要深化经济体制改革和政治体制改革，而作为经济体制改革和政治体制改革配套措施的社区服务的发展就提上了议事日程。经济体制改革要求企业逐步剥离“办社会”的职能，轻装上阵。政治体制改革则要求政府转变职能，把管理社会工作的主要职能下放到区、街，即把解决社会问题、管理社会工作的职能下放到区、街。也就是说，我国社区服务只是在城市改革成为改革重点的20世纪80年代中期以后才开始发展起来的。

具体来说，我国社区服务的产生和发展大体经历了以下三个阶段。

1. 倡导与起步阶段（1987—1989年）

20世纪80年代中期，随着经济的快速发展，城市人口急剧膨胀，家庭结构小型化，人民消费结构多元化，社会承担的问题越来越多，城市成为改革的重点。与此同时，我国开始了社会福利制度的改革，改革的目标是将国家负责的社会福利制度改革为社会化的福利制度。其中的重要措施之一就是在街道建立“社会福利服务网络”。在这种形势下，民政部于1987年初率先公开提出了“社区服务”的概念，并以此取代“街道社会福利网络”的概念。经过一些地方的试点，1987年9月，在武汉召开了“全国社区服务工作座谈会”，这标志着社区服务正式倡导发动。

社区服务尽管在理念上被界定为社会福利制度的组成部分，但实际工作中它更多地具有社区内成员开展互助活动的性质。

2. 推广与普及阶段（1989—1993年）

1989年10月，有关部门在杭州召开了全国城市社区服务工作经验交流会，总结和交流武汉会议以来社区服务工作的经验，要求在全国街道和居委会普遍开展社区服务。1991年11月，在北京再次召开了全国社区服务工作研讨会，就社区服务的内涵和外延、地位和作用、组织和管理、发展和提高等方面从理论上进行了探讨。指出社区服务本质上是社会福利工作，主要内容包括老年人服务、残疾人服务、优抚对象服务、便民利民服务。

1992年7月，在《中共中央、国务院关于加快发展第三产业的决定》中，要求社区服务向产业化和行业化方向发展。截至1992年底，全国已有70%以上的街道开展了社区服务的工作。

3. 迅猛发展、不断提高的阶段（1993年至今）

1993年8月，国家14个部委联合颁布了“关于加快发展社区服务业的意见”的文件，这是社区服务发展中的第一个政策性文件。它要求将社区服务业纳入第三产业的发展规划，为社区服务业的发展提出了明确的目标、要求和基本任务，制定了相关的扶持保护政策，引导社区服务建立起适应我国国情、以产业化和社会化为方向、能够实现自我积累和自我发展的运行机制。这个文件出台后，激发了社区服务的内在活力，很快就形成了迅猛发展的势头。

1994年底，为了使社区服务的运行机制、外部环境、内在要求以至于价值理念等能更好地适应市场经济的挑战，在上海召开了全国社区服务经验交流会，进一步澄清了社区服务发展中存在的模糊认识，重申了它的福利服务宗旨和坚持社会效益为主的基点，强调了开展社会性服务的重要性，为社区服务进行了重新定位。1995年，民政部颁布了《社区服务示范城区标准》，在全国布置开展创建示范城区的活动，并于1996年9月在南京召开了关于这方面的专题会议，为社区服务在全国城镇的广泛普及和整体水平的提高提供了规范性指导和示范性样板，保证了社区服务发展的正确方向。1997年7月，在青岛召开了社区服务理论与实践研讨会，总结社区服务十周年的发展，并推广和交流了一些城区创建全国社区服务示范城区的经验。自此，社区服务在全国不断发展，成为理论和实践界的热门事宜。2005年，全国城镇社区服务设施达到19.5万个，城镇便民利民服务网点达到66.5万个，分别比1997年增长46.6%和116.6%。①

（三）我国社区服务的内容体系

我国社区服务大体包括六个层次的内容，即个人为社区服务、人际相互服务、社区和企业相互服务、社区为居民服务、政府（民政部门）为民政对象的服务、政府为社区服务。

1. 个人为社区服务

个人为社区服务是每一个公民应尽的社会责任和义务。但是，这种社区服务，除了英国向犯罪者颁布的社区服务令之外，在绝大多数国家都是以个人志愿为基础的。个人为社区服务表现为两种形式，一是社区居民不定期地参与保护社区环境的清洁卫生工作和其他社区公益活动；二是社区志愿者的定期社区服务。在发达国家，个人为社区服务本来是作为政府行为的社区服务发展到极致的哲学反思，其含义是，为社区服务不仅是政府的责任。在我国，个人为社区服务却构成了社区服务的出发点和现实基础，这就决定了我国社区服务的非正式性质。

2. 人际相互服务

人际相互服务是个人为社区服务的自然延伸。社区服务的互助性质在这里得到了

---

① 国家统计局：《中国统计年鉴（2006）》，346页，北京，中国统计出版社，2006。

最充分的体现。每个人既是服务的主体，又是服务的对象；既向别人提供服务，又接受他人提供的服务。开展相互服务是我国社区服务提出的初衷，实际上它是一种社会交换行为。从性质上来说，它也是一种非正式的民间行为。由于这种民间行为能够起到上为政府分忧、下为百姓解愁的作用，所以它受到了政府的倡导和支持。

3. 社区和企业相互服务

社区和企业相互服务是以“街企共建”和街企之间的“双向服务”为代表的。从性质上来说，它是人际相互服务的扩大。服务的主体和对象由个人扩大到单位和整个社区。尽管它仍然是一种非正式的社区服务，但由于介入街企共建的单位大多数是机关、学校、部队和国有大中型企业，这样就使得“街企”双向服务带有某种官方的性质，它是一种准政府行为。由于社区内或外企事业单位的介入，社区服务获得了额外的资源和动力，从而促进了我国社区服务的深入发展。

4. 社区为居民服务

社区为居民服务是社区服务的本原含义之一。由于社区在我国并不是一个独立的行政实体，与之相对应的街道办事处或居（家）委会亦无强大的经济实力，所以在这个层次上的社区服务尚不尽如人意。许多街道虽然千方百计建立了诸如社区服务中心之类的服务设施，但由于没有运转经费，有的已挪作他用，有的已名存实亡，许多已丧失了其吸引力。社区为居民服务这一层次的社区服务形式的发展趋势是建立社会互助网络，如“求助电话”、“求助门铃”、“街企共建”和志愿者组织等。

5. 政府为民政对象的服务

政府为“三无”对象和军烈属的服务原来属于民政工作的范畴。自从实现社区服务和民政工作一体化以后，政府为民政对象的服务也纳入到社区服务的范畴，从而增强了社区服务的福利色彩。尽管这一层次的社区服务是正式的，由国家财政拨款，但其预算一直没有变化，政府没有再为它追加拨款。

6. 政府为社区服务

政府为社区服务是社区服务的本原含义之二。它包括纯物质方面的服务，如住宅、下水道、固体废料、道路和水；物质—人方面的服务，如警察、公园和运动场、消防和运输等；以及有关人方面的服务，如健康、福利、就业服务和教育等等。在计划经济体制下，这些服务，不管质量高低，基本上是有保障的。而随着我国市场经济体制的逐步建立，这些服务逐步进入市场并按市场规则运作。在市场经济条件下，由于利益的驱动，原有一些福利的目标会发生转移。例如，在改造危房初期的 1990 年，市、区政府都坚持从最危破房屋处入手，大部分居民在改造完成后还可以回迁原来的居住地，这一政策受到居民的欢迎。然而当开发公司、投资商和区政府发现旧城区土地再开发有利可图时，实际改善居民居住条件这一目标便渐渐模糊了。对改造地区、改造时机和改造方式的选择越来越取决于对利润的追求，危改范围扩大，改造用地功能置换和人口置换共同导致了旧城区居民的大量外迁。也就是说，如果政府将社区重建的任务完全交给商业性公司并从中获取一定的商业利润，其社区建设和社区服务的性质就会发生改变，政府和商业组织的这种伙伴关系使它很难发挥对商业的监督和控制功能，结果，受到伤害的只能是社区居民。这种伤害不仅是经济上的，而且是社会上的、文化上的和心理上的。

事实上，在市场经济条件下，我国许多地方政府根本没有意识到自己在社区建设和社区服务中所应担负的责任，该投入的不投入，该保护的不保护。有的干脆把这种本属于政府责任的社会公益和社会福利项目转让给商业性公司，听凭商业开发的推土机铲除充满生机的社区之根，城区居民受到排挤，被迫大规模外迁，使得中心城区的人口、历史、文化和经济都受到空洞化的威胁。社区生机的破坏是一个城市所受到的最严重的破坏，这既不是社区振兴之路，也不是城市建设之路，它的消极后果在有些城市改造项目中已显端倪，并且必将进一步显示出来。

（四）我国社区服务的运行机制

我国社区服务的内容体系实际上可分为三个层次，即非正式的、准正式的和正式的社区服务。个人为社区服务和人际相互服务是非正式的社区服务，社区和企业相互服务和社区为居民服务是准正式的社区服务，政府为民政对象的服务和政府为社区服务是正式的社区服务。

社区服务的层次不同，其运行的机制也不相同。在非正式的社区服务这一层次，社区服务主要依靠互助机制发挥作用，所谓“与人方便，与己方便”、“我为人人，人人为我”就是其赖以运转的机制原理。而同情心、互助性和正义感是根植于人的本性之中的，加上我国的组织优势，人们的这种向善的本性很容易被激发并被组织起来，这就是我国社区服务为什么首先在基层开展起来的原因。

在准正式的社区服务这一层次，社区服务主要依靠市场机制作为驱动力。虽然我国社区服务是在民政部的倡导下开展起来的，现在又明确提出了“政府领导、民政主管、社会参与”的领导管理体制，但在实际实施过程中，它变成了一种自下而上的社会运动，而不是自上而下的行政决策过程。

在正式的社区服务这一层次，社区服务主要依靠福利机制来维持，但这种福利主要是针对民政对象。在市场经济条件下，我国针对全体社区居民的福利不仅没有扩大，反而有逐渐缩小的趋势。因此在发展市场经济的同时，逐步建立和完善我国的社会福利体系已成为当务之急。

（五）社区服务的功能

由社区服务的主要内容，可以看出社区服务具有以下功能。

1. 社区服务对于实现社会福利具有重要的作用

社区服务借助社区内的各类敬老院、福利院、康复中心、医疗站、托儿所、幼儿园、少儿活动中心等各种服务设施，使孤有所托、老有所养、残有所扶，使优抚安置得到保障，贫困居民得到救济，有力地推动了我国社会福利事业的发展。

2. 社区服务在不断满足社区居民的生活需求中发挥着越来越重要的作用

随着城市道路、交通、住宅、市政公用设施建设的发展和城市现代化水平的提高，城市面貌日新月异，出现了许多新的特点，如生活节奏加快、家庭日趋小型化、人口老龄化日益突出、外来人口不断增加等。这些变化都使得社区居民生活需求日益增多，需要社区从衣、食、住、行到婚、生、幼、教、孤、残、贫、弱、难、老、病、丧各个方面提供全方位的服务。社区服务正是在不断满足社区居民的这些生活需求中发挥着越来越重要的作用。

3. 社区服务对于改善和提高生活质量意义重大

随着社会的进步，人们收入水平的提高，人们已经不再仅仅满足于吃饱穿好，而是越来越要求有一种优美的居住环境、良好的社会治安、便利的生活条件、丰富的精神文化生活与和谐的人际关系。目前开展的各种形式的社区服务，对于改善和提高社区居民的生活质量与生活水平，有着重要的意义与作用。

4. 社区服务有助于扩大就业渠道

从我国城市社区居民的需求和社区服务的国际比较看，社区服务不但在安置社会就业方面拥有巨大的发展潜力，而且可以为社会提供相当多的临时就业机会。据国家统计局 1999 年对北京、上海、广州、成都、西安、沈阳、青岛这 7 个城市的调查，7 个城市家庭所需的各种社区服务可为社会提供 2 000 万个临时就业的机会。仅以发展中国家的水平计算，我国第三产业至少应有 9 000 多万人的就业容量，其中社区服务业至少要有 2 000 多万人的容量。如果按照发达国家的水平计算，第三产业中社区和个人服务业的从业人员一般应占 40%～50%。目前，我国第三产业的从业人员仅占就业总人口的 27%左右，而社区和个人服务业的从业人员仅占第三产业从业人员的 20%。可以看出，我国社区服务业的发展将有助于增加就业岗位，扩大就业渠道。

5. 社区服务的发展有利于带动社区建设，推进社会文明发展

社区服务是社区建设的基础、骨干和龙头，也是社区建设的基本任务。社区服务的开展不但有利于城市社区建设的发展，而且有利于社区精神文明的建设。社区服务除了为人民群众提供物质文化生活的服务外，还有一个很重要的方面，就是大力倡导社会互助，开展尊老爱幼、助残济困等活动，弘扬团结友爱、无私奉献的精神，培育

和增进亲情、友情和乡情，改善人际关系，净化社会风气，展现社会文明程度，体现社区形象，为促进社会主义精神文明建设发挥着积极的作用。

（六）我国社区服务的进一步发展

社区服务在我国社会福利制度的建设与完善以及国民经济的发展中都起着非常重要的作用，因此必须采取措施推动社区服务的进一步发展。

1. 需要给社区服务重新定位

社区服务必须摆脱过去那种“拾遗补缺”的“剩余”地位，应该把它提高到事关社会现代化的战略高度来看待，来运作。社区服务是现代文明社会的象征，是社会文明发达程度的标志。决定社区服务的社区发展和社区建设是社会发展和城市建设的有机组成部分。因而，社区服务不只是一个街居范围内的可有可无的小事，而是事关经济发展目的和社会福利制度发展的战略问题。只有站在这个高度来认识社区服务，才能使各级领导摆正社区服务和其他工作的关系，从根本上加强对社区服务工作的领导。

2. 把社区服务纳入社区发展和社区建设的快车道

社区服务实际上是一个社区建设问题，归根结底是一个社区发展问题。社区发展和社区建设是联合国自20世纪50年代以来就大力推行的社会发展战略，是国际社会发展的三大趋势之一。各级政府应该把基层社区的发展和建设列入重要议事日程和财政预算之内，大力改善社区的基础设施和公共服务设施，发展福利性住宅；同时，根据社区的资源条件，支持社区发展各种工商业，振兴社区经济，解决社区内下岗人员的再就业问题。

3. 强化社区观念，使之从一个虚体转变成一个实体

在我国，社区是一个虚体，只有单位、机关才是实体。为了实施社区发展战略，有必要改变目前在基层存在的行政区划和社区划分两张皮的状况，实行统一的社区划分。使社区这个概念无论从地理上还是从行政上都落到实处。为此，在每一个街道都要成立社区委员会来取代现在的街道办事处。因为街道办事处既不能唤起居民的社区意识，也不能激发居民为社区做贡献的认同感，不利于调动社区资源和居民的参与精神。而社区委员会作为一级权力组织则有利于调动社区居民把社区作为一个整体来考虑，有利于实施统一的社区发展和社区建设规划，有利于对社区服务实施统一和有效的领导。街道办事处可以作为社区委员会日常办事机构继续存在，但它不能再作为一级权力机关发挥作用，而只能发挥服务职能和社区委员会委派的部分管理职能。

4. 建立和健全适应市场经济发展的社会福利制度，正式确立社区服务在社会福利制度中的法定地位

社会福利不仅包括职业福利、失业保障、退休金制度、残疾人保障、未成年人保

障、社会救济、社会救助和全体居民医疗保障、教育、住房等方面，还应该包括公共设施服务和社区服务。上述各项是全面建设小康、从根本上提高全民素质的必要物质条件。

5. 确立政府在社区发展和社区服务中的中心角色，加强对基层社区的全面领导

在社区发展和社区服务中，政府应是中心。建议国务院成立一个社区发展建设规划办公室，协调国家各部委之间的关系，同时对基层社区的发展、建设和服务实行一元化的统一领导，并且把这种一元化的领导一直贯彻到基层；要把社区发展和社区建设列入国家社会经济发展的年度计划和五年计划，各级政府都要加大对基层社区的投入，调动社区本身的资源，实施基层社区发展战略，从而促进我国社会、经济、政治和文化的全面进步。

二、社区社会福利服务的体系结构

目前，我国关于社区社会福利服务的范围和内容并没有一个较为明确的界定，因而有必要从体系的建构入手，阐明它的体系构造以及与社区社会资源之间的协调和整合关系。社区社会福利服务可分为社区家庭福利服务和社区设施福利服务，社区社会福利在处理两者的关系上应该以社区家庭福利服务为主，社区设施福利为辅。

（一）社区家庭福利服务体系结构

社区家庭福利服务是针对那些需要福利服务但又不能或者不愿意入住福利设施接受服务的家庭和个人，提供像居家一样的福利服务。

根据服务的功能，社区家庭福利服务体系可以规划为：居住空间服务，家政服务体系，医疗保健服务体系，社会参与、社会交往服务体系，经济生活保护体系。见图10—1。

（二）社区设施福利服务体系

社区设施福利服务体系又可分为收养居住型和分散利用型两种。收养居住型设施具有服务规范的特点，同时还给人一种稳定感和安全感，特别是在居民生活区域内的小型居住型设施还具有浓郁的家庭生活气氛。这对那些居住条件紧张、家庭护理困难的老人以及重级残疾者、精神病患者来说是较为理想的服务形式。分散利用型设施是根据居民个人的需求自由选择利用的服务设施形式，如托老所、幼儿园、健康康复中心、咨询中心等，因此又有预防型福利设施之称。分散利用型设施同时又是居民的社交场所，可以促进居民参与社区活动，加强居民之间和居民和社区之间的联系。

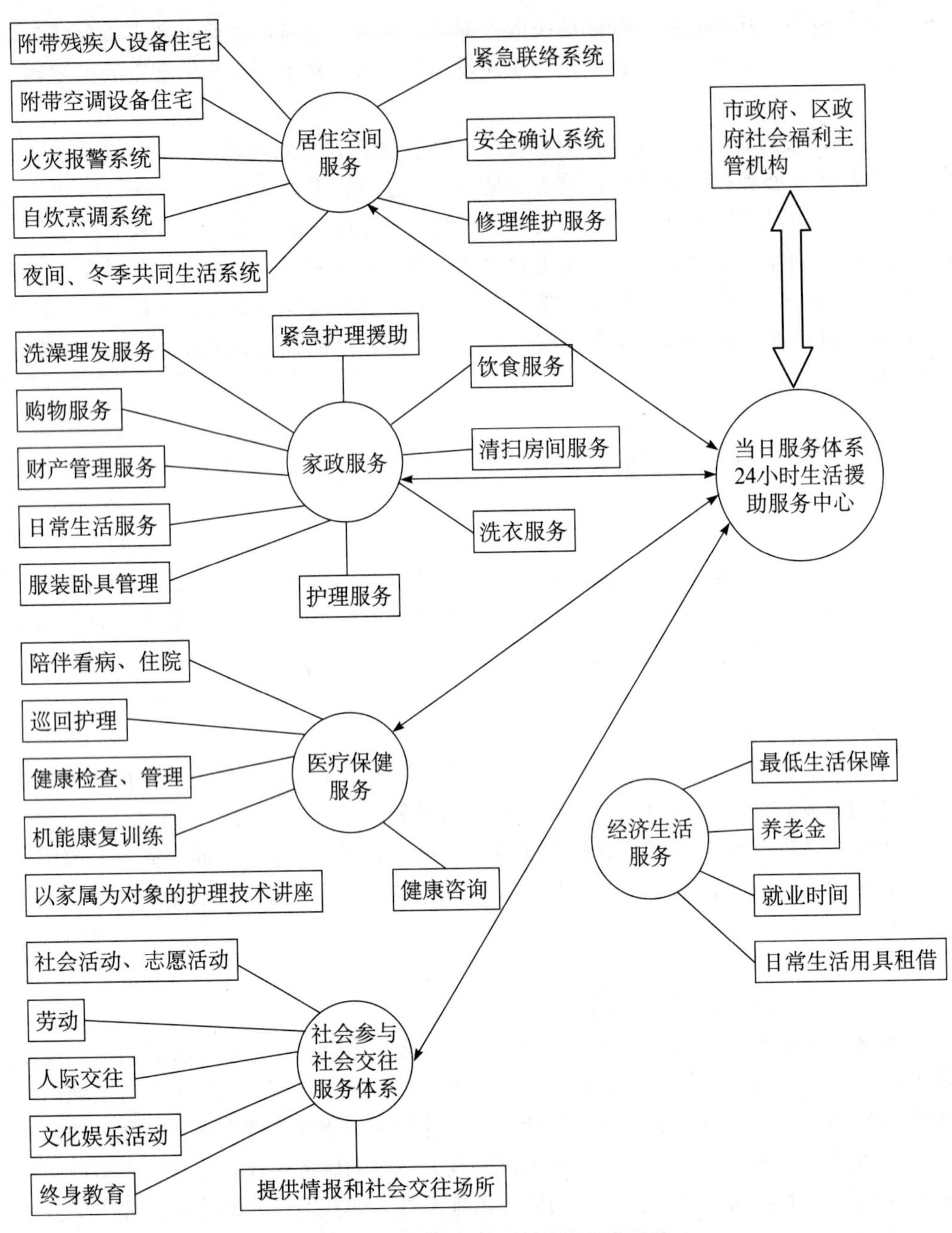

图 10—1 社区家庭福利服务体系结构

根据福利内容和服务的范围，社区设施福利服务又可以划分为以下类型：居住型养老设施、分散型利用养老设施、残疾人福利设施（包括精神病患者）、医疗保健设施、儿童福利设施、文化教育设施、信息咨询服务设施，见图10—2。

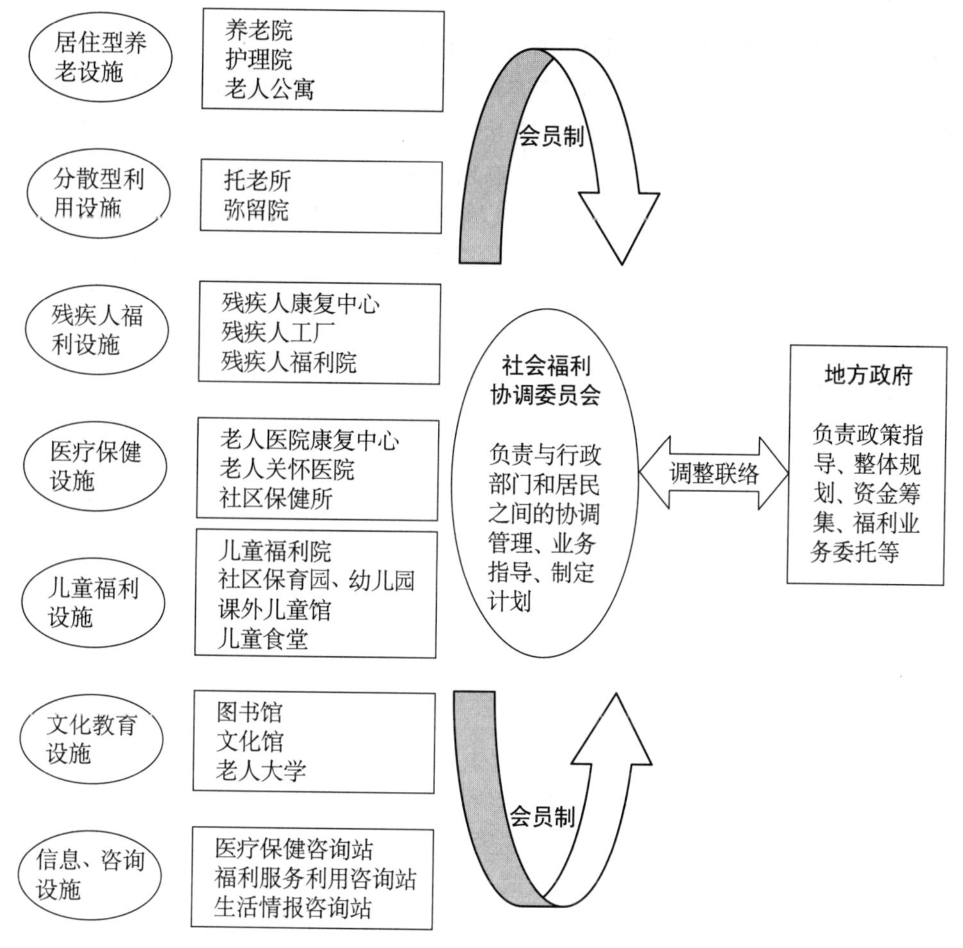

图10—2　社区设施福利服务体系结构

三、社区社会福利服务运作方法

城市社区社会福利服务的主要功能在于实现社区资源的协调和整合、体现社区的亲和性、社会性、民主性、文化性、舒适性等。在其运作过程中，最为重要的是协调社会资源，协调公与私、官与民、个人与组织等的相互关系。其次是科学地、合理地运用社会资源。最后是公平地将社会资源提供给社区的每一个成员。因此，在社区社会福利服务运作机制中设置福利协调机构以及福利经纪人制度显得尤为重要。

（一）社区社会福利协调委员会的职能与功能

社区社会福利协调委员会是协调政府和居民之间、社区社会福利与其他社会组织之间关系的中介组织，同时也是提供具有示范性福利服务的非营利法人组织。它是介于官与民之间的半官半民的中性机构。它在对社区内的福利机构、福利组织以及志愿者组织以及个人进行民主协调管理时，可以推行会员制度，会员有参与决策的权利、有优先享受福利资金援助和福利项目投标的权利。委员会的决策机构由政府部门、福利团体会员代表、专家学者、社区居民代表构成。委员会的事业经费一部分依靠政府的财政拨款，一部分依靠自己的募捐，一部分通过征收会费以及自身的福利经营活动支撑。委员会的业务范围主要是：从事与社区社会福利发展有关的调查研究；制定社区社会福利发展规划；负责与社区社会福利发展有关的联络协调；宣传普及政府以及社区的福利政策和有关福利的基本知识；接受政府的委托经营具有先驱性和特殊需要的福利服务项目；对社区内部的福利非营利团体进行组织管理和评估；发动和组织志愿者活动；开展社区社会福利教育；社区社会福利人才培养等等。

（二）社区社会福利经纪人的社会工作方法

社会福利经纪人制度在20世纪70年代发源于美国，后来相继被许多国家借鉴并获得普及和发展，被认为是比较理想的社会福利工作方法。福利经纪人制度推行的主要目的是掌握居民越来越具体化、个性化的福利需求，针对他们的福利需求制定最合理有效的生活自立方案，并负责这一方案的实施、修订以及主持等全过程的工作。这是一项专业性比较高的技术性工作，需要由具有社会工作常识的人担任。它可以设置福利事务所、社会福利协调委员会以及政府的民政机构。

福利经纪人的工作操作程序可用图10—3来进行说明。

（三）社区社会福利基金会

基金会的目的是促进和发展民间团体和居民自发、自主展开的社区社会福利活动，通过财力的援助和奖励，使其活动能够持续发展。其最终的目的是鼓励民间部门积极参与公共福利服务，将由政府过多包办的公益事业逐渐从政府部门转移到民间部门，通过福利基金的援助，保证提供优质福利服务的民间部门在市场竞争中的优势地位。基金会的基金来源主要是地方财政拨款和福利彩票等收入。

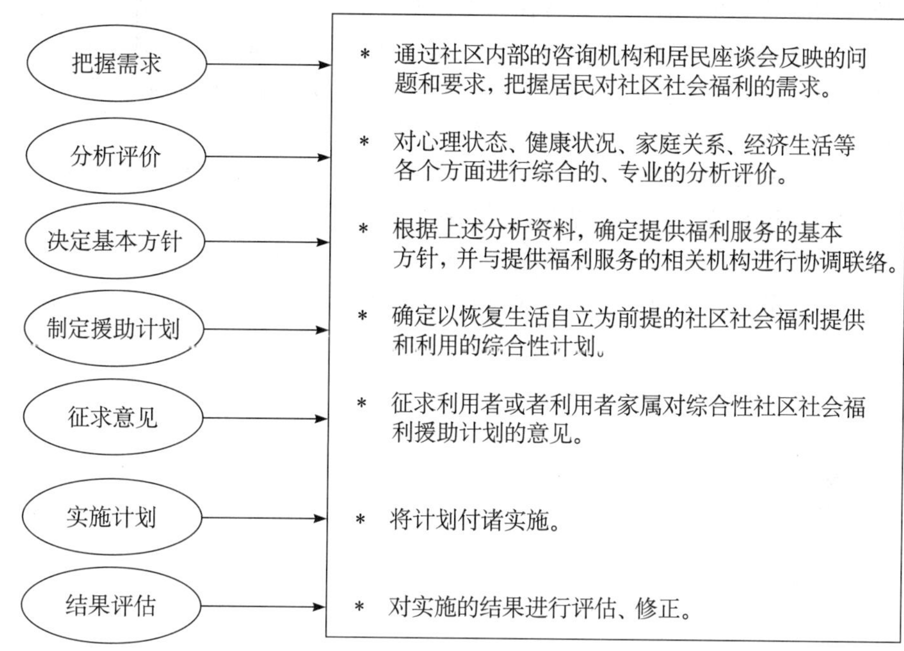

图 10—3　社会福利经纪人的工作范围和操作程序

社区社会福利基金资助的主要对象有：社区社会福利服务的非营利机构；志愿者组织和志愿者活动；具有示范意义的福利服务项目；福利人才的培养和教育活动；社区社会福利的社会调查和研究活动。

为了有效发挥社区社会福利基金的作用，应设置专门的管理委员会对基金的使用进行管理和监督。管理委员会应该吸收居民、专家、民间团体的代表参加，应充分反映居民和民间非营利团体的意见和利益。

社区社会福利服务是为了达到互相关怀、互相照顾、敦亲睦邻、守望相助的境界，这是我国传统文化在新的社会形态中的延伸，是一项永无止境的工作，是社区建设中一项重要的内容，这一点已经被各国的实践经验所证明。

四、社会福利社会化需要处理的几个关系

（一）政府主导与社区自助性福利服务的关系

首先，社会福利社会化应该体现出民间性的特征，即社会福利的组织构成必须体现出主体多元化的特征。因此，社区以及社区内的家庭、辖区的单位与非政府组织等

应当承担起相应的义务。其次，社会福利又离不开政府，但也绝非要政府全部承揽。这是因为政府组织不具备具体专业性。社会福利的每一项服务功能都需要相关的专业技能及相关的专业组织去实施。相对于政府组织而言，社区自治组织具备更广泛的社会性，所受的束缚相应较少，具备更广泛的社会联系，更便于开展各类社会福利服务活动，可以很好地发挥其组织协调的功能。因而社区自治组织可以借自己的职业优势，在推动社会福利社会化的过程中直接起作用。

社区社会福利服务的自治性并非是要绝对割开政府与自治组织的联系。世界各国社区社会福利服务经验表明，任何国家的社会福利，政府都是不可或缺的实施主体。我国很早就已经形成了政府比较深入介入社会福利的传统。政府的主动参与介入有利于现阶段社区社会福利服务的发展，这是因为政府所特有的资源优势弥补了暂时社区社会福利服务资源开发不足的矛盾。这些资源包括：行政管理上的组织领导资源，它们有利于社区社会福利服务的动员、协调和发展；国家必要的财政投入和政策倾斜所带来的经济资源，可以极大地改善社区社会福利服务的物质条件；而社区社会福利服务的组织和实施，则能够借助于“两级政府、三级管理”体制中的基层组织资源，如相关的物质准备和服务网络等。

（二）社区服务福利化与盈利的关系

社区社会福利的根本目的是为了提高社区居民的福利待遇，因而单纯为社会福利而运作的服务行业应以非营利为目的。如果在实际运作中存在盈利，盈利部分可以用于再生产，也可以在现有经营规模的条件下，根据盈利状况，降低收费价格，使投入与产出趋于平衡，但不能在职工中进行分红。

如果将社区社会福利服务与第三产业挂钩实现盈利，至少会出现两个误导：一是社区社会福利服务机构具有私有的性质。实际上，非营利机构的产权不属于任何个人，而是机构所有即社区所有。在目前，只有将福利服务性质定为公有，才能使社区社会福利服务真正体现为社区居民谋福利。二是混淆了社会福利发展目标与第三产业发展目标。实现养老、托幼、扶贫、助困是社区社会福利的目标；实现多种经济成分并存、服务门类齐全、形成服务产业网络则属于第三产业的目标。以第三产业身份搞社区社会福利服务，只会误导社区服务向贪大求高方向发展，社区服务中心面积越大越好，服务档次越高越好，覆盖面越远越好，从而放弃了社区服务因地制宜、因需而设、面向群众、面向社区等发展原则，造成珍贵的服务资源在部分时空中的闲置和浪费，也造成社区服务与社区、社区居民的脱节，这些都相对侵犯了群众的福利利益。

本章要点

1. 社会福利社会化是社会福利发展的必然趋势
2. 社区的含义及构成要素
3. 社区社会福利社会化的依据
4. 社区社会福利的定位和实施方式
5. 社区服务的含义、内容体系、运行机制、功能及其进一步发展
6. 社区社会福利服务的体系结构
7. 社区社会福利服务的运作方法
8. 社会福利社会化需要处理的几个关系

基本概念

社会福利社会化　社区　社区社会福利　社区服务　精神服务

复习思考题

1. 为什么说社会福利社会化是社会福利发展的必然趋势？
2. 社区主要由哪几个方面的要素组成？
3. 社区社会福利社会化的依据是什么？
4. 实施社区社会福利的方式主要有哪些？
5. 试述我国社区服务的内容体系。
6. 如何促进我国社区服务的进一步发展？
7. 社区社会福利服务的体系结构如何组成？
8. 社会福利社会化需要处理哪些关系？

推荐阅读书目

1. 窦玉沛主编．重构中国社会保障体系的探索．北京：中国社会科学出版社，2001
2. 郑功成等．中国社会保障制度变迁与评估．北京：中国人民大学出版社，2002
3. 陈银娥．现代社会的福利制度．北京：经济科学出版社，2000

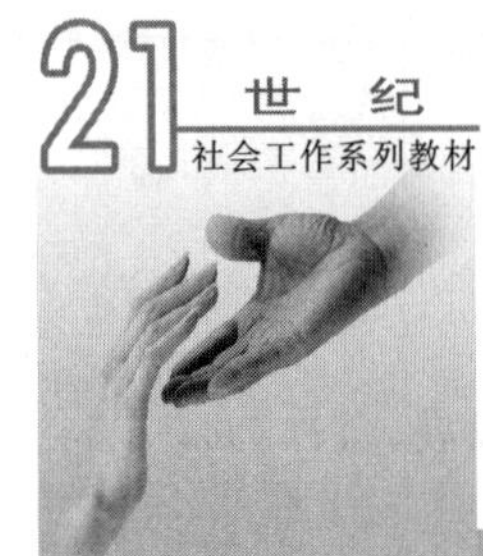

第十一章

国外社会福利制度改革

学习目标

1. 了解战后“福利国家”的发展阶段和各国社会福利制度改革的动机；
2. 理解各国社会福利制度改革的方式及其差异；
3. 掌握各国社会福利制度改革中存在的主要问题；
4. 理解制约社会福利制度进一步改革的各种因素；
5. 了解关于“福利国家”的变化的各种主要观点；
6. 掌握经济全球化背景下社会福利制度的变化趋势；
7. 理解各国社会福利制度的实质及其改革的启示。

第一节　国外社会福利制度改革概况

一、战后福利国家的发展阶段

战后福利国家的历史可以分为三个阶段。

第一阶段："前危机"时期（1950—1975 年），由相对稳定的凯恩斯—贝弗里奇范式（Keynes-Beveridge paradigm）所代表。在这一时期，凯恩斯式福利国家（KWS）已为西方世界的社会发展确立了一个稳定与优秀的范例。

第二阶段："危机"时期（1975—1980 年）。在这一时期，福利资本主义制度陷入了不均衡状态，故可称为"危机"时期。由此造成的紧张压力与经济混乱导致了一场对凯恩斯式福利国家生命力的信任危机。也就是说，凯恩斯式福利国家作为范式的可信度急剧下降，新保守主义开始出现。

第三阶段："后危机"（post-crisis）时期（1980 年及以后）。当时撒切尔与里根的选举纲领中声称要从理论上放弃凯恩斯式福利国家，实行新保守主义的方法。各国先后不同程度地对福利经济制度进行了改革。

"后危机"时期是一个在社会福利政策上和意识形态上分歧不断扩大的时期。主要有两种明显不同的观点和政策主张：一是右翼主张的新保守主义模式，谋求收缩福利国家，依靠私人部门和市场力量来实现经济增长及提供各种服务，其目标是大幅度减少福利资本主义中的"福利"因素，被描述为收缩战略（retrenching）和政策；二是左翼主张的社会合作主义（social corporatism）模式，拒绝放弃战后福利国家的目标，特别是充分就业、经济增长和社会福利，被称为维持（maintaining）福利国家的战略。

二、社会福利制度改革的动机

从发达国家各国社会福利制度改革的实践来看，促使各国政府对社会福利制度进行大幅度改革的动机主要有政治、经济、社会等多方面的原因。

（一）政治原因

第二次世界大战以后直至 20 世纪 70 年代，"福利国家"得到了迅速发展，各国社会福利开支迅速增加，"福利国家"的一个明显特征是政府对经济的直接干预比较强，其具体形式是推行高补贴、高福利、高税收和高保护政策。尽管各国在这一政策的具体实施方式上有所不同，但其共同之处是削弱了市场机制的力量，妨碍了竞争，包括商品市场和劳动力市场的竞争，严重制约了生产效率。这种政策保护了市场上和社会上的弱者，在一定程度上抑制了强弱之间的分化和收入过分悬殊。这在政治上是可取的，但在经济上就不一定完全可取。在一定条件下，这种政策反而成为企业经营效益提高的障碍。可以说，这种削弱市场力量、削弱竞争、保护落后、抑制分化淘汰的政策，是使各"福利国家"经济在 70 年代陷入"滞胀"困境的主要原因之一。当

20 世纪 70 年代"福利国家"经济停滞、失业人数增加、社会福利制度面临着各种各样的困难时，新保守主义经济学对社会福利制度的攻击更加理直气壮。各国政府也以新保守主义经济学说为依据，制定了一套新的经济政策主张，主要是：强调发挥市场机制的作用，减少国家干预；大幅度削减社会福利开支；减税，以刺激供给；不再追求"充分就业"，而是强调提高劳动生产率和效率。

各国不同政党因受到各种客观因素的制约都不可能不计后果地走极端。保守主义政党想要取消社会福利制度，又怕失去民心而只能在情况所允许的范围内，在一定程度上对社会福利制度进行一些调整。而社会民主党本来就把社会福利制度及其所带来的社会平等作为"民主社会主义"的目标之一，它们无论如何也不想放弃这一目标，但在"福利国家"面临危机、反福利制度的呼声日益高涨的情况下，也不得不考虑对现行的社会福利制度进行一些削减，在一定范围内做一些调整。因此，20 世纪 70 年代以来，各国政府普遍开始了对社会福利制度的改革。

（二）经济原因

迫使各"福利国家"对社会福利制度进行改革的主要原因是其所面临的经济困难。

1. 财政困难

在英国，社会福利计划的各项开支占到了公共支出总额的 50%。在德国，包括社会保障、健康、住房和教育的福利支出在 GNP 中的比例大约为 1/5 到 1/3。瑞典更是债台高筑，主要靠借债和赤字预算来维持社会福利的各项开支。在美国，社会福利计划的各种项目中，仅"社会保险总财富"一项就达到了 11 万亿美元，这笔"财富"存在于美国政府的借款中，构成了隐性的政府债务负担；而且，在社会福利计划的各项开支中，浪费惊人，按照费尔德斯坦的估计，美国 1995 年仅社会保险税的无谓损失就达 680 亿美元左右。在各国社会福利开支仍在不断增加的同时，各国的经济增长速度大幅度下降，有些国家甚至出现负增长，从而使社会福利支出与经济增长之间出现严重的失衡。

2. 国内的各种矛盾比较突出

主要是经济增长缓慢，社会大多数人的收入水平下降，贫困现象和贫富差距进一步扩大。例如，英国在 1979—1983 年间，收入低于"贫困线"以下的穷人由 200 万人增加到 400 万人，增长了一倍；原联邦德国从 1970 年到 80 年代中期，领取维持日常生活救济的人数增加了一倍。1970 年英国 1%的人拥有个人财富的 29%，10%的人拥有个人财富的 70.1%，20%的人拥有个人财富的 89%，其余 80%的人只拥有个人财富的11%。[①] 从1979年到1987年，占美国人口20%的穷人家庭平均年实际收入下降了6.1%，即由5 439美元下降到5 107美元，而占人口20%的富人家庭的平均年实际收入却增长了11.1%，从61 917美元增加到68 775美元，在这期间，占美国人口20%的穷人的个人平均年收入下降了9.8%，而占人口20%的富人的年收入增长了15.6%。[②] 为数众多的贫困人口的存在，成了"福利国家"的严重社会问题和政治问题，这种现象和问题充分说明"福利国家"的社会福利制度存在着严重的局限性。

3. 预算赤字严重

从20世纪70年代末80年代初期以来，"福利国家"虽然开始将消灭财政赤字、平衡政府预算列为首要经济任务，但收效甚微，各国政府的预算赤字仍然非常显著。美国1995年预算赤字仍达1 640亿美元，连续两次导致政府部门因缺乏开支而部分关门，大量公务人员被迫回家。在这种情况下，各国政府都开始考虑要削减社会福利支出。

（三）社会原因

在"福利国家"经济增长迟缓甚至停滞的情况下，社会福利制度正日益成为各国经济和社会的沉重包袱，引起了社会各阶层、各利益集团的不满。社会上大多数人认为在竞争日益激烈的20世纪末的国际商业环境里，社会福利制度已使一些"福利国家"由于成本增加而失去了他们原有的竞争力，难以得到国际范围内的平均利润；社会福利制度是一种奖勤罚懒的不合理制度，已经成为影响各国经济增长的重要障碍；无理性的社会福利制度已经带来了许多社会问题，产生了众多的没有工作靠社会福利生活的"福利妈妈"、一些宁愿失业也不愿工作的"懒汉"，甚至靠社会福利支持的瘾君子；社会福利制度所遵循的是一种违反经济动力原理、反发展、反进步、反逻辑、更违反人类基本生存哲学的价值观；享受社会福利对身体健康的人而言不仅是一种不负责任的懒惰行为，而且也败坏了社会风气及资本主义社会所固有的竞争精神等等。在社会的普遍压力之下，许多主张建立"福利国家"的经济学家及政党也部分改变了传统的社会福利观和社会公平观，转而认为要使社会福利制度建立在更加明确和牢固的基础之上，必须对社会福利制度进行彻底的改革。因此，社会福利不再是一种良好的信念，而是一个能否为这一制度拨款的问题。许多人都认为已不能再为社会福利制度多花钱了。这种社会倾向，对各国政府下决心改革社会福利制度是极其重要的。

---

① 参见黄素庵：《西欧"福利国家"面面观》，154～155页，北京，世界知识出版社，1985。

② 参见傅殷才：《经济学基本理论》，293页，北京，中国经济出版社，1995。

正是基于以上政治、经济、社会等方面的原因，从 20 世纪 80 年代开始，各“福利国家”都开始对社会福利制度进行改革。

三、各国社会福利制度改革的方式及其比较

（一）各国社会福利制度改革的方式

1. 英国社会福利制度的改革措施

英国社会福利制度改革涉及的领域有养老保险、住房、卫生和其他社会服务机构，采取的措施主要包括以下几个方面：

（1）废除了国民收入养老金制度，鼓励私营企事业单位进一步改善其职业养老金制，充分发挥社会的积极性来补充国家养老金的不足。

（2）确立了鼓励私人拥有住房的政策，减少了住房补贴，并用优惠价格向住户出售公共住房。这一政策使房租价格大幅度上升，从 1979—1980 年度到 1985—1986 年度，房租平均增长了 140%，给社会带来了很大的冲击。于是，政府提高了社会福利支出中与收入挂钩的补贴，使之超过了房租的上涨额度，但补贴更加集中于低收入家庭。这就促使了高收入家庭购买私房。英国政府住房政策的调整，促进了住房的买卖、市场的发展和资金的流动。

（3）1982 年开始对国民医疗保险制度进行改革，鼓励使用商业合同医院，建立成本和收益体系。后来逐渐允许私人服务，即允许公费病人到私人医院看病，强调个人选择的自由。于是，在英国的医疗制度中发展了双层结构，即基本服务是每个人都能享受的，但是质量下降；而缴费病人则能得到良好的服务。因此，参加私人医疗保险的人数大大增加，从 1979 年的 276 万人增加到 1984 年的 437 万人，同时，国民医疗制度中从事私人营业的人数也有所增加。

（4）在其他社会服务领域，也开始发展有政府、自愿机构和私营部门共同工作的混合经济。

2. 德国社会福利制度的改革措施

德国社会福利制度的改革有不同的思路。基督教民主联盟强调社会福利设施的私人化和非调节化。认为个人首先应尽可能依靠自己的力量来解决生活保障问题；同时，主张在社会福利管理上实行国家和私人并举，减少国家干预，充分发挥私人保险机构、家庭和社会团体的作用，让多数人关心自己的福利。社会民主党则认为，享受一定的社会福利是一种公民权利，这种公民权利应当继续扩大和充实，国家应继续保持对社会福利的干预，但同时应当减少居民普遍享受的保险待遇，增加那些只给予穷人的补助，让穷人得到更多的实惠。德国早在 1977 年就开始削减一些福利开支、取

消一些福利项目。

1982 年 10 月，以科尔为首的基督教民主联盟上台执政，一直采取“多市场，少国家”的经济政策，并对社会福利制度进行了改革。其社会福利制度改革的主要内容是：(1) 提高雇员和雇主上缴社会保险费的份额；(2) 削减疾病保险津贴和失业津贴；(3) 灵活掌握退休年龄，允许自愿提前退休，但养老金也作相应节减；(4) 推迟发放社会福利津贴；(5) 着手改革养老金制度，以适应趋向老龄化的人口结构等等。

3. 美国社会福利制度的改革措施

里根 1981 年上台伊始就开始大幅度削减联邦政府的福利开支，着手改革社会福利制度，其具体做法是：(1) 削减联邦政府福利开支，其中包括抚养儿童家庭补助、食品券、住房津贴、医疗补助、学生就学补助、失业保险、伤残保险津贴等；同时，大幅度提高社会保障税率。(2) 与此同时又增设了一些新的社会福利项目，其中仅老年社会保险一项就基本抵消了其他方面的开支削减。

民主党的克林顿政府虽然不完全赞同共和党大幅度削减社会福利的主张，但也不得不对社会福利制度进行改革。具体内容包括：(1) 大幅度限制对合法移民的各类政府补贴，特别是医疗、社会服务等方面的资助。(2) 改变符合条件者必须享受福利的性质，即取消联邦政府给穷人现金资助的保证。(3) 大多数家庭只能享受福利 5 年，受惠者主要是最小子女已超过 5 岁的单身母亲，但在享受社会福利两年后必须工作。到 2002 年，半数以上的单身母亲每周工作不得少于 30 小时，只有最小子女小于 5 岁且由无法找到适当工作的母亲享受福利可超过两年；未满 18 岁的单身母亲必须与一成年人共同生活并继续就学才能享受福利；18～50 岁的无子女无工作者最多只能领取 3 个月的食品券。(4) 减少有智能障碍或精神疾病的儿童获得补充安全收入的机会和补贴额度。(5) 建立区域性医疗联盟制度，由医疗保险险种、医疗机构、医疗项目相结合，组成不同档次、不同标准的医疗服务方案，让投保者自由选择，同一区域采用同一保险费率。

4. 瑞典社会福利制度的改革措施

人们一般将瑞典社会福利制度中的问题被称为“瑞典病”。对于如何治理“瑞典病”，瑞典国内有不同的看法。社会民主党主张在保持现行的社会福利制度、维持充分就业的前提下，增强经济实力，改善公共部门，适当削减公共开支，反对“私营化”。而保守党则主张对现行的社会福利制度作较大的变更，大规模减少公共开支，实行“私有化”，鼓励私人在医疗保健、托幼事业方面与官方单位进行自由竞争，反对国家过多地干预经济，要求给人们更多的自由支配权。

由于瑞典有长期实施社会福利的传统，福利又涉及千家万户的切身利益，“福利国家”的思想早已深入人心，因此人们宁愿维护现有的社会福利制度而不愿经历更大的风波和变动。在社会福利制度的改革问题上，各党派都不得不谨慎行事，因而使“瑞典病”的顽症治疗十分艰难，只能采取对症治疗的办法小改小革。例如对于医疗保险，改革的思路是将部分经费交给消费者和有关专家组织，让医疗机构通过竞争、提高服务效率来获得消费者和有关专家组织控制的经费，给消费者更多的选择自由；同时将病假头 3 天的补贴由工资的 90%降为 75%，以防止职工的“泡病号”现象。瑞典在 1998 年开始取消实行多年的小学生免费午餐。这些小改小革措施虽然不能完全根除“瑞典病”，但能够使“瑞典病”的病情得到缓解。相对于其他“福利国家”而言，瑞典的社会福利制度改革阻力更大。

（二）各国社会福利制度改革的比较

虽然各国对社会福利制度改革的侧重点有所不同，但总的来看，其改革大致可归纳为两方面：一是增加社会福利的财政收入，削减社会福利开支；二是实行社会保障制度的“私人化”、“资本化”。

各国社会福利制度改革的措施具体可归纳为以下几个方面：

（1）提高职工缴纳的社会保险费的上限或干脆取消纳费上限。例如，英国职工的社会保险税率从 1979 年的 6.5%提高到 1983 年 8 月的 9%，雇主的社会保险税率从 13.5%降低到 11.45%，其中附加税率从 3.5%降低到 1%，1984 年 10 月 1 日起，1%的附加税率也取消了。另据经济合作与发展组织估计，1978—1983 年，德国职工社会保险税占劳动收入的比例从 19.3%提高到 20.9%，英国从 8.8%提高到 10.1%。

（2）征收社会保障所得税。社会保障本来是免费的，但英国从 1982 年起对失业津贴开始征税；其他国家也规定对退休金、疾病保险金、残废补贴、失业救济金等，都要交纳一定的所得税。

（3）提高医疗保健服务收费标准，削减疾病津贴。如德国在疗养所的职工原来每两年可享受一个月的全工资待遇，1982 年以后则改为每三年才可享受一个月的全工资待遇。

（4）削减社会保障金。1981 年，英国减少了对病人、孕妇、残废者、失业者的附加补助，1982 年则取消了这些补助；德国政府于 1982 年削减了失业救济金和住房、教育补贴，并规定由病人支付部分医疗和药品费、增加门诊费、对某些药品不再免费供应等。

（5）修改社会保障金的调整办法。为了减少福利津贴因物价上涨、生活费上升而受到的损失，“福利国家”曾实行福利津贴指数化，使福利津贴按照物价、工资或生活费上涨程度而自动调整。为了限制社会保障金的增长，一些国家对这种指数化进行了限制，如1980年英国政府宣布，无论长期性或短期性津贴，都只和物价挂钩；有的国家则干脆全部取消指数化，或冻结社会保障金的增长。

（6）减少国家干预社会保障的范围和项目，将一些社会保障项目交给非政府志愿机关、工人合作社和其他社会团体承担，同时恢复一些传统的社会保障机制，如家庭、慈善机构、各种互助组织等，即实行社会福利项目的私有化和资本化。如英国政府鼓励私人保险，与私人医院签订合同，承包服务设施；在公共卫生、公共住房特别是老人住房等领域，以及学生贷款、学校午餐、私立教育等方面，特别注意发展和依靠私营的志愿机构。①

（7）精简机构，解决社会福利行政部门的官僚主义、组织混乱、服务不完善等弊病，以节约资源、提高效率、改进服务。

四、各国社会福利制度改革中存在的问题

各国在社会福利制度改革中存在着一些问题，有些属于理论上的问题，有些则是实际操作中的问题。概括起来，主要有以下几个方面。

（一）公平与效率的问题

社会福利制度对经济的影响具有二重性，既有积极作用，又有消极作用，其积极作用和消极作用的相互转化以及两者之间矛盾激化的集中体现就是关于社会福利公平与效率关系的讨论。

1. 社会福利制度可以促进公平与效率的统一

社会民主党人和凯恩斯主义经济学家更加强调社会福利，他们认为社会福利制度可以促进公平与效率的统一。具体来说，社会福利在促进公平的同时可以从以下几个方面促进效率：

（1）营养、医疗保健、教育、住房和其他生活条件的改善，都会产生生理上的、心理上的和智力上的积极效果，从而提高雇用人员的劳动生产率。

（2）为劳动者提供种类更多的和更高级的劳动技能的培训、对劳动者进行转岗培训或帮助劳动力在部门和地区之间的迁移等，都可以提高或至少保持原有的劳动生产率。

（3）劳动者劳动条件的改善如工作安全得到保证等，都有利于提高劳动生产率。

① See Ray Robinson & Hen Judge, Public Expenditure, Privatisation and the Welfare State in Britain, *King's Fund Institute Discussion Paper*, No. 1, Sept., 1986.

（4）失业补偿、老年退休金、残废津贴、家庭补助、学生生活津贴等各种福利津贴，都能对提高劳动生产率产生积极的效果。

（5）社会福利开支的增加会刺激生产的增加，使劳动力和设备发挥出更大的生产性效用。

（6）通过实行更加公平的分配、提高穷人的生活水平，可以改善劳资关系，缓和社会矛盾，从而促进劳动生产率和管理效率的提高。

2. 社会福利强调了公平但损害效率

保守党和新保守主义经济学更强调效率，他们认为，“福利国家”把过多的权利集中于政府手中，破坏了政治自由，损害了资本主义竞争机制，鼓励消费、抑制积累，鼓励休息、抑制工作，并使高级人才外流，因而导致了低效率。原因是：

（1）在一定情况下，即在经济高涨的时期，福利具有提高职工劳动生产率的作用，但长期实行“福利国家”的政策，其结果是使福利挫伤了职工提高劳动生产率的积极性。

（2）社会福利制度的某些具体规定，如对失业者提供的救济和补助金数量过大，在业者会认为加重了他们的额外负担；在某些情况下，失业者得到的救济金由于不必纳税，有可能高于在业者的工资收入，使在业者感到相当不公平，这会损害在业者的工作积极性，影响经济效率的提高。

（3）社会福利作为再分配的工具，也不一定必须遵循公平的原则。因为福利项目繁多，各个项目的指导原则都不同，有的可能按价值分配，有的可能按功绩分配或按劳动分配。按照价值分配也有两种不同的方法，一是均贫富，即社会平等，二是通过劳动谋生而获得社会地位。不同的指导原则必然带来不同的政策措施和不同的社会结果。

（4）如果社会福利支出使人们感到不公平，那么经济效率就难以提高。

虽然各派关于公平与效率的主张存在着差异，但也不是一成不变的，它只是说明在某个特定时期，不同社会、政治集团或政党在评价“福利国家”时的侧重点有所不同而已。在第二次世界大战以后的很长时间内，强调公平的观念占据统治地位，而从20世纪70年代以来，强调经济效率的人日益增多，并逐渐占据主导地位。强调经济效率的人虽然主张减少社会福利，但并不是要完全取消社会福利。与此同时，原来强调社会福利的人大多数认为应该对社会福利制度进行改革。这样，两派斗争的结果是在新的条件下，如何确定“福利国家”政策中提出的居民最低生活标准，以使这一标准既符合社会要求，为广大劳动者所接受，同时又不影响资本积累，不影响经济效率，即如何使各国的社会政策与经济政策协调起来，使福利与效率、政治稳定与经济增长兼顾起来。因此，在社会福利制度改革中，如何兼顾公平与效率的问题就成为各国政府必须认真思考的重要问题。

（二）应该根据“供给”还是“需求”来建立社会福利制度的问题

社会福利制度作为政府的一项政策，其实施及正常运转需要有必要的资金。如果根据财政资金的“供给”来确定社会福利的“需求”，即根据征收税款的数额来决定社会福利的发放数额，或者根据预期的社会福利资金需要来征税，只要计算准确，资金管理得当，社会福利制度应该能够正常运行，不至于出现资金紧张、财政赤字严重的情况。

事实上，许多国家的社会福利制度并不是根据资金“供给”的状况来确定的，而是受社会福利“需求”的影响而建立的。例如，美国建立社会福利制度之初并没有储备金，只是迫于社会形势的压力不得已而为之。由于没有资金保证，只能一边从在业者那里征税，一边将征收上来的税款直接发给退休者、失业者或失去工作能力的人。当经济形势较好、失业人数不多、税源充足时，社会福利制度可以正常运行；而在经济萧条时期，失业人数增加，政府和企业的收入减少，社会福利制度的正常运转必然会受到影响。瑞典社会福利制度的建立则过多地受政治因素的影响，社会福利项目的批准及其发放标准、原则等在很大程度上取决于人们的主观意愿和政党在政治斗争中的力量对比，从而使社会福利制度的建立失去了其客观物质基础。英国在最初建立社会福利制度时由于没有考虑社会福利的原则，更没有考虑财政的承受能力，直接以公民权为依据，实行全面福利，采取公平发放的方式，这必定会使社会福利制度的长期发展受到制约。

总的来看，“福利国家”的社会福利决策基本上都是由社会需求驱动而产生的。由于需求受人口变化、市场变化、生活指数提高等难以控制的因素的影响，因而“需求推动”的社会福利制度的发展必然会带来一系列问题，导致“福利国家”的危机，甚至很可能达到其资源规模的极限。

20 世纪 80 年代以来，各国政府都意识到了资源的有限性，因而在对社会福利制度进行改革时开始摒弃享受保障合理合法的观念，政府只对特别需要帮助的人提供帮助，帮助个人解决难题，使他们回到社会生活的正常轨道，家庭则负担起大部分原来由政府负担的社会福利责任。其目的是在个人和国家之间的社会责任关系中重新加进家庭和私营企业的因素，以减轻国民对“福利国家”的需求压力。但是，从各国社会福利制度改革的实践来看，各“福利国家”削减社会福利支出、大砍福利项目，试图根据国家的财政状况来确定社会福利支出，即以“供”定“求”的改革遇到了来自各方面的阻力，再加上社会福利的刚性，各国社会福利制度的改革步履艰难。

（三）如何改进公共行政部门的低效率问题

公共行政服务部门效率的改进是“福利国家”社会福利制度改革中经常提到的一个问题。各国也在这方面做了许多努力，采取了许多措施，如精简政府机构、裁减公共服务人员、外包合同、结构性改革等，但这些措施很难付诸实施。各国的一个普遍做法是鼓励私营部门参与社会福利资源的配置并提供公共产品和公共服务，以刺激公共服务部门的工作效率。例如，英国社会福利制度改革的长期目标是国家为每个公民提供基本的养老，每个公民也拥有他自己的、在他工作的全过程中积累起来的附加养老金。为此，要求雇主和雇员都参加职业养老和准备个人养老，国家给职业福利项目和个人养老储蓄以更多的鼓励。

职业福利的发展对于“福利国家”的公共行政管理方式提出了新的要求：

（1）国家的公共服务部门要对职业福利进行监督。面对职业福利的兴起所带来的挑战，国家的公共服务部门不仅要解决自身内部的管理和效率问题，而且要寻找利用、规范、引导、监督职业福利的方法，特别是要制定良好的服务和信息标准，并针对社会福利和职业福利在其合作领域中出现的各种问题进行协调和创新。

（2）职业福利的发展使政府公共行政管理部门除了要考虑公共服务的质量问题外，还要考虑成本问题。因为公共行政服务部门与私营服务部门之间的竞争并不是单纯以服务质量为标准，而是以成本为主，这就要求公共行政服务部门进行细致的单位成本分析，强化预算控制。

（3）职业福利的发展促使政府转变职能，提高自身的竞争能力。这就要求政府行政管理部门除了必须具备传统的行政能力外，还需要雇用合同人、顾问和志愿机构，使这些政府以外的机构能够在政府行政管理部门的监督下提供高质量的服务，从而促进合同行政的发展。合同行政的发展改变了政府的职能，使政府从社会福利的直接提供者变为社会服务的招标者。政府职能的这种转变要求政府明确服务目标、审定社会福利项目经营计划、设计实施细节、起草合同文件等，这又要求政府必须加强其市场分析能力，既以市场价格确定服务价格，同时又以服务质量评价服务提供者。

公共行政服务部门在其改革过程中，有可能会出现滥用职权或弱化公共行政利益而强化私营部门利益的行为，如一些公共行政服务部门允许商业公司使用公共设施、主持以募捐为目的的公共活动、利用手中权力为私营产品促销等。因此，各国在努力提高公共行政部门的效率的同时，应注意采取适当的措施避免这些腐败和滥用职权行为的发生。

第二节　国外社会福利制度的变化趋势

在“福利国家”的社会福利制度改革中，尽管存在着一些问题，但改革已经成为一种国际趋势。“福利国家”的政策究竟朝什么方向调整？社会福利制度的改革朝什么方向发展？这是“福利国家”各政党、各社会利益集团、各阶层居民普遍关注的焦点问题。

一、制约社会福利制度进一步改革的因素

“福利国家”的发展方向及社会福利制度的改革趋势要受到各种因素的影响。

（一）社会福利思潮的发展变化

目前，关于“福利国家”的变化主要有四种不同的观点：不可逆转性的观点、成熟性的观点、福利多元主义的观点、福利国家是民主的阶级斗争的产物的观点等。

不可逆转的观点认为，由于没有足够的功能性替代品来代替公共提供的教育、健康保障、收入保障等，而资本主义离不开这些社会服务项目。社会福利的功能使得社会福利项目在短期内难以废除。由于可逆转和不可逆转的两分法模式所面对的条件具有全球性和唯一性，不能公正而适当地评判和对待新保守主义政权下福利国家 20 世纪 70 年代中期以来所经历的许多重要变化。

目前，由于新保守主义者在收缩福利国家方面并没有取得成功，另一方面，福利国家 20 世纪 60 年代的自动扩张也告结束，因而社会福利制度现在处在一种稳定状态。福利国家的社会政策不是处于“危机”时期而是处于“重新构筑”时期，目前的制度是持久而成熟的社会福利制度，现在要做的是在成熟的制度中考虑适应和变革问题的一套新观念。这一论点也存在着许多问题。因为，社会福利制度并不存在于一个脱离于经济社会现实的真空之中，而经济社会现实本身就是社会的一个部分。成熟和稳定的静止状态将改革看成是无足轻重的。实际上，新保守主义政策一直具有相当公开的阶级志向和意识形态色彩，这些意识形态等在变革中起着相当重要的作用。由于缺乏这一视角，“成熟论”失去了认识新右派及其已取得成就的重大意义的机会。

福利多元主义（welfare pluralism）又被称为混合的福利经济（mixed economy of welfare）或福利社会。该观点认为，用以满足基本需求和提供社会保障的商品和

服务的福利有多种来源：国家、市场（包括企业）、自愿的组织和慈善机构，以及血缘网络（包括家庭）。如果将“社会福利”等同于“国家福利”就忽略了所有这些其他社会保障和社会支持的来源。一个社会的全部福利是所有这些福利的总和。其中一个福利部门的减弱并不意味着福利的净损失。近年来，西方国家所发生的变化主要是国家在总体福利项目中的主导地位的改变，各种福利提供者之间的功能进行了重新分配，而福利的总体水平几乎没有发生改变。国家可能不再直接提供福利，而是鼓励雇主、自愿机构、家庭及其他人提供福利。这种观点也存在一些问题。因为，实践已经证明，在维持充分就业方面，政府的作用是不可替代的；另外，由于社会提供福利的形式在许多重要方面都不相同，以至于它们不能被单纯地看作是彼此的替代品；而且政府或国家部门并不仅仅是福利的供给者，它也是社会价值和社会活动的法律监督机构。国家作为福利供应者的角色需要与它作为福利的监管者的角色区分开来，国家在前一个角色上的后退（福利收缩）与后一个角色上的退让（权利剥夺）具有天壤之别。

持“福利国家是民主的阶级斗争的产物”观点的学者认为，阶级冲突特别是劳资之间的阶级冲突是资本主义民主国家中社会政策的一个主要决定因素。该观点将三方伙伴关系看作是资本所有者与工人阶级之间正在进行的斗争的一种形式和一个阶段，是对未来前景不可预期的“社会谈判”的一个方面。它特别强调在工会组织中增加工资收入者所占的比重，并使工资收入者作为一个阶级参与社会谈判，以此来实现权利资源的重新分配。

20 世纪 70 年代的经济衰退和通货膨胀极大地削弱了凯恩斯主义福利国家的可信度。对旧模式的信心危机，一方面导致了新保守主义政制的出现，另一方面导致了作为对凯恩斯主义福利国家的替代的社会合作主义政制的崛起。这两种类型的政权在政治上（即选举上）和经济上仍具有生命力。但它们代表着本质上不一样的社会政策选择及结果。新保守主义政制及社会合作主义政制都对政策施加了重大影响。新保守主义政权一直不得不考虑大众对普遍社会服务的持续支持，至少在短期内节制了其收缩社会福利的野心。社会合作主义政权除了勇敢地尝试保护福利国家之外也不能有其他作为，因为社会服务已不可能再有任何进一步的扩张。

考虑到以私有制为基础的市场经济和自由民主政体的局限性，在福利资本主义中要进行根本的变革，无论是向右还是向左，其幅度都比较有限。但阶级、政治和意识形态之间的关系仍显示，在“后危机”时期，直接或间接指导工业国家政府实践的社会政策，其导向的范围扩大了许多。

（二）不同政党、不同政治力量的发展变化

在西方国家，不同的政党和政治力量对“福利国家”的态度和主张有所不同，有的甚至存在着根本对立的主张。社会福利问题历来是各党派之间激烈争论的重大问题。他们之中的任何一个政党上台执政，都必然会推行自己的政策主张，因而各党派政治力量的对比无疑会影响到社会福利制度的改革及“福利国家”的发展方向。尽管如此，由于“福利国家”经过半个多世纪的广泛发展，已经成为整个社会生活的一个重要部分，人们已普遍接受了社会福利的思想；同时，由于社会福利问题涉及的范围相当广泛，几乎关系到社会所有阶层和各种不同境遇的居民的切身利益，而且，社会福利问题不是孤立的、局部的问题，它与整个政治、经济和社会问题联系在一起，因此，各党派为了获取民心，争取更多选民的支持，谁都不敢贸然反对社会福利制度，更谈不上要完全取消社会福利制度，即使要对社会福利制度进行改革，也要谨慎从事，三思而后行。这说明，社会福利制度的继续实施在“福利国家”中是不可逆转的趋势。

（三）对平等与效率、国家与私人、统一和差别这三对矛盾处理的结果变化

平等原则、国家干预和统一标准是“福利国家”论者的基本主张，而效率原则、私人化和多样化则是“福利社会”论者的主张。从各国的实际情况来看，“福利国家”在对社会福利制度进行改革时完全抛弃平等的口号是不可能的。因而累进所得税还会继续保持，对最贫困居民进行救济的一些措施还会继续实行，社会民主党还会继续积极努力实行有利于贫困阶层的收入再分配政策。只不过所得税的累进性质将会逐步缩小，政府将会采取各种措施进一步加强对社会福利开支的控制，更加注重社会保险、社会救济和其他社会计划的效果。同时，在国家垄断资本主义高度发达、国内外经济形势日趋复杂、市场存在失灵的条件下，将社会福利计划完全交给私人举办，让市场机制自动调节是不可能的，“福利国家”仍然离不开国家的集中管理。但是，由于各国政府普遍面临着财政经济困难，“福利国家”都开始主动地将部分社会福利计划转交给私人或社会团体主办，或者由私人机构承担绝大多数社会福利费用；有的则是由于政府主办的社会福利计划质量降低，难以满足某些社会阶层的需要，这类社会阶层都转向私人计划以获得较好的福利待遇。

可见，“福利国家”的社会福利制度正在直接或间接地实行局部的私人化和社会化，有些国家甚至出现了“双重福利体制”：较富裕的公民越来越多地利用私人保险计划，享受较好的公共服务，大多数社会下层居民则不得不继续依靠国家福利计划。由于大多数社会下层居民需要继续依靠国家福利计划，所以必然要求继续实行统一原则，履行社会福利义务和享受社会福利待遇。可以说，随着社会福利计划朝着私人化

和社会化的方向发展，较富裕的居民将从私人计划中获得越来越多样化的福利待遇，社会福利的多样化将成为社会福利的一个发展方向。

综合来看，由于社会福利涉及政治、经济、社会、历史、文化等多方面的因素，因而要使社会福利制度的改革成为政治现实，社会福利计划必须能为领取津贴的人提供像样的补助，同时能强烈地刺激人们工作，而且给纳税人所带来的负担必须是合理的。也就是说，社会福利制度的改革会受到福利、效率、负担这三者关系的相互制约，社会福利制度改革的任务就是要在这三者之间寻找一个平衡点，而不能顾此失彼。这三种力量相互作用的合力所指引的方向大体就是社会福利制度改革的方向。

（四）发达国家的经济状况

发达国家的经济状况是制约"福利国家"发展及社会福利制度改革方向的决定性因素。社会福利制度作为国民收入再分配的一种手段，其规模和水平取决于国家的财政收入状况，归根结底取决于一国的生产能力及经济发展水平。

"福利国家"经济发展的前景到底如何呢？根据西方大多数预测，所有发达国家的经济将有所好转，增长速度将会增加，但影响经济增长的不确定因素仍然较多。主要表现在以下方面。

（1）在科学技术的加速推动下，世界经济的信息化和全球化已成为主要的发展趋势，信息化和经济全球化为发达国家经济的发展带来了许多机遇和挑战，但由于没有世界经济的一体化即必要的国际经济规则、制度和秩序的变革与之相适应，世界经济的发展将受到严重阻碍，从而使"福利国家"经济的发展受到制约。在经济全球化过程中金融资本的自由流动是一种变幻莫测的不稳定因素，金融资本的巨大破坏力是人们始料不及的。这种不稳定因素将冲击全球金融市场，并对"福利国家"的金融市场产生不利影响。

（2）受美国次贷危机的影响，2008 年以来全球经济增长速度放慢，许多国家的经济陷入衰退。全球经济衰退尤其是美国和欧盟等发达国家和地区经济走低对世界经济的发展产生了深刻的影响，从而也影响到了"福利国家"的经济增长。从对"福利国家"经济形势的分析预测来看，"福利国家"的社会福利制度既不会从根本上被推翻或取消，也不会完全按照过去形成的那种模式走下去，社会福利制度的调整和改革势在必行，但这是一个非常复杂曲折的过程，它将成为当代资本主义新的发展和演变的一个重要组成部分。

（五）经济中的一些具体因素

这些具体因素主要有：老年人数量增加，人口不断老化，随着老年人口的增加，对社会、文化、休养、保健等方面服务的要求也将增加；失业人数有增无减，不仅要求更多的失业救济金，而且需要更多的培训；科学技术的快速发展，要求大力加强教育和人才培养，增加对教育方面的支出；离婚率的上升及单亲家庭的增多，增加了对救济和补助金的需求等等。这些因素从需求方面决定了社会福利制度不能大幅度地被削减，甚至在某些方面还要继续增加。

（六）现代西方国家的主要矛盾

现代西方国家的主要矛盾，是资本统治与社会主义运动之间的矛盾。这一矛盾制约着社会福利的发展及其改革。

现代西方国家雇佣劳动者阶级的政治代表是以社会民主党为主的社会主义政党，这是自20世纪第二国际分裂以来西方社会主义运动的主要政治组织。与此同时，共产党和其他激进政党也是社会主义运动的政治力量。在社会福利问题上，这些政党的基本策略基本上是一致的，即既要求充分就业，又要扩大社会保障。从总体上来看，现代西方国家社会民主党的基本战略是实行渐进改良主义，即通过改良的方式，不断地为工人和其他雇佣劳动者谋取短期的、局部的利益和权利，进而通过量变的累积，逐步实现削弱资本统治、最终建立社会主义制度的目的。在推进社会福利事业方面，社会民主党做出了巨大的贡献。但是，资本统治所要求的是增加就业，削减社会保障。

资本统治与社会主义运动之间斗争的结果，会使社会福利制度达到某种均衡状态，但均衡又是暂时的，它会不断地被打破，并产生新的均衡。大体来说，当社会民主党在政治上占优势，或者执政，或者在议会中占大多数席位的条件下，社会福利制度的均衡状态有利于雇佣劳动者；而当社会民主党处于劣势时，则会制定有利于资本统治的相关政策。因此，资本统治与社会主义运动之间的矛盾斗争必然会推动着社会福利制度的改革与演变，同时也说明，社会福利制度的改革具有特殊性及复杂性。

（七）经济全球化使各国社会福利制度面临新的挑战

全球化的实质是一种国家经济愈益开放、并超越于国家的国际经济政治对一国经济的影响越来越大的经济、政治现象。全球化进程的加快使各国的社会福利制度面临着新的挑战。

1. 全球化推动了新自由主义理论的发展，动摇了福利经济制度实施的理论基础

经济全球化的进程明显加快，导致了世界资本主义竞争的加剧，这使各主要资本主义国家的大公司面临着更大的竞争压力。尽管实行管制比较符合大公司的利益，但高度竞争的环境迫使它们支持任何减轻税负、放松管制、同时使其能够自由地与全球

竞争对手进行有效竞争的措施。竞争的压力使得几乎所有大公司不得不将效率置于首位，而以提高效率、提高在国际经济秩序中的竞争力为政策目标的新自由主义恰好适应了这种需要，从而一跃成为占主导地位的意识形态理论和政策指导。而凯恩斯主义的政府干预经济以谋求充分就业和经济增长的能力被大大削弱；高福利国家要面对低福利国家的不利竞争，同时还要应付国内老龄人口、失业人口及单亲家庭和低收入人员数量不断增长而带来的更大的福利需求的问题。

2. 全球化使福利经济制度由凯恩斯主义“福利国家”向工作福利国家转变

在开放经济条件下，竞争日益加剧，许多国家纷纷放弃凯恩斯主义的需求管理政策，放松了对经济的管制。当资本控制放松以后，“在资本的自由竞争中，政府越来越被看作是为国际投资者提供最吸引人的环境。这就要求有简单的（而且低廉的）福利制度和训练有素的廉价劳动力。”[①] 而“福利国家”尤其是像瑞典这样一些高福利国家对资金和人才的吸引力则明显不足。因为高福利是靠高税收来维持的，同时高福利也意味着高昂的劳动力成本，为了降低成本，各“福利国家”的企业纷纷把生产转移到劳动力成本低的国家。将就业机会转移到更廉价的劳动力市场上便导致了各“福利国家”国内经济活力不足，失业问题日益严重。各国被迫从不同的角度对福利经济制度进行改革。一个典型的变化趋势就是福利制度由战后的凯恩斯主义“福利国家”向工作福利国家转变[②]，国家干预经济的社会政策目标也发生了改变：在一个开放的国际市场经济中，资助和鼓励自己的参与者进行创新和技术开发，同时，更明确地提高社会保护以适应竞争力和劳动力市场变化的需要。在这种新的福利制度下，国内的充分就业不再是社会福利政策的首要目标而是退居到第二位，国际竞争力和具有再分配性质的工作福利权利成为制定社会政策时首先要考虑的因素。

3. 全球化使国家的经济组织和行为边缘化，同时又推动了福利经济制度在全球的发展

战后各主要资本主义国家建立的以充分就业为首要目标的福利经济制度，是基于一个国家的公民社会权益之上的。为了提供社会福利及社会福利服务，政府、雇主组织、雇员或工会组织三者之间进行合作，以最大化地实现民族、国家的福利目标。可以说，“福利国家”福利经济思想的本质就在于从经济、政治、社会的层面共同来维系和巩固民族和国家的共同利益。在经济全球化时代，跨国公司获得了快速发展，在世界经济中的作用越来越重要，在很大程度上支配着民族经济。而国家已不再能够像以前那样控制国内的经济甚至全球经济，国家边界的重要性大大降低，国家利益显然

① 丁开杰，林义选编：《后福利国家》，28 页。

② 参见上书，29 页。

是难以保护了。事实上，当一个国家民族的一致性和共同利益因受全球化的影响而逐渐弱化时，福利经济体系或制度的继续生存和发展就更加困难。而不断成长的区域经济组织——欧盟、北美自由贸易联盟、东南亚联盟等，正从财政、货币、社会政策等各个层面对民族国家主权作用的发挥形成制约和限制，民族国家的部分主权也确实在向这些区域性的国际政治经济组织让渡。

全球化又是一柄“双刃剑”：一方面，它通过模糊国家边界削弱了民族国家的主权，同时使各“福利国家”为了增强自己的竞争能力不得不减少公共福利开支；另一方面，它又通过经济、贸易的全球拓展，将市场经济、民主、社会福利等思想和意识传播到世界上的各个角落，从而推动了社会福利制度在全球的发展。全球化虽然对“福利国家”传统的社会福利制度提出了挑战，但决不意味着“福利国家”的消亡，“而是要逐渐侵蚀社会民主型福利模式”。[①]

二、经济全球化条件下社会福利制度的变化趋势

“福利国家”所建立的社会福利制度创造了一种稳定平衡的、同时又体现现代文明的繁荣社会。但是，随着经济全球化进程的不断加快，建立在凯恩斯主义理论基础之上的社会福利制度所依存的环境发生了变化，“福利国家”的社会制度和经济制度受到了来自全球化的挑战。而市场经济发展的历史经验也已经证明，自由市场经济并不具备在一国国内实现既体现公平、又兼顾效率的福利再分配功能，因而全球化和经济的国际化也就不可能在世界范围内自发实现生产资源的合理配置，更不可能在各国之间实现福利资源的公平和高效率分配。正因为如此，各“福利国家”一方面积极参与、推进全球化和经济国际化；另一方面又特别注重维系、巩固和发展国内的社会福利体系，根据环境的变化对社会福利制度进行改革，不断完善其社会福利制度。

1. 当代“福利国家”社会福利制度的发展融贯了凯恩斯主义、货币主义和供给主义理论，并以此为基础对社会福利制度进行了创新性的改革探索和实践

由于全球化本身更关注经济的国际化，而相对忽视社会或社区本身的国际化或全球化，经济全球化的发展与社会稳定、和谐发展这两者之间就会出现一些背离，因而有必要加强国际政治、经济和社会的合作，在全球化的大环境下，制定社会发展的标准，整合和巩固各国的社会福利体系。

首先，各“福利国家”对社会福利及福利经济制度在现代工业社会发展中的地位和意义进行了重新定位。一个明显的变化是，各“福利国家”都越来越突出社会层面

① 丁开杰，林义选编：《后福利国家》，30页。

上有关社会福利及保护的内容，并将社会层面上社会福利及保护看作是现代全球化社会中与经济、政治等同样重要的范畴。在这三者的关系中，经济秩序关系到生产和服务效率的提高，而市场是左右经济秩序的关键机制；政治是事关决策的机制及权力的分配，民主政治则是关键的政治机制；福利关系到社区与社会的一致性，普遍的社会服务是关键的社会协调机制。

其次，将社会福利作为一种与经济发展水平和国家实力相适应的社会标准去进行建设，即在全球化的大背景下从发展的层面上对社会福利进行制度化。

2. 各国福利经济制度改革的重点在于改革社会福利制度的弊端，并根据经济形势的变化进行调整

从各“福利国家”改革的实践来看，各国的改革虽然继承了国家干预经济及实行福利保障社会化的基本精神，但重点放在了改革社会福利制度的弊端方面，并在新的条件下吸收了以往政府实施社会福利计划的经验教训，注意根据经济形势的变化而作些调整。例如，社会保障政策在 20 世纪 70 年代主要以控制社会福利规模和纠正社会福利保障的弊端为主，强调地方政府和私营机构发挥作用为主，90 年代以来则开始对某些社会保障项目收费，强调个人的自我保险作用；社会福利政策在 20 世纪 70 年代以来着力解决医疗保险、医疗补助以及低收入年轻母亲和抚养未成年子女为重点，90 年代以来则转移到着重对养老保险制度进行改革；社会福利工作的性质也由单纯性救济福利工作转向工作福利。

早在 1997 年，英国布莱尔政府就开始对社会福利制度进行改革，具体做法是：削减社会福利开支，用投资政策代替福利政策，通过在经济、教育、培训等领域的政府投资和个人投资，建立起一种个人负有相应责任和风险的积极福利政策。布莱尔政府改革的成效是明显的，英国近几年来成为欧洲最成功的一大经济体，保持了年均 3%左右的增长速度，失业率仅为 4%左右。2003 年以来，德国陆续推出了以削减福利和增加就业的“2010 计划”为主的多项改革措施，包括降低税率、削减失业救济金、推迟甚至暂时冻结退休者养老金的增加等。韩国于 1997 年公布了健康保险法，扩大了健康保险的覆盖范围，将其从 1987 年的覆盖一半人口扩展到覆盖 96.9%的国民，其余的 3%则由健康救助完成。1998 年又推出了公共工作计划，给极度贫困的人提供社会服务工作。

总的来看，各“福利国家”为了克服经济全球化所带来的种种问题和困难，其社会福利制度改革都朝着更多的国家干预、覆盖面更广的方向发展，各国都试图寻找一条既不是国家干预主义也不是新自由主义的“第三条道路”。

3. “第三条道路”①

按照吉登斯的说法，“第三条道路”是试图超越老派的社会民主主义和新自由主义的一种社会理念。具体来说，所谓“第三条道路”是指美国民主党和欧洲左翼政党为解决全球化时代出现的各种问题而提出的一种执政理论，或者说是要在不受约束的个人主义和自由放任主义与旧的政府干预和各阶级合作的社会民主之间，找到一条在当代实现社会公平的道路。它是中左政府政治纲领的统称，是“中左化”现象在意识形态上的反映。这种“中左”的道路试图超越两种观念：一是左翼民主主义或马克思主义，他们认为这种观念已不足以解决全球化趋势下产生的社会和经济问题；二是20世纪70年代以后流行的新自由主义。

“第三条道路”作为发达国家一种新的发展模式，其主要内容包括以下几个方面：

(1) 在政治上模糊阶级界限。“第三条道路”在接受了社会正义这一社会主义核心价值的同时，抛弃了阶级政治，追求跨阶级合作，反对权威主义和排外主义；同时，在国家干预与自由市场之间寻求“平衡”，即在该进行干预的地方决不让市场自由放纵，在该让市场机制发挥作用的地方政府决不插手。

(2) 在经济上制造新的混合经济。这种新的混合经济不是在国有和私有经济之间寻求平衡，而是在社会生活中，管制与解除管制之间、经济领域与非经济领域之间的一种平衡；同时，倡导责任与权利相结合，在“社会主义”与“个人主义”之间寻求平衡。

(3) 在政府的作用与职能上，寻求对各级政府进行重构，采取措施弥补“民主赤字”。这些措施包括宪政改革、更高的透明度与更多的地方民主；同时，强调经济政策与经济运行的广泛参与性，以实现公平，促进效率，减轻“福利国家”的福利支出负担。

(4) 实行新的社会政策，即在投入与产出、生产与分配之间寻求平衡，实行积极的、有益的投入—产出模式，变消极福利为积极福利。

(5) 倡导一种“积极的福利”(positive welfare)，主张将福利国家改革成为“社

① “第三条道路”在不同的时期有不同的含义：马克思主义在欧洲产生、社会主义在苏联建成以后的一段时期内，“第三条道路”是指欧洲社会民主党试图在共产主义与资本主义之间找到的一条中间道路；20世纪50年代初期，“第三条道路”是指社会党国际要在官僚专政的国家社会主义与资本主义之间找到的一条中间道路；60年代，匈牙利、波兰的经济学家提出了一条“第三条道路”，以修正传统的斯大林模式的社会主义；80年代中后期，尤其是90年代以来，社会民主党再次提出“第三条道路”，即社会福利国家与新自由主义的竞争资本主义之间的一条中间道路。弗莱堡学派提出的“社会市场经济”理论是既不同于传统自由放任主义又不同于国家干预主义的“第三条道路”。而英国工党领袖布莱尔首相也提出了“第三条道路”。这里分析的“第三条道路”是指目前西方发达国家广泛流传、正在实施的“第三条道路”。

会投资型国家”（social investment state）。[①]“积极福利”的开支将不再完全由政府来创造和分配，而是由政府与其他机构（包括企业）一起通过合作来提供；社会投资国家的主要原则是将钱尽可能地用于人力资源的投资，而不是直接用于福利支出。[②]

“第三条道路”理念不仅试图提供一种新的政治理论框架，而且也深刻地影响了发达国家的政治实践。在“第三条道路”的具体政策实践中，各发达国家之间都存在一定程度的差异。例如，英国布莱尔政府所走的“第三条道路”是“后货币主义”加“社会公正”模式。这种模式以布莱尔政府的政策实践为代表，在宏观经济政策上，基本上保持了政策的连续性，既继承了撒切尔时代的主要成果，即私有化、限制工会权利和放松市场管制，又采取了一些新的政策，如赋予英格兰银行确定利率、独立运作的权利，实行从紧的财政政策，严格限制政府开支等。与此同时，既适度增加对社会公益事业的投资，又对私有化的公益企业征税，将税收收入用于支持政府的青年就业计划，以解决青年的失业问题。布莱尔一再强调社会福利政策应以促进经济增长为目标，社会福利的支出要有针对性，应将社会福利的削减和增加就业机会结合起来，使社会福利发挥出最大的效用，避免社会资源的浪费。美国克林顿政府跳出了“大政府、小政府”的争论，不争论政府的大小而力求政府的效率，不强求政府做什么而着眼于政府怎么做，不纠缠政府征税多少花钱多少而讲究适当征税、花钱得体，不辩论政府办事的动机而看重政府办事的后果。[③] 它首先关注的是经济增长，更强调将自由放任和国家干预相结合，因而具有更多的实用主义色彩。美国的“第三条道路”实际上就是介于自由资本主义与福利国家之间的“中间道路”，其内核可归结为“第三条经济道路”。

从发达国家社会福利制度改革中所走的“第三条道路”来看，“第三条道路”所要解决的实际上是政府作用与自由市场作用的协调、国家管制与民主的协调问题，只是一种管理方式上的变革，因而“第三条道路”试图超越“左”和“右”的努力，实际上是要使社会民主主义向右翼新自由主义的靠拢，是一种温和的新自由主义政策。这一温和的新自由主义理念将会对“福利国家”福利经济制度的改革方向产生重大而长远的影响。

从发达国家福利经济制度改革的实践来看，社会福利正在朝着社会化、市场化、私人化、多元化、国际化等方向发展。尤其是“多元福利”的主张在国际范围内日益

---

① 参见［英］安东尼·吉登斯：《第三条道路——社会民主主义的复兴》，121～122页，北京，北京大学出版社，三联书店，2000。

② 参见郎友兴：《安东尼·吉登斯：第三条道路》，220页，杭州，浙江大学出版社，2000。

③ 参见［美］戴维·奥斯本，特德·盖布勒：《改革政府——企业精神如何改革着公营部门》，译者序，4页，上海，上海译文出版社，1988。

深入人心，社会福利的发展趋势是逐步从“普遍性原则”（人人都有权利享受国家福利）向“定向原则”（又称选择性原则、或补缺原则）过渡，即国家只救济最困难的人和老年人、残疾人、儿童等弱势群体，人们必须为自己的养老、医疗承担更多的责任。

三、各国社会福利制度改革的启示

（一）各国社会福利制度的实质

社会福利制度作为国民收入分配制度的一个重要内容，是一种高度社会化的分配制度。其社会化主要表现为：它是社会各成员的权利；具有普遍性；由作为资本主义社会代表的国家直接出面组织。它的产生及其演变不是偶然的，而是社会生产力的发展、资本主义矛盾激化、社会民主主义思潮的广泛传播、社会民主党的产生及其政治地位的加强、福利经济学和“福利国家”论的影响等多种因素共同作用的必然结果。

1. 社会福利制度是西方发达国家经济、政治、社会矛盾的集中体现

社会福利问题不仅是一个经济问题，而且是一个与政治和社会矛盾密切结合的问题，它是经济、政治、社会矛盾的集中体现。因而社会福利问题不仅为“福利国家”中各阶层、政党、团体所关注，而且也是经济学、社会学、政治学等社会科学研究的重点。社会福利制度中的两大主要内容——就业和社会保障，都针对雇佣劳动者的经济和社会问题，同时也是资本家和国家垄断资本的问题。这两个问题看起来似乎是经济问题，实际上是整个社会矛盾的集合性表现。也就是说，社会总矛盾在社会福利制度中得到了集中体现。

（1）社会福利制度反映了社会的基本矛盾。从社会福利制度的产生和发展来看，社会福利制度是国家垄断资本主义为了缓解就业而不得不采取的补救措施，其正常运行首先取决于生产力的发展所提供的经济、财政条件。当发达的生产不能容纳使生产发达的劳动者就业时，表明这种生产方式存在着不合理性。资本的本性使资本家绝不会为了扩大就业而牺牲其利润；从劳动者的角度来说，劳动者可以失业找不到工作，但却不能剥夺他们作为人存在的基本权利。资本家与劳动者相互斗争与制衡的结果，推动了社会福利制度的发展。第二次世界大战以来，发达国家资产阶级政府为了维护垄断资本统治的长远利益，不得不搞一些社会福利；社会民主党又在合法的范围内提出了一些实施社会福利的具体方案；各资产阶级政党，为了笼络选民，在现代政党政治和议会斗争中也不得不就社会福利问题做出某些许诺。

可见，社会福利制度既是维持劳动者的基本生活条件的需要，同时也是维持资本统治的需要；既是生产力与生产关系这一基本矛盾的集中体现，同时又是现代西方国

家政治斗争的一个焦点，受到其上层建筑的制约。

（2）福利经济制度受制于社会的主要矛盾。现代西方社会的主要矛盾是资本统治与社会主义运动之间的矛盾，也是资本与雇佣劳动者之间的矛盾。资产阶级在取得政权变为统治阶级后，不再谈阶级矛盾和斗争，而是强调社会各阶级之间的“和谐”、“妥协”、“协商”，以维护资本的统治，因而他们会在某些问题（例如社会福利问题）上，向被统治阶级做出适当的、局部的让步以求妥协和稳定。而在私人资本转化为国家垄断资本的条件下，社会主义运动也将重点放在为雇佣劳动者争取短期利益、尤其是就业和社会保障上。这不仅有其实际的需要，而且也有局部实现的可能。因为，在现代政治制度条件下，社会主义政党可以通过政党、议会的斗争，直接或间接地制约政府的政策、法律和体制。尤其是在社会主义民主政党执政期间，他们可以在就业和社会保障方面进行一些必要的改革。社会主要矛盾的这种对立统一，促进了第二次世界大战以后发达国家社会福利制度的建立和“福利国家”的发展。

（3）福利经济制度受政治矛盾和政党政治的影响。现代西方国家在政治制度上实行的是民主制，政党是在资本主义民主制的形式下出现的政治组织。现代西方发达国家政党的活动，首先是选举。选举的核心是拉选票，选票的多少不仅直接关系到政党的地位，也关系到其社会作用的发挥。在普选制下，广大民众在选举中具有重要的地位。因此，直接关系广大民众利益的社会福利问题也就必然成为各政党纲领和竞选策略的重要内容。德国社会民主党、英国工党等左翼政党由于注重社会福利问题，得到了较多选民的支持，成为执政党或议会中的第一大在野党。他们在执政期间，努力使其纲领付诸实施，在很大程度上改变了就业和社会保障体制，直接推动了福利经济制度的建立、发展以及“福利国家”的充分发展。

2. 发达国家社会福利制度是国家垄断资本主义的一个重要内容

发达国家社会福利制度是为了维护垄断资本统治的需要，与国家垄断资本主义同步发展起来的。它与资本主义经济制度互相影响，与社会制度不可分离，同时受政治程序和政治“压力集团”的制约。早在资本主义由自由竞争向垄断过渡的时期，即19世纪70年代至90年代，国家垄断已开始萌芽，资产阶级国家也开始实行某种社会福利政策（德国俾斯麦政府实行的社会福利政策可算是其典型代表）。第一次世界大战以后到第二次世界大战期间，资本主义处在战争、危机及无产阶级斗争日益高涨的严峻时期，为了摆脱困境，资产阶级理论家创立了福利经济学，正式提出了国家干预经济的主张。第二次世界大战以后，新科技革命直接推动了世界经济的发展，使世界形势发生了巨大的变化，主要是苏联、东欧国家走上了社会主义道路，旧殖民体系破产，被压迫国家纷纷独立，资本主义统治受到严重威胁。在这种情况下，各发达资本主义国家开始全面建立社会福利制度，把社会福利政策作为国民收入再分配以及国家干预的一个重要手段，对国民经济实行全面的干预。

实行较广泛、较完善的社会福利制度是各国国家垄断资本主义的一大特点，它在整个国家垄断资本主义体系中占有极其重要的位置，起着不可或缺的作用。

（1）国家通过社会福利政策进行国民收入的再分配，使劳动者在退休后和失业时期能够获得一部分稳定收入，维持某种程度上的稳定消费。这不仅起到了保护劳动者、维持工业再生产的作用，而且也有利于防止经济发展中由于生产过剩和贫困化引起的经济大起大落，从而有利于资本主义经济的稳定发展。

（2）社会福利制度通过其社会再分配功能，使社会上暂时有困难的人或贫困者能够维持高于贫困线的生活水平，使得社会成员不会因为极端贫困而发生革命，同时也使社会成员有条件接受良好的教育，有利于提高劳动者的素质。也就是说，社会福利制度在一定程度上调节分配，缓解了社会贫富不均、社会不公平的矛盾，因而不仅有利于维护社会稳定，而且使社会成员感到在现有制度下有所得益，从而使资本主义生产方式能够为社会多数成员所接受。更重要的是，社会福利制度一旦确立，就开始对资本主义的社会生活进行大规模的干预，这种干预打破了行业、职业、地区和家庭的区别，改变了个人与个人、个人与企业、个人与国家之间的关系，对资本主义社会的各种关系进行了重新组合。也正因为如此，当代资本主义社会对社会福利制度也产生了一定程度的依赖。

（3）由于社会福利已经成为当代资本主义政府的一项主要功能，因而社会福利政策必然成为政治制度中不可缺少的一个组成部分。社会福利牵涉到千家万户的利益，任何政党都不敢等闲视之，各党派为了争取选民，在竞选或施政纲领中都要花很大的时间和精力致力于社会福利政策的调整。因而政党之间的竞争能够推动社会福利事业的发展，执政党的更迭又给各种社会福利计划带来实施的机会。总之，目前，社会福利制度已经与西方政治制度融为一体。

发达国家社会福利制度之所以能作为国家垄断资本主义的一个重要内容，主要是因为它实际上是资产阶级政党进行的一种社会改良。从各国实行的社会福利制度来看，这些社会改良政策的实行给广大民众带来了一定的现实利益：一是使他们的生活条件得到了改善，生活水平有了提高；二是低收入者和贫困者的生活得到了基本保障，尤其是一些人在失业、伤残、疾病和老年时期，能享受到必要的保障；三是广大民众的文化教育水平、科学知识和劳动技能都有了相当程度的提高等等。实行社会福利制度，虽然有许多积极作用，但它并没有改变垄断资本的统治，而只是在保留这种制度的前提下对雇佣劳动者的处境进行一些改善，因而是符合垄断资本统治的需要的。

（二）各国社会福利制度改革的启示

发达国家社会福利制度的改革及其政策调整具有重要意义：它不仅有助于正确认识当代资本主义社会的一系列重大理论问题，如分配理论、经济危机理论等；而且有助于深入研究国家垄断资本主义的性质和作用、“福利国家”政策的影响、当代资本主义社会的稳定和弊端、社会的协调及各利益集团的影响等实际问题；更重要的是，对于我国社会福利制度的建立和完善具有重要的借鉴作用和参考价值。具体来说，从各国社会福利制度的改革过程中，我们可以得到如下启示。

1. 必须认真协调好制约社会福利制度的几个关系

（1）公平与效率的兼顾问题。公平与效率之间的选择问题是各国政府、各种党派必须认真考虑并加以解决的问题，它使各“福利国家”在社会政策的众多方面遇到了麻烦。公平与效率的兼顾问题主要涉及社会福利保障与社会结构的变化、社会福利保障与社会贫困及贫困线等问题。在发展社会福利保障事业、促进社会公平的过程中，应特别注意不能使社会福利保障事业影响经济效率，否则，经济效率的降低会反过来制约社会福利保障事业的发展。

（2）权利与义务的兼顾问题。在建立社会福利制度、实施社会福利的过程中，要求权利与义务兼顾，这是不言自明的，但要真正做到两者兼顾却并非易事。一般说来，受益者比较强调应享有的权利，而政府则比较强调公民应尽的义务。当权利与义务得以兼顾时，社会福利制度才能正常运行，而如果权利与义务不对称，社会福利制度则难以形成良性运作。

（3）发展与稳定、福利与经济的兼顾问题。西方社会福利制度的产生与发展不仅充分体现了市场经济发展的必然要求，而且反映了经济发展的基本趋势，因而它具有积极的、合理的、科学的一面。西方社会福利制度的功能主要是缓和劳资矛盾、维护社会稳定。但其作用并不仅仅局限于此，更重要的在于它是构建市场经济功能体系的重要环节，在市场经济发展中起着不可或缺的作用。这也说明，现代市场经济的发展对社会福利制度提出了更高的要求，需要正确认识和深入研究发展与稳定、社会福利与现代市场经济之间的相互关系。这涉及社会福利保障与国民经济结构变化、社会福利和第三次产业、社会福利保障与经济发展、社会福利保障与劳动生产率等问题。

（4）人口老龄化与社会福利受益年龄集团的变化问题。20 世纪 70 年代以来，西方各国出现了人口老龄化趋势，而且速度在加快。退休人口过多，会给在业者增加纳税负担，并使养老保险储备降低甚至枯竭。据预测，到 2013 年，美国社会保障基金如果排除基金利息的因素，将不会有剩余；到 2030 年，即使加上利息的因素，美国社会保障基金也将不再有盈余，社会保障制度将陷入入不敷出的困境。20 世纪 80 年代，美国需要 5.2 个上班的人养活 1 个退休者，德国需要 4.5 个上班的人养活 1 个退休者，到2030年，美国将需要2.7个上班的人养活1个退休者，德国需要2个上班的人养活1个退休者。[①] 各“福利国家”现在面临的最大问题之一是如何应付老龄化社会的人口变化给经济、财政和社会带来的后果。

（5）社会福利与国家、政府与团体、社会与私人的问题。这些问题涉及多方面的内容，主要是社会福利保障与市场机制或政府干预之间的相互关系，中央政府和地方政府之间如何分担社会福利保障，社会福利保障与社会团体救济及福利（包括慈善机构、基金会、教会、非营利性社团、社区服务、工会福利等非政府福利），社会福利保障与家庭服务的关系等。应该说，社会福利与自由放任、社会福利与政府干预都不是一种两者必居其一的选择关系。要充分发挥社会福利制度在促进市场经济发展中的作用，不仅需要有市场机制的作用，而且更需要有政府的宏观调控，尤其需要将市场机制与政府适当干预有机地结合起来。一方面使社会福利政策成为政府干预经济生活、调节经济周期的重要手段，另一方面也要使社会福利的发展不能破坏市场机制的作用，避免因过分追求社会公平而严重损害经济效率的现象。

（6）社会福利与可持续发展的问题。在西方社会福利理论的多样化发展过程中，不同学者从不同的角度分析了社会福利与可持续发展之间的关系。人口增长导致资源枯竭、环境污染等一系列问题，给整个生态以至于社会经济体制带来严重影响，同时，人口老龄化的发展也会加大政府用于社会福利支出的压力，从而影响经济增长和社会发展。客观地说，社会福利的发展对于实现人口、经济、资源、环境与社会的可持续发展能起到一定的调节作用，特别是人口与经济、社会的可持续发展离不开社会福利的积极作用。这是当代西方社会福利理论对社会福利功能的新认识。它说明，政府应将社会福利制度作为实现可持续发展战略的重要条件，将社会福利制度改革作为促进可持续发展的重要途径。

2. 社会福利制度的建立和发展必须与生产力发展水平及经济市场化要求相适应

社会福利制度的建立和发展与生产力发展水平之间存在着密切的联系。社会福利的规模、水平等都要受到生产力水平的制约，任何超出生产力发展水平的社会福利计划最终都是要破产的。同时，社会福利制度的建立必须与经济市场化要求相适应，并随着市场经济的发展而不断进行调整，“福利国家”社会福利制度的改革就充分说明了这一点。目前，我国正处在经济转轨、转型的过程中，在这一过程中不可避免地会出现农村剩余劳动力转移、贫富差距拉大、收入分配不公等问题，同时还会面临着因经济转轨而造成的结构性失业、因人口老龄化而产生的退休负担过重的双重难题。这就要求我国必须加快建立和健全社会福利制度，增加社会低收入者的实际收入，缩小

① 参见侯文若：《社会保障理论与实践》，42页，北京，中国劳动出版社，1991。

贫富差距，对年老、伤残、失业者进行救济，实现公平分配；同时，在制定社会福利目标时，应特别注意分析不同贫困的原因，区别对待由于自然条件恶劣、生产力低下等原因造成的农业贫困以及由于转变生产方式丧失了传统生活依托基础而造成的工业贫困，对因不同原因造成的贫困采取不同的社会福利形式。总之，我国社会福利制度的建立和发展必须与生产力发展水平及经济市场化的要求相适应。

3. "福利国家"社会福利制度改革的经验和教训值得我国参考和借鉴

"福利国家"社会福利制度改革的经验和教训主要有以下几个方面：

（1）在社会福利制度的改革中，"福利国家"根据经济形势的变化，多次对政府、企业、社区、团体和家庭在社会福利中所承担责任及所起作用的大小进行了调整，实现了社会福利的多元化。

新中国成立初期的社会保险完全由国家统筹统包，国家对社会保险负有无限责任，但国家只能保证最低的基本生活需要，其水平一般低于在职职工的工资水平，而且社会福利计划只覆盖了城市国有企业及部分集体企业职工。目前，我国人口老龄化问题越来越突出、下岗失业问题严重，即使是低水平的失业保障也已经使国家财政难以承受。这就有必要分析政府低水平的社会福利保障的应用范围、除了政府以外还有哪些社会力量可以起作用等问题，即社会福利的多元化问题。从长远来看，市场经济的进一步发展要求建立覆盖全社会各种经济成分、消除了城乡差别的全国统一的社会福利制度。尽管国家是社会福利计划的制定者、决策者、实施者与管理者，但仅仅由国家独揽社会福利事业显然是不够的，还需要发挥社会团体、私人机构及个人的作用，使政府只根据社会需要承担最低的社会保障，企业则根据市场竞争的原则不断调整企业内部福利，从而使社会福利水平与我国市场经济的发展相适应。

（2）在社会福利的行政管理方面，"福利国家"发展了一套行之有效的管理方法，其中最突出的是其统一的社会福利行政管理。"福利国家"统一的社会福利行政管理是指社会基金的管理原则、制度和行政管理都有一个统一的标准，根据这个统一标准，社会福利的覆盖面越大，参加社会保险的人越多，保险的系数就越大，风险就越小。

目前，我国有必要成立有关的社会福利机构，对社会福利基金的收缴和支付进行严格管理，实行统一的行政协调。如对不同地区、不同所有制企业的社会福利基金进行调剂，缩小社会福利费用在不同地区、不同所有制企业之间的差距，根据统一原则、统一标准在全国现有享受社会福利的职工中实行统一的最低收入保障。对社会福利计划实行统一的原则、标准和统一的行政管理，有助于提高社会福利计划的实施效率，同时可以使社会福利成为企业劳动者与劳动力市场之间相互连接的桥梁，从而有利于维护国家的体制统一和社会稳定。

(3)“福利国家”一般采取多渠道筹集社会福利资金，即由政府、企业、个人共同承担社会福利资金。

长期以来，我国推行的是“低工资、高福利”的福利政策，政府财政支出中的绝大部分主要用于救济、补贴、福利性质的举债支出等方面，福利支出虽然弥补了职工收入的不足，但增加了国家财政负担，同时又对就业毫无用处。目前，我国社会福利筹资渠道单一，单一的筹资渠道使社会福利资金的规模难以扩大，也不利于合理界定政府、企业、职工的责任。因此，有必要调动各方面的力量，多方筹集社会福利资金。

4. 社会福利的国际化趋势要求我国的社会福利制度具有灵活性

20 世纪 90 年代以来，随着生产国际化、经济全球化趋势的加强，以及劳动力市场的不断扩大，各国开始在一定范围内、在社会福利政策方面，制定一些共同的标准行为和标准水平，以使“福利国家”在新的环境和条件下得以继续生存和发展。目前，在国际关系领域里出现的一系列问题，如环境保护问题、人类发展问题（人权问题）、产品倾销问题、教育问题等，都与“福利国家”的生存与发展有着密切的联系。“福利国家”希望发展中国家提高劳动力成本，减少劳动力市场竞争给发达国家造成的压力，但又不愿意在国际范围内实行一定程度的财富再分配。

在这种情况下，我国在建立社会福利制度时，应综合考虑多种因素，对各种因素进行综合平衡，使社会福利制度既成为社会的“安全网”，又能够适应国内外市场竞争的需要。为此，必须正确界定政府的职能，同时通过法律、法规及其他政策措施充分鼓励其他社会团体及私人机构的发展，调动它们的积极性，最大限度地发挥它们的作用。

本章要点

1. 社会福利制度改革的动机
2. 各国社会福利制度改革的方式及其比较
3. 各国社会福利制度改革中存在的问题
4. 制约社会福利制度进一步改革的因素
5. 经济全球化条件下各国社会福利制度的变化趋势
6. 经济全球化对各国社会福利制度带来的新挑战
7. 各国社会福利制度的实质
8. 各国社会福利制度改革的启示

基本概念

公平　效率　社会福利社会化　第三条道路　积极福利

复习思考题

1. 战后“福利国家”可以分为哪几个阶段?
2. 发达国家社会福利制度改革的动机有哪些?
3. 英国、德国、美国、瑞典等国社会福利制度改革的方式有哪些?
4. 各国社会福利制度改革中主要存在哪些问题?
5. 制约社会福利制度进一步改革的因素主要有哪些?
6. 当前关于“福利国家”的变化主要有哪些不同观点?
7. 经济全球化给各国社会福利制度带来的新挑战主要表现在哪些方面?
8. 经济全球化条件下各国社会福利制度变化的趋势有哪些?
9. 各国社会福利制度的实质是什么?
10. 各国社会福利制度改革对我国社会福利制度的建立与完善有哪些启示?

推荐阅读书目

1. ［英］安东尼・吉登斯. 第三条道路——社会民主主义的复兴. 北京：北京大学出版社，三联书店，2000

2. ［美］戴维・奥斯本，特德・盖布勒. 改革政府——企业精神如何改革着公营部门. 上海：上海译文出版社，1988

3. 尼尔・吉尔伯特编. 社会福利的目标定位——全球发展趋势与展望. 北京：中国劳动社会保障出版社，2004

4. 丁开杰，林义选编. 后福利国家. 上海：上海三联书店，2004

5. 郎友兴. 安东尼・吉登斯：第三条道路. 杭州：浙江大学出版社，2000

6. 陈银娥. 现代社会的福利制度. 北京：经济科学出版社，2000

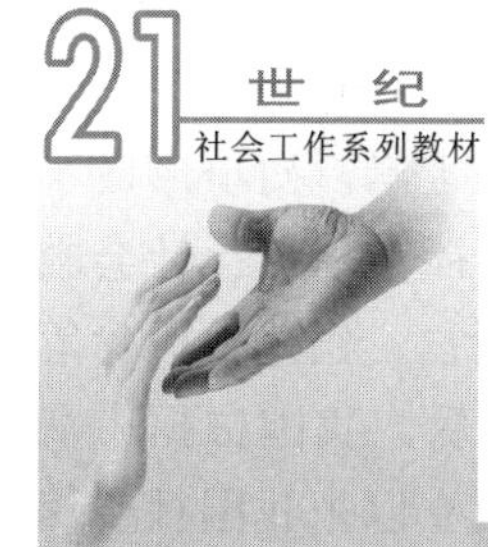

第十二章

我国社会福利制度改革

学习目标

1. 了解我国社会福利制度的发展过程；
2. 理解我国社会福利制度的改革及其所取得的成效；
3. 思考我国社会福利制度改革中面临的问题；
4. 掌握我国社会福利制度改革的基本原则及目标定位；
5. 理解我国社会福利制度改革的路径选择。

第一节　我国社会福利制度的建立与完善

一、我国社会福利制度的历史变迁

新中国建立以后，我国政府即着手进行社会福利制度的建设，但我国的社会福利制度仅仅局限于社会保障制度的范围，因而对我国社会福利制度历史变迁的介绍也只能局限于社会保障制度历史变迁的范围。我国社会保障制度创建于1951年，是借鉴当时苏联的社会保障制度模式以及在毛泽东福利经济思想的指导下建立起来的，它经过了不断发展、曾一度受到干扰和停滞、恢复发展等过程，到1984年，初步形成了社会保障体系。我国的社会保障长期以来包括社会保险、（狭义）社会福利、社会救济以及优抚安置等各个方面，涉及对劳动者生育、养老、疾病、死亡、伤残、医疗等多项内容以及对一部分非劳动者的救济、优抚等项目。1984年以后，我国根据市场经济发展的需要对社会保障制度进行了改革。具体来说，新中国成立以来我国社会保障制度的发展大致经历了以下几个阶段。

（一）初创阶段（1949—1957年）

1. 逐步建立社会保险制度

中华人民共和国建立以后，由劳动部和中华全国总工会共同制定并于1951年正式颁布实行了《中华人民共和国劳动保险条例》（以下简称《劳动保险条例》）。这是我国第一部全国统一的社会保险法规。该条例对职工生、老、病、死、伤、残时的生活待遇、医疗待遇和集体福利事业作了具体规定，其适用范围包括国营、公私合营、私营和合作社等多种经济形式。由于当时国家财力有限，劳动保险开始只在职工人数100人以上的工厂、矿场及其附属单位和业务管理机关，以及铁路、邮电、航运三个产业的企业及其附属单位实行。对暂不实行劳动保险的企业，采取由劳资双方进行协商或资方与工会协商、签订集体合同的办法，规定适当标准的保险待遇。《劳动保险条例》的公布实施，初步形成了我国除失业保险以外，包括老年、工伤、疾病、生育、遗属等社会保险项目在内的企业职工社会保障体系。1953年，我国财政状况根本好转，政务院对《劳动保险条例》进行了修改：扩大了社会保障的实施范围，将过去的实施范围扩大到所有的工矿企业以及交通基建单位和国营建筑公司；提高了福利给付标准；城镇集体所有制企业职工的社会保险也参照国营企业办理。1956年，在国家财政状况进一步好转的情况下，企业社会保险的实施范围进一步扩大到商业、外贸、金融、民航、粮食、供销合作社、石油、地质、水产、国营农牧场、造林等产业和部门。至此，全国实行社会保险的企业职工达到1 600万人，签订社会保险内容的集体合同的职工达700万人，合计已达当年企业职工总数的94%。①

由于历史条件等原因，我国国家机关、事业单位职工的社会保险没有执行《劳动保险条例》，国家在原有供给制待遇的基础上，通过颁布一系列单项政策法规的形式，逐步对国家机关工作人员、事业单位职工的疾病、伤残、养老、生育、死亡抚恤、医

① 参见岳颂东：《呼唤新的社会保障》，179页，北京，中国社会科学出版社，1997。

疗等作了规定，逐步形成了国家机关、事业单位职工的社会保险制度。这些政策法规主要有《革命工作人员伤亡抚恤暂行条例》（1952 年）、《关于全国人民政府、党派、团体及所属事业单位的国家机关工作人员实行公费医疗预防措施的指示》（1952 年）、《关于各级人民政府工作人员在患病期间待遇暂行办法》（1952 年）、《关于女工作人员生育假期的通知》（1955 年）、《国家机关工作人员退休处理暂行办法》（1955 年）、《国家机关工作人员退职处理暂行办法》（1955 年）等等。与企业职工的劳动保险制度相比，国家机关、事业单位的工作人员的保险项目和保险待遇基本相同，具体标准互有高低。

2. 发展职业福利

与此同时，国家还制定了一系列鼓励发展职业福利的政策法规，如《工会法》（1952 年）、《职工生活困难补助法》（1956 年）、《关于职工生活方面若干问题的指示》（1957 年）等，以及工人文化宫、俱乐部的组织条例、工作条例和选举条例等。这些政策法规及条例的颁布实施，促进了职业福利的发展。到 1957 年，全国城乡托幼事业单位已发展到 16 400 多所，入园儿童 103 万人，工人文化宫、俱乐部在 1954 年时就已经有 12 300 个。[①] 大多数国营大中型企业和机关事业单位都修建了职工食堂、浴室、职工住宅，建立了职工生活困难补助制度、职工探亲制度、职工冬季取暖补贴和夏季降温补贴制度、职工互助储金会制度等。到 1957 年年末，我国初步建成了城镇职工的社会保险制度，而且在保障内容、保障项目方面也初步完成了基本立法工作。

3. 建立健全社会救济、社会福利及优抚制度

这一阶段，中央政府除了建立社会保险制度以外，还通过颁布一系列政策法规和条例着手建立和健全一系列社会救济、社会福利及优抚等制度。在社会救济方面，对农村主要是进行灾害统计、防灾备荒和灾荒难民救济等工作，在城市则主要是对不能维持基本生活水平的贫民进行救济。例如，1950 年通过的《救济失业工人暂行办法》对城镇失业工人进行救济的范围、救济标准、方法及资金来源等都作了明确规定，而且各大城市劳动部门普遍建立了失业工人救济委员会。在社会福利方面，国家一方面制定了一系列政策法规发展社会福利及职业福利，如在企业建立了企业福利基金制度，另一方面采取各种措施为举办社会福利提供资金。例如，为解决城市的革命烈士家属、革命军人家属、城市贫民的安置和生产自救方面的困难，内务部、财政部、中国人民银行、商业部、食品工业部、重工业管理局等联合发布了《税收减免和贷款扶助的通知》（1957 年），规定了解决办法。在优抚工作方面，国家陆续颁发了一系列

① 参见多吉才让：《新时期中国社会保障体制改革的理论与实践》，18 页，北京，中共中央党校出版社，1995。

有关的法规，对革命烈士家属、革命军人家属等优待标准、办法，对残废军人残废等级的确定等都做了明确规定，使优抚工作制度化、统一化。

农村社会保障制度是通过农业生产合作社来组织实施的。1956年政府发布的《高级农业生产合作社示范章程》规定，农业生产合作社对于缺乏劳动能力或完全丧失劳动能力，生活没有依靠的老、弱、病、残、孤、寡社员，应给予生产上和生活上的适当安排和照顾，并使其生、养、死、葬都有依靠；同时，农村还开展了合作医疗事业。

这一阶段建立的社会保险制度为我国后来的社会保障事业的发展奠定了基础。

（二）发展阶段（1958—1966年）

1. 完善和改进社会保险制度

1957年，周恩来总理在第一届全国人民代表大会第四次会议及中国共产党第八届全国代表大会第三次中央全体会议上，两次指出了劳动保险和公费医疗待遇方面存在的问题，并提出修改《劳动保险条例》的建议。因此，国务院各有关部门对职工的社会保险制度进行了改进、补充和完善。主要内容包括以下几个方面。

第一，在退休制度方面，对企业职工和国家机关、事业单位工作人员的退休、退职作了统一规定；制定了工人、职员因工作致残完全丧失劳动能力后退休待遇的内容；放宽了退休条件；增加了因身体衰弱和丧失劳动能力、经医生证明不能继续工作的可以退休的内容；提高了有特殊贡献人员的退休待遇；取消了在职养老补助费的规定；对退休费的标准作了调整。

第二，在疾病保险方面，统一规定了职业病范围和对职工患病者的处理办法，对矽肺病的防治和保险待遇等作了规定，充实了工伤保险制度；对公费医疗和劳保医疗也作了改进，规定职工看病要交挂号费和出诊费，机关工作人员的贵重药品和营养滋补品费用除特批外一律自理，将工伤职工住院伙食费全包改为本人适当承担，单位补贴1/3。

第三，规定了精简职工的社会保障待遇，如对被精简下来的职工分别发给救济费、退职补助费和生产补助费等。

第四，在社会保险业务方面，制定了一些有利于社会保险管理和方便职工福利领取的制度和办法，如企业职工、家属在转移居住地点时，退休费、因工残废抚恤费、非因工残废救济费和因工死亡供养直系亲属抚恤费等可以在异地领取。

第五，调整了学徒工的社会保险待遇，将学徒工工资制改为生活补贴制。

2. 补充和发展社会福利、社会救济和优抚安置制度

我国政府在发展和完善职工社会保险制度的同时，对社会福利、社会救济和优抚

安置等进行了补充和发展。1958 年的“大跃进”运动推动了社会福利事业的发展，各地都开始兴办残疾人习艺所、精神病人疗养院、退休人员公寓、贫民教养院、儿童福利院等，其中，精神病人疗养院和儿童福利院因适应社会发展的需要而得到了发展。在三年自然灾害时期，政府为帮助职工克服困难，采取了许多措施，如适当提高补助标准，改善职工食堂，开展农副业生产等；同时规定，福利费仍以解决职工及其家属生活困难为主，如有结余则可以补贴统筹医疗费、托儿所、幼儿园等集体福利设施费用的不足。1965 年，国家有关部门继续颁布加强城市福利事业的政策法规，保护和扶持社会福利生产，对城镇待业残疾青年实行就业安置，对福利工厂进行整顿，并对精减职工的生活进行补助和救济。

在社会救济方面，1962 年内务部、财政部颁发了《抚恤、救济事业费管理使用办法》，对合理、及时使用抚恤费、救济事业费等作了进一步的规定。同时，政府多次发出通知对农村救灾、特大洪灾等工作的根本方针、救灾的方法、途径和灾民的生活安排等进行了具体安排，使社会保障制度得到了进一步发展。

我国农村在经过了合作化后，农民的生、老、病、死基本上依靠集体经济的力量来保障。对于那些因年老残疾、体弱多病而部分丧失劳动能力的农民，则由集体分派其力所能及的轻活来获得工分，参加年终分配，当他们完全丧失劳动能力后，才由其家庭成员负担赡养的责任，同时集体给予一定的补助。对于那些无依无靠无劳动能力的孤寡老人、残疾人和孤儿，由集体实行“五保”（即保吃、保穿、保住、保医、保葬或保教）供给制度。这样，农民的基本生活需求得到了水平不高但却可靠的保障。人民公社政社合一的体制，使社会福利、社会救济和优抚安置等保障制度通过公社—生产大队—生产队的途径，在农村基层得以贯彻实行。

（三）恢复发展阶段（1966—1984 年）

1966 年至 1976 年的“文化大革命”，使我国社会保障事业遭到了严重干扰和破坏，劳动部门、工会组织被冲击，劳动管理机构被撤销，劳动保险基金的统筹统管制度随之停止。财政部在 1969 年颁发的《关于国营企业财务工作中几项制度的改革意见》（草案）中规定，国营企业一律停止提取劳动保险金，企业的退休职工工资、长期病号工资和其他劳保开支在营业外列支。这些情况的出现对我国社会保障事业的发展产生了极为不利的影响：一是社会保险基金的统筹工作停止后，社会保险基金的统筹调剂作用无法发挥；二是劳动保险实际上变成了“企业保险”，造成了企业之间在社会保险费的负担上不平衡；三是没有进行必要的资金积累，难以应付即将到来的人口老龄化的严重挑战。在城镇社会保障事业遭到严重破坏的情况下，农村合作医疗得到了快速发展，涌现了一大批“赤脚医生”。

1978 年党的十一届三中全会以后，政府先后颁布了一系列政策措施，促进了社会保障事业的恢复和发展。

1. 恢复了社会保障管理机构

1979 年国家劳动总局设置了保险福利局，全国各地劳动部门相继建立了保险福利处（科）。1982 年，国家又将国家劳动总局、国家人事局、国家编制委员会和国务院科学技术局合并为劳动人事部，劳动人事部下设保险福利局，综合管理社会保险及职业福利等事宜。

2. 对社会保险管理工作进行了全面整顿和恢复

1978 年颁布的《关于安置老弱病残干部的暂行办法》和《关于工人退休、退职的暂行办法》，对 1958 年的退休办法作了较大的修改，如将老弱病残干部和工人的退休分别拟定办法；规定符合条件的可在退休后让一名子女顶替到国营企业工作；在退休待遇上也进行了较大的修改。1983 年，劳动人事部颁发的《关于建国前参加工作的老工人退休待遇的通知》规定，建国前参加工作的老工人的退休待遇可按退休前工资的 100%领取。与此同时，全国国营企业对中断的企业社会保险管理工作进行了全面的整顿和恢复，主要是纠正"文化大革命"期间各种不符合国家社会保险政策规定的错误支付，健全企业社会保险机构，培训社会保险专业干部等。

另外，完善、补充了集体所有制企业职工的社会保险制度，促进了我国集体所有制企业职工的社会保险事业的发展。1983 年以后，农村推行家庭联产承包责任制，人民公社解体，大部分农村合作医疗也随之解体。

3. 社会福利、社会救济和优抚安置、职业福利重新得到重视

1976 年以后，修改和增加了取暖补贴、上下班交通补贴、职工探亲假等项目，提高了职工生活困难补助标准；加强了对军队离退休干部的安置与管理；指导农村"五保户"的供养，大力兴办敬老院，扶持农村贫困户等等。同时，还对妥善安排灾区人民生活、管理使用好救灾物资、开展生活自救的方法等作了具体的规定；提高了死亡抚恤待遇标准。

（四）20 世纪 80 年代的改革阶段

从前几个阶段我国社会保障制度的形成和发展过程来看，我国的社会保障制度是为了适应高度集中的计划经济体制和统收统支财政管理体制的需要，基本上实行"供给制"。其主要做法是：国家制定社会保障条例，各地方、各部门、各企（事）业单位组织实施；社会保障的提供标准是统一的；劳动保险与劳动就业紧密结合；企业的社会保障支付列入生产成本和营业外支出；行政事业单位的社会保障资金由国家财政统一拨款；非劳动者的一部分医疗保障与其配偶、父母或子女的就业联系在一起；农

村医疗和其他部分社会保障主要依靠农村集体经济积累的公积金；自然灾害救济、无劳动能力者的生活开支、因公致残和革命烈士的家属优抚金等由国家财政拨款支付。这种社会保障制度与新中国成立初期的经济条件和生产力发展水平是相适应的，而且也与当时的管理体制相一致，对促进当时经济的发展和维护社会的稳定起到了积极作用。

20 世纪 80 年代以来，随着我国经济体制改革和对外开放进程的加快，我国原有“供给制”的社会保障制度越来越不适应经济、社会生活的需要，其弊端日益明显，相对于新型的社会主义市场经济体制来说，其滞后作用越来越突出。于是，我国开始对社会保障制度进行改革。1982 年，我国开始在南方一些省份进行城镇企业职工养老金统筹的改革试点，拉开了社会保障制度改革的序幕。企业社会保障制度的改革促进了机关事业单位社会保障制度和人事制度的改革。为了适应这一变化，1988 年我国撤销了劳动人事部，重建人事部和劳动部，并对原有的民政部和中国人民保险公司等社会保障管理机构进行重构。此后，我国社会保障制度进入了全面改革的历史时期，并取得了显著的成绩，主要表现在以下几个方面：

1. 建立了失业保险制度

为了配合劳动合同制的实行，1986 年政府颁布实施了《国营企业职工待业保险暂行规定》。这一规定的颁布实施，标志着我国失业保险制度的正式建立。其主要内容包括：失业保险实施的范围是国营企业的职工；实施对象为宣告破产企业的职工、濒临破产的企业在法定整顿期间被精简的职工、企业终止或解除劳动合同的合同工人、企业辞退的职工；待业保险基金按全部职工标准工资总额的 1％缴纳；对待业救济金的标准作了具体规定。1993 年，党的十四届三中全会通过的《中共中央关于建立社会主义市场经济体制若干问题的决定》中，明确将“劳务市场”改名为“劳动力市场”，将“待业保险”改名为“失业保险”。这一改变是劳动经济理论上的一大突破和发展。1995 年，政府又颁布实施了《国有企业职工待业保险规定》。这一规定的实施范围仍确定为国有企业职工，但省、自治区、直辖市人民政府可以根据本规定制定实施办法，从而将实施范围扩大权交给了地方政府；同时，规定将实施对象由原来的 4 种扩大到 7 种，即增加了按照国家有关规定被撤销、解散企业的职工，按照国家有关规定停产整顿企业被精简的职工，根据法律、法规规定或按照地方政府规定享受待业保险的其他职工；并对企业辞退职工、待业保险资金的筹集、待业保险的待遇标准等作了更详细的规定。

可见，我国已初步建立了失业保险制度，但存在适用范围窄、资金渠道单一、统筹程度不高、救济水平较低、监督机制不健全、没有与职工再就业很好地结合起来等问题，还有待于进一步改革和完善。

2. 对养老保险制度进行了改革

1986年颁布实施的《国营企业实行劳动合同制暂行规定》确立了国家、企业、个人三方共同筹集养老保险基金的原则，规定实行劳动合同制工人的养老保险金采用基金积累式筹资方式，企业按劳动合同制工人工资总额的15%缴费，劳动合同制工人按不超过本人标准工资3%缴费。1991年国务院又颁布了《国务院关于企业职工养老保险制度改革的决定》，对企业职工的养老保险作了进一步的规定。其主要内容是：建立企业养老保险、企业补充养老保险和职工个人储蓄性养老保险制度；国家、企业和个人共同承担养老保险费用，职工个人缴纳的标准将逐步提高；企业补充养老保险由企业根据自身经济能力为本企业职工设立，个人养老储蓄性保险根据个人经济能力自愿参加。1992年又将基本养老金分为社会性养老金和缴费性养老金两部分，每年随社会平均工资增长定期进行调整。此后，各地开始了对养老保险制度的改革探索，主要是实行“社会统筹与个人账户相结合”。1995年以后，各地又开始了扩大养老保险覆盖面的尝试。养老保险的覆盖范围逐渐扩大到私营企业职工、个体工商户等。

另外，农村的养老保险也于1992年以后开始实行，具体做法是：农村社会养老保险费用以个人缴纳为主，集体补助为辅，国家给予政策扶持，其中集体补助费用主要从乡镇企业利润和集体积累中提取。截至1996年底，全国共有28个省、直辖市、自治区和5个系统统筹部门制定了以“社会统筹和个人账户相结合”为模式的改革方案，有20多万退休职工按新办法领取了养老金。集体企业职工的养老保险费用统筹达到2 000多个市县，非公有制企业开始逐步被纳入养老保险社会统筹范围。参加养老保险的职工已占到全部企业职工的76%，其中国有企业为96%，城镇集体企业为45%，其他类型企业为24%。①

3. 对医疗保险制度进行了改革

1993年劳动部颁发的《关于职工医疗保险制度改革试点的意见》中规定，医疗保险基金由个人医疗保险专户金、单位医疗保险调剂金、大病医疗保险统筹金三部分组成，医疗费用由国家、用人单位和职工个人三方共同负担。1994年颁发的《关于职工医疗制度改革的试点意见》中又规定，职工医疗保险费用由用人单位和职工共同缴纳，建立社会统筹医疗基金和职工个人医疗账户相结合的制度，职工医疗费用首先从个人医疗账户支付，个人医疗账户不足支付时，先由职工自付，如超过职工收入的5%以上，则由社会统筹医疗基金中支付大部分，个人仍负担一定比例。医疗保险制度的改革在各地有不同的做法，如北京市和成都市实行了大病医疗费社会统筹，青岛市医疗保险基金由个人账户金、单位调剂金和社会统筹金三部分组成，深圳建立了包

① 参见杨宜勇：《中国社会保障改革二十年》，载《经济研究参考资料》，1999（9）。

括住院医疗保险、综合医疗保险和特殊医疗保险在内的多层次的医疗保险制度，其中综合医疗保险实行社会共济与个人账户相结合的模式；海南省实行个人账户与社会统筹（共济）账户相结合，两个账户分别独立运作的方式。

4. 对生育保险、工伤保险和疾病生活保险等都进行了必要的改革

1994 年颁发的《企业职工生育保险试行办法》中规定，企业按照其工资总额的一定比例向社会保险经办机构缴纳生育保险费，建立生育保险基金，职工个人不缴纳生育保险费，女职工按照法律、法规的规定享受产假。1996 年颁发的《企业职工工伤保险试行办法》规定，工伤保险应与事故预防、职业病防治相结合，同时对职工工伤保险实行社会统筹，设立工伤保险基金并实行社会化管理服务。对于疾病生活保险也提出了具体的规定，主要是按照本人实际参加工作年限和本单位工作年限，给予3～24个月的医疗期，并将连续计算病假时间改为累积计算。

5. 社会福利和优抚安置工作也形成了比较规范的工作制度和较为完整的工作体系

主要做法是：不断调整优抚对象和抚恤补助标准，其保障能力进一步提高；采取各种措施不断提高优抚工作的社会化水平，如建立“家庭服务中心”、“帮战友小组”等基层群众组织，帮助军人及其他优抚对象解决了包括住房、就业、入学等在内的大量实际问题，增强了优抚保障的实力。与此同时，多渠道、多层次、多种形式地举办各种社会福利事业，推动了社会福利事业的大发展。

（五）20 世纪 90 年代以来的改革实践阶段

如果说 20 世纪 80 年代社会保障改革主要是强调“制度配套”，其目标是为了抵消改革所导致的不平等效应的话，那么，进入 90 年代以后，在社会保障和其他福利制度上的改革则逐步走到了相反的方向，即社会保障及社会福利在再分配和平等化方面的作用越来越弱。在关于社会福利政策的基本目标上，已不再以维护社会公平为其基本目标，而主要是为了维持社会的稳定。

经过几十年的改革实践，我国以市场化为导向的社会福利制度正在逐步建立和完善。现行的社会福利制度主要包括：城镇职工的社会保险，包括养老、医疗、失业、工伤、生育保险；城镇职工的集体福利，包括生活服务、文化娱乐和福利补贴等；以城市最低生活保障制度为主体的城市社会救助；农村社会救助，包括“五保”措施，临时性的救灾、救济。在我国社会福利制度的建立和完善的过程中，各项制度的建立和完善有先有后，有快有慢。20 世纪 90 年代中期以来，社会福利制度改革的重点领域主要在医疗保险、住房、教育等方面，其改革取向是更多地面向市场、面向社会，让个人承担更多的责任。

1. 稳步推进城镇职工基本医疗保险制度改革

1998年，国务院颁布了《关于建立城镇职工基本医疗保险制度的决定》，要求在1999年底以前在全国建立起统账结合的基本医疗保险制度。自2000年以来，则开始了医院、药品生产和流通体制的改革。具体来说，主要包括以下几个方面。

（1）实行卫生全行业管理和医疗机构的分类管理。主要是转变卫生行政部门职能，实行政事分开，运用法律、行政、经济等手段，实行卫生行业管理。同时，为鼓励社会办医，促进医疗机构围绕质量和效率开展竞争，国家把社会上的医疗机构分为营利性和非营利性两类。根据其性质、功能制定实施不同的财税、价格政策，使他们面向市场，规范营运，平等竞争。国家只对公立非营利性医疗机构给予财政补助，对其他医疗机构则不予补助。公立以外的非营利性医疗机构享受税收优惠政策，收费执行政府指导价。营利性医疗机构价格放开，依法经营，照章纳税。

（2）调整医疗资源布局。为了配合社会福利社会化改革，我国政府有步骤、有针对性地加强对卫生资源配置的宏观调控，对医疗服务量不饱满，不能正常运转的医院进行转型、压缩和撤并。

（3）积极推进公立医疗机构的改革。主要包括两方面：一是推动后勤服务社会化和实行病人挑选医生的制度；二是实行医药分开。尽管目前医药还没有彻底分开，但这种制度对医疗机构的改革却触动很大。

（4）调整医疗机构收费。调整收费主要坚持总量控制，结构调整，综合考虑医疗成本、财政补助等因素进行，防止调整收费后出现医疗、药品收费“两头翘”的现象。

（5）整顿药品生产流通秩序，加强药品零售价格管理。在整顿药品流通秩序中，将暂停审批登记新设立药品批发企业，对现有药品批发企业进行整顿，鼓励知名度高、信誉好的药品流通企业跨地区发展，减少中间环节，降低药品的流通费用和销售价格。同时，国家将对药品分两类进行价格管理：一类是基本医疗保险用药、预防用药、必要的儿科用药等，由政府规定统一零售价；另一类是其他药品，由经营单位按国家规定自主定价。

2. 大力推进住房制度改革

1991年10月第二次全国城镇住房制度改革工作会议以来，住房制度改革取得了重大进展，已从少数城市试点和单项改革进入了全面推进、综合配套改革阶段，城镇居民的住房商品化观念开始形成。1993年11月召开的第三次全面房改工作会议，提出了适应社会主义市场经济要求的新的城镇住房制度的基本框架，对住房制度改革工作做了部署和安排，从而直接推动了住房制度的全面改革。

住房制度改革的基本内容包括住房建设投资、住房管理社会化和专业化、住房分配和供应、住房公积金制度、住房金融、房地产交易市场和房屋维修管理市场等新的城镇住房制度的主要方面，具体来说有以下几个方面。

（1）改住房建设投资由国家、单位统包的体制为国家、单位、个人三者合理负担的体制。目前，我国正在全国推行新的住房制度改革政策，停止了福利分房，住房公积金制度已广泛实行。与此同时，住宅金融获得了进一步发展，商业银行的个人购房贷款业务获得了快速发展。这些将为 21 世纪初我国住房建设持续发展打下坚实的基础。

（2）变各单位建设、分配、维修、管理住房的体制为社会化、专业化运行的体制。住房制度改革的一项重要内容是结合企业经营机制转换和劳动工资制度的改革，将住房开发建设、分配、管理和维修服务等社会职能逐步从企业中分离，实现住房的商品化、社会化。

（3）将住房实物福利分配的方式改为以按劳分配为主的货币工资分配方式。1998 年下半年开始停止住房实物分配，逐步实行住房分配货币化。伴随着福利分房制度逐渐淡出，住房福利对居民择业的影响越来越小，这就促进了劳动力在不同所有制单位和地区的合理流动。

住房分配货币化后，企业职工原则上应通过住房市场解决住房问题。而单位自建住房则是在一段时期内的过渡办法。

（4）建立以中低收入家庭为对象、具有社会保障性质的经济适用住房供应体系和以高收入家庭为对象的商品房供应体系。早在 1998 年，政府就出台了一系列政策来帮助低收入家庭买房。经济适用房的推出就是其中的一项。具体来说，主要做法有：

一是对不同收入家庭实行不同的住房供应政策。最低收入家庭租赁由政府或单位提供的廉租住房；中低收入家庭购买经济适用住房；其他收入高的家庭购买、租赁市场价商品住房。

二是调整住房投资结构，重点发展经济适用住房（安居工程），加快解决城镇住房困难居民的住房问题，新建的经济适用住房出售价格实行政府指导价，按保本微利的原则确定。其中经济适用住房的成本包括征地和拆迁补偿费、勘察设计和前期工程费、建安工程费、住宅小区基础设施建设费（含小区非营业性配套公建费）、管理费、贷款利息和税金，利润控制在 3%以下。要采取有效措施，取消各种不合理收费，特别是降低征地和拆迁补偿费，切实降低经济适用住房建设成本，使经济适用住房价格与中低收入家庭的承受能力相适应，促进居民购买住房。

三是廉租住房可以从腾退的旧公有住房中调剂解决，也可以由政府或单位出资兴建。廉租住房的租金实行政府定价。具体标准由市（县）人民政府制定。

四是购买经济适用住房和承租廉租住房实行申请、审批制度。具体办法由市

（县）人民政府制定。

（5）建立住房公积金制度。实行住房公积金制度有利于转变住房分配体制，有利于住房资金的积累、周转和政策性抵押贷款制度的建立，有利于提高职工购、建住房能力，促进住房建设。住房公积金由在职职工个人及其所在单位，按职工个人工资和职工工资总额的一定比例逐月交纳，归个人所有，存入个人公积金账户，用于购、建、大修住房，职工离退休时，本息余额一次结清，退还职工本人。目前单位和个人住房公积金的缴交率分别控制在5%，已超过这个比例的可以不变。外商投资企业及其中方职工的住房公积金缴交率，由各省、自治区、直辖市人民政府确定。

（6）发展住房金融和住房保险，建立政策性和商业性并存的住房信贷体系。具体做法如下：一是取消对个人住房贷款的规模限制，适当放宽个人住房贷款的贷款期限；二是对经济适用住房开发建设贷款，实行指导性计划管理；三是完善住房产权抵押登记制度，发展住房贷款保险，防范贷款风险，保证贷款安全；四是调整住房公积金贷款方向，主要用于职工个人购买、建造、大修理自住住房贷款；五是发展住房公积金贷款与商业银行贷款相结合的组合住房贷款业务。

（7）建立规范化的房地产交易市场和发展社会化的房屋维修管理市场。具体来说，主要是改革现行的住房维修、管理体制，建立业主自治与物业管理企业专业管理相结合的社会化、专业化、市场化的物业管理体制。同时，加强住房售后的维修管理，建立住房共用部位、设备和小区公共设施专项维修资金，并健全业主对专项维修资金管理和使用的监督制度。为此，物业管理企业要加强内部管理，努力提高服务质量，向用户提供质价相符的服务，不得只收费不服务或多收费少服务，切实减轻住户负担。物业管理应引入竞争机制，促进管理水平的提高。

3. 着力进行教育体制的改革

20世纪90年代开始，我国教育体制的改革全面展开，主要取得了以下进展。

（1）推行基础教育地方化政策。具体办法是基础教育主要由政府办学，鼓励企事业单位和其他社会力量按国家的法律和政策多渠道、多形式办学。同时把发展基础教育的责任交给地方，有步骤地实行九年制义务教育。基础教育地方化政策的推行，对于调动地方政府和群众的办学积极性，增加地方教育经费的投入，促进基础教育与地方经济社会的协调发展，加快普及九年义务教育，推动城市和农村教育的综合改革等，发挥了积极作用。

（2）改革高等教育机构的举办体制，实行以政府办学为主，积极发展多种形式的联合办学。20世纪90年代初，随着社会主义市场经济体制改革目标的明确，高等教育体制改革滞后于经济体制改革和社会发展的问题进一步突出。高等教育体制如何适应社会主义市场经济体制建立的问题，提上了重要议程。对高等教育进行改革的思路是普通高等学校实行以政府办学为主，积极发展多种形式的联合办学。某些科类的高等学校可以试行以学生缴费和社会集资为主、国家财政补助为辅的办学模式，社会各界办学应以职业学校为主。

目前，我国高等教育稳步发展，民办教育持续发展。2007 年全国共有各级各类民办学校（教育机构）9.52 万所（不含民办培训机构 2.23 万所），各类学历教育在校学生达 2 583.50 万人。其中，民办高校 297 所，在校生 163.07 万人，其中本科生 21.12 万人，专科生 141.94 万人，另有其他形式教育的学生 22.36 万人；独立学院 318 所，在校生 186.62 万人，其中本科生 165.68 万人，专科生 20.94 万人，另有其他形式教育的学生 0.87 万人；民办的其他高等教育机构 906 所，各类注册学生 87.34 万人。① 这些民办高等学校依靠社会企业捐资、学校产业的收入等资金保证学校的生存发展，为国家培养了大批人才，做出了重要贡献。

（3）改革投资体制，建立以财政拨款为主、其他多渠道筹措教育经费为辅的体制。早在 1985 年《中共中央关于教育体制改革的决定》中就提出了多渠道筹措教育经费的思路。1993 年中共中央、国务院颁发的《中国教育改革和发展纲要》中，更明确提出："要逐步建立以国家财政拨款为主，辅之以征收用于教育的税费、收取非义务教育阶段学生学杂费、校办产业收入，社会捐资集资和设立教育基金等多种渠道筹措教育经费的体制。"1998 年全国人民代表大会通过的《高等教育法》明确规定："国家建立以财政拨款为主、其他多渠道筹措教育经费为辅的体制。"

就开辟筹措教育经费的多种渠道而言，对高等教育来说，主要是收取学费和兴办产业，同时也可以通过积极鼓励社会捐资助学、建立教育发展基金、利用世界银行贷款和国内银行贷款等多种方式，增加教育经费投入。

通过多种渠道筹措教育经费，使过去单纯依靠财政拨款的高等学校在学校经费构成上发生了重大变化。大致说来，现在全国高校经费 60%靠政府拨款，40%靠学校多渠道筹集。一些高校自筹经费的比率甚至高达 80%。

（4）改革高等教育的管理体制，调整结构布局。20 世纪 90 年代初，我国社会主义市场经济体制的改革方向和目标得以最终确立，中央各部门机构改革和职能发生了根本性的转变，改革高等教育"条块分割"管理体制的任务再一次被提出来并获得了基本条件。

1992 年年底，为探索我国高教体制改革的途径，原国家教委和广东省提出共建国家教委所属高校中山大学和华南理工大学，广东省从经费、政策上支持这两所学校办学，两所学校调整服务面向，更多地参与和服务于广东省经济社会的发展。实践证

---

① 参见教育部：《2007 年全国教育事业发展统计公报》，载《中国教育报》，2008－05－05。

明，中央部门和地方共建共管学校，是一种可行和有效的改革途径。这种办法既保留了中央部门办学和管理在经费、科研、业务指导方面的某些优势，又打破了自成体系的分割局面，发挥了地方对这些院校在经费补助、政策优惠、统筹管理上的积极性。1994年底在上海召开的全国高等教育体制改革座谈会，总结了改革的经验，提出了进一步保证和推进高等教育管理体制改革的思路和主要措施。1995年7月，国务院办公厅转发了国家教委《关于深化高等教育体制改革的若干意见》，年底又召开了高教管理体制改革座谈会，明确了共建、联合、合并、协作、划转这五种改革形式。

经过努力，在高教管理体制改革的同时，高校的结构布局也进行了合理化调整，初步改变了办学分散、重复、规模偏小、单科性院校偏多等不合理状况。2007年，全国共有普通高等学校和成人高等学校2 321所。其中，普通高等学校1 908所，比上年增加41所，成人高等学校413所，比上年减少31所。普通高校中本科院校740所，高职（专科）院校1 168所。全国共有培养研究生单位795个，其中高等学校479个，科研机构316个。①

（5）改革高校内部管理体制，使学校成为面向社会依法自主办学和有效自我约束的法人实体。1985年《中共中央关于教育体制改革的决定》中提出要扩大高等学校办学自主权、调整教育结构、相应地改革劳动人事制度、实行高校后勤社会化以后，高校内部管理体制改革就已经逐步开展。改革的主要内容有以下几个方面：一是改革校内管理机构设置，减员增效；二是深化用人制度改革，全面推行聘任制和聘用制；三是深化校内分配制度改革，真正体现“多劳多得，优劳优酬”和“效率优先，兼顾公平”的原则，打破平均主义；四是实行后勤社会化改革。

（6）改革高校招生和毕业生就业制度。主要是实行学生缴费上学、政府和社会助学、在国家指导帮助下毕业生和用人单位双向选择的就业制度。

我国从20世纪80年代中期开始实行招收计划内公费生、计划外自费生、用人单位委培生的制度，实行部分学生交费上学，20世纪90年代初进行了“并轨”的改革，到1997年全部实行所有学生都交费上学的制度。同时，根据教育成本合理分摊补偿的原则，综合考虑政府、学校、家庭（个人）的利益和承受能力，采取主管部门按不同学校所在地区确定收费上限、学校确定具体标准的办法，使收费相对合理可行。

高校毕业生就业制度改革的总方向是改变高校毕业生全部由国家包分配工作岗位的制度，逐步实现在国家宏观调控政策指导下，各级政府和学校推荐、学生和用人单位双向选择的制度。深化改革的重点是坚持市场导向，破除一些体制性障碍，努力建立比较完善的毕业生就业指导和服务体系。

---

① 参见教育部：《2007年全国教育事业发展统计公报》，载《中国教育报》，2008-05-05。

综上所述，我国社会保障制度的改革取得了显著的成就，同时也为社会保障制度的深化改革提供了许多有益的经验：必须改变人们的思想观念，帮助人们树立起自我保障意识；强调个人投保，加强产权意识和成本意识；在管理方面强调个人参与，实行民主管理和群众监督；充分发挥市场机制的作用，实行多层次的社会保障，逐步实现社会保障的社会化；重视家庭保障的作用等等。但是，我国目前的社会保障制度与社会主义市场经济体制的要求及我国社会保障制度发展目标相比，还存在着很大的差距。因此，应该进一步深化社会保障制度的改革，建立有中国特色的社会保障制度。

二、我国社会福利制度改革的成效

自 20 世纪 80 年代中期以来，我国对传统的社会保障制度尤其是面向城镇职工的住房福利及社会保险制度进行了一系列的改革。在改革初期是恢复和改进旧的社会保险制度，改革中期是对社会保险制度进行新的改革试点，20 世纪 90 年代以来，则是逐步建立适应市场原则的基本统一的社会化社会保险制度。我国社会福利制度的改革涉及社会救济、社会保险和社会福利等方面，包括城市职工的公有住房福利改革、养老保险、医疗保险、教育改革及失业保险改革等。在十几年的改革探索过程中，我国社会福利制度无论在运营方式上，还是在筹资渠道上，都有了很大的变化，取得了很大成效。主要体现在以下几个方面。

1. 社会保险的覆盖面逐步扩大

过去只在国有企业事业单位和部分集体企业实施的社会保险，向其他所有制扩展，一些地方把社会保险的范围扩大到了城镇个体工商户，农村许多乡镇企业职工和农业劳动者也参加了社会保险。2007 年末全国参加城镇基本养老保险人数为 20 137 万人，比上年末增加 1 371 万人[①]，是 1989 年参保人数的 4.2 倍。制度覆盖率由 1989 年的 33.5%增加到 68.5%，上升了 35 个百分点。1989 年以来，参加城镇基本养老保险的人数虽然在个别年份有所下降，但总的趋势是上升的（见图 12—1）。2007 年末参加基本养老保险的农民工 1 846 万人，全国参加农村养老保险人数为 5 171 万人，年末农村养老保险基金累计结存 412 亿元。[②]

① 本文所有 2007 年度的社会保险数据均来自人力资源和社会保障部、国家统计局：《2007 年度劳动和社会保障事业发展统计公报》。

② 把制度应覆盖人数设定为城镇所有的就业人员，在职参保人数与城镇就业人数相比为制度的覆盖率。2006 年以前的数据摘自《中国统计年鉴（2007）》，2007 年的数据摘自《2007 年度劳动和社会保障事业发展统计公报》。

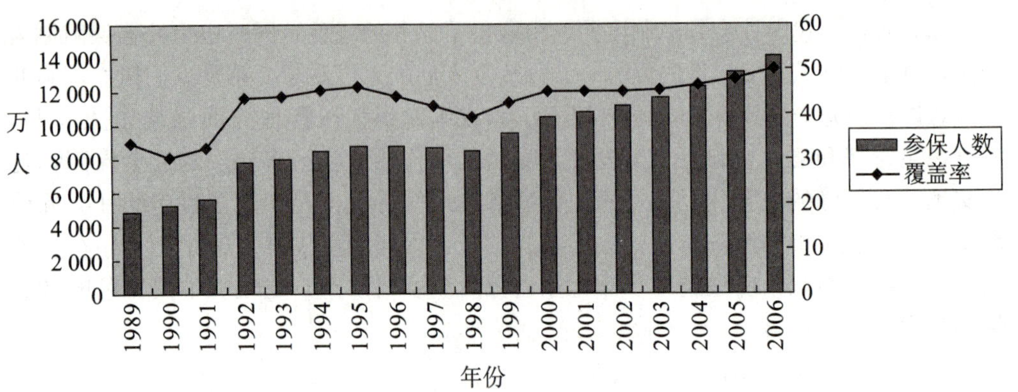

图 12—1　各年度基本养老保险参保人数及覆盖率

2. “企业保险”逐步社会化

社会化的实质是把企业单位保险向社会保险转变，具体内容和措施包括：实现养老保险基金的社会统筹；实现医疗保险的局部社会化；工伤剩余保险社会化；外商企业和私营及个体企业基本参加了社会保险。单位边界的突破、社区的融合，以及服务对象的普遍化，使原来分隔的社会福利制度已经趋向于统一。以养老保险为例，1998年，我国养老金社会化率在30%左右。目前，养老金社会化发放率达100%，而且确保了基本养老金的按时足额发放。经过近几年的积极探索和实践，社会保险社会化管理体系已见雏形，建立了以保障部门为主、社区和物业管理部门相互融合、离退休人员自我管理相结合的社区管理服务模式，见表12—1。①

表 12—1　　1989—2007 年基本养老保险人数和覆盖率　　单位：万人

年份	参保人数	从业人员数	覆盖率（%）
1989	4 816.9	14 390	33.5
1990	5 200.7	17 041	30.5
1991	5 653.7	17 465	32.4
1992	7 774.7	17 861	43.5
1993	8 008.2	18 262	43.9
1994	8 494.1	18 653	45.5
1995	8 737.8	19 040	45.9
1996	8 758.4	19 922	44.0

① 把制度应覆盖人数设定为城镇所有的就业人员，在职参保人数与城镇就业人数相比为制度的覆盖率。2006年以前的数据摘自《中国统计年鉴（2007）》，2007年的数据摘自《2007年度劳动和社会保障事业发展统计公报》。

续前表

年份	参保人数	从业人员数	覆盖率（%）
1997	8 671.0	20 781	41.7
1998	8 475.8	21 616	39.2
1999	9 501.8	22 412	42.4
2000	10 447.5	23 151	45.1
2001	10 801.9	23 940	45.1
2002	11 128.8	24 780	44.9
2003	11 646.5	25 639	45.4
2004	12 250.3	26 476	46.3
2005	13 120.4	27 331	48.0
2006	14 131.0	28 310	49.9
2007	20 137.0	29 350	68.5

3. 建立了失业保险制度

近年来，失业保险的覆盖面不断扩大，参保人数不断增多，保障对象不断增加。从 1994 年到 2007 年，城镇就业人员及机关单位职工参加失业保险的人数在不断增加，分别由 1994 年的 18 653 万人、1 033 万人增加到 2007 年的 29 350 万人、1 279.6 万人。由于各年的就业人数变化较大，因而据此计算出来的制度覆盖率则有升有降（见表 12—2 和图 12—2）。①

表 12—2　失业保险覆盖率　单位：万人

年份	参保人数	城镇就业人数	机关单位职工数	覆盖率（%）
1994	7 968.0	18 653	1 033.0	45.2
1995	8 238.0	19 040	1 042.0	45.8
1996	8 333.1	19 922	1 093.0	44.3
1997	7 961.4	20 781	1 093.0	40.4
1998	7 927.9	21 616	1 097.0	38.6
1999	9 852.0	22 412	1 102.0	46.2
2000	10 408.4	23 151	1 103.8	47.2

① 把制度应覆盖人数设定为城镇所有的就业人员扣除机关单位职工数，在职参保人数与之相比为制度的覆盖率。2006 年以前的数据摘自《中国统计年鉴（2007）》，2007 年的数据摘自《2007 年度劳动和社会保障事业发展统计公报》。

续前表

年份	参保人数	城镇就业人数	机关单位职工数	覆盖率（%）
2001	10 354.6	23 940	1 100.9	45.3
2002	10 181.6	24 780	1 074.7	42.9
2003	10 372.4	25 639	1 171.0	42.4
2004	10 583.9	26 476	1 199.0	41.9
2005	10 647.7	27 331	1 240.8	40.8
2006	11 187.0	28 310	1 249.8	41.3
2007	11 645.0	29 350	1 279.6	41.5

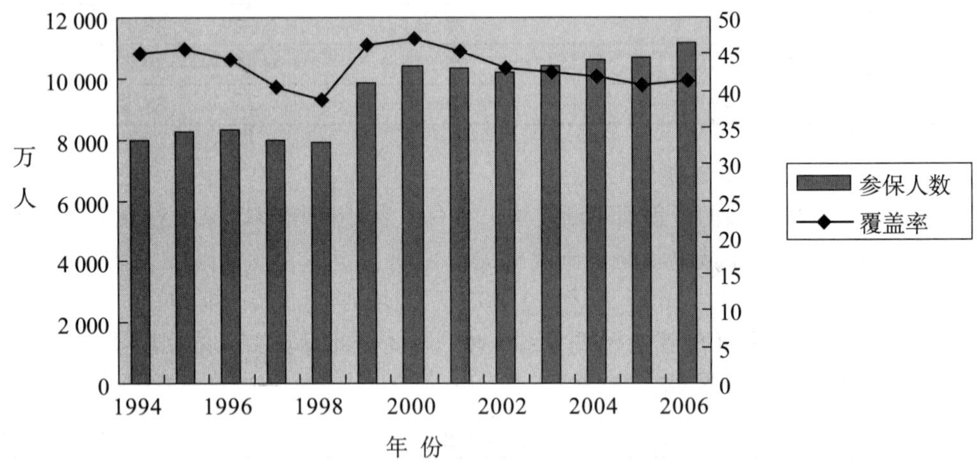

图 12—2 失业保险参保人数及覆盖率

4. 建立了社会保险基金

1992 年，我国社会保险基金仅包括养老保险基金、失业保险基金，基金总收入为 377.4 亿元。目前，我国社会保险基金已经包括养老保险基金、医疗保险基金、失业保险基金、工伤保险基金和生育保险基金五个部分，且具有以下四个特征：一是实现了基金来源由单位全部包揽向三方合理负担的转变，逐步形成国家、企业和个人三方出资格局；二是我国保险基金采取的是部分积累模式，在实践中，对新参加工作的合同制工人、参加社会保险的城镇个体户及农村居民的养老保险实行完全积累制，对城镇企事业单位的职工实行部分积累制；三是对养老保险和医疗保险实行社会统筹和个人账户相结合的运行机制；四是将基本保险与社会多种形式的补充保险结合起来，以适应多种情况的需要。随着社会保险基金体系的逐步完善，社会保险基金实力随之增强。2007 年，全国基本养老保险、基本医疗保险、失业保险、工伤保险和生育保险五项社会保险基金收入合计达 10 812 亿元，比上年增长 25.1%，基金总支出达 7 888 亿元，比上年增长 21.8%，五项基金累计结存 4 257 亿元。2007 年五项基金总收入、总支出及累计结存分别是 1989 年的 70.4 倍、65.3 倍和 52.2 倍（见表 12—3 和图 12—3）。[①]

表 12—3　社会保险基金发展情况　单位：亿元

年份	基金收入	基金支出	累计结余
1989	153.554 3	120.853 0	81.627 5
1990	186.790 9	151.876 5	117.338 8
1991	224.971 0	176.112 5	169.734 9
1992	377.423 3	327.060 8	252.755 8
1993	526.070 5	482.179 9	303.655 4
1994	742.044 1	679.953 2	365.675 8
1995	1 006.026 0	877.148 8	516.770 3
1996	1 252.430 0	1 082.378 0	696.102 8
1997	1 458.156 0	1 339.153 0	831.626 0
1998	1 623.089 0	1 636.887 0	791.119 0
1999	2 211.848 0	2 108.116 0	1 009.781 0
2000	2 644.504 0	2 385.599 0	1 327.506 0
2001	3 101.899 0	2 748.008 0	1 622.768 0
2002	4 048.663 0	3 471.500 0	2 423.400 0
2003	4 882.900 0	4 016.400 0	3 313.800 0
2004	5 780.300 0	4 627.400 0	4 493.400 0
2005	6 968.600 0	5 401.000 0	6 066.100 0
2006	8 626.000 0	6 472.500 0	8 239.000 0
2007	10 812.000 0	7 888.000 0	4 257.000 0

5. 社会保险管理体制与基本保险制度的统一取得了一定进展，初步形成了具有中国特色的社会保险模式

我国社会福利制度的改革逐步打破了区域界限，扩大了福利范围，逐步建立起全国统一的、包含职工劳动、失业社会保险和医疗费、养老金社会统筹等内容的企业职工福利社会化保障体系。在统筹层次上，起步阶段以市县为统筹基本单位，参加统筹

① 2006 年以前的数据摘自《中国统计年鉴（2007）》，2007 年的数据摘自《2007 年度劳动和社会保障事业发展统计公报》。

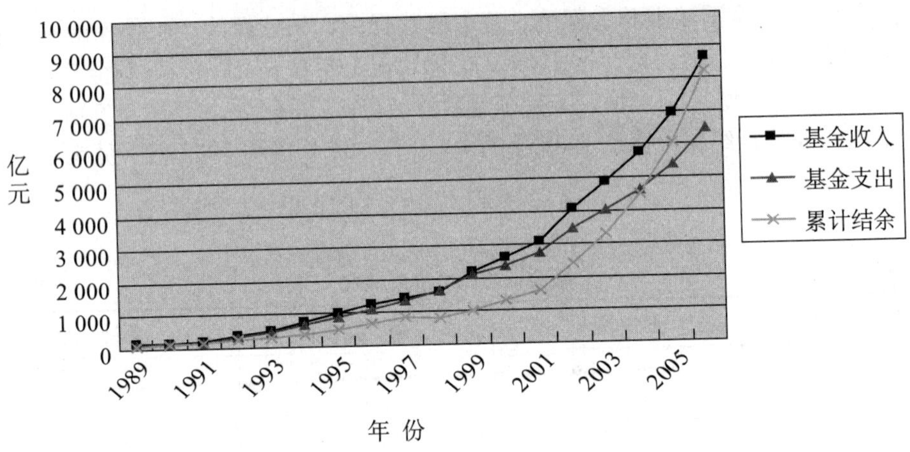

图 12—3　1989—2006 社会保险基金财务状况

的企业采取“以支定收、现收现付”的办法；在筹资方式的探索上，在全国陆续选定了若干城市，先后实施过多种筹资方案作为试点，以积累经验、发现问题，为全国性推广奠定基础。目前，社会福利制度改革已初步形成了具有中国特色的社会保险模式，即符合市场经济体制要求，适用所有城镇职工与个体劳动者，资金来源多渠道，保障方式多层次，社会统筹与个人账户相结合，权利与义务相对应，管理服务社会化，公平与效率相结合，行政管理与基金管理分开，保障水平与生产力水平及各方承受能力相适应。

第二节　全球化条件下我国社会福利制度的改革

我国政府以 30 多年经济改革的经验和教训为基础，提出了构建和谐社会、全面建设小康社会的方针，在经济发展中更加强调经济和社会的协调发展。我国政府建国方略的这种转变为社会福利制度的改革提供了思想基础；而经济的长期高速增长及综合国力的增强，为社会福利制度的改革提供了物质基础；公民对社会福利需求的不断增加及其多样化，又为社会福利制度的改革提供了社会基础。所有这些因素的共同作用，使我国对传统福利制度进行改革和构建适合经济全球化和社会主义市场经济发展要求的新的福利制度成为可能。

一、我国社会福利制度改革面临的问题

我国社会福利制度改革虽然取得了明显成效，但仍然存在一些问题，具体表现在以下几个方面。

1. 社会福利制度的改革与其他改革之间缺乏协调

例如，国有企业改革扩大了经营者自主权，但企业职工最低工资制的实施相对滞后；社会保障由企业单位保障转向社会保障要求政府承担更多的责任，但传统财政体制向公共财政体制的转型却相对滞后；九年制义务教育是一项重要的社会福利制度，但农村义务教育经费主要由县级政府承担，投入严重不足，而国家教育经费主要投向大学非义务教育；中央财政对高等教育的拨款不是主要用于对贫困学生的资助，而是被优先用于资助建设高水平的大学等等。这些都表明社会福利制度的改革与其他改革之间缺乏协调，缺乏整体性的战略设计。

2. 城乡社会保障制度呈现为三元结构特征

从社会保障的角度来看，我国尚未建立起全国城乡统一的社会保障体系，呈现为三元结构特征，即城镇企业职工的社会保障已基本完成由单位保障向由社会保障的转变。国家行政机关和事业单位职工的保障依然由国家通过所在单位提供。农村社会保险制度很不健全且建设进展缓慢，除一些经济较发达的地区开始进行建立农村社会保障制度的试点外，绝大多数农村都还没有建立社会保障制度；进入城市的农民工也尚未纳入城市社会保障体系的覆盖范围。据有关部门推测，我国城镇社会保障覆盖面达92.1%，而农村仅为2.7%。即便是建立养老、医疗保险的地区，基金统筹也多是以县、乡为单位，基金调剂范围很小，社会化程度很低。据统计，目前全国仅有40%左右的乡镇建立了社会保障网络，只有约25%的村民委员会成立了社会保障基金会。就养老保险而言，由于个人缴款及集体补助全部记入个人账户，所有权属于个人，因而事实上类似于农民的自我储蓄积累保障，根本无从发挥社会保险分散风险的功能及作用。这种状况严重影响了城乡之间的社会公平。

3. 企业保险负担过重

目前，很多保险项目仍主要依靠企业（或单位）负担和管理。按照现行政策，养老、医疗、失业、工伤和生育五项社会保险的企业缴费率相当于职工工资总额的33.5%左右[①]；另外，养老、医疗和失业三项社会保险的个人缴费率约为个人工资总

① 养老保险的企业缴费率约为工资总额的20%，医疗保险约为10%，失业保险约为2%，工伤保险约为0.7%，生育保险约为0.8%，合计约为33.5%。

额的 11%[①]，职工的负担以工资形式转嫁给了企业。另外，养老保险行业统筹移交地方统筹后，很多企业存在着未纳入地方社会统筹的养老金项目，出于维护社会稳定和不降低退休人员待遇的考虑，多数企业自行负担统筹外项目的经费，这部分经费约相当于职工工资总额的 6%。以上三项保险费用约占工资总额的 44.5%，原行业统筹的企业约为 50.5%。另据统计，目前国有企业职工服务福利设施占企业总资产的 15%～20%，社会事业费用支出占全部企业管理费用支出的 50%左右。[②] 如此沉重的经济负担，既使社会福利社会化改革受阻，削弱了社会保险对劳动者的生活保障作用，如医疗保险制度的社会化改革滞后，使许多经营困难的企业职工事实上失去了医疗保障，又使企业的进一步发展和参与市场竞争受到制约；同时，也使企业职工自我保障意识淡化，个人自我保障责任心不强，个体权利与义务难以有机结合。

4. 医疗保险改革陷入两难境地

目前，医疗保险改革陷入两难境地，主要表现在：一是农村人口的医疗保障问题还没有得到根本解决。农村医疗名存实亡，在集体力量弱小的乡村，重建合作医疗保障的任务十分艰巨。二是城镇医疗改革在企业和机关事业单位之间不同步，也使陷入困境的企业的职工医疗保险问题日益突出。而医疗保险改革未能与医疗、医药体制改革相配套。医药卫生体制改革的滞后，造成医院、医保机构和患者三方之间关系紧张，医疗费用、卫生资源的浪费依然严重。

5. 失业保险面临困境

目前，中国失业保险制度面临的主要问题如下：一是适用范围小，不包括农村非农劳动者，城镇非国有企业和非公有制职工也很少被覆盖。二是资金筹集和失业保险金支付还未规范化。在失业保险制度设计上，给付标准较低，仅略高于地方规定的社会救济标准，因而既失去了促进失业人员自主就业的动力，也降低了职工参加失业保险的吸引力，更谈不上保持收入的稳定。三是与失业保险配套的新的就业机制及社会救助机制未能很好地发挥作用，表现为失业保险制度和再就业制度缺乏完善的监测、监督核查机制。例如，社会保障部的调查资料显示，约有 70%的下岗职工从事有收入的劳动，其总的实际收入要高于一般在岗职工，出现了保障劳动对象收入与一般在岗工人工资倒挂的现象，实际造成了失业保险基金的使用效率低下。四是在职失业和隐性就业的界定和规范管理不力。缺乏有效的审核监督机制，使得隐性就业者的行为不仅影响了失业保险制度的公平，也造成本来微薄的失业保险基金流失，使失业保险

① 养老保险的个人缴费率为工资总额的 8%，医疗保险约为 2%，失业保险约为 1%，工伤保险和生育保险不对个人征缴，合计约为 11%。

② 参见龚敬：《企业退休人员社会化管理研究》，载《经济视角》，2005 (12)。

制度运行更加困难。五是有限的失业保险难以应付城镇尤其是来自国有企业大量失业的冲击。

6. 社会福利制度的运行面临着财务上的困难

我国社会保障筹资模式由现收现付向社会统筹与个人账户相结合的模式转换加重了社会保障资金的压力。以养老保险为例，我国现行的养老保险制度是社会统筹与个人账户相结合的混合制。这种转变要求现有的社会保障基金不但可以满足现时养老金的支付需要，个人账户还应保持一定的结余。对城镇职工的基本养老保险采取不同的管理办法，即“老人老办法、中人中办法、新人新办法”。新的制度设计旨在利用养老金社会统筹，解决新制度建立前参加工作的城镇职工的养老问题，即转轨成本问题。但是，在新旧制度的转换过程中，在实施新制度时已退休的“老人”及已参加工作的在职职工没有得到应有的补偿，在职职工担负着为社会养老和为自己养老储蓄的双重任务，个人账户上的积累实际上已经被用于弥补当前养老保险基金的不足，造成个人账户“空账”运行。据统计，截至 2005 年底，国内基本养老保险个人账户“空账”规模已达到约 8 000 亿元，并以每年约 1 000 亿元的规模迅速扩大。① 2000 年以来，为了解决养老保险“隐性债务”以及与此相关联的“空账”、“混账”等问题，我国建立了社会保障基金。截至 2005 年底，全国社会保障基金总资产约 1 800 亿元。②这个数字与我国养老缺口相比，差距还十分巨大，基金储备规模实际上只有人均 1 029 元，不足半年的养老金发放需要，而社会保障基金理想的规模至少应当在 1 万亿元左右。③

人口老龄化使得养老社会保险的资金供给与需求的矛盾呈加剧的趋势。2006 年 2 月全国老龄工作委员会办公室发布了《中国人口老龄化发展趋势预测研究报告》，对 2001—2100 年中国百年人口老龄化发展进行了预测。该报告的数据显示，从 2010 年开始到 21 世纪中期，我国将经历老年人口数量的两个增长高峰。第一个高峰发生在 2010—2019 年。即 20 世纪 50 年代第一次人口增长高峰时期出生的人口队列进入老年期，平均每年净增加的老年人口将近 800 万人，60 岁及以上老年人口的总量将达到 2.4 亿人。第二个高峰发生在 2024—2033 年，即 20 世纪 60—70 年代中期第二次人口增长高峰时期出生的人口队列进入老年期，老年人口的年均净增量将达到 1 200 多万，使老年人口总量剧增到 3.8 亿。总的来看，2030—2050 年，我国人口总抚养

① 参见《养老保险个人账户空账惊人》，http://news.xinhuanet.com/fortune/2006-11/21/content_5354988.htm。

② 参见刘文海：《解决社会保障资金缺口的思路》，北京大军经济观察研究中心（www.dajun.com.cn），2006-10-26。

③ 参见任弘艺：《社会保险基金管理现状及优化对策》，载《科技咨询导报》，2006 (9)。

比和老年人口抚养比将分别保持在60%～70%和40%～50%，是人口老龄化形势最严峻的时期。[①] 随着老年人口在总人口中比例的提高，加之退休年龄偏低、提前退休现象严重、领取养老金条件过于宽松、基金管理运营效率低等原因，导致社会保障资金支出迅速上升，使得社会保障资金缺口日益扩大，财务困难雪上加霜。

二、我国社会福利制度改革的思考

社会福利制度的改革会受到福利、效率、负担这三者关系的相互制约，社会福利制度改革的任务，就是要在这三者之间寻找一个平衡点而不能顾此失彼。这三种力量相互作用的合力所指引的方向大体就是社会福利制度改革的方向。中国社会福利制度改革应该在总结十几年改革探索经验的基础上，针对存在的问题，借鉴“福利国家”社会福利制度改革的成功经验，统筹考虑，建立一个既符合市场经济体制需要，也适合社会主义的中国国情，以法制化为目标，广覆盖、多层次的社会福利制度体系。新型社会福利制度的设计，应站在全局、长远的高度制定中国社会福利发展战略，彻底改变“三元结构特征”，建立覆盖城乡居民的社会保障体系；整合现有各项福利制度，统筹设计，建立一个既能使制度可持续发展、运行良好，又有助于增强企业活力、有利于统筹城乡经济发展的社会福利制度。

（一）社会福利制度改革必须遵循的原则

从我国现阶段的生产力水平及各方面的承受能力特别是企业经营状况的实际出发，我国社会保障制度深化改革及社会福利制度的发展必须遵循以下原则。

1. 社会福利与生产力发展水平相适应

具体来说，就是政府建立的法定的基本社会保障只能保障职工的基本生活，因而是低水平的，而不是高福利的。在确定社会福利的范围、项目、筹资比例和待遇标准时，要考虑企业和个人的承受能力，不可定得太高。

2. 公平与效率相结合

社会公平是社会福利制度的内在要求。但是，社会公平首先是机会均等，即每个社会成员在参与社会生活和劳动方面的平等权利，而不是结果均等的平均主义“大锅饭”。公平与效率相结合，绝不能以牺牲效率为代价去片面地讲究公平，而必须遵循公平与效率相结合、效率优先的原则。

---

① 参见全国老龄工作委员会办公室：《中国人口老龄化发展趋势预测研究报告》，中国网（http：//www.china.com.cn/chinese/news/1134589.htm，2006-02-24）。

3. 权利与义务相结合

凡是有劳动能力的人必须先履行劳动和缴费的义务，然后才能享受社会福利保障的权利，而且要将给付标准尽可能与缴费年限及缴费的多少紧密联系起来，使缴费年限长的、缴费额多的人，领取的社会福利金也多。

4. 个人责任和社会责任并重

社会保障是社会的事情，也是个人的事情，必须由两者对社会保障共同承担责任。国家主要负责建立基本保障，而且其保障的水平应逐步下降，个人和企业要负担资金的主要部分，个人缴费的比例应逐步提高。

5. 就业保障与社会保障适当分离

使就业保障与社会保障适当分离，改就业保障为失业保障，可以为劳动力流动创造条件，加快国有企业改革的步伐。

6. 自保与互保相结合

正确处理好自保与互保的关系，应以自保为主，互保为辅。这一原则在具体模式上，体现为记入个人账户进行自我储存的部分和与个人缴费工资挂钩计发的保险待遇部分的比例要大一些，进入社会统筹和按社会平均工资一定比例计发的保险待遇的比例适当小一些。

（二）社会福利制度改革的目标定位

根据建立社会主义市场经济的要求，借鉴发达国家的成功经验和教训，在总结我国社会保障实践经验的基础上，考虑到我国的实际情况，根据《中华人民共和国国民经济和社会发展第十一个五年规划纲要》精神，我国社会保障制度改革及社会福利制度发展的基本思路应该是：建立多元化保障主体、多渠道筹资方式、分层次广覆盖的社会保障体系，实行社会保障实施范围普及化、基本保障社会化、保障制度一体化的社会保障制度，健全集中统一决策管理与分类分级管理相结合的社会保障管理体制。具体来说，社会保障制度深化改革要实现以下目标。

1. 完善的社会福利制度体系

具体来说，就是要建立和完善社会福利制度的三大支撑体系。即社会保障体系、社会救助体系、社会福利服务体系。这三大体系之间既有区别、相对独立，又相互联系、互为补充。社会保障体系主要包括各种社会保险，以“防贫”为目的，是社会福利制度体系中最根本的制度体系；社会救助体系主要包括救灾、救济、扶贫等，以“济贫”为目的，是社会福利制度体系中最基础的制度体系；社会福利服务体系主要是为老年人、残疾人、孤儿等特殊群体提供福利和服务，以扶老、助残、救孤为目的，是社会福利制度体系中具有很大发展前景的体系。由于这三大体系在实施对象、保障水平和保障方式、实施原则、资金来源等方面都存在差异，因而根据我国目前的情况，必须循序渐进，从社会最急需解决而又有能力解决的方面入手，不断扩充保障形式和保险种类，拓宽保险对象，完善保险手段，逐步完善社会福利制度体系。

2. 健康的社会福利制度

健康的社会福利制度，即改革后的社会福利制度一定是运行良好的、可持续的。社会福利制度作为国民收入再分配的一种主要手段，其正常运转需要有必要的资金。如果根据财政资金的“供给”来确定社会福利的“需求”，即根据征收税款的数额来决定社会福利的发放数额，或者根据预期的社会福利资金需要来征税，只要计算准确，资金管理得当，社会福利制度就应该能够正常运行，不致出现资金紧张、财政赤字严重的情况。导致“福利国家”危机的原因是“福利国家”（美国、瑞典、英国等）根据社会需求建立其社会福利制度，即是由需求决定供给。由于需求受人口变化、市场变化、生活指数提高等难以控制的因素影响，“需求推动”的社会福利制度的发展必然会带来一系列问题。因此，我国是发展中国家、处在社会主义初级阶段的经济现实，决定了适合我国国情的社会福利制度，一定是低水平的，低水平的社会福利制度才是运行良好的、可持续的。

（三）社会福利制度改革的路径选择

根据社会福利制度改革的原则及其目标定位，社会福利制度改革深化的路径选择主要包括以下几个方面。

1. 逐步实现社会福利供给主体的多元化，使国家、家庭、企业、社区和志愿机构等都成为社会福利的供给者

具体来说，国家负责设计、制定整体社会福利制度体系，包括国家、家庭、企业、社区和志愿机构等多方的责任与义务；同时，国家通过运用税收和转移支付等财政政策手段负责承担收入和服务的转移；而且国家对保障福利的提供可以起到有效的强制干涉作用，如强制雇主给生病员工提供工资、工伤保险或者养老金。由于我国公民对社会福利的需求日益增加，因而政府进行投资是十分必要的，尤其是“三无人员”更需要国家的福利保障。与此同时，应通过优惠政策动员和依靠社会力量，广泛动员社会力量兴办社会福利设施，大力开展社会福利服务。同时，应大力发挥社会中介组织在筹集社会福利资金、组织社会福利资源、完善服务项目、提高服务质量、规范服务行为等方面的积极作用；通过建立和推广“劳务储蓄制度”，使志愿者服务活动经济化、制度化。

2. 促进和谐，构建以生存公平为基础的“补救型”社会保障模式

纵观社会保障的建立、发展、改革完善的历程，无论哪一个国家，不管哪一个阶

段，社会保障制度无不以促进和谐为目标。但在各国的社会福利制度模式中，在促进社会稳定方面，以美、英为代表较多地强调市场作用、家庭保障作用的“补救型模式”较以德、法为代表较多地强调国家作用的“普救型模式”具有更大的优势。“补救型模式”在全体国民享有基本的保障待遇以外，将有限的资源集中用于弱势群体。以美国为例，政府为弱势群体专门制定了诸多制度。“医疗救助保险”是针对穷人的制度，保障对象是贫穷老年人、智力缺陷者、盲人等残疾人、单亲抚养的儿童及其父或母；“老年医疗保险”主要针对 65 岁以上和缴费 10 年以上的老年人和残疾人；《困难家庭临时援助》救助对象为单亲母亲和未成年子女；《附加社会保障收入》主要针对那些患有器官疾病的残疾人和贫困老年人。

生存公平是人生存的基本权利，是人类发展的基本目标，政府在市场不能发挥作用的地方，对弱势群体实施救助，可以赢得广泛的社会支持，极大地促进了社会和谐。改变我国二元社会的现状，解决普遍存在的城乡差别、贫富差距扩大等社会问题，必须将包括农民在内的弱势群体纳入到社会保障的体系中。在当前我国经济不发达、可用社会保障资源有限的情况下，构建以生存公平为基础，选择以解决民众最基本生存需求为主要目标的“补救型模式”是明智之举。

3. 提高统筹层次，实现社会化

社会保险的统计学基础是大数法则，统筹层次越高，覆盖面越广，社会保险基金规避风险的能力就越强。一是将基本社会保险项目的统筹层次逐步提高。在明确责任和风险约束机制的基础上，将养老保险的统筹层次由省级统筹提升为全国统筹，并建立养老统筹资金省级调剂机制，将失业保险的统筹层次提高到省级统筹，逐步实现全国基本社会保险的统筹和基本统一。二是扩大社会保险的覆盖面。不分所有制，不分城乡，将所有劳动者纳入到社会保险的体系中。三是积极推进社会化管理。要使社会福利从机关和企业分离出来，交由社会经办和管理。只有走上社会化之路，才能解决目前统账结合模式中由于统筹层次低导致的各种道德风险，才能保证逐步实现供给主体多元化，减轻国家和企业负担，增强企业的竞争能力，形成良性循环，使我国的社会福利制度可持续发展；只有走上社会化之路，地区之间、行业部门之间的基本社会保险金的统一才有利于劳动力的合理流动，才能消除目前经济发达地区由于缴费比率过高造成的劳动力竞争力下降的问题。从长远看，还有利于加快我国城市化、工业化进程。

4. 加强立法，实现法制化

加强法制建设，提高社会福利制度的权威性，是保证社会福利制度顺利实施的重要条件。社会福利制度的法制化可以从两个层面推进：一是修改和完善《社会保险法》等法律法规，将社会福利中的原则与方针、管理与协调、权利与义务、范围与标准、资金来源与运用等加以明确规定，形成完备的社会福利法制体系；二是法制建设的过程应该涵盖立法、执法、监督等各个环节，加强立法基础工作的同时，建立监督制约机制，增强社会福利工作的透明度，逐步形成具有中国特色的社会福利法律体系。

5. 建立和完善社区社会福利体系

各国社会福利制度改革的实践表明，社会福利社会化已经成为社会福利发展的一种必然趋势。而社区在社会福利社会化中具有桥梁纽带作用，是实现社会福利社会化的最佳载体，它在筹措社会福利资金、组织社会福利资源、安排社会福利项目、实施社会福利政策、落实社会福利待遇等方面都有着不可替代的作用。尤其是，随着我国经济体制改革特别是国有企业剥离办社会的职能后，“单位人”逐步变为“社会人”，社会成员对社区的依赖程度逐步加深，社区的地位和功能日益增强，社会福利的社会化离不开社区这一“平台”的承接。因此，加强社区建设，建立和完善社区社会福利体系是建立和完善我国社会福利体系的必由之路。社区社会福利的内容主要包括：面向老年人、残疾人及特殊人群的社会福利性服务；面向社区居民的便民利民服务；面向社区企事业单位和机关团体以及组织开展的双向服务等。社区社会福利更是一个有机的体系，包括社区社会福利服务体系、社区社会福利管理体系、协调监督体系、支援网络体系等。与社会福利相比，社区社会福利是一张局部的安全网，它相对于局部的人群、局部的内容，用个别化的方式将社会福利落实到实处。

总之，在全球化的大背景下，尤其是知识经济的发展，使具有非凡技能和没有技能的人群之间的差距在不断扩大，各国并不能简单地通过增加额外的税收或者增加GDP中的支出水平就能应付社会政策所面临的新挑战。因此，中国社会福利制度的改革应将注意力集中在怎样提高当前的社会状况上，注重发展经济，增大可供公民分配的国民收入这一蛋糕；同时，应分清轻重缓急，重新安排现有的社会福利资源。

本章要点

1. 我国社会福利制度的历史变迁
2. 我国社会福利制度改革的成效
3. 我国社会福利制度改革面临的问题
4. 我国社会福利制度改革应遵循的原则
5. 我国社会福利制度改革的目标定位
6. 全球化条件下我国社会福利制度改革的路径选择

基本概念

现收现付为主的部分积累制

复习思考题

1. 简述我国社会福利制度的发展演变过程。
2. 我国社会福利制度改革已取得哪些成效?
3. 我国社会福利制度改革应遵循哪些基本原则?
4. 全球化条件下如何对我国社会福利制度进行改革?

推荐阅读书目

1. 陈银娥．现代社会的福利制度．北京：经济科学出版社，2000

2. 朱勇，潘屹．社会福利的变奏——中国社会保障问题．北京：中共中央党校出版社，1995

3. 多吉才让．新时期中国社会保障体制改革的理论与实践．北京：中共中央党校出版社，1995

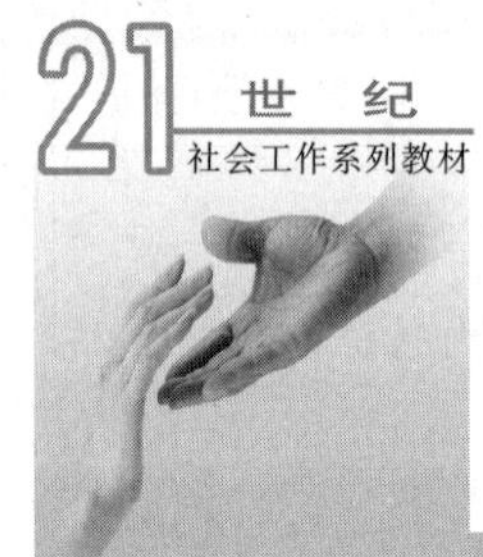

参考书目

1. 阿马蒂亚·森．以自由看待发展．北京：中国人民大学出版社，2002

2. [英] 安东尼·吉登斯．第三条道路——社会民主主义的复兴．北京：北京大学出版社，三联书店，2000

3. [美] 戴维·奥斯本，特德·盖布勒．改革政府——企业精神如何改革着公营部门．上海：上海译文出版社，1988

4. 丁开杰，林义选编．后福利国家．上海：上海三联书店，2004

5. [日] 国际社会福利协会日本国委员会编．各国的社会福利．北京：华夏出版社，1988

6. [英] 加雷斯·D·迈尔斯．公共经济学．北京：中国人民大学出版社，2001

7. [英] 李特尔．福利经济学述评．北京：商务印书馆，1980

8. [美] 马西斯，杰克逊．人力资源管理精要．北京：机械工业出版社，2004

9. [美] 米尔顿·弗里德曼，罗斯·弗里德曼．自由选择——个人声明．北京：商务印书馆，1982

10. [英] 尼古拉斯·巴尔．福利国家经济学．北京：中国劳动社会保障出版社，2003

11. [英] 尼古拉斯·巴尔，大卫·怀恩斯主编．福利经济学前沿问题．北京：

中国税务出版社，北京腾图电子出版社，2000

12. 尼尔·吉尔伯特编．社会福利的目标定位——全球发展趋势与展望．北京：中国劳动社会保障出版社，2004

13. ［美］萨缪尔森，诺德豪斯．经济学．北京：中国发展出版社，1992

14. ［英］约翰·梅纳德·凯恩斯．就业、利息和货币通论．北京：商务印书馆，1977

15. ［美］约翰·M·伊万切维奇．人力资源管理．北京：机械工业出版社，2003

16. 陈共．财政学．北京：中国人民大学出版社，1999

17. 陈银娥．现代社会的福利制度．北京：经济科学出版社，2000

18. 陈银娥．经济全球化与福利经济制度改革．世界经济导刊，2006（12）

19. 陈银娥．中国转型期的城市贫困与社会福利制度改革．经济评论，2008（1）

20. 多吉才让．新时期中国社会保障体制改革的理论与实践．北京：中共中央党校出版社，1995

21. 窦玉沛主编．重构中国社会保障体系的探索．北京：中国社会科学出版社，2001

22. 关信平．中国城市贫困问题研究．长沙：湖南人民出版社，1999

23. 黄黎若莲．边缘化与中国的社会福利．香港：商务印书馆，2001

24. 黄承伟．中国反贫困：理论、方法、战略．北京：中国财政经济出版社，2002

25. 康晓光．中国贫困与反贫困理论．南宁：广西人民出版社，1995

26. 科林，吉列恩等．全球养老保障——改革与发展．北京：中国劳动社会保障出版社，2002

27. 经济合作与发展组织秘书处．危机中的福利国家．北京：华夏出版社，1990

28. 郎友兴．安东尼·吉登斯：第三条道路．杭州：浙江大学出版社，2000

29. 廖泉文主编．社会报酬系统和社会保险系统．厦门：厦门大学出版社，1997

30. 李浩．迅速发展的残疾人社会福利事业．社会福利，2002（5）

31. 李培林．社会生活支持网络：从单位到社区的转变．江苏社会科学，2001（3）

32. 李燕萍主编．人力资源管理．武汉：武汉大学出版社，2002

33. 李迎生．社会保障与社会结构转型：二元社会保障体系研究．北京：中国人民大学出版社，2001

34. 李强主编．中国扶贫之路．昆明：云南人民出版社，1997

35. 李增禄等．中外社会福利服务比较研究．台北：中央文物供应社，1982

36. 李珍主编．社会保障理论．北京：中国劳动社会保障出版社，2001

37. 李中斌．人力资源开发与管理通论．北京：经济管理出版社，2003

38. 联合国教科文组织．人的发展．北京：教育科学出版社，1989

39. 林显宗，陈明男．社会福利行政．台北：五南图书出版公司，2002

40. 吕宝静．老人照顾——老人、家庭、正式服务．台北：五南图书出版公司，2001

41. 钱宁．社区照顾与中国社会福利制度的改革．社会保障制度，2003（1）

42. 邱丹，于宏源．欧洲：被福利制度压弯了腰．新华网，2005-10-31

43. 仇雨临．员工福利管理．上海：复旦大学出版社，2004

44. 尚晓援．“社会福利”与“社会保障”再认识．中国社会科学，2001（3）

45. 时正新主编．社会福利黄皮书：中国社会福利与社会进步报告（1999）．北京：社会科学文献出版社，2000

46. 世界银行考察研究小组．中国：90 年代的扶贫战略．北京：中国财政经济出版社，1993

47. 孙光德，董克用主编．社会保障概论．北京：中国人民大学出版社，2000

48. 孙光德主编．社会保障学．北京：中国劳动出版社，1998

49. 童星．社会保障与管理．南京：南京大学出版社，2002

50. 王思斌主编．社会工作概论．北京：高等教育出版社，1999

51. 夏建中．当代中国城市社区的组织与服务．社会学，2000（7）

52. 熊必俊．保障老有所养的理论与实践．北京：经济管理出版社，1999

53. 徐立忠．高龄化社会与老人福利．台北：商务印书馆，1983

54. 杨团．中国的社区化社会保障与非营利组织．管理世界，2000（1）

55. 曾华源，郭静晃．少年福利．台北：亚太图书出版社，1999

56. 谌新民．用人方略：人力资源运用系统．广州：南方日报出版社，2003

57. 张纯元主编．消除贫困的人口对策研究．北京：高等教育出版社，1996

58. 郑秉文．合作主义：中国福利制度框架的重构．经济研究，2002（2）

59. 郑功成等．中国社会保障制度变迁与评估．北京：中国人民大学出版社，2002

60. 郑功成．社会保障学——理念、制度、实践与思辨．北京：商务印书馆，2000

61. 周建卿．老人福利．台北：商务印书馆，国立编译馆，1983

62. 周震欧主编．儿童福利．台北：巨流图书公司，1996

63. 中国残疾人联合会编．中国残疾人事业年鉴（1949—1993）．北京：华夏出版社，1996.

64. 朱勇，潘屹．社会福利的变奏——中国社会保障问题．北京：中共中央党校出版社，1995

65. DenneyD.，Social Policy and Social Work. New York：Oxford University Press，1988

66. Hilley G. A.，Definitions of Community. Rural Sociology，1995（20）

67. Hirst P. G.，Thompson. Global Myths and National Policies. In B. Holden ed. Global Democracy：Key Debates. London：Routeledge，2000

68. Hugman R.，Social Welfare and Social Value. London：Macmillan，1998

69. Midgley J.，Social Welfare in Global Context. Thousand Oaks，California：Sage Publication，1997

70. Pigou A. C.，The Economics of Welfare. Macmillan，1946.

71. Ramesh Mishra. Globalization and Welfare State. Cheltenham：Edward Elgar，1999

72. Rhodes M.，Globalization and West European Welfare States：a critical review of recent debates. Journal of European Social Policy，1996，6（4）

73. Rodger John J.，From a Welfare State to a Welfare Society. New York：ST. Martin's Press，2000

74. Sen A.，Collective Choice And Social Welfare. North-Holland：Amsterdam，1970

75. Townsend P.，Poverty in the United Kingdom：a survey of household resources and standards of living. Berkeley：University of California Press，1979

76. Wilensky Harold L.，Charles Lebeaux. Industrial Society and Social Welfare. New York：Free Press，1965

77. Wong Chack Kie，Measuring Third Poverty by the International Poverty Line：The Case of Reform China，Social Policy & Administration，1995（3）

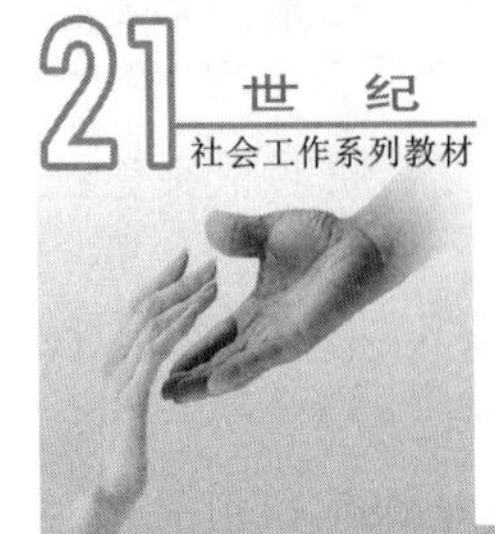

第一版后记

长期以来，我国理论界一直将社会保障、社会福利、社会救助、优抚安置四大项目看成是社会保障制度的主要组成部分，并以此为依据设计了我国的社会保障体制。也就是说，在我国的实际社会工作中，社会福利仅仅只是社会保障制度的一个组成部分。结果是使一部分最困难的社会群体不能获得应有的保障，同时也不利于我国平等地参与国际竞争。从社会福利制度的产生和发展及其在发达国家的实践来看，社会保障有相对固定的、通行的含义，而社会福利的含义则要宽泛和含糊得多，因而将社会福利作为社会保障制度的一个组成部分是不恰当的。

在我国，社会保障作为一门学科已经有比较长的历史，也出版了比较多的相关教材或著作，这些教材或著作一般将社会福利看作是社会保障制度的一部分。而将社会福利作为一门独立学科则是近几年的事情，相关教材或著作更是少之又少。实际上，无论是从理论研究的角度，还是从社会工作实践的需要来考虑，我感到都应该有社会福利方面的专门教材或著作。作为一名理论工作者，我一直比较关注社会福利这一研究领域的最新研究进展及社会福利事业在我国的发展；作为一名高校教师，又十分注意社会福利这一门学科的建设和发展，更愿意为该学科的建设做一些工作。因此，当中国人民大学出版社的潘宇女士邀请我加盟“21世纪社会工作系列教材”的编写工作时，我欣然应允，接受了这一具有挑战性的任务。

早在1998年我在中南财经政法大学应用经济学博士后流动站工作期间，即对社会福利问题产生浓厚的兴趣，并对社会福利的基本理论及福利经济制度的演变进行了比较系统的梳理，出版了《现代社会的福利制度》一书。在该书中，我将社会保障看成是社会福利制度中的一个主要项目，论述了社会福利的基本理论及国内外福利制度的历史变迁。本书在编写过程中，一方面充分吸收了《现代社会的福利制度》一书的研究成果及关于社会福利与社会保障之间关系的处理，即将社会保障当成是社会福利制度的一个子系统；同时，力求反映国内外社会福利事业发展及制度改革的新情况，吸纳了国内外社会福利研究的新成果。由于《社会福利》的编写是一项全新的工作，同时受知识水平、知识结构及所掌握资料的限制，本书一定有许多不足甚至错误之处，恳请有关专家和读者提出宝贵意见。

本书由陈银娥担任主编，潘胜文担任副主编。主编负责全书总体框架及写作提纲的设计与确定、对初稿文字上和内容上的统一修订及数据的更新等，并对第四章、第五章、第七章作了重要修改。全书写作分工如下：

陈银娥：导论、第一章、第十一章、第十二章

潘胜文：第二章、第三章、第四章、第六章

曾永泉：第九章、第十章

梅志罡：第七章、第五章

杨生勇：第八章

张再云：第五章

另外，在本书写作提纲的编写过程中，万仁德博士提出了许多宝贵的意见，在此表示由衷的感谢。同时，衷心感谢中国人民大学出版社潘宇女士为本书的出版所付出的辛勤劳动。感谢翟江虹、王道勇所做的编辑工作。

陈银娥

2004 年 6 月

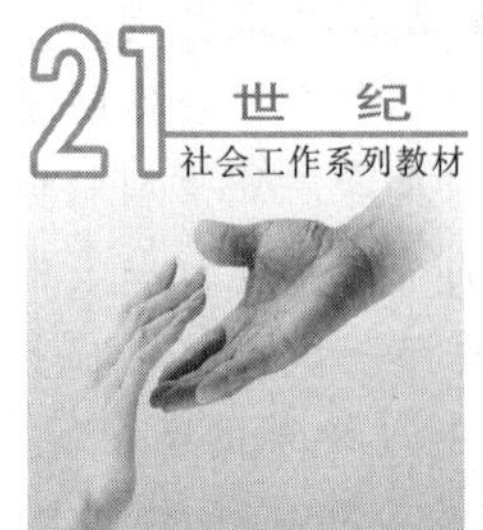

第二版后记

《社会福利》第一版出版后不久适逢教育部制定并实施普通高等教育"十一五"国家级教材规划，经中国人民大学出版社的大力推荐，《社会福利》一书有幸入选普通高等教育"十一五"国家级教材规划。按照"十一五"国家级规划教材的要求，即要适应教学改革和课程建设的发展，体现科学性、系统性和新颖性；要及时反映教学改革和课程建设的新成果，并随着学科的发展及时修订；而且正如本书第一版后记中所指出的，"《社会福利》的编写是一项全新的工作，同时受知识水平、知识结构及所掌握资料的限制，本书一定有许多不足甚至错误之处"；尤其是，本书已出版近5年，在这5年之中，我国的社会福利事业及社会福利制度改革都取得了很大的成效，因此有必要对其进行修订、补充和完善。

本书第二版在保持原书风貌和体例的基础上，为了突出特色，方便读者学习，力图在体例结构上有所创新。主要是：第一，在每章的正文前，增加了"学习目标"，旨在激起学生的学习兴趣，便于读者宏观地把握各章的内容和重点；第二，为了方便教师教学，第二版增加了与之配套的PPT课件。

第二版仍由陈银娥担任主编。该书第一版的写作分工是：陈银娥（导论、第一章、第十一章、第十二章），潘胜文（第二章、第三章、第四章、第六章），曾永泉（第九章、第十章），梅志罡（第七章、第五章），杨生勇（第八章）、张再云（第五章）。主编逐字逐句认真审定了各章的内容，并在保持原书框架结构基本不变的基础上，对各章的数据资料全部进行了更新和补充，并结合自己近些年的相关研究对一些章节进行了重要修改。具体修改如下：

(1) 导论中增加了“人类社会的发展”的内容。

(2) 第二章中更换了表2—1。

(3) 第三章中增加了表3—1。

(4) 第五章中更新和补充了人口老龄化、老人社会福利机构、农村老人参保人数等数据，对该章第四节中“转型期我国老人社会福利发展成就与存在的问题”以及“我国老人社会福利进一步改革的对策”等问题进行了修改和补充。

(5) 对第六章第三节中“我国妇女儿童社会福利制度的发展”及“当前我国妇女儿童社会福利事业存在的主要问题”进行了重要修改和补充。

(6) 第七章中更新了表7—1的数据，对“残疾人社会福利的内容”进行了修改和补充，补充完善了第三节中的相关数据，删改了其部分内容。

(7) 对第八章中的部分数据进行了更新。

(8) 第九章中补充了“贫困的定义”、“我国农村缓解贫困的历史进程”等内容，改写了我国城市贫困问题的成因，补充并更新了相关数据，对其进行了重要修改，增加了“社会福利制度引起了新的贫困”，并对“社会福利的发展对缓解贫困起着极其重要的作用”进行了删改。

(9) 更新了第十章中的部分数据。

(10) 对第十一章进行了重大修改，主要是在第一节中增加了“战后福利国家的发展阶段”，第二节中增加了“经济全球化使各国社会福利制度面临新的挑战”以及“经济全球化条件下社会福利制度的变化趋势”等内容。

(11) 对第十二章进行了重大修改，主要是在第一节中增加了“20世纪90年代以来的改革实践阶段”及“我国社会福利制度改革的成效”，删改了“我国社会福利制度的弊端”，第二节进行了重写。

(12) 对参考文献进行了补充和重新编排。

另外，在本书的修订过程中，刘旺霞博士、杨卿博士、潘志强教授等做了一些基础性工作，在此表示由衷的感谢。同时，衷心感谢中国人民大学出版社编辑们的辛勤劳动。

限于编写人员的知识水平、知识结构及所掌握资料的限制，本书的缺点和疏漏之处在所难免，恳请有关专家和读者提出宝贵意见。

陈银娥

2009年6月

图书在版编目（CIP）数据

社会福利/主编 陈银娥．2版．
北京：中国人民大学出版社，2009
（21世纪社会工作系列教材）
ISBN 978-7-300-10905-3

Ⅰ．社…
Ⅱ．陈…
Ⅲ．社会福利-教材
Ⅳ．C913.7

中国版本图书馆CIP数据核字（2009）第130151号

普通高等教育“十一五”国家级规划教材
21世纪社会工作系列教材
社会福利（第二版）
主 编 陈银娥
副主编 潘胜文

出版发行	中国人民大学出版社		
社　　址	北京中关村大街31号	**邮政编码**	100080
电　　话	010-62511242（总编室）		010-62511770（质管部）
	010-82501766（邮购部）		010-62514148（门市部）
	010-62515195（发行公司）		010-62515275（盗版举报）
网　　址	http：//www.crup.com.cn		
经　　销	新华书店		
印　　刷	北京东君印刷有限公司	**版　　次**	2004年9月第1版
规　　格	185 mm×230 mm　16开本		2009年8月第2版
印　　张	23.75	**印　　次**	2021年7月第9次印刷
字　　数	440 000	**定　　价**	49.00元